10. Auflage 2025
© 2016 by Löwenzahn in der Studienverlag Ges.m.b.H., Erlerstraße 10, A-6020 Innsbruck
E-Mail: loewenzahn@studienverlag.at
Internet: www.loewenzahn.at

Umschlag- und Buchgestaltung sowie grafische Umsetzung:
Judith Eberharter, Eine Augenweide, www.eine-augenweide.com

Bildnachweis:
Alle Fotos Wolfgang Palme, außer:
Alfred Grand, Alexander Kvech: Vorwort
Ing. G. Beckmann KG: S. 10 oben, S. 345
Johannes Hloch: S. 11, S. 15, S. 369, Nachsatzbild
Biohof Adamah, Johann Mader: S. 21 oben, S. 323 unten
City Farm Schönbrunn: S. 23 oben, S. 39, S. 145 unten, S. 241 links, S. 242 rechts unten, S. 286 links unten, S. 298, S. 335 links
Zinsenhof, Harald Streimelweger: S. 24 oben, S. 27, S. 202 Mitte, S. 113
Elfriede Stopper: S. 37, S. 90, S. 103, S. 129 beide, S. 155, S. 330, S. 314
Reinhard Gessl: S. 54 oben
Vene Maier: S. 206 rechts unten
Doris Lengauer: S. 214
Stefan Hampl: S. 242 links unten, S. 329
Andrea Fičala: S. 247 oben
A. Schweitzer GmbH: S. 341 unten
Alfred Grand: S. 358
Hans Eubeler: S. 362 rechts unten, S. 363 beide
Krameterhof: S. 364 alle
Stockfotos: S. 53, S. 83, S. 206, S. 213, S. 221, S. 223, S. 231, S. 243 sowie alle Bilder auf dem Poster
Umschlagabbildungen: vorne: Johannes Hloch, hinten: Wolfgang Palme
Illustrationen: Judith Eberharter

Gedruckt auf umweltfreundlichem, chlor- und säurefrei gebleichtem Papier.

Bibliografische Information Der Deutschen Bibliothek
Die Deutsche Bibliothek verzeichnet diese Publikation in der Deutschen Nationalbibliografie; detaillierte bibliografische Daten sind im Internet
über <http://dnb.ddb.de> abrufbar.

ISBN 978-3-7066-2592-0

Wolfgang Palme

Frisches Gemüse im Winter ernten

Die besten Sorten und einfachsten Methoden
für Garten und Balkon

Löwenzahn

In Dankbarkeit dem gewidmet, der den Garten gab, ihn zu bebauen und zu bewahren, solange gilt:

„Von nun an, alle Tage der Erde, sollen nicht aufhören Saat und Ernte, Frost und Hitze, Sommer und Winter, Tag und Nacht"
(aus dem ersten Buch der Bibel)

bis dahin, wo es heißt:

„An beiden Ufern des Stroms wächst der Baum des Lebens. Zwölfmal trägt er Früchte und kann jeden Monat geerntet werden, und seine Blätter sind zur Heilung der Völker"

(aus dem letzten Buch der Bibel).

Für Johann Reisinger (Spitzenkoch, Geschmackspädagoge und Mit-Gründer der Gemüseserie der Schönbrunner Seminare)

Lieber Hans,
egal ob Sommer oder Winter: Es macht unheimlich viel Freude, gemeinsam mit dir
auf dieser Abenteuerreise durch die Welt der Gemüsevielfalt unterwegs zu sein. In wie
vielen gemeinsamen Projekten, Veranstaltungen und Events haben wir zwei es nicht
schon erfahren: Mein Gemüsebeet und deine Küche gehören untrennbar zusammen.

Für Johann Kupfer (Versuchs-Ingenieur der Abteilung Gemüsebau an der HBLFA Schönbrunn)

Lieber Hans,
Gemüseprojekte, Anbauversuche, Jahresschwerpunkte ohne dich kann ich mir nicht
vorstellen. Wie viele Stunden haben wir nicht schon über Gemüse diskutiert, waren
gemeinsam begeistert über Neuentdeckungen oder auch enttäuscht bei Rückschlägen.
Das schweißt zusammen! Ich danke dir, dass du in unserer Versuchsarbeit genau das
einbringst, was mir fehlt.

Für Harald Streimelweger, Gabriele Riegelnegg und das Zinsenhofer Team (Mitarbeiter/innen der Abteilung Gemüsebau an der HBLFA Schönbrunn und der Versuchsaußenstelle Zinsenhof)

Liebe Kolleginnen und Kollegen,
so ein Team, wie ihr es seid, im Bundesdienst zur Seite zu haben, ist keine Selbstverständ-
lichkeit. Denn wie verrückt unsere Versuchsideen auch immer sein mögen: Ihr nehmt alles
als Herausforderung und nicht als Bedrohung. Das ist völlig „unbeamtenhaft". Ich danke
euch!

Für das ganze Team der City Farm Schönbrunn (Ingrid, Franziska, Bernadette, Stefan, Simon, Andrea, Anneke, Katharina, Valeria, Nadine, Magdalena, Mariolijn, Gisela, Angelika und alle anderen):

Liebe City Farmer/innen,
mit euch gemeinsam die Freude am Gärtnern und an Gemüsevielfalt in die Gesellschaft
hinauszutragen (ich weiß, das klingt pathetisch), ist unglaublich schön. Wir sind Gemüse!
Ich danke euch allen!

Und nicht zuletzt: Danke, Angelika, für dein Mittragen nicht nur bei diesem Buchprojekt,
sondern bei all meinen Gemüse-Verrücktheiten! Ohne dein familieninternes Lektorat,
die vielen guten Ratschläge und deine Geduld bei meiner geistigen und körperlichen
Abwesenheit zuhause, wenn ich ständig in den Keller zum Computer und damit ins
Wintergemüse abgetaucht bin, wäre aus all dem nichts geworden.

Inhalt

164 Wintergemüsevielfalt der Gewürzkräuter

184 Wintergemüsevielfalt der Kohlgewächse

226 Wintergemüsevielfalt der Spinate

236 Wintergemüsevielfalt der Wurzel- und Knollengemüse

Ein Wintergarten erlaubt eine reiche Ernte selbst bei Frost und Schnee.

Vorwort von Eliot Coleman – amerikanischer Wintergemüse-pionier

Ein wunderbar positiver Aspekt der modernen vernetzten Welt, in der wir leben, ist der Umstand, dass wir völlig unkompliziert Zugang zu den Ideen von Gärtnerinnen und Gärtnern aus anderen Kontinenten haben und diese übernehmen können. Diejenigen unter uns, die gutes Essen lieben, sind stets mit Freude bereit, neue Gemüsesorten, neue Werkzeuge und neue Techniken auszutesten, aus welcher Weltgegend diese auch stammen mögen. Allerdings beginnen diese neuen Konzepte quasi als gärtnerische Waisenkinder, die sich erst an die Gegebenheiten jenes Landes anpassen müssen, das sie aufnimmt und ihnen ein (Adoptiv-) Zuhause bietet. Ein Beispiel dafür findet sich in den ersten landwirtschaftlichen Büchern, die von europäischen Siedlern vor 250 Jahren auf dem nordamerikanischen Kontinent verlegt wurden: Sie weisen ausnahmslos darauf hin, dass die bäuerlichen Tätigkeiten, mit denen die Landbevölkerung in ihren Herkunftsländern so vertraut gewesen war, neu zu durchdenken und an die Gegebenheiten von Boden und Klima anzupassen seien, die die Siedler in der neuen Welt vorfanden.

Wolfgang Palme lernte ich im Jahr 2013 kennen, als er mich als Redner zu einem Workshop über Saisonsverlängerung und innovative gärtnerische Kleingeräte nach Schönbrunn eingeladen hatte. Schon damals war mir bewusst, dass meine Ideen zum winterlichen Gemüseanbau durch die Linse eines Spezialisten aus der Region – sozusagen eines gärtnerischen Übersetzers – gefiltert werden mussten, um den einheimischen Gärtnerinnen und Gärtnern den größtmöglichen Nutzen zu bieten. Im vorliegenden Buch ist Wolfgang Palme zu genau diesem Übersetzer geworden. Mit derselben Liebe zum Detail, von der seine Schönbrunner Arbeiten geprägt sind, erklärt, definiert und erläutert er, wie die Produktion von winterlichem Frischgemüse in Mitteleuropa am erfolgversprechendsten betrieben werden kann.

Als jemand, der Gartenbaumethoden in aller Welt studiert hat, möchte ich Wolfgang Palmes Leistungen hier mein Lob und meine Anerkennung aussprechen. Gleichzeitig erwarte ich mit Spannung und Vorfreude all jene Verbesserungen, welche die von ihm beschriebenen naturnahen Techniken erfahren, wenn sie von vielen neuen Gärtnerinnen und Gärtnern „adoptiert" und neu interpretiert werden.

Eliot Coleman

Eliot Coleman ist Leiter der Four Season Farm in Maine/USA und gilt zurecht als Bio-Pionier in den Vereinigten Staaten.

Im Herbst 2013 war Eliot Coleman zu Besuch in Wien-Schönbrunn. Er vermittelte beim Schönbrunner Seminar seinen nachhaltigen, ressourcenschonenden Zugang zum Ganzjahresanbau von Gemüse an 150 Seminarteilnehmerinnen und -teilnehmer.

Wir sind Gemüse!
Vorwort von Wolfgang Palme

Liebe Leserin, lieber Leser,

als wir vor fast 10 Jahren bei der Sichtung eines Sortiments an Spezialsalaten einen späten Freiland-satz im Herbst nicht mehr räumen konnten und ihn deshalb über den Winter einfach stehen ließen, ahnten wir noch nicht, dass daraus nicht nur eine neue Produktionsnische, sondern eine eigene Bewe-gung werden würde. Wir – das sind mein Abteilungsteam an der Höheren Bundeslehr- und Forschungs-anstalt für Gartenbau in Schönbrunn und meine Mitarbeiterinnen und Mitarbeiter an der Versuchs-außenstelle Zinsenhof, wo alle in diesem Buch beschriebenen Gemüsearten und -sorten getestet und viele Kulturverfahren entwickelt wurden. Die Salate erwiesen sich als wesentlich frostfester, als sie das laut Lehrbuchwissen eigentlich hätten sein dürfen. Statt plangemäß bei minus drei bis minus fünf Grad zu erfrieren, erfreuten sie sich während des ganzen Winters knackiger Frische und bester Gesundheit.

Damals machten wir uns auf eine Reise – eine Abenteuerreise durch die Welt der faszinierenden Wintergemüsevielfalt, an deren Ziel wir lange noch nicht angekommen sind. Immer wieder eröff-nen sich neue Möglichkeiten, wie wir im Winter ernten können, ohne zu heizen. Ein wichtiger Weg-gefährte, „Inspirator" und Freund darf hier keinesfalls unerwähnt bleiben: Eliot Coleman mit seiner Four Season Farm in den USA, der uns mit seinem Handbuch Wintergärtnerei und durch seinen per-sönlichen Besuch in Schönbrunn im Spätherbst 2013 begeistert, motiviert und sehr unterstützt hat.

Ich möchte Sie sehr gerne mitnehmen auf unsere Reise. Die beginnt in den alten Zeiten des Gar-tenbaus, die zwar nicht immer so gut waren, aber sicherlich geprägt von einem ressourcenschonen-den Umgang mit Energie und von aufmerksamer Beobachtung der Natur. Oft habe ich den starken Eindruck, dass wir genau diese beiden Dinge heutzutage verlernt haben. Generationen von Gärtnern, sowohl Selbstversorger als auch Profis, haben Low-Energy-Gemüsebau betrieben, lange bevor man solche „neudeutschen" Begriffe überhaupt benutzte. Das gärtnerische Wissen und der reiche Erfah-rungsschatz von damals sind allerdings in Vergessenheit geraten. Nur durch ein intensives Studium der alten Gartenliteratur können sie wieder gehoben werden. Bestimmte Materialien standen in ver-gangenen Zeiten noch nicht zur Verfügung, deren man sich heute bedienen kann. Und für manche kreative Idee bedarf es überhaupt neuer Zugänge.

Viele Gemüsearten sind erst durch Begegnungen zwischen Ost und West, Nord und Süd bekannt geworden. Denn nicht nur die „alten" Gemüsearten sollen hier Beachtung finden, sondern durchaus auch „neue", exotische, verrückte, die alle eines gemeinsam haben: nämlich, dass sie sich oft erst unter kühlen Bedingungen so richtig wohlfühlen und prächtig entfalten.

Wintergärtnern ist nicht nur jenen vorbehalten, die einen großen Garten ihr Eigen nennen können. Es lässt sich auch auf Balkon oder Terrasse, sogar am Fensterbrett leben. Als Experimentier- und Lernort dafür dient die City Farm Schönbrunn, ein gemeinnütziger Verein, den ich mit-gegründet habe, um mit Klein und Groß zu gärtnern und die Freude an Gemüse in der Großstadt zu verbreiten, indem wir sie teilen. Dabei gilt immer unser Grundsatz: Der kleinste Garten ist ein Topf!

Nichts geht über frisches Grün im Winter!

Im Winter ruht unser Garten. Und das ist gut so. Nun haben auch wir Zeit, uns zu erholen, neue Kräfte zu sammeln, in guten Gartenbüchern zu blättern und von der nächsten Gartensaison zu träumen. All das sei uns in dieser Jahreszeit vergönnt. Was aber, wenn noch eines dazukommt: nämlich Frisches zu ernten und zu genießen trotz Kälte und Schnee? Ist das möglich? Ja! Das ist die eindeutige, hoffentlich ansteckende Botschaft dieses Buches.

Lassen Sie sich nichts entgehen und genießen Sie Ihren Garten rund ums ganze Jahr!

Ihr
Wolfgang Palme

Früher Frost und erster Schnee im Oktober haben der üppigen Kapuzinerkresse im Hochbeet den Garaus gemacht.

Der Winter – die verlorene Jahreszeit im Garten

In diesem Buch geht es vom Anfang bis zum Schluss um den Winter. Viel ist über diese Jahreszeit geschrieben, gedichtet, philosophiert worden, aber kaum jemals im Zusammenhang mit dem Garten. Winter und Garten: Diese beiden Begriffe scheinen nicht zusammenzugehen, außer man flüchtet zu den Werbeseiten und den Websites jener Firmen, die daraus mit hohem technischen Aufwand behaglich warme Wohlfühlräume in Form von Anbauglashäusern machen. In ihrer Grundbedeutung lassen diese beiden Begriffe aber doch großteils traurige Bilder in uns hoch-steigen: leere, weiße oder eher graue Beete, abgestorbene Pflanzenteile, die letzten geschrumpften Karotten aus dem Keller.

Unter den vielen Zitaten und Aphorismen zum Winter bleibt mir besonders eines in Erinnerung. Es ist jene Verszeile von William Cowper, einem englischen Dichter des 18. Jahrhunderts, die auch Eliot Coleman in seinem *Handbuch Wintergärtnerei* zitiert:

„O Winter, der du die Kehrseite des Jahres beherrschst". Tatsächlich: Der Winter bestimmt die Jahresrückseite. Garten und Gemüse verbinden wir aber mit Sonne und sommerlicher Üppigkeit, also mit der Jahresvorderseite. Viele Gartenbücher sind darüber schon geschrieben worden. Wir aber – und Sie verzeihen die etwas deftige Bildsprache gleich zu Beginn – wollen uns hier einmal mit dem Jahreshinterteil beschäftigen.

Fünf Thesen für den Wintergemüsebau

Ich fühle mich nur ein ganz klein wenig in der Tradition des großen Reformators Martin Luther, wenn ich hier nicht 95 Thesen an eine Kirchentür, sondern nur fünf Thesen bildlich gesprochen an die Gartentür hefte.

1. Der Winter ist die im Gemüsebau verlorene Jahreszeit.
2. Der Winter ist keine Wachstumszeit, aber Erntezeit.
3. Viele Gemüsearten sind frostfester als landläufig bekannt.
4. Neue-alte Gartenbautechniken helfen, die Saison zu verlängern (z. B. das Mistbeetkasten-Prinzip).
5. Diese Techniken müssen an unsere moderne Zeit angepasst werden.

Auch hier geht es darum, festsitzende Vorurteile aufzubrechen und neue Zugänge zu wagen. Gerade weil wir den Winter aus unseren Gartenkalendern herausgestrichen haben, lohnt es sich, einmal näher hinzusehen. Ich stelle diese fünf Thesen gleich an den Anfang, weil wir sie uns in diesem Buch vornehmen wollen, sie prüfen, das Potenzial darin entdecken und ausloten werden.

Eine Bestandsaufnahme zum Winter

In den meisten Nutzgartenkalendern, die ich kenne, startet das Gemüsejahr mit den ersten Aussaaten im Februar und geht bis zum Räumen der Beete im Spätherbst. In den Monaten Dezember und Jänner wird uns empfohlen, die Sämereien zu sortieren, Anbaupläne zu machen oder vielleicht noch Gemüsekeimlinge am Küchenfenster zu ziehen.

Manchmal findet man Hinweise auf den Vogerlsalat und seine Kältefestigkeit oder zur Ernte von Kohlgemüse im November. Insgesamt aber bleibt der Winter der buchstäblich weiße Fleck auf der Landkarte des Gartenjahres, weil wir uns von ihm einfach nichts erwarten. Kälte, Frost und Dunkelheit scheinen uns jeden Gedanken an winterliche Ernteerlebnisse zu rauben.

An dieser Stelle ist es notwendig, den Winter zunächst einmal überhaupt erst zu definieren.

Was jetzt noch im Keller an Wurzeln und Rüben zu finden ist, sieht nicht mehr besonders knackig aus.

Winterlandschaft: Der Winter ist eine bezaubernde Jahreszeit, mit Garten und Gemüse wird er aber niemals in Zusammenhang gebracht.

Die Üppigkeit des Sommers ist im Winter weit weg. Gerade deshalb wird er gerne aus Gartenbüchern und -zeitschriften verdrängt.

Man unterscheidet ja die astronomische und die meteorologische Begriffsbestimmung des Winters. Astronomisch beginnt der Winter auf der Nordhalbkugel mit der Wintersonnenwende am 21. Dezember und endet mit der Tag- und Nachtgleiche in der Nacht zum 21. März. Die Meteorologen fassen hingegen ganze Monate zusammen und zählen Dezember, Jänner und Februar zum Winter. Ich hoffe, Sie gestatten mir hier meine eigene gemüsebauliche Winterdefinition, mit der ich die Randbereiche, nämlich den spätherbstlichen November und den Vorfrühling im März, noch mit dazunehme. So kommen wir auf knapp ein halbes Jahr, das wir für unsere Wintergemüsekulturen nutzen können und das sonst als Erntesaison eigentlich verloren wäre. Wenn man es so betrachtet, scheint es tatsächlich absurd, auf eine derart lange Zeit im Hausgarten einfach zu verzichten. Aber genau das ist es, was wir normalerweise tun. Mir geht es hier gar nicht um Ertrags-

maximierung in der Eigenproduktion, sondern um durchgehende Versorgung mit frischem Grün und knackigem Selbstgezogenem.

Höhe- (Tief-)Punkte des Winters

Meiner Ansicht nach hat der Winter zwei Schwerpunkte, die man vielleicht als Tiefpunkte bezeichnen kann, weil hier der Bedarf an Frischgemüse besonders akut wird und das heimische Angebot im Handel nahezu bei null liegt: Das ist die Zeit um Weihnachten und den Jahreswechsel, wo man zum feierlichen Anlass ganz Besonderes auf den Tisch bringen will und mit abwechslungsreichem Gemüse unbedingt für Ausgleich zum Festtagsbraten sorgen möchte. Immer mehr Leute wollen auf letzteren gleich überhaupt verzichten. Was aber könnte ein adäquater, gemüsebetonter Ersatz sein, wenn man sich qualitäts- und umweltbewusst versorgen möchte? Die Erfahrung zeigt, dass die Weihnachts- und Silvestertafel

Gartenkresse am Fensterbrett keimen zu lassen, ist eine Form des Wintergärtnerns – allerdings im behaglichen Innenraum statt im „echten" Winter draußen.

Auf die Tatsache, dass Kohlgemüse eine beachtliche Winterfestigkeit aufzuweisen hat, wird in zahlreichen Gartenbüchern hingewiesen.

Kürbis-Quiche mit Asia-Salaten wäre zu Weihnachten nicht nur ausgesprochen saisonal, sondern durchaus Festtafel-tauglich.

sehr stark von exotischen Früchten und außersaisonalem Gemüse dominiert sind. Die Suche nach regionalen, schmackhaften Alternativen zu diesen Anlässen wird vielen unserer Zeitgenossinnen und Zeitgenossen ein immer größeres Anliegen.

Der zweite Tiefpunkt stellt die Zeit des ausgehenden Winters dar, die Monate Februar und März, wo die Sehnsucht nach frischem Grün so stark wird, dass man den Frühling ja kaum mehr erwarten kann. Das sind jene Wochen im Jahr, in denen selbst der Großstädter bildlich gesprochen die winterliche Kost aus Nebelsuppe und Schneematsch-Eintopf satt hat, den wärmenden Sonnenstrahlen nachläuft und die ersten Frühlingsblumen im Beserlpark (= wienerisches Dialektwort für Kleinstpark) begrüßt. Apropos satthaben: Selbst überzeugte Regionalversorgungsverfechter haben zu diesem Zeitpunkt immer mehr Probleme, sich von den Resten an Karotten, Rüben und Weißkraut zu ernähren. Einige Anbieter von regionalen Gemüseabokisten haben mir schon gestanden, dass dies für sie die schwierigste Zeit im Jahr ist, ihre Kunden zufriedenzustellen, weil sich das saisonale Sortiment wochenlang auf die eben genannten Lagergemüse beschränkt. Die „Erlösung" ist im derzeitigen System allerdings erst im April vorgesehen, wenn die ersten knackigen Radieschen und der erste frische Salat aus heimischem Anbau geerntet werden können.

Wintergemüse im Handel

Während wir im Hausgarten unser saisonales Auf und Ab erleben, scheint der Lebensmittelhandel vom Wechsel der Jahreszeiten völlig unbeeindruckt zu sein. Sommers wie winters finden wir im Supermarkt das volle Gemüsesortiment an Salaten, Gurken, Tomaten und Paprika. Nur der Blick aufs Kleingedruckte am Etikett zeigt uns die gewaltigen Unterschiede bei der Herkunft. So ist der Winter im Handel die Jahreszeit der Gemüseimporte aus südlichen Ländern oder der heimischen Ware aus geheizten Gewächshäusern. Bei-

Das Gemüsesortiment im Lebensmittelhandel weist kaum jahreszeitliche Schwankungen auf. Nur in der Herkunft unterscheiden sich die Produkte erheblich.

des ist eine energieintensive Angelegenheit mit allen ökologischen Auswirkungen, die uns die Freude an den gut bestückten Regalen verderben können.

Wenn ich hier einige Zahlen aus dem Intensivtomatenanbau zur Veranschaulichung nenne, dann sicher nicht deshalb, weil ich heimische Gemüsebetriebe diskreditieren oder ein Schwarz-Weiß-Bild malen möchte. Dass der Einzelbetrieb sich nach den Gegebenheiten am Markt richten muss und der Nachfrage des Handels entsprechend anbieten muss, kann man ihm nicht zum Vorwurf machen. Tomaten als Ganzjahreskultur werden in Intensivgewächshäusern bereits Anfang Jänner gepflanzt und auf 18–20 °C hochgeheizt. So sind die ersten heimischen Früchte bereits Ende März zu ernten, in einer Zeit, die wir soeben noch dem Winter zugerechnet haben. Man kann sich vorstellen, dass hier hohe Energiemengen aufgewendet werden müssen. Zur Beheizung eines einzigen Quadratmeters im Intensivgewächshaus sind pro Jahr 34 m³ Erdgas oder 40 Liter Erdöl nötig. Auch folgende Veranschaulichung dient nicht gerade der Beruhigung: In einer kalten Winternacht muss in einem 1 Hektar (= 10.000 m²) großen Gewächshaus so viel verheizt werden wie in einem Einfamilienhaus im ganzen Jahr!

Ein weiteres Problem geheizter Gemüseproduktion ist der übergroße ökologische Fußabdruck, der sich durch so intensive Anbaumethoden ergibt. Selbst in modernen, gut gedämmten Gewächshäusern rechnet man mit einem Ausstoß von 1,1 kg CO_2 pro Kilogramm geernteter Tomaten im Jahresdurchschnitt, wenn mit fossilen Brennstoffen geheizt wird. In älteren, vielleicht undichten Gewächshäusern wird das Verhältnis noch wesentlich ungünstiger. In der Fachliteratur wird von 1,4 bis sogar 9 kg CO_2 gesprochen. Im Vergleich dazu belasten Tomaten im ungeheizten Foliengewächshaus die Umwelt mit nur 0,1 kg CO_2 pro Kilogramm Früchte. Das ist der Faktor 1:10 im Verhältnis zur modernsten Gewächshaustechnologie. Die erste Ernte aus diesem Anbausystem gibt es allerdings erst Ende Juni.

Auch über den Winter geheizter, konventioneller Kopfsalat setzt immerhin mehr als 0,6 kg CO_2 pro Kilogramm Ware frei, obwohl die Gewächshäuser nur frostfrei gehalten werden. Beim ungeheizten Bio-Salat rechnet man mit nicht einmal einem Drittel der CO_2-Belastung, die sich durch

Gemüse wird bei uns im Winter häufig in geheizten Intensivgewächshausanlagen erzeugt.

den Einsatz der Eindeckungsfolie und verschiedener anderer benötigter Materialien ergibt.

Der Import von Gemüse erfordert ebenfalls einen hohen Energieaufwand mit ökologisch bedenklichen Folgen. Zwar ist Transportieren in der CO_2-Bilanz weniger belastend als Heizen, aber für eine umfassende Einschätzung der Umweltwirkungen reicht so eine eindimensionale Betrachtungsweise nicht aus. In südeuropäischen Intensivanbaugebieten haben sich in den letzten Jahrzehnten durch Grundwasserausbeutung und daraus resultierende Versalzungen sowie durch starken Düngemittel- und Pestizideinsatz massive ökologische Probleme ergeben – von den sozialen ganz zu schweigen. Denn in vielen spanischen Gemüsebetrieben werden afrikanische Landarbeiter beschäftigt, die dort unter zum Teil katastrophalen Bedingungen leben und arbeiten. Die Problematik moderner Lebensmittelwirtschaft ist komplex, die Botschaft eines echt saisonalen, regionalen Gemüseanbaus hingegen verblüffend einfach: Marktnah und ressourcenschonend angebautes Bio-Gemüse ist aus ökologischen und ökonomischen Gründen für jede umwelt- und qualitätsbewusste Konsumentin und für jeden Konsumenten die beste Wahl. Ob bei der Selbstversorgung im Hausgarten oder beim nächsten Lebensmitteleinkauf: So eine Verantwortung endet verständlicherweise nicht mit dem herbstlichen Laubfall. Der Winter als Produktions- und Konsumzeitraum kann nicht ausgeschlossen bleiben.

Der Schlüsselbegriff in diesem Zusammenhang lautet also: Saisonalität.

Auch beim Anbau von Salaten macht es einen deutlichen Unterschied im CO_2-Fußabdruck, ob im Winter geheizt wird oder nicht.

Die beste ökologische Bilanz weisen Bio-Tomaten auf, die im ungeheizten Folientunnel produziert wurden.

Was heißt eigentlich saisonal?

Die Frage nach echter Saisonalität ist gar nicht einfach zu beantworten, zum einen, weil es keine wirklich schlüssige, gültige wissenschaftliche Definition dafür gibt, zum anderen, weil dieser Begriff sehr gerne für reine Marketingzwecke missbraucht und entsprechend hin- und hergebogen wird. Er ist eng mit Aspekten der Regionalität verknüpft.

Es geht also um den Anbau von Pflanzen in ihrer natürlichen Vegetationszeit mit niedrigem zusätzlichen Energieinput und kurzen Transportwegen. Methoden zur Saisonverlängerung mit einfachen technischen Mitteln werden seit jeher im Gartenbau angewendet und stehen daher in keinem Widerspruch zu echter Saisonalität.

Abseits von wissenschaftlichen Definitionen ist im Hausgarten ein praxisorientierter Zugang zum Begriff der Saisonalität hilfreich: Es geht um das jahreszeitlich wechselnde Sortiment an vielfältigen Gemüsearten und -sorten, die direkt vom Beet oder aus einfachen geschützten Kulturräumen ohne künstliche Beheizung geerntet werden können. Der Einsatz von Heizungsenergie bleibt auf eine mögliche Jungpflanzenanzucht beschränkt.

„Saisonalitäter" im Hausgarten stellen sich spätestens hier die bange Frage, ob das, was im Winter möglich ist, wirklich abwechslungsreich und vielfältig genug ist, um damit dem Fruchtgemüseangebot im Supermarkt widerstehen zu können. Dort wird ja argumentiert, dass der Kunde ganzjährig mit zum Beispiel frischen Tomaten versorgt werden will. Man biete eben nur, was unbedingt nachgefragt wird.

Ich kann auf jeden Fall beruhigen: In unseren Wintergemüseprojekten an der Höheren Bundeslehr- und Forschungsanstalt für Gartenbau haben wir mit mehr als 120 verschiedenen Gemüsearten und -sorten gearbeitet, die allesamt im Winter erntefertig waren, ohne dass eine Beheizung notwendig gewesen wäre. Der Tisch bleibt also im Winter garantiert reich gedeckt.

Das Schöne an gelebter echter Saisonalität ist doch, dass man sich immer an dem freut, was gerade zur Verfügung steht. So entsteht ein Jahresrhythmus des Genusses und der Vorfreude, die im Einerlei des immer gleichen Angebots niemals aufkommen könnten. In Ansätzen erleben wir das schon verbreitet in der Spargelsaison. Das ist die Zeit im Frühjahr, wo es bei uns zuhause zum Beispiel fast jedes Wochenende heimischen Spargel in verschiedenen Zubereitungsvariationen für die ganze Familie zu genießen gibt. Für den Rest des Jahres aber habe ich kein Bedürfnis mehr danach. Leider ist dies – abgesehen vielleicht noch von Kürbis – wohl das einzige Beispiel von Saisonalität im heimischen Gemüseangebot.

Mehr als 100 Gemüsearten und -sorten konnten bei einer Veranstaltung der Schönbrunner Seminare ausgestellt werden, die allesamt ohne Beheizung im Winter geerntet wurden.

Meine Vision von der (Wieder-) Entdeckung der Wintersaison

Je länger ich mich nun mit dem faszinierenden Potenzial der Wintersaison beschäftige, desto klarer sehe ich sie vor mir – die Hausgärten und die Bauernmärkte, gefüllt mit reichhaltigen Gemüseprodukten, die allesamt im Winter geerntet wurden, ohne dass dafür ein Heizungsaufwand nötig war. In unseren angewandten Forschungsprojekten zielen wir darauf ab, Anbauverfahren für den Wintergemüsebau zu entwickeln und heimische Betriebe für eine ressourcenschonende Produktion zu gewinnen. Das Interesse auf zahlreichen in- und ausländischen Tagungen für Bauern und Beraterinnen, wo ich als Referent davon berichten durfte, zeigt mir, dass immer mehr Gemüsebetriebe genau solche alternativen Wege abseits der ausgetretenen Massenproduktionspfade beschreiten wollen.

Gleichzeitig ist es mir ein Anliegen, Praxiswissen auch an Haus- und Hobbygärtner weiterzugeben und sie zu eigenen Anbauexperimenten anzuregen. In der City Farm Schönbrunn haben wir jeden Herbst und im Jänner Wintergemüse-Workshops angeboten, bei denen interessierte Laien alles lernen konnten, was für eine erfolgreiche Wintergemüseernte nötig ist. Auch hier ist das Interesse enorm.

Ich bin überzeugt, dass so die „Wintergemüsebewegung" immer breiter wird und dass vielleicht in Zukunft – wer weiß – auch der Lebensmitteleinzelhandel im Winter nicht mehr von ausländischen Tomaten und Intensivgewächshausgurken dominiert sein wird, sondern von Vielfaltsprodukten aus ungeheiztem regionalem Anbau wie frischen Wintersalaten, zarten Winterradieschen, Freilandzichorien oder frostfesten Kräutern. Auf sonnengereifte Tomaten, Paprikas & Co freuen wir uns, wenn sie dann aus saisonalem heimischem Anbau ab dem Frühsommer wieder die Regale füllen.

Bis dahin bleiben jene Gemüsegärten, Hochbeete, Frühbeetkästen und Fensterkistchen im ganzen Land, in denen mit Überzeugung Wintergemüsebau betrieben wird, die einzigen Orte gelebter saisonaler Winterselbstversorgung. Diese sind dann auch so etwas wie basisdemokratische „Widerstandsnester" gegen eine ressourcenfressende, agroindustrielle Massenproduktions- und Vermarktungsmaschinerie.

Bei den Wintergemüse-Workshops auf der City Farm Schönbrunn gibt es mitten im Winter im Garten genug zu besichtigen und zu verkosten.

Echte saisonale Winterversorgung ist derzeit nur aus dem eigenen Garten oder über lokale Direktvermarkter möglich.

Abgesehen von gelebter Saisonalität tut es gut, im eigenen Garten im Winter Farb- und Frischetupfer zu pflegen, wie hier zum Beispiel Stielmangold.

Systematische Frosthärteuntersuchungen sind in der wissenschaftlichen Literatur kaum zu finden. Den Chinakohl verwandten Asia-Salaten, wie hier der Sorte 'Red Streaks', wird beispielsweise eine Frosttoleranz bis -5 °C zugestanden. Unsere Versuche zeigten, dass die Pflanzen Temperaturen bis zu -14 °C ohne Schäden überleben.

Etwas Pflanzen-physiologie und Meteorologie

Um dem Wintergemüse Bedingungen zu bieten, die für ein gesundes Gedeihen in dieser extremen Jahreszeit nötig sind, ist ein Basisverständnis über die Zusammenhänge von physikalischen Grundgrößen und dem Pflanzenwachstum hilfreich. Während der lichtärmsten Wochen im Jahr findet kaum ein Wachstum statt – ohne Belichtung und Heizung auch nicht unter Glas oder Folie –, man kann also eher davon sprechen, dass man in dieser Zeit den Gemüsepflanzen überhaupt ein Überleben sichern muss. Beim Winter denkt man immer sofort an Kälte und Frost. Niedrige Temperaturen haben zweifellos einen großen Einfluss auf unsere Pflanzen, sind aber gar nicht unbedingt der wichtigste Faktor während der Winterzeit. Viel zu wenig Beachtung schenkt man Parametern wie Luft- und Bodenfeuchtigkeit oder Lichtdauer und -intensität.

Kälte und Frost

Alle Pflanzen, so auch unser Gemüse, leben innerhalb eines Temperaturbereichs, der zunächst genetisch durch die botanische Artzugehörigkeit vorgegeben wird. Zwischen der Untergrenze, dem Temperaturminimum, und der Obergrenze, dem Maximum, befindet sich ein Temperaturoptimum, nämlich der für das Wachstum zuträglichste Wärmebereich. Tropische und subtropische Arten stammen aus Weltgegenden, die keine oder nur kurzzeitige Fröste kennen. Ihr Temperaturminimum liegt je nach Art bei +5 °C, bei +10 °C oder sogar noch höher. Sie können bereits Kälteschäden erleiden, wenn die Temperaturen noch weit vom Gefrierpunkt entfernt sind. Gemüse in dieser Kategorie, wie beispielsweise die Gurken, zählen verständlicherweise nicht zu den Kandidaten, die wir für den Winteranbau heranziehen können. Zahlreiche klimatisch besser adaptierte Arten aber überstehen tiefe Temperaturen auch unter dem Gefrierpunkt.

Interessanterweise sucht man Angaben zur Frosthärte von Gemüse in unseren gängigen Lehrbüchern vergebens. Mein Literaturstudium hat ergeben, dass sich die Temperaturangaben zur Kältefestigkeit von Gemüsearten in diversen Tabellen mit unseren Erfahrungen gar nicht decken. Viele Gemüsearten werden in ihrer Fähigkeit, Frostperioden zu überstehen, völlig unterschätzt. Offenbar scheint dieses pflanzenphysiologisch so wichtige Charakteristikum im modernen Gemüsebau nicht von Belang zu sein.

Immer wieder wird in der Literatur darauf hingewiesen, dass Frosthärte ein sehr komplexes Kriterium darstellt. Mit Tests in Kältelabors werden allerdings Daten gewonnen, die von den Bedingungen am Beet weit entfernt sind. Gerade aber Ergebnisse von Praxisuntersuchungen sind in gartenbaulichen Publikationen oder Beratungsschriften so gut wie nicht zu finden. Die Forschungen im Intensivgemüsebau konzentrieren sich auf Fragen der Gewächshausklimasteuerung. Die Beheizung von Glashauskulturen ist zur Selbstverständlichkeit geworden. Kann es tatsächlich sein, dass dieser Hightech-Zugang zum Gemüsebau die umfassende Erforschung unserer Kulturpflanzen überflüssig macht? Meiner Überzeugung nach ist Technik nur unterstützend notwendig und soll so einfach wie möglich gestaltet sein. In unseren eigenen Praxisversuchen steht die Pflanze im ganzheitlichen Sinn im Mittelpunkt. Das ist keineswegs technikfeindlich zu verstehen. Aber wenn wir das biologische Potenzial unserer Kulturpflanzen wie beispielsweise ihre Kältetoleranz nicht vollständig ausschöpfen, zahlen wir mit dem Einsatz von Intensivtechnik einen hohen Preis für einen Erfolg, der auch mit wesentlich einfacheren Mitteln zu erreichen wäre.

Einflussfaktoren auf die Frosthärte

Die Frosthärte von Pflanzen wird durch eine Vielzahl von Faktoren beeinflusst. Bei kurzzeitigem Einwirken von tiefen Temperaturen scheint die Dauer gar nicht so entscheidend zu sein. Ob ein Pflanzengewebe also nur zwei Stunden oder eine ganze Nacht eingefroren war, macht in Bezug auf

Auch gewöhnlicher Salat ist wesentlich frostfester als bisher angenommen. In unseren Versuchen hielt er Frostnächten mit Temperaturen unter -11 °C stand.

das Überleben der Pflanze keinen großen Unterschied. Dauerfrost über mehrere Tage oder sogar Wochen kann hingegen sehr wohl irreversible Schäden hervorrufen. Von großer Bedeutung für den winterlichen Anbauerfolg ist verständlicherweise die Sortenwahl. Unsere Sortensichtungen haben beim Salat ebenso wie bei Radieschen oder Karotten deutliche Sortenunterschiede aufgezeigt. Von noch größerer Bedeutung ist die jeweilige Entwicklungsstufe der Pflanze. Im Jungpflanzenstadium ist Gemüse erstaunlicherweise praktisch immer frostfester als zu einem späteren Zeitpunkt.

Im Spätsommer bis Herbst gesätes oder gepflanztes Gemüse hat außerdem die Möglichkeit, sich an die kühler werdenden Umweltbedingungen anzupassen. Man nennt diesen Vorgang

Im Jugendstadium sind die meisten Pflanzen frostfester als zu einem späteren Zeitpunkt. Das nutzte man früher auch beim Überwinterungsanbau von Salaten, die im Spätherbst gesetzt wurden und im Jungpflanzenstadium überwinterten.

Frosthärtung oder Akklimatisation. Durch abnehmende Temperaturen – auch oberhalb des Gefrierpunktes – lagern Pflanzen verschiedene Aminosäuren, Zucker, Proteine und Lipide als Frostschutz im Zellsaft ein. Dieser Abhärtevorgang wird durch warme Witterungsphasen im Winter allerdings wieder gebrochen. Plötzliche Wärmeperioden sind deshalb besonders dann kritisch, wenn es danach wieder richtig kalt wird.

Einen Einfluss auf die Winterfestigkeit von Gemüse hat auch die Nährstoffversorgung. Eine Düngung im Herbst – egal ob sie mineralisch oder biologisch passiert – fördert das Pflanzenwachstum und bewirkt eine „Verweichlichung" des Pflanzengewebes, das dann Frösten nicht standhalten kann. Keinesfalls sollte man also noch im Herbst mit stickstoffreichen Düngern arbeiten. Auch die Lagerfähigkeit von Gemüse leidet unter einer Stickstoffüberdüngung. Umgekehrt sollen Kalium, Mangan, Kupfer und Bor eine Verbesserung der Kälteresistenz bewirken.

Diese Bilder veranschaulichen die Frostfestigkeit von Salat: auf dem oberen Foto im gefrorenen Zustand bei -9 °C, auf dem unteren nach dem Auftauen.

Eisbildung im Pflanzengewebe

Frostschäden werden bei Pflanzen immer durch die Bildung von Eiskristallen hervorgerufen. Frieren Gemüsepflanzen durch, bildet sich Eis entweder innerhalb der Zellen oder zwischen den Zellen. Im ersteren Fall wird das Gewebe meist dauerhaft geschädigt und stirbt ab, weil die Zellmembranen zerstört werden. Eisbildung in den Zellzwischenräumen hingegen führt zunächst zu einer Erhöhung der Konzentration von gelösten Stoffen im Inneren der Zellen, weil von dort Wasser nach außen gezogen wird. Das erhöht die Frostfestigkeit noch. Nach dem Auftauen erholt sich die Pflanze wieder vollständig. Bleibt es aber langanhaltend frostig, kann es durch den ständigen Wasserentzug aus den Zellen zu einem Austrocknen derselben kommen, was letztlich Frostschäden durch Trockenstress verursacht. Entscheidend für das Überleben einer Pflanze unter frostigen Bedingungen ist auch die Geschwindigkeit, mit der sie einfriert. Sehr rasch einwirkender Frost „überrumpelt" sie gewissermaßen. Das Eis friert gleich im Zellinneren, auch wenn es vielleicht gar nicht so extrem kalt ist, und bewirkt den Kältetod. Sinken die Temperaturen langsamer, setzt der Frostabwehrmechanismus der Pflanze ein. Das Eis friert zwischen den Zellen, was die Pflanze ohne Schaden überstehen kann. Umgekehrt ist auch die Geschwindigkeit des Auftauvorganges entscheidend. Zu rasches Auftauen kann zu stärkeren Schädigungen führen.

Es muss hier noch erwähnt werden, dass Wasser nicht unbedingt bei 0 °C gefrieren muss. Die Eisbildung wird durch Kristallisationskerne ermöglicht. Völlig reines und steriles Wasser kann beispielsweise bis -38 °C abgekühlt werden, bevor es friert. In Pflanzengeweben kann die Eisbildung oft bis -5 °C oder noch darunter unterdrückt werden. Dieser Vorgang, den man Supercooling nennt, ist Teil der Frosthärtestrategie von Pflanzen.

Die Erfahrung zeigt, dass man gefrorene Pflanzenteile nicht berühren soll. Durch die mechanische Beanspruchung wird das Gewebe zerstört. Es verfärbt sich nach dem Auftauen schwarz und wird matschig. Das heißt aber auch, dass gefrorene Salate oder Kräuter nicht in diesem Zustand, sondern erst nach dem Auftauen geerntet werden dürfen.

Im Frühbeetkasten kann man nach einer Frostnacht so lange warten, bis die Sonne in den Vormittagsstunden den Kulturraum wieder erwärmt hat. Das geht relativ rasch. Selbst an kalten, sonnigen Wintertagen erreicht man im Inneren eines ungeheizten Gewächshauses oder Frühbeetkastens schon am Vormittag wieder Temperaturen von 15–20 °C. Dieser tägliche Wärmeeintrag hilft auch mit, den Boden in geschützten Kulturräumen offen, das heißt nicht gefroren, zu halten. Für das Überleben von Gemüsepflanzen im Gewächshaus oder im Frühbeet ist das von entscheidender Bedeutung. Es ist immer wieder verblüffend zu beobachten, wie erschreckend Salatpflanzen im gefrorenen Zustand aussehen – glasig, niederliegend –, sodass man denkt, die Pflanzen seien komplett abgestorben. Nach dem Auftauen aber sind sie frisch und knackig wie zuvor. Dieses Wunder

Eiskristalle auf den Blättern sehen wie kleine Kunstwerke aus. Entscheidend für das Überleben der Pflanzen ist allerdings nicht die äußere Eisbildung, sondern die Frage, ob Kristalle zwischen oder in den Zellen entstehen.

Blätter mit Frostschäden werden matschig und glasig.

Kälteschäden an den Blättern des Japanischen Salatkohls Mizuna. Die Pflanzen selbst sind allerdings im Herz nicht erfroren. Sie werden wieder frisch austreiben.

Wenn die Sonne nach einer Frostnacht die Blätter wieder auftaut, sind diese frisch und knackig wie zuvor. Keinesfalls darf man gefrorene Pflanzenteile berühren oder bewegen.

Karottenlaub legt sich nach Frosteinwirkung um, wird aber nur dann dauerhaft geschädigt, wenn es einem ständigen Wechsel von Einfrieren und Auftauen ausgesetzt ist.

der beachtlichen Frosthärte und Regenerationsfähigkeit von Gemüse ist das Geheimnis erfolgreichen Wintergärtnerns. Es sichert uns frische Ernte trotz Kälte und Frost.

Am Gemüse frieren zuerst die exponierten Pflanzenteile ein, also die Blätter. Diese sind aber durch eingelagerten „Frostschutz" oft auch besonders frosthart. Wurzeln und Knollen bleiben im Boden vom Frost länger verschont, reagieren aber empfindlicher. Die Frosthärte ist in verschiedenen Pflanzenteilen eben verschieden hoch. So halten etwa die Blätter von Rettich und Radieschen deutlich tiefere Temperaturen aus als die Wurzeln und Knollen. Das Laub von Karotten legt sich bei Frosteinwirkung zwar um, bleibt aber grün und unbeschädigt. Die Karottenwurzeln hingegen zeigen feine Querrisse, wenn sie direkten Frost abbekommen. Das führt in Folge zu Fäulnis und Verderb.

Frost und Geschmack

Der oben beschriebene Vorgang des Abhärtens von Gemüse bei Frost hat auch Folgen für Geschmack und Inhaltsstoffgehalt. Die Zuckerkonzentration bewirkt einen süßeren Geschmack bei Kohlsprossen, Grünkohl oder im Winter geernteten Babykarotten.

Veränderungen bei den Gewebeeigenschaften können in zwei Richtungen gehen. Durch Kälteeinwirkung wird das Pflanzengewebe entweder widerstandsfähiger, fester und faserreicher, wie das beispielsweise bei Mangold der Fall sein kann, oder aber es kommt zu einer Verfeinerung der Gewebestruktur im Winter. Wir haben die Erfahrung gemacht, dass winterlicher Kohlrabi besonders zartschmelzend ist. In welche Richtung die Veränderungen gehen, hängt auch mit dem Kulturraum zusammen, in dem das Gemüse wächst. In geschützten Räumen (Frühbeetkästen oder Kleingewächshäusern) verbessert sich die Gewebestruktur. Im Freien wird das Pflanzengewebe durch die raue Umwelt häufig härter und derber.

Bundkarotten schmecken im Winter zart und süß.

Mangold, der im Winter im Freien bleibt, bildet ein härteres, derberes Blattgewebe. Erst der neue Austrieb nach dem Winter zeigt wieder eine zartere Blattstruktur.

Kohlgemüse – wie hier der Butterkohl – wird durch Frosteinwirkung im Geschmack milder, die Gewebetextur zarter.

Radieschen und Rettiche schmecken im Winter milder als im Sommer. Das hat mit der verminderten Lichteinwirkung zu tun, die den Gehalt an Scharfstoffen reduziert. Aus demselben Grund haben Gewürzkräuter wie Petersilie oder Schnittsellerie im Winter allerdings weniger Würzkraft, sind im Blatt aber zarter als im Sommer. Freilandzichorien weisen weniger Bitterstoffe auf.

Erste Untersuchungen, die wir in Zusammenarbeit mit der Universität für Bodenkultur gemacht haben, zeigen in die Richtung, dass bei Salat der Vitamin-C-Gehalt im Winter im Vergleich zum Sommer gar nicht reduziert ist. Hier sind noch vertiefende Arbeiten geplant, mit denen die Unterschiede zwischen Sommer und Winter im Gehalt wertgebender Inhaltsstoffe erforscht werden sollen.

Nitrat im Wintergemüse

Ein problematischer Inhaltsstoff von Gemüse besonders während der Wintermonate ist das Nitrat. Zunächst muss gesagt werden, dass die Stickstoffversorgung in Form von Nitraten für jedes Pflanzenwachstum lebensnotwendig ist. Während der Sommermonate wird der durch die Wurzeln aufgenommene Stickstoff rasch für den Substanzaufbau verwendet. Verlangsamtes Wachstum im Winter oder gar Wachstumsstillstand führen zu einer Anreicherung von Nitrat vor allem in den Stängelteilen und Blattstielen der Pflanzen sowie in Wurzeln und Knollen. Denn auch wenn auf eine Stickstoffdüngung im Herbst verzichtet wurde, ist im Boden meist noch Nitrat verfügbar, das die Pflanze aufnimmt, aber nicht weiterverarbeiten kann. Weil der Nitratgehalt in Gemüse durch viele Faktoren beeinflusst wird, sind Maßnahmen zur Reduzierung eine komplexe Angelegenheit. Zunächst gelten folgende Pflanzenfamilien als „anfällig" für hohe Nitratgehalte: Amaranthaceae (Fuchsschwanzgewächse), Brassicaceae (Kreuzblütler), Apiaceae (Doldenblütler) oder Asteraceae (Korbblütler) sind die botanische Heimat wichtiger Gemüsearten wie Spinat, Mangold, Roter Rübe, Rucola, Karotte und Sellerie sowie Salat. Zwiebelgewächse der Gattung Allium oder Solanaceae (Nachtschattengewächse) hingegen enthalten nur wenig von diesem Inhaltsstoff. Biologisch angebautes Gemüse weist grundsätzlich niedrigere Nitratwerte auf als konventionelles. Eine Ernte während sonniger Mittagsstunden statt in der Früh führt zu einer Reduktion des Gehalts. Wird frisch geschnittener Salat gründlich in kaltem Wasser gebadet, kann ein Teil des Nitrats durch die Schnittflächen aus Stängeln und Blattstielen ausgewaschen werden. Leider reduziert sich so auch der Vitamin-C-Gehalt im Erntegut.

Das Nitrat selbst ist in der menschlichen Ernährung ja eigentlich völlig harmlos. Aber schon in der Mundhöhle kommt es zu einer Reduktion zu Nitrit. Im Zuge der weiteren Verdauung bilden sich daraus Nitrosamine, die im Verdacht stehen, krebserregend zu sein. Vor diesen Zusammenhängen warnten zahlreiche Studien aus den 1970er- und 1980er-Jahren. So wurde Nitrat zum Problemfall in Gemüse schlechthin, obwohl man schon damals wusste, dass dieses ja auch die natürlichen Antagonisten wie Vitamin C und andere Antioxidantien enthält. Tiefsitzende Ängste vor dem Nitrat führen leider zu völligen Fehlreaktionen mancher unserer Zeitgenossinnen und Zeitgenossen, die lieber auf Blattgemüse im Winter gänzlich verzichten, was wirklich nicht empfohlen werden kann. Im Gegenteil: Für Aufsehen in der Fachwelt sorgten nämlich wissenschaftliche Untersuchungen der letzten Jahre, die dem Nitrat sogar positive gesundheitliche Wirkungen zusprechen. So soll aus dem Nitrit im Stoffwechsel vor allem Stickoxid (NO) entstehen, das im Magen einen antimikrobiellen Effekt gegenüber Krankheitserregern ausübt. Britische Forscher entdeckten jüngst blutdrucksenkende und gefäßelastizitätsfördernde Wirkungen von Nitrat. Nun wird auch vermutet, dass Nitrat sogar krebshemmende Wirkungen aufweisen könnte. Dem und anderen positiven Effekten muss sicherlich in weiteren Studien und medizinischen Forschungsprojekten nachgegangen werden. Tatsache ist aber, dass man sich vor diesem „Problemstoff" in Gemüse keineswegs fürchten muss. Einem ausgiebigen Genuss von Sala-

Nitrat wird in der Pflanze vor allem in Blättern und Blattstielen, auch in Wurzeln und Knollen gespeichert. Wenn die Pflanze aufgrund von Kälte nicht wachsen kann, kann das Nitrat auch nicht verarbeitet werden.

Keinesfalls darf man sich aus Angst vor Nitrat im Winter die Freude am Genuss von Frischgemüse nehmen lassen.

ten und anderen Blattgemüsen im Winter steht also auch aus wissenschaftlicher Sicht nichts im Wege.

Nitratuntersuchungen

Wer genau wissen will, wie viel Nitrat sein Wintergemüse enthält, kann mittels einfacher Bestimmungsmethoden auch selbst „wissenschaftlich" aktiv werden. Es gibt Teststreifchen, die in Pflanzensaft oder in Verdünnungen davon getaucht werden und den Nitratwert durch Lilaverfärbung anzeigen. Nitratmessgeräte, die mit einer Sonde ausgestattet sind und das Ergebnis elektronisch darstellen, sind eher für Spezialisten gedacht und nicht gerade billig zu erwerben. Natürlich können Proben zur Analyse auch in ein Labor eingeschickt werden.

Bei unserem Wintergemüseprojekt 2014/15, an dessen Versuchen sich österreichische Forschungsinstitutionen wie die Versuchsstation für Spezialkulturen Wies, die Gartenbauschule Langenlois, die Versuchsaußenstelle Zinsenhof der Höheren Bundeslehr- und Forschungsanstalt für Gartenbau sowie der österreichische Beratungsverband BioAustria mit sieben Biobetrieben quer durchs ganze Land beteiligt haben, wurden insgesamt 260 Nitratproben von Salaten, Salatkräutern und anderen Wintergemüsen gezogen und untersucht. Keine einzige davon lag über dem gesetzlichen Grenzwert, der von der Europäischen Union per Verordnung vorgegeben wird. In dieser 2011 überarbeiteten EU-Regelung wird nach Jahreszeit unterschieden. Im Winter (1. Oktober bis 31. März) liegen die erlaubten Höchstgehalte von Nitrat etwa beim Salat bei 5000 mg/kg Frischsubstanz. Für Rucola, das Nitrat intensiv speichert, sind sogar 7000 mg zulässig.

Boden- und Luftfeuchtigkeit

Auch wenn wir uns bisher ausführlicher mit Kälte und Frost beschäftigt haben, ist die Temperatur sicherlich nicht der wichtigste Faktor für einen erfolgreichen Wintergemüsebau. Überlebensentscheidend sind die Feuchtigkeitsbedingungen in Boden und Luft. Ich wage zu behaupten, dass im Winter in unseren Hausgärten mehr Gemüsepflanzen verfaulen oder verschimmeln, weil die Feuchtigkeit einfach nicht passt, als dass sie tatsächlich erfrieren. Im Freien ist man dem winterlichen Niederschlag überhaupt schutzlos ausgeliefert. Weil Wasser kaum verdunstet und deshalb Boden und Pflanze nicht ausreichend abtrocknen können, vernässen beide total. Das wirkt besonders für Salate tödlich. Kastenfenster, Hochbeethauben oder Gewächshausdächer haben also vor allem als Schutz vor unkontrolliertem Niederschlag Bedeutung. Außerdem ermöglichen sie bei Sonneneinstrahlung die rasche Erwärmung im Inneren des Kulturraumes, was Boden und Blätter trocken hält.

Die meisten Wintergemüse dürfen nur sehr sparsam gegossen werden. Besonders Salate, aber auch viele Winterkräuter, Karotten oder Kohlrabi reagieren empfindlich auf zu intensives Gießen. Pilzinfektionen sind die Folge, die zu einem

Schutz vor zu intensiven Niederschlägen und eine raschere Erwärmung sorgen für gedeihliche Bedingungen im winterlichen Frühbeetkasten oder unter der Hochbeethaube.

Frühbeetkästen sind wertvolle Schutzeinrichtungen für den Wintergemüsebau. Sie müssen allerdings leicht zu lüften sein.

Licht ist der limitierende Faktor im Winter. Selbst an sonnigen Wintertagen ist der Strahlungseintrag aufgrund der kurzen Tageslänge begrenzt.

Absterben der Pflanzen führen können. Besonders auf schweren Böden ist die winterliche Bewässerung eine Pflegemaßnahme, die gärtnerisches Fingerspitzengefühl erfordert. Im Zweifelsfall ist es ratsam, eher zu wenig als zu viel zu gießen. Nach unserer Erfahrung ist es nicht notwendig, häufiger als alle vier bis fünf Wochen zur Kanne zu greifen. Man sucht sich dafür einen sonnigen Tag aus und bewässert in den Vormittagsstunden, sodass bis zum Abend alles noch gut abtrocknen kann. Auf sandigen Böden ist dies etwas leichter handzuhaben. Der Boden vernässt nicht, weil das Wasser rasch absickert.

Die Luftfeuchtigkeit wird im Frühbeetkasten oder Hobbygewächshaus durch Lüften reguliert. Sie darf nie über 90–95 % steigen, weil sich sonst Kondenswasser bildet, das auf die Gemüsepflanzen herabtropft. Wieder kommt es dadurch zu einer unkontrollierten Befeuchtung mit den oben beschriebenen negativen Folgen. Jeder winterliche Kulturraum benötigt also unbedingt eine Lüftungsmöglichkeit. Eine Heizung ist darin bestimmt nicht nötig, aber auf eine im Idealfall automatisierte Lüftung kann keinesfalls verzichtet werden. Lieber nehmen wir ein paar Grad tiefere Temperaturen im Gewächshaus in Kauf, als eine Kondenswasserbildung zu riskieren. Hier liegt schon einmal ein wichtiger Schlüssel für einen erfolgreichen Wintergemüseanbau in geschützten Räumen.

Problematisch sind jene Wintertage, an denen es außen durch Nebel oder Niederschlag so feucht ist, dass selbst Lüften kein Abtrocknen bewirkt. Vor allem wenn diese Wetterlage mehrere Tage anhält, kann es kritisch werden. Das sind die einzigen winterlichen Bedingungen, wo man versucht sein kann, im Hobbygewächshaus zu heizen – eben nicht der Kälte, sondern der Feuchtigkeit wegen.

Bei der Luftfeuchtigkeit im Freien können wir nicht steuernd eingreifen. Man sollte sich aber überlegen, ob man nicht für heikle Gemüsepflanzen über den Winter ein einfaches Dach aus einer Stegdoppelplatte oder einem Fensterrahmen bastelt. Seitlich kann alles offen bleiben, aber nach oben gibt es dadurch einen Niederschlagsschutz, der den Pflanzen draußen das Überleben sichern kann.

Sonneneinstrahlung, Lichtdauer und -intensität

Der eigentliche limitierende Faktor im tiefsten Winter ist das mangelnde Licht. Sowohl Tageslänge als auch Lichteinstrahlung sind so reduziert, dass an ein Pflanzenwachstum nicht zu denken ist. In dieser Zeit, wo den Pflanzen manchmal nur 100–200 W/m² zur Verfügung stehen, stockt jede Entwicklung. Im Vergleich dazu bietet ein sonniger Sommertag eine Einstrahlung von etwa 1.000 W/m². Bei Tageslängen unter zehn Stunden fehlen der Pflanze die Möglichkeiten für einen Substanzaufbau. Das ist je nach geografischer Lage die Zeit zirka zwischen Ende Oktober und Mitte Februar. Der kürzeste Tag dauert bei uns in Wien knappe 8,5 Stunden. Entscheidend für diese astronomischen Daten ist die Frage nach dem Breitengrad. Je weiter im Norden, desto kürzer werden die Tage im Winter. Wien liegt am 48. Breitengrad, Berlin am 52., Hamburg schon am 53. Das macht in der Tageslänge einen Unterschied zwischen Wien und Hamburg von einer knappen Stunde am kürzesten Tag des Jahres aus.

Ein ganz wichtiges Prinzip des Wintergärtnerns besteht immer darin, den pflanzlichen Substanzaufbau aus Zeiten mit höherem Lichtangebot, also aus dem Sommer und dem Herbst, mit in den Winter zu nehmen. Ein verlangsamtes Wachstum in der lichtarmen Zeit bedeutet aber auch, dass unsere Gemüse länger erntbar bleiben. Der Profigärtner spricht vom langen Erntefenster und meint damit jenen Zeitraum, im dem eine Gemüsekultur erntereif ist, bevor sie überständig wird. In diesem Sinn ist das Erntefenster des Winters so weit, dass wir uns wochenlang versorgen können, ohne befürchten zu müssen, dass uns unser Gemüse davonwächst. Winter ist eben, wie wir es anfangs postuliert haben, keine Wachstums-, aber Erntezeit.

Der Faktor Licht an sich ist mit einfachen Mitteln für uns nicht steuerbar. Auf eine Zusatzbelichtung wollen wir ja auf alle Fälle verzichten. Ab März wirkt sich im länger werdenden Tag das zusätzliche Lichtangebot schon spürbar aus. In dieser Zeit ist bei Salaten und Kräutern wieder ein deutlicher Blattzuwachs zu beobachten, der für die Winterernte unbedingt ausgenutzt werden muss.

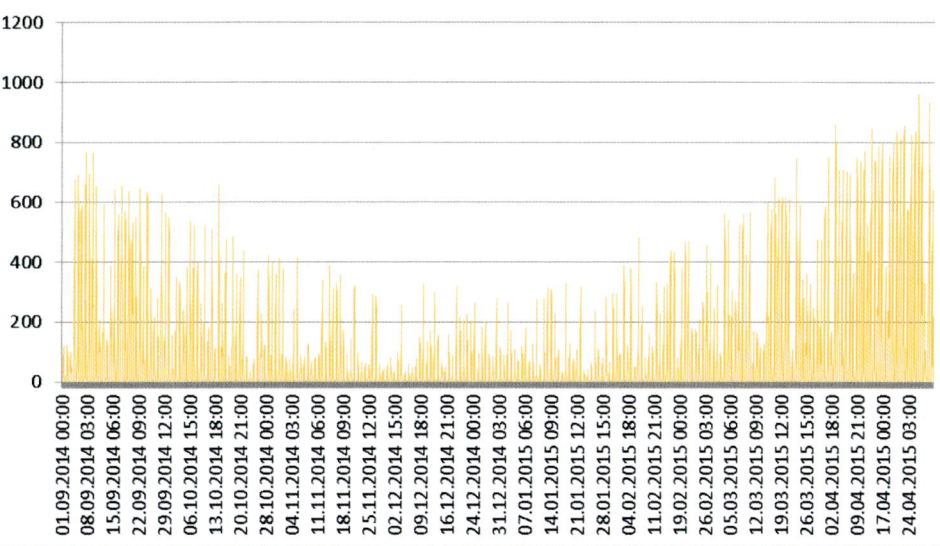

Lichteinstrahlung in [W/m²]

Abbildung: Die abnehmende Einstrahlung von Licht im Winter ist anhand dieser Grafik aus unserem Wintergemüseprojekt 2014/15 deutlich erkennbar.

Wintergemüsekulturen, wie hier zum Beispiel Asia-Salate, können laufend abgeerntet werden, ohne dass man befürchten muss, dass sie „davonwachsen". Ab März wird das Wachstum wieder spürbar stärker.

Ein Bild sagt mehr als tausend Worte: der Glashauseffekt einfacher geschützter Räume gepaart mit der erstaunlichen Frosthärte vieler Blattgemüse ergibt eine geniale Winterkombination. Der Kontrast zwischen Grün und Weiß könnte stärker nicht sein.

Nun muss man bedenken, dass die Sonneneinstrahlung ja nicht nur der Photosynthese, also direkt dem Pflanzenwachstum dient, sondern beim Auftreffen auf die Erde von Boden und Wasser absorbiert wird und diese erwärmt. Besonders in geschützten Kulturräumen, also in Gewächshäusern und Frühbeetkästen, kommt es zu einem Wärmestau, dem Glashauseffekt. Diese eingefangene Wärme kommt unserem Wintergemüse zugute. Selbst bei ungemütlichen Außentemperaturen, aber sonnigen Witterungsbedingungen erhitzt sich so ein mit Folien oder Glas eingedecktes Gewächshaus erstaunlich schnell.

Einfluss auf den Wärmehaushalt hat aber auch der Phasenwechsel vom flüssigen auf den gasförmigen Aggregatzustand des Wassers. Wenn Wasser verdunstet, kühlt es die Umgebung ab, wenn es kondensiert, gibt es wieder Wärme frei. Diese Vorgänge führen zu Blattoberflächentemperaturen bei Gemüsepflanzen, die deutlich von jenen der umgebenden Luft abweichen können.

Auch wenn wir hier nicht auf alle physikalischen Details eingehen können, wird schon klar, dass die Grundgrößen der Einstrahlung, Luftfeuchtigkeit und Temperatur miteinander stark verbunden sind und ein kompliziertes Ganzes ergeben. Unsere Gemüsepflanzen stehen bildlich gesprochen mittendrin.

Erfolgsfaktor Kleinklima

Wenn wir hier von meteorologischen und physikalischen Parametern und ihrem Einfluss auf das Wintergemüse reden, muss eines immer klar sein: Es zählen nicht die Daten aus dem Wetterbericht der Tageszeitung oder aus dem Internet, sondern jene Kleinklimadaten im unmittelbaren Umfeld der Pflanze. Und das Kleinklima rund um die Pflanze kann erhebliche Unterschiede zur „Großwetterlage" aufweisen. Topografische Gegebenheiten, Exposition oder Verbesserungen durch einfache technische Hilfsmittel haben deutliche Auswirkungen und können (über-)lebensentscheidend sein. Auf letztere werden wir im Kapitel „Hilfsmittel und Materialien" (ab Seite 330) zu sprechen kommen. Hier soll nur darauf hingewiesen werden, wie wichtig die Gestaltung des unmittelbaren Lebensraums der Pflanze ist.

Man kann sich kalte Luft wie eine Flüssigkeit vorstellen, die nach unten fließt. Deshalb spricht man häufig von Kaltluftseen in Beckenlagen oder am Talboden. An den Hängen hingegen ist es spürbar wärmer, weil die kalte Luft nur vorbeifließt. Das Wintergemüsebeet sollte also nicht unbedingt am tiefsten Punkt im eigenen Garten angelegt werden, wenn dieser topografisch in einem Kessel liegt.

Hanglagen nach Süden, Osten oder Westen bieten außer dem Vorteil, dass kalte Luft abfließt, die Möglichkeit einer intensiveren Sonneneinstrahlung. Diese Zusammenhänge sind im Weinbau schon lange bekannt. Bereits die Römer suchten bei uns jene Lagen für die Pflanzung ihrer Weingärten aus, die ein optimales Mikroklima aufwiesen. Diese Prinzipien kann man sich auch im Kleinen im Hausgemüsebau zunutze machen. Freilich sind so grundsätzliche Überlegungen ja nur bei der Wahl des Grundstücks sinnvoll, wenn man ein solches für die Anlage eines eigenen Gartens erwerben möchte.

Man sollte aber auch bedenken, dass eine sonnige Exposition den ständigen Wechsel zwischen raschem Auftauen und nächtlichem Einfrieren fördert. Das belastet Pflanzen oft mehr als Dauerfrost. In alten Gartenbüchern wird von einer Ausrichtung des Winterbeets nach Osten oder Südosten abgeraten, damit in den Vormittagsstunden die Gemüsepflanzen nicht zu plötzlich auftauen. Auch die damals empfohlenen Furchen, in die Wintergemüse hineingepflanzt wurden, dienten dem Schutz vor zu intensiver Sonnenbestrahlung und damit einer gleichmäßigeren Temperaturführung.

Für jeden umsetzbar sind Prinzipien für die kleinräumigere Gestaltung mit Auswirkungen auf das Mikroklima. Ein Schutz durch nahe gelegene Mauern oder Objekte etwa kann sich dramatisch auf die Temperatur direkt an der Pflanze auswirken.

Eine Hauswand im Norden unmittelbar neben dem Gemüsebeet bringt in kalten Nächten einen Temperaturgewinn von mehreren Grad Celsius. Auch niedrige Steinmauern oder liegende Baumstämme verändern das Kleinklima. Sie bieten zusätzlich den Vorteil, dass sie tagsüber bei Sonnenschein Wärme speichern, die sie in der Nacht an ihre Umgebung abgeben. Schattenflächen hingegen beeinträchtigen nicht nur das Lichtangebot. Es hält sich Frost im Schattenwurf von Mauern oder Bäumen am Vormittag erheblich länger als im gut besonnten Nachbarbereich. Auch nach längeren Frostperioden tauen beschattete Standorte erst erheblich später auf. Wasserflächen speichern Wärme sogar noch effektiver als Stein oder Boden. Sie erhöhen allerdings die Luftfeuchtigkeit vor Ort. Der Einsatz von Mulchmaterialien wie Heu oder Stroh dient als Kälteschutz unmittelbar bei der Pflanze. Sehr gut eignet sich da auch im Herbst im Überfluss vorhandenes Laub. So eine Mulchschicht aus Laub während der Winterwochen, die die Gemüsekultur durchaus halb bedecken kann, hält die Wärme spürbar länger und verhindert auch einen ständigen raschen Temperaturwechsel. Im Frühjahr sollte man den Mulch allerdings abnehmen, sonst wärmt sich der Boden darunter langsamer auf als der unbedeckte. Die Mulch-

Der kleinräumig strukturierte Garten bietet Orte mit einem günstigen Mikroklima für unsere Winterkulturen.

Ein Schutz durch Bäume im Norden des Winterbeetes wirkt sich positiv auf das Kleinklima aus.

schicht würde als Isolation in die verkehrte Richtung wirken und die Kälte im Boden konservieren.

Eine Vorstellung von den örtlichen Gegebenheiten im eigenen Garten bekommt man gleich in der Früh nach einer Raureifnacht. Bestimmte Stellen bleiben vom Reif verschont, an anderen ist dieser besonders stark ausgebildet. Diese Unterschiede lassen sich in einer „Kleinklimakarte" festhalten. Mithilfe einer solchen Karte kann man das Wintergemüsebeet an der optimalen, am besten geschützten Stelle im Garten anlegen.

Besonderes Augenmerk sollte man dabei aber auch auf den Windschutz legen. Stürmisches Winterwetter schadet unserem Gemüse weit mehr als stehende Kälte. Anders als bei uns Menschen kann man bei den Pflanzen allerdings nicht von einem echten Windchill-Effekt sprechen, weil sie ja über keine Eigenwärme verfügen, die durch Wind verblasen wird. Das Problem ist also nicht, dass es Pflanzen bei Wind fröstelt, so wie wir das empfinden. Schädlich wirken sich bei ihnen die mechanische Beanspruchung gefrorener Pflanzenteile und vor allem die verstärkte Verdunstung aus. Letztere bewirkt einerseits Trockenschäden, vor allem wenn die Pflanzenwurzeln aus dem gefrorenen Boden kein flüssiges Wasser nachfördern können. Man bezeichnet das als Frosttrocknis. Verstärkte Verdunstung hat andererseits auch einen abküh-

Schon ein paar schützende Sträucher in der Hauptwindrichtung können Winterstürme bremsen und damit gegen Frosttrocknis und Verdunstungskälte an den Blättern wirken.

lenden Effekt. Man spricht von Verdunstungskälte an den Blättern. Diese hilft den Pflanzen im Sommer nicht zu überhitzen, im Winter aber bei eisigen Temperaturen erhöht sie den Kältestress noch beträchtlich. Unbedingt müssen wir deshalb unser Winterbeet vor kalten Winden schützen. Windschutzhecken sind dafür optimal geeignet. Sie bremsen den Wind und schaffen so ein für unser Freilandgemüse erträgliches Kleinklima. Nebenbei erfüllen sie übers ganze Jahr natürlich auch noch zahlreiche andere Funktionen als Sichtschutz, Abgrenzung oder Lebensraum für Nützlinge. Mit der Verwendung von Wildobststräuchern erzielt man noch einen genussvollen Zusatzeffekt. Unbedingt sollte man schnittverträgliche Gehölze verwenden, damit sich die Hecke mit den Jahren nicht zu stark verbreitert.

In alten Gartenbüchern werden als Windschutz auch Bretter- oder Schilfwände vorgeschlagen. Eine einfache, sehr flexible Alternative sind Strohballen, die quer zur Hauptwindrichtung aufgeschichtet werden. Windschutzeinrichtungen sollten eine Mindesthöhe von eineinhalb Metern haben und nach Norden mindestens eineinhalb, nach Osten und Westen zwei Meter und nach Süden vier Meter Abstand zum Beet einhalten, damit sie keinen Schatten werfen.

Folgende zusammenfassende Formel für die Wahl des geeignetsten „Wintergemüseplätzchens" klingt zwar einfach, ist aber einigermaßen komplex: größtmöglicher Frost- und Windschutz bei optimaler Lichtexposition und guter Belüftung.

Zum Einsatz von Wetterstationen und Messgeräten

Wer die Beobachtung des Kleinklimas richtig wissenschaftlich betreiben will, muss sich technischer Hilfsmittel bedienen. Eine Wetterstation direkt beim Gemüsebeet sorgt für Daten, die den tatsächlichen Gegebenheiten entsprechen, denen die Pflanze ausgesetzt ist. Da man heutzutage solche

Kleinstationen mit Funkbetrieb in jedem Technik-markt zu erschwinglichen Preisen beziehen kann, ist eine Anschaffung für akribische Wintergärtner durchaus überlegenswert. Klassische Wetterstationen speichern allerdings höchstens Maximum- und Minimumwerte, aber keine Verläufe und ermöglichen so keine durchgängige Dokumentation. Sie zeigen eher die momentane Situation an.

In unseren Projekten arbeiten wir daher mit kleinen Dataloggern, die regelmäßig Temperatur und Luftfeuchtigkeit aufzeichnen und speichern. Sie sind nicht viel größer als ein USB-Datenstick, preiswert und damit sehr flexibel einsetzbar. Mit kleinen Batterien oder Akkus ausgerüstet, sammeln sie Daten während des ganzen Winters. Wir haben sie so eingestellt, dass sie das alle 15 Minuten tun und so auch plötzliche Wetteränderungen auf jeden Fall erfassen. Am Ende des Winters werden die Geräte einfach an der Schnittstelle des Computers angesteckt und ausgelesen. Mit Hilfe von freier Software kann man sich anschauliche Temperatur- und Luftfeuchtigkeitskurven erstellen, die einen guten Überblick über den gesamten Verlauf des Winters ermöglichen. Diese kleinen Datalogger wiederum haben den Nachteil, dass man während der Wintersaison keine Werte direkt ablesen kann, sondern nur im Nachhinein. Selbstverständlich lassen sich beide beschriebenen Varianten – Wetterstationen und Datenlogger – auch kombinieren.

Mit der Messung der Einstrahlung ist es leider komplizierter als bei Temperatur und Luftfeuchtigkeit. Sie zählt nicht zu den Standardparametern gängiger Wetterstationen, schon gar nicht, wenn wir jenen Teil der Strahlung bestimmen wollen, der für die Pflanze photosynthetisch wirksam ist. Diese sogenannte PAR-Strahlung (Abkürzung für den Fachbegriff: Photosynthetically Active Radiation) kann nur mit Spezialsensoren bestimmt werden, die für wissenschaftliche Zwecke verwendet werden. Einfacher kann die Beleuchtungsstärke gemessen werden. Sie wird in der Maßeinheit Lux

angegeben und vermittelt einen Eindruck von der Belichtungssituation der Pflanze.

Klimawandel: eine Chance für den Wintergemüsebau?

Klimawandel und Globalerwärmung sind längst zu einem Phänomen geworden, das immer stärker in unserem Alltag spürbar wird. Die Frage, wie hoch der Temperaturanstieg ausfallen wird, spielt naturgemäß auch in unser Thema hinein. Bestimmt bin ich kein Experte auf dem Gebiet der meteorologischen Zukunftsprognosen. Aber die beobachtbaren Veränderungen und Verschiebungen der letzten Jahre haben einen deutlichen Einfluss auf das Gedeihen unserer in diesem Buch beschriebenen Wintergemüse.

Zusammengefasst kann man sagen, dass die milderen Temperaturen dem Wintergemüseanbau deutliche Vorteile bringen. Auch wenn das jeden Wintergärtner erfreuen wird, weil die Überlebenswahrscheinlichkeit zahlreicher Salate und Salatkräuter steigt, ist tiefe Besorgnis angesichts der globalen Bedrohung durch den Klimawandel angebracht. Auch die Landwirtschaft leidet in Summe stärker darunter, als sie davon profitieren kann. Wenn wir also Chancen erkennen wollen, die sich in unseren Hausgärten durch den Klimawandel ergeben, tun wir das hier durch Betrachtung des kleinen Mikrokosmos unserer vier Gartenzaun-

Mit einfachen kleinen Dataloggern lassen sich Temperatur und Luftfeuchtigkeit direkt bei der Pflanze messen.

verlängerten, außergewöhnlich warmen Herbst, dafür aber gelegentliche Frostphasen im Februar oder sogar noch im März. Die winterlichen Tiefsttemperaturen unterschritten in vielen Landesteilen -10 °C kaum oder nur sehr kurzzeitig. Kältephasen waren außerdem zeitlich begrenzt.

Das milde Herbstwetter bietet allerdings eine Saisonverlängerung in eine Zeit hinein, die, wie wir gesehen haben, durch Lichtmangel kaum zum Gemüsewachstum beiträgt. Wir ernten also Gemüsekulturen, die ohnehin schon fertig entwickelt sind, über einen längeren Zeitraum, oft bis Weihnachten hin. Umgekehrt hemmt Kälte im Februar oder März das Wachstum in der Phase des länger werdenden Tags. Das ist für eine Winterernte im Vorfrühling von Nachteil.

Als ungünstig erweist sich auch der Wechsel zwischen Frost und Tauphasen für Gemüsepflanzen, die im Freien stehen. So erklärte mir unlängst eine Hausgärtnerin aus Kärnten, dass sie ihren Zuckerhutsalat nicht mehr im Winter auf dem Beet belassen kann, weil er durch die Temperaturschwankungen rund um den Gefrierpunkt zur Fäulnis neigt. In ihrer Kindheit war das bei Dauerfrost und Schneedecke kein Problem. Auch ich erinnere mich noch gut an die Kältephase letzten Winter, wo wir Ende Jänner an meiner Versuchsstation Zinsenhof in einer Woche Temperaturen unter -20 °C hatten, in der Woche darauf aber schon wieder +10 °C. Dass solche abrupten Schwankungen Wintergemüsepflanzen extrem belasten, braucht hier gar nicht mehr besonders betont werden.

Angesichts sich ändernder Jahreswitterungsverläufe würde ich als Empfehlung für die nächsten Jahre Folgendes vorschlagen: Die letzten Freilandsätze von Salaten, Endivien und Zichorien sollten später ausgesät und ausgepflanzt werden, als dies normalerweise üblich ist. Milder Spätherbst erlaubt dann eine Ernte oft bis in den Dezember hinein. Auch Winterkräuter und Wintersalate dürfen keinesfalls zu früh angebaut wer-

Die milde Herbstwitterung der letzten Jahre sorgte dafür, dass Gemüsepflanzen oft ohne Probleme auch im Freien bis Weihnachten auf dem Beet bleiben konnten.

Geschlossene Schneedecken sind in den Wintern der letzten Jahren im Osten Österreichs die absolute Ausnahme gewesen.

Extreme Temperaturschwankungen führten sogar bei dem sonst so frostfesten Kohl zu starken Schädigungen.

wände sozusagen aus der Gartenzwergperspektive.

Die letzten Jahre bescherten uns in unseren Breiten milde Winter mit nur vereinzelten, verkürzten Kälteperioden. Wir beobachteten oft einen

Der Wintertreffpunkt am Beet dient dem Erfahrungsaustausch und der Motivationssteigerung.

den. Sie entwickeln sich sonst viel zu schnell und sind erntefertig, bevor der Winter noch so richtig begonnen hat. Damit ist zwar eine üppige Herbstversorgung gesichert, aber das war ja nicht die eigentliche Absicht dahinter.

Gartennotizen und Winterstammtische

Überhaupt kann man sagen, dass die Erfahrungen der letzten milden Winter die Lust auf Experimente im eigenen Garten durchaus anregen. So lassen sich aufbauend auf die in diesem Buch enthaltenen Aussaat- und Pflanzungsempfehlungen eigene Erfahrungen sammeln und eigene Daten gewinnen. Diese sind für jeden Hausgärtner und jede Selbstversorgerin die beste Voraussetzung dafür, Winterprofi zu werden.

Eine Sache möchte ich Ihnen sehr ans Herz legen: Führen Sie jedes Jahr übersichtliche, ausführliche Aufzeichnungen! Egal ob Sie das schriftlich in Buchform oder als elektronische Tabelle machen: Schreiben Sie unbedingt auf, wann Sie was wo ausgesät und ausgepflanzt haben, halten Sie Ihre Beobachtungen fest und unterlegen Sie diese mit den Wetterdaten am Beet. Nur so bleibt nachvollziehbar, warum Ihre Wintergemüseernte geglückt ist oder was die Ursachen für Misserfolge gewesen sein könnten. Im nächsten Jahr können Sie es dann noch besser machen, auch wenn

der Witterungsverlauf als große Unbekannte im ungeheizten Wintergemüsebau immer für etwas Unsicherheit sorgt.

Von einer Gartenliebhaberin aus der Steiermark habe ich unlängst die Anregung bekommen, dass sie sich eine Art Wintergemüsestammtisch wünscht, bei dem sie sich mit anderen praktizierenden Wintergärtnerinnen und Wintergärtnern aus der Nachbarschaft austauschen kann. Das finde ich eine ausgezeichnete Idee, die unter dem Motto steht: Ich muss ja nicht jeden Fehler selbst machen! Es geht aber nicht nur um Fehlervermeidung, sondern einfach um die zusätzliche Motivation und Begeisterung, die wächst, wenn man sie teilt. Außerdem sind solche Treffen und gegenseitige Gartenbesichtigungen ja auch schöne Gelegenheiten, die Früchte der Wintermühen, kulinarisch veredelt, gemeinsam zu genießen.

Auf Profi-Ebene machen wir es nicht anders: Unter Einbindung von Biogemüsebetrieben ist in Österreich in den letzten Jahren ein Netzwerk aus Forschung, Praxis und Beratung entstanden, in dem wir gemeinsame Versuche anlegen, uns gegenseitig besuchen und Ergebnisse austauschen. Zur Freude aller Beteiligten machen wir so nicht nur große fachliche Fortschritte, sondern erregen mit unseren Ergebnissen und dem partizipativen Forschungsansatz sogar internationale Aufmerksamkeit.

Knoblauch wird traditionell im Herbst gesteckt, überwintert als Jungpflanze und ist im nächsten Sommer dadurch früher erntereif.

Altes, vergessenes Gartenbauwissen neu entdeckt

Das Prinzip des Wintergemüseanbaus ist ebenso naheliegend wie faszinierend: Viele unserer Gemüsearten sind wesentlich frostfester, als man das bisher angenommen hat. Deshalb lassen sie sich ohne Heizungsaufwand mit einfachen Mitteln so kultivieren, dass sie während des ganzen Winters geerntet werden können. Dieses Anbauverfahren wird bisher eigentlich großflächig nur beim Vogerlsalat angewendet, würde aber bei zahlreichen anderen Gemüsearten genauso funktionieren. Anscheinend haben wir vergessen, dass die Herbstaussaat und

-pflanzung von Gemüse in unseren Breiten lange Tradition hat. Nicht nur beim Knoblauch ist es üblich, ihn ab Mitte Oktober zu pflanzen, in vergangenen Zeiten wurden auch Salate noch im Herbst ins Freie gesetzt, wie sich vielleicht ältere Hausgärtnerinnen und -gärtner erinnern können. Dazu verwendete man spezielle, robuste Sorten wie zum Beispiel den 'Neusiedler Gelben Winter' oder den 'Winterkönig'. Die Pflanzen wurzelten im Herbst noch ein, gingen im Jugendstadium über den Winter, wo sie weniger frostanfällig sind als während der Kopfbildungsphase, und waren im Frühjahr um 1–2 Wochen früher erntereif.

Auch Karotten oder Dicke Bohnen säte man noch vor dem Winter. Sie keimten zeitiger, sobald es die Frühlingsverhältnisse zuließen. Leider sind diese Anbautraditionen und das alte Wissen um die Überwinterungspraktiken vieler Gemüsearten heute weitgehend verloren gegangen.

Schatzsuche in Bibliotheken und Antiquariaten

Um genau dieses alte Wissen wieder aufzustöbern, habe ich zunächst die hintersten, verstaubten Regalabschnitte unserer Anstaltsbibliothek unter die Lupe genommen. Titel wie *Gemüsetreiberei und Frühgemüsebau, Gardening with Cloches* oder *Die Überwinterung der frischen Gemüse, Wurzel- und Knollengewächse, Küchenkräuter einschließlich der Samenpflanzen, unter Berücksichtigung der wichtigsten im Vor- und Nachwinter zu kultivierenden Gemüse* klangen sehr vielversprechend. Letzteres Werk von J. Barfuß datiert im Jahr 1888 und ist im Verlag Eugen Ulmer herausgegeben worden. Im Vorwort beschreibt der Autor Zweck und Anliegen seines Büchleins so: „Kurzum, das Werkchen soll lehren, wie man mit seinem Gemüse am vorteilhaftesten im Winter verfährt." Das erregte verständlicherweise meine volle Aufmerksamkeit.

Viele Gartenbücher stammen aus der Zwischen- oder Nachkriegszeit, wo die ganzjährige Versorgung mit Lebensmitteln und die Bekämpfung von Nahrungsmittelknappheit hohen Stellenwert hatten. Meine Suche nach wertvoller Gemüseliteratur setzte ich dann in Antiquariaten fort. Die Möglichkeiten, die uns heute über Online-Suchbörsen geboten werden, erwiesen sich bei so einer Spezialsuche als sehr hilfreich. Ich war erstaunt, wie viele Heftchen und Beratungsschriften noch antiquarisch erhältlich waren. Sie sind hauptsächlich dem Frühgemüsebau gewidmet.

Aus dem Bereich der Fachliteratur muss hier das Lehrbuch von Josef Becker-Dillingen erwähnt werden, das den für heutiges Empfinden sehr vollmundigen Titel Handbuch des gesamten Gemüsebaus trägt. Tatsächlich kann man diesen zwischen 1924 und 1956 in sechs Auflagen erschienenen Klassiker als Standardwerk für Generationen von Studierenden, Lehrenden und Praktikern bezeichnen. Ausführlich sind darin der Frühgemüsebau, die Gemüselagerung sowie die praktische Kultur auch von heute kaum mehr bekannten Gemüsearten beschrieben.

Befragungen von Gärtnerpersönlichkeiten

Als Teil des schon erwähnten groß angelegten nationalen Wintergemüseprojekts wurden an der Universität für Bodenkultur am Institut für ökologischen Landbau Bachelorarbeiten durchgeführt, in deren Rahmen ältere Gärtnerpersönlichkeiten in Wien, in der Steiermark und im Burgenland zu ihren Erinnerungen an frühere Gemüsepraktiken im Winter befragt wurden. Sie berichteten nicht nur von Mistbeetanlagen, sondern auch von Kalten Kästen und Erdmieten zur Winterlagerung von Wurzel- und Knollengemüse. Einige davon nutzen diese Überwinterungs- und Verfrühungseinrichtungen bis heute. Ihr praktisches Gartenwissen ist in dieses Buch eingeflossen.

Ich bin überzeugt davon, dass noch viele andere Hausgärtnerinnen und Hausgärtner im ganzen Land reiche Erfahrungen mit altbewährten Anbautechniken haben und Wintergemüsebau seit langem erfolgreich betreiben. Allen, die mit traditionellen Gärtnerpraktiken nicht so vertraut sind, soll die folgende Übersicht ein Stück über Generationen gelebter Gärtnergeschichte vor Augen führen.

Eine Fülle von interessanter historischer Gartenliteratur ist antiquarisch erhältlich.

Glocken oder Cloches waren ganz einfache Treibeinrichtungen aus Glas, die in der zweiten Hälfte des 19. Jahrhunderts in Frankreich sogar großflächig eingesetzt wurden.

Treiblöcher, Glocken, Papierhauben

Diese einfachsten Treibeinrichtungen konnte man ohne großen Aufwand sehr flexibel einsetzen. Treiblöcher wurden mit einem Durchmesser von 60 cm und einer Tiefe von 20 cm ausgehoben, mit Pferdemist befüllt, festgetreten und befeuchtet. Sie funktionierten nach denselben Prinzipien wie die Mistbeete, die hier noch später (Seite 45) beschrieben werden sollen. Über solche Treiblöcher wurden Glasglocken gestülpt, die dazu dienten, die Verrottungswärme von unten und die von oben

von der Sonne stammende Strahlungswärme für die Gemüsepflanzen in ihrem Schutz bestmöglich zu halten. Eliot Coleman beschreibt in seinem *Handbuch Wintergärtnerei* sehr eindrücklich die wirtschaftliche Bedeutung dieses Treibglockensystems von 1850 bis 1900, als man es schaffte, damit nicht nur die Großstadt Paris mit Gemüse zu versorgen, sondern darüber hinaus auch noch Ware nach England zu exportieren.

Der Einsatz von Treibglocken, auch *Cloches* genannt, ist mit wesentlichen Nachteilen verbunden. Sie sind aufwändig zu handhaben: Gieß-, Ernte- und Lüftungsarbeiten sind nur umständlich durchzuführen. Die relativ hohen Anschaffungskosten versuchte man durch die Verwendung von Papierhauben zu reduzieren, die wie Einweggloken funktionierten. Statt umständlich zu lüften, wurden sie im Frühjahr einfach eingerissen, wenn die Gemüsepflanzen eingewachsen und Spätfröste nicht mehr zu befürchten waren. In England wurden Anfang des 20. Jahrhunderts die durchgängigen *Cloches* erfunden. Sie hatten mit den ursprünglichen Glocken nicht mehr viel gemein. Es handelte sich um Glaselemente, die mit Drähten und Spangen miteinander verbunden wurden und so durchgängige gläserne Verfrühungskästen bildeten. Sie konnten flexibel auf- und abgebaut

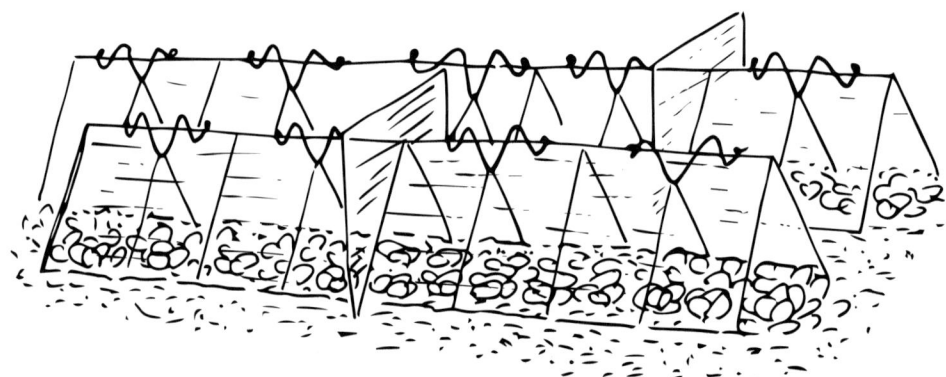

Als Cloches bezeichnete man in Folge aber auch Konstruktionen, die aus Glasscheiben zusammengesetzt und mit Drähten verbunden wurden.

werden, waren gut lüftbar und ausreichend stabil, sodass sie für die Erwerbsproduktion intensiv zum Einsatz kamen. Haupteinsatzgebiet der
Cloches war die Verfrühung und Saisonverlängerung vielfältiger Gemüsearten.

Frühbeetanlagen

Frühbeetkästen sind bei uns aus dem Profi-, aber
auch aus dem Selbstversorgergemüsebau des 19.
und 20. Jahrhunderts nicht wegzudenken. Sie
waren in jener Zeit die wichtigsten technischen
Produktionshilfsmittel zur damals so genannten
Gemüsetreiberei und dienten nicht nur der Ernteverfrühung und Ertragssteigerung, sondern auch
der Jungpflanzenanzucht und der Überwinterung
von Gemüseprodukten.

*Auch an der Höheren Bundeslehr- und For-
schungsanstalt für Gartenbau in Schönbrunn
sind immer noch alte Frühbeetkastenanlagen
vorhanden. Diese zählten über Jahrzehnte
zur gemüsebaulichen Grundausstattung im
Erwerbsgemüsebau.*

Man findet in den alten Gartenbroschüren
wahre Lobeshymnen auf den Frühbeetkasten,
wie folgendes Zitat aus dem Heftchen *Das Frühbeet des Liebhabers* von Johann Steffek 1937
belegt: „Mit ihm (dem Frühbeetkasten) trotzen
wir dem Winter wichtige Wachstumstage und
-wochen ab, verlängern die Nutzung unsres Gartens und kommen früher in den Genuss schöns-
ter Gartenfreuden! Denn gar viel können wir im
Frühbeetkasten - kurz Mistbeet genannt - heranziehen: seien es Gemüse- und Blumenpflanzen,
die wir später in nicht mehr frostbedrohtes Land
pflanzen wollen, oder seien es zarte Frischgemüse, die unsern Tisch um köstlichen Genuss bereichern." Schön gesagt!

Ursprünglich praktizierte man Gemüsetreiberei ja eigentlich nur in den Orangerien und
Gewächshäusern aller bedeutenden Fürstenhöfe
und Schlösser des 17. und 18. Jahrhunderts. Das
Frühbeetsystem entwickelte sich als wirtschaftlich interessante, sehr leistungsfähige Ableitung
dieser prunkvollen Herrschaftseinrichtungen. Das
Prinzip ist denkbar einfach: längliche, rechteckige
Kastenanlagen, aus unterschiedlichsten Materialien gebaut, werden mit Fenstern abgedeckt und
bilden einen geschützten Raum, der wachstums-

fördernd und ertragssteigernd wirkt. Frühbeete
waren so kostengünstig zu errichten und funktionierten so gut, dass sie damals die Gemüseproduktion revolutionierten. Bei den Erwerbsgärt-
nern kamen sie erst ab den 1950er Jahren aus
arbeitswirtschaftlichen Gründen aus der Mode.
Das war die Zeit, als sich der großflächige Anbau in
Gewächshäusern durchsetzte. Der oben erwähnte anerkannte Agrarwissenschaftler Becker-Dillingen sah das in seinem *Handbuch des gesamten Gemüsebaus* 1956 allerdings sehr kritisch. Er
meinte, der Trend würde sich vom Glashaus wieder zum Kasten zurückentwickeln, und zwar aus
wirtschaftlichen Gründen. Denn der Import von
Gemüse aus südlichen Ländern und der hohe
Investitions- und Betriebsaufwand (Heizung) in
den Gewächshäusern würde eindeutig für den
Ausbau der Low-Input-Variante Kasten sprechen.
Er meinte sogar: „Der Kasten des Gärtners wird
seine Berechtigung und Wirtschaftlichkeit noch
haben, wenn das Großtreibhaus schon lange der
Zeit gewichen ist." Nun wissen wir heute, dass er
in diesem Punkt nicht Recht behalten sollte. Er
gesteht ja auch den wunden Punkt des erhöhten
Arbeitsbedarfs im Kasten ein. Seiner Beurteilung
im Blick auf die Ressourceneffizienz muss ich aber
auch heute noch zustimmen.

Erdkästen, Kalte Kästen

In der alten Gartenbauliteratur wird eine Vielzahl von Varianten und Bauformen der Frühbeetkästen beschrieben. Die einfachsten Typen wurden als Erdkästen ausgeführt. Sie waren eigentlich nur mit Frühbeetfenstern abgedeckte Erdgruben, die in Ost-West-Richtung verliefen. Der nördliche Erdwall wurde 15–20 cm höher geformt als die Südseite und eventuell mit Brettern und Pflöcken abgestützt. Als Auflage für die Fenster waren 8 x 8 cm große Vierkanthölzer in Längsrichtung völlig ausreichend. An den Schmalseiten sorgten Bretter oder Erdwälle für einen dichten Abschluss der Anlage. Die Erddoppelkästen funktionierten genauso. Bei ihnen errichtete man in der Mitte eine Fensterauflage aus Pflöcken und Brettern wie einen First. Die beiden unteren Wände wurden wieder aus gestampfter Erde mit eingelegtem Vierkantholz gebildet. Diese Erdkästen, die man auch Holländerkästen nannte, funktionierten am besten im lehmigen Boden, weil die Wälle und Dämme hier ausreichend stabil blieben. Sie waren mit geringstem Materialaufwand schnell herzustellen, damit auch sehr flexibel einsetzbar, und wurden stets als ungeheizte Frühbeete genutzt. Die Weiterentwicklung der Frühbeete ging in

Feste Kästen sind aus Ziegelsteinen, Holz oder Beton gefertigt.

Richtung feste Kästen in dauerhafter Ausführung. Dafür verwendete man Holz, Ziegelsteine oder Beton. Holzkästen wurden aus Eckpflöcken, Längs- und Seitenbrettern zusammengezimmert. Ziegellatten dienten der Auflage der Frühbeetfenster. Die Dimensionierung nahm stets auf die Sonnenexposition Rücksicht, sodass die Südseite 10 cm niedriger ausgeführt wurde. Das dadurch entstehende Gefälle ermöglichte auch ein Ablaufen des Regenwassers.

Frühbeete hatten eine Standardbreite von 1,50 m, die auf die Länge der Mistbeetfenster

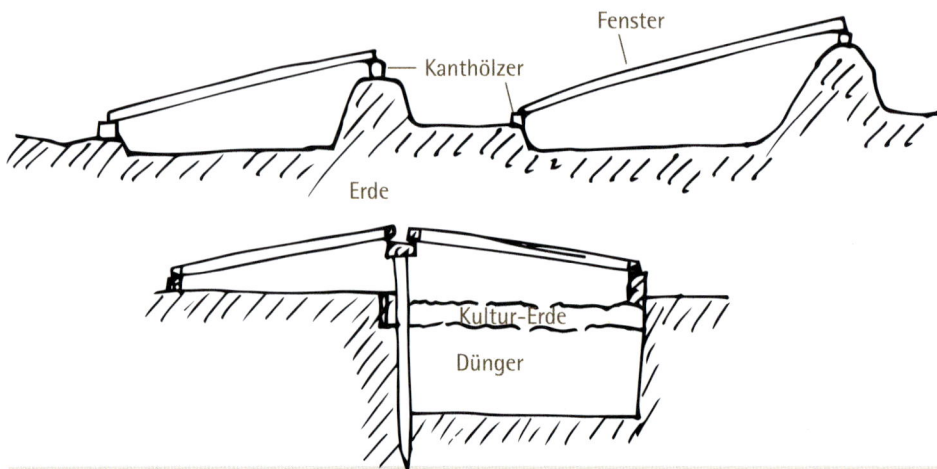

Bei den Erdwallkästen oder Doppelkästen wurden die Fenster auf Erddämme oder einfache Holzkonstruktionen aufgelegt.

abgestimmt war. Das Holländer-Fenster war 80 cm breit und einscheibig ausgeführt, das deutsche Normalfenster hatte zwar eine Breite von 100 cm, aber durch seine Sprossenunterteilung dennoch einen ungünstigeren Lichtdurchlass.

Der sogenannte Kalte Kasten war ein Frühbeet, das ausschließlich durch die Sonneneinstrahlung, nicht aber durch Mistpackungen aufgewärmt wurde. Er kam bei weniger kälteempfindlichen Kulturen wie bei Karotten, Salat oder Radieschen zum Einsatz. Im Sommer diente er als Treibraum für Fruchtgemüse wie Gurken und Melonen.

Mistbeetkästen

Die hohe Kunst der Gemüsetreiberei wurde in früheren Zeiten durch die Nutzung von Verrottungswärme in sogenannten Mistbeetkästen praktiziert. Um Gemüse im Jänner und Februar, wo schon ausreichend Licht für Pflanzenwachstum vorhanden war, aber noch kühle Witterungsbedingungen herrschten, zu produzieren, reichte allein die Sonnenwärme unter den Frühbeetfenstern nicht aus. Man machte sich die biologische Tatsache zunutze, dass der Abbau organischer Substanz durch Mikroorganismen Atmungswärme erzeugte, die

zur Saisonverlängerung verwendet werden konnte. Besonders der „warme Fuß", also die von unten kommende Wärme durch Mistpackungen im Frühbeet, wirkte sich sehr förderlich aus. Dieses Prinzip und die sich daraus ergebende Praxis der Ertragsverfrühung und -steigerung kann man bis heute aufgrund ihrer Einfachheit und Ressourceneffizienz als genial bezeichnen.

Das mit Abstand am häufigsten verwendete organische Material zur Befüllung von sogenannten warmen Kästen war der strohige Pferdemist, der in früheren Zeiten, wo Pferde als Arbeitstiere weit verbreitet waren, reichlich zur Verfügung stand. Die Kombination aus Einstreu und tierischen Ausscheidungen ermöglicht ein Kohlenstoff-Stickstoff-Verhältnis, das im angefeuchteten Zustand eine ideale mikrobielle Verdauung zulässt. Durch die biologischen Abbauvorgänge entsteht außerdem Kohlendioxid, das die Pflanzen zur Photosynthese benötigen. Im abgeschlossenen Kasten kann die CO_2-Konzentration auf das Drei- bis Fünffache gegenüber der Außenluft ansteigen, was sehr wachstumsförderlich ist. Allerdings bildet sich durch Zersetzung von Eiweiß auch Ammoniak – ein Gas, das pflanzenschädlich

Frühbeet mit Stallmist gepackt

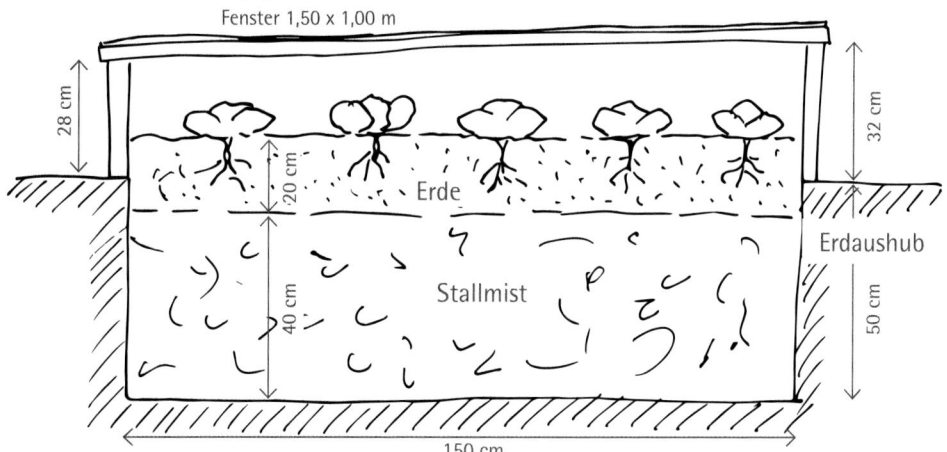

Mistbeete sind mit organischen Materialien, klassisch mit Pferdemist, gefüllt, die eine Erwärmung ermöglichen.

wirkt. Deshalb müssen frisch angesetzte Mistbeete erst ausrauchen, bevor Gemüse ausgepflanzt werden kann. In den alten Mistbeetanleitungen wird auch betont, dass die Erddeckschicht oder Laub- und Torfschichten den Ammoniak binden, sodass er wiederum durch mikrobielle Aktivität abgebaut werden kann.

Mistbeete packen

Der frische, strohige Pferdemist wurde zunächst in Haufen locker gelagert, wo Luft guten Zutritt hatte. So kam die Erwärmung ziemlich rasch in Gang. Älterer, erkalteter Mist wurde mit heißem Wasser übergossen und so zu neuem Erhitzen angeregt. Mit Einstichthermometern wurde der Temperaturverlauf kontrolliert. Stieg diese in einer Tiefe von zirka einem halben Meter auf 40–50 °C an, musste man darauf achten, dass ein weiteres Überhitzen vermieden wurde. Das hätte unnötige Nährstoffverluste zur Folge gehabt. Nun wurde die Luftzufuhr durch Verdichten des Mistes gedrosselt. Diesen Verdichtungsvorgang nannte man das „Packen des Mistbeets". Dazu wurde der Mist schichtweise ins Frühbeet gebracht und festgetreten. Je nach Zeitpunkt des Packens wies die Mistpackung eine unterschiedliche Dicke auf. Im Jänner oder Februar befüllte Mistbeete benötigten eine etwa 60 cm starke Mistschicht, die ausreichend organisches Material bot, das 6 bis 8 Wochen Wärme liefern konnte. Als Faustformel galt: Pro Quadratmeter Frühbeetfläche waren 100–200 kg Pferdemist erforderlich. Wurde das Mistbeet erst Mitte März angesetzt, reichte eine 45 cm dicke Schicht und damit entsprechend weniger Mistmasse. Ende März kam man mit 30 cm aus.

Um den fertig gepackten Kasten musste dann noch ein sogenannter Umschlag angebracht werden, der eine Abkühlung von außen verhinderte. Frischer Pferdemist und Laub wurden rings um den Kasten in einer Breite von 40 cm ausgebracht. Dieser Umschlag diente als Isolation zur kalten Umgebung.

Auf die fertige Wärmepackung im Mistbeet wurde, wie schon erwähnt, zur Bindung des Ammoniaks eine Laub- oder Torfschicht aufgebracht, und darauf kamen noch 20–25 cm Deckerde. Dafür verwendete man den kompostierten, mehrere Jahre lang gelagerten und gesiebten Aushub alter Mistbeete.

Der Mistbeetkasten in Betrieb

Durch das Auflegen der Fenster auf den frisch gepackten Kasten verhinderte man das Auskühlen nach oben. Mit dem Auspflanzen wartete man nach dem Einbringen der Deckerde noch ein bis zwei Tage, bis diese ausreichend durchgewärmt war. Zwischen Erde und Fenster sollte je nach Gemüsekultur ein Luftraum von 15–40 cm bleiben. In kalten Nächten rollte man Strohmatten über den Fenstern als Wärmeschutz aus. Darübergelegte Deckbretter dienten ebenfalls der besseren Isolation und sorgten für ein Ablaufen von Regenwasser.

Tagsüber musste man besonders bei Sonnenschein sorgfältig lüften. Dies geschah durch Aufspreizen der Mistbeetfenster mittels Holzstäben.

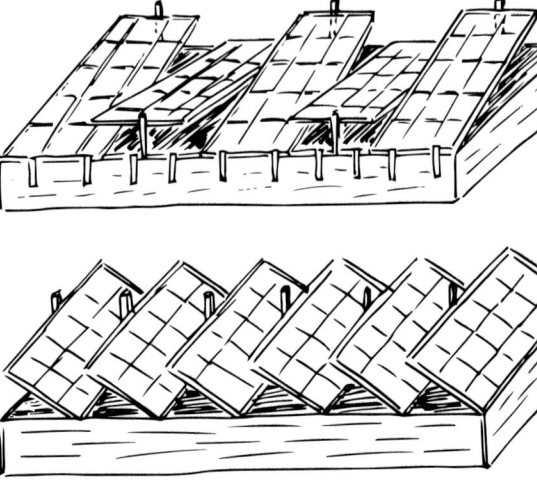

Die hohe Kunst des Lüftens von Mistbeeten erforderte ein extrem hohes Maß an Arbeitskraft.

Diese Lufthölzer konnten liegend oder stehend eingeklemmt werden und sorgten so für eine dosierte Frischluftzufuhr. Noch besser steuerbar war die Lüftung durch Verwendung von Hölzern, die mit mehreren Kerben auch Zwischenstellungen erlaubten.

Nun kann man sich vorstellen, dass die Handhabung vor allem größerer Mistbeetanlagen ziemlich aufwändig war. Das Auf- und Abräumen der Strohmatten sowie der Deckbretter musste täglich gemacht werden. Bei Schneefall hatte man die ganze Anlage abzuschaufeln. Wetteränderungen erforderten tagsüber ein rasches Reagieren. Wenn sich an Wintertagen die Sonne zeigte, wurde aufgelüftet, schob sich eine Wolke davor, musste man schnell wieder ablüften. Damit allein war in größeren Gärtnereien schon eine Person ständig beschäftigt.

Auch für das Gießen war nicht nur Fingerspitzengefühl gefragt, um ein Zuviel oder Zuwenig zu vermeiden. Das Aufheben und Offenhalten der Fenster mit einer Hand, während man mit der Kanne in der anderen goss, war echte Schwerarbeit.

Alte Gartenbücher verschweigen deshalb die Nachteile des Mistbeetkastens nicht: Man benötigte viel Zeit und Anstrengung für Befüllung und Betrieb, beachtliche Materialmengen und konnte das System in seinem Temperaturverlauf nur bedingt steuern.

Pferdemistersatz

Immer wieder stößt man in den Ausführungen dieser historischen Gartenratgeber und Lehrbücher auf Überlegungen, wie man den Pferdemist ganz oder teilweise ersetzen könnte. Besonders im 20. Jahrhundert zeigte sich, dass er nicht mehr so unbegrenzt verfügbar war. Also experimentierte man mit dem Zusatz von Laub oder Stroh. Diese kohlenstoffbetonten organischen Materialien benötigten eine Zugabe von stickstoffhaltigen Stoffen wie Gemüseabfällen. Beetreste aus dem Garten wie Kartoffelkraut, Tomatenstängel oder Staudenschnitt wurden im Sommer auf eigenen Holzgestellen getrocknet und anschließend unter Dach gelagert. Manche Ersatzstoffe klingen für unser heutiges Empfinden äußerst seltsam und nicht unbedingt appetitlich: Pansendünger, der Mageninhalt von Rindern aus dem Schlachthof, Wollstaub, ein stickstoffreiches Abfallprodukt aus Wollkämmereien, oder Fischleimbrühe, die in Fischmehlfabriken bei der Verwertung von Abfällen wie Häuten, Gräten, Flossen, Köpfen von Seefischen anfällt. Auch der sogenannte Lützeldünger, in den Fleischreste, Knorpel, Haare oder Häute aus Schlachthöfen hineinverarbeitet wurden, war zwar stickstoffreich, aber sicher nicht vegetabil. Dass auch empfohlen wurde, frischen Müll nach dem Absieben von Scherben, Blech oder Flaschen zu verwenden, weil er zum Großteil aus organischen Stoffen bestand, kann und mag man sich heute im Plastik- und Wegwerfzeitalter gar nicht mehr vorstellen.

In einer Gartenschrift für Profis las ich, dass es in den 1940er-Jahren in Dänemark eine Müllverwertung gab, das sogenannte „Dano"-Verfahren, in dem frisch angelieferter Hausmüll durch Trocknung und Zerkleinerung zu einer grauflockigen, grob gekrümelten Masse verarbeitet und in Säcke gefüllt wurde. Diesen solcherart verpackten „Dano-Müll" konnte man kaufen und nach Anfeuchten jederzeit in den Mistbeetkasten schaufeln. Nach 24 Stunden heizte er sich auf 40 °C auf.

Die Verwendung all dieser organischen Abfallstoffe ermöglichte wie beim Pferdemist eine Erwärmung im Frühbeet. Wie hoch die Temperatur stieg und wie lange die Wärme anhielt, hing von Menge und Mischungsverhältnis der verwendeten Materialien ab. Die Ergebnisse unserer eigenen Low-Energy-Versuche, die wir über Jahre an unserer Versuchsstation Zinsenhof durchgeführt haben, um Verrottungswärme zur Saisonverlängerung von Tomaten zu nutzen, möchte ich im Kapitel „Hilfsmittel und Materialien" (ab Seite 330) noch genauer beschreiben.

Einwinterung und Lagerung von Gemüse

Breiten Raum nimmt in alten Gartenbüchern die Frage nach der optimalen Winterlagerung von Gemüse ein. Mit einfachen Mitteln sollte das Erntegut möglichst produktschonend über einen langen Zeitraum erhalten werden. Da technische Einrichtungen, wie wir sie heute in Form von Kühlräumen und klimagesteuerten Lagerhallen kennen, nicht zur Verfügung standen, musste man mit Naturlagern, Erdkellern oder mit Erdmieten das Auslangen finden.

Es ging vor allem darum, die Temperatur- und Feuchtigkeitsbedingungen auf natürliche Weise optimal zu gestalten. Andernfalls drohte Verderb durch Schimmel und Fäulnis.

Die Einlagerung von Gemüse in Pflugfurchen erfolgte kopfüber. Bei dieser sehr einfachen Form der Gemüselagerung ist aber auch mit relativ hohen Ausfällen zu rechnen.

Pflugfurchen und Gräben

Die simpelste Form der Gemüselagerung war die Verwendung von Pflugfurchen. Man legte mit dem Pflug oder dem Spaten schmale Längsgräben an, in die Kraut, Kohl oder Kohlrabi mit Kopf nach unten und Wurzel nach oben eingeschlagen wurden. Das Erntegut wurde dicht an dicht gelegt und wieder mit Erde bedeckt. Bei starken Frösten konnte man es zusätzlich mit Stroh oder Mist schützen. Dieses Verfahren funktioniert allerdings nur auf leichteren Böden. Auf schweren, nassen Lehmböden verfault das Gemüse rasch.

Erdgruben und Erdeinschläge

Für größere Mengen an Erntegut eignete sich die Anlage einer Erdgrube. Diese wurde je nach Gemüseart 40 bis 60 cm tief und 1,5 m breit ausgehoben und mit Stroh oder Laub ausgelegt. Das abgetrocknete, gesunde Lagergut wurde dicht eingeschlichtet und anschließend mit Holzstangen, Brettern, Tannenreisig oder Stroh abgedeckt. Mit einer Pferdemist- oder Erdschicht wurde die Grube nach oben abgeschlossen. Erdeinschläge funktionierten

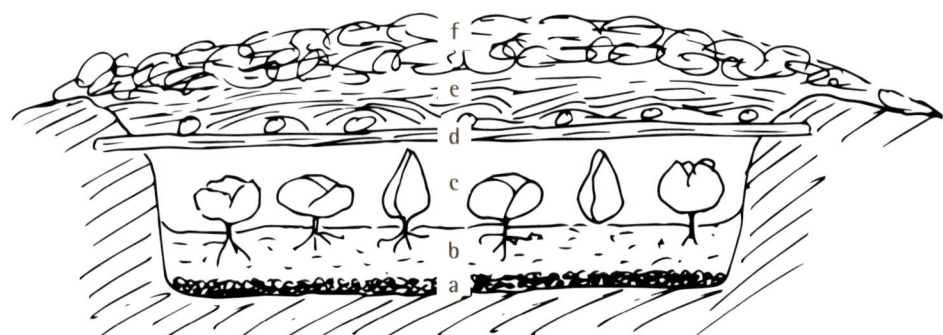

a) Steinschicht, b) Erde ca. 20 cm hoch, c) Hohlraum für die Gemüseköpfe, d) Holzstangen, e) Strohschichte, f) Mistschichte

In Erdgruben und Erdeinschlägen wurde Gemüse mit Erde, Mist und Stroh abgedeckt.

ähnlich. Der ca. 25 cm tiefe Aushub wurde seitlich zu Dämmen aufgeworfen. So ergab sich ein Lagerraum mit beachtlichem Fassungsvermögen. Bei einer Breite von 1,50 m konnten etwa pro Laufmeter 50 kg Weißkraut gelagert werden. Erdgruben und Erdeinschläge hatten den Nachteil, dass sie nicht gut belüftet werden konnten und durch die Grabarbeiten relativ aufwändig anzulegen waren.

Erdmieten

Erdmieten waren in vergangenen Zeiten die gebräuchlichste Form der Gemüselagerung über den Winter. Vor allem Wurzelgemüse, aber auch Kohl und Kraut konnten so mehrere Monate überdauern, weil ähnlich wie bei den Erdgruben der Kontakt mit der Erdfeuchte die Produktqualität gut erhielt.

Erdmieten wurden an schattigen Stellen entweder bodeneben oder bis zu 30 cm tief eingegraben angelegt. Durch eine Nord-Südausrichtung blieben die Temperaturverhältnisse gleichmäßiger. Auf einer Drainageschicht aus Sand wurde das Gemüse so aufgeschichtet, dass sich im Querschnitt eine dreiecksförmige Schüttung ergab. Darauf kam eine 10–20 cm starke Erd- oder Sandschicht, eine etwa 30 cm dicke Strohauflage

und obendrauf wiederum ca. 15 cm Erde. Dieser Aufbau garantierte Schutz auch vor strengen Frösten von -20 °C. In professionellen Erdmieten wurden an der Basis und am First Rohre eingebaut, die der Belüftung dienten. Mit Einsteckthermometern kontrollierte man das Mieteninnere. Die Temperatur sollte +8 °C nicht übersteigen. Ab +10–12 °C bestand Fäulnisgefahr. Idealbedingungen herrschten bei +3–5 °C. Durch Öffnen oder Schließen der Lüftungsrohre nach außen konnte man in den Temperaturverlauf ein wenig steuernd eingreifen. Ein Graben rund um die Miete erleichterte das Abfließen von Niederschlagswasser.

Da das Gemüse während des Winters aber in Erdmieten und in Erdgruben, die man mit dem Begriff des Feldkellers zusammenfasste, nicht so leicht zugänglich war, wurden diese Lagerungsverfahren weniger im Hausgarten als im Profigemüsebau angewendet.

Überwinterung in Mistbeetkästen

Für kleinere Lagermengen zum Hausgebrauch konnte man den ausgeräumten Mistbeetkasten gut einsetzen, weil er leicht zuzudecken und zu öffnen war. Er eignete sich zusätzlich auch zum Überwintern von Winterendivien, Mangold und

Erdmiete Querschnitt

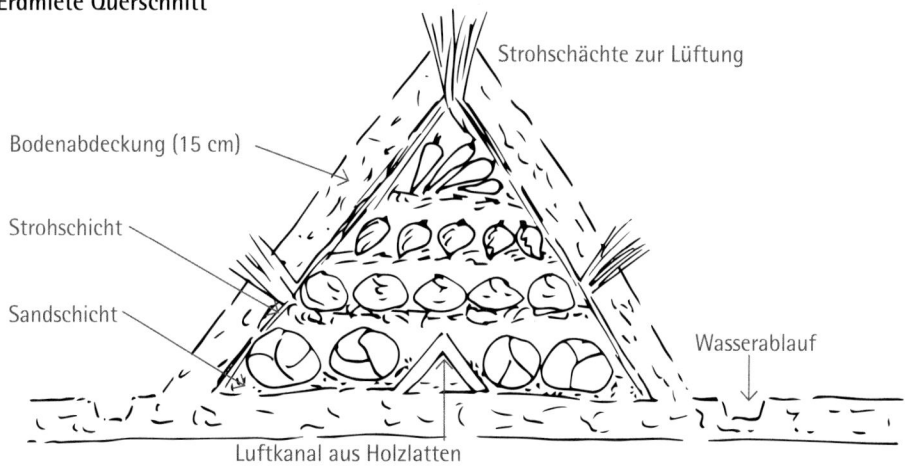

Strohschächte zur Lüftung

Bodenabdeckung (15 cm)

Strohschicht

Sandschicht

Wasserablauf

Luftkanal aus Holzlatten

In Erdmieten wird Erntegut auf den Boden aufgeschüttet und mit einem Damm aus Stroh und Erde abgedeckt.

Sellerie. Karfiol, der im Herbst noch nicht ganz ausgewachsen war, reifte eingelagert im Mistbeet weiter und bildete größere Blumen. Nach Einbringen des Lagerguts wurden einfach die Fenster aufgelegt und bei Frost mit Strohmatten, Brettern oder Laub abgedeckt.

Erdkammern und Erdhütten

Wesentlich aufwändiger gestaltete sich die Gemüselagerung in Erdkammern. Das waren 40–100 cm tief ausgehobene Gruben, die mit Ziegeln, Steinen oder Brettern ausgekleidet wurden. So entstand ein tiefgelegener Raum, der nach oben mit Brettern, Reisig oder Laub und oft mit einer richtigen Dachhaut abgedeckt und abgedichtet war. Ein eingebautes Lüftungsrohr sorgte für Frischluft und Möglichkeiten zur Temperaturregelung. Erdkammern konnte man auch ganz einfach herstellen, indem man alte Holzfässer oder Brunnenringe eingrub.

Erdhütten waren Bauwerke aus Balken, Brettern und mit Dachpappenabdeckung, die auf einem erhöhten Platz etwa 1 Meter tief in die Erde eingesenkt wurden. Eine Abdeckung wieder mit Stroh, Erde oder Pflanzenresten diente der Isolation. Oft wurde seitlich ein Schlupfloch gelassen, durch das man eintreten und Gemüse entnehmen konnte.

Erdkeller

Von der Erdhütte zum richtigen gemauerten Erdkeller war es kein großer Entwicklungsschritt mehr. Keller zur Gemüselagerung mussten grundwasserfrei, trocken und gleichmäßig im Temperaturverlauf sein. Optimal waren konstante Bedingungen von +4 bis +5 °C während des ganzen Winters. Keller in Nordlage boten in dieser Hinsicht bessere Voraussetzungen als Keller in Südlage, die sich ständig aufwärmten und abkühlten. Fenster und Türen ermöglichten nicht nur eine gute Belüftung, sondern auch etwas Licht und freien Zutritt, sodass man jederzeit Gemüse nach Bedarf entnehmen konnte.

Im Keller konnten Gemüse aufgeschüttet, in Sand eingeschlagen, kopfüber aufgehängt oder in Stellagen gelagert werden. Das schaffte sehr produktschonende Bedingungen und damit eine gute und lange Lagerfähigkeit.

Der Bau von Erdkammern oder -hütten war eine aufwändigere Angelegenheit. Dafür konnten vor allem im Hinblick auf die Belüftung Bedingungen geschaffen werden, die die Lagerfähigkeit von Gemüse verbesserten.

Die lose Schüttlagerung wurde bei Rüben oder Kohlrabi angewendet. In Sand oder sandige Erde eingeschlagen überwinterten Karotten, Petersilienwurzeln, Pastinaken, Rote Rüben oder Knollensellerie. Kopfsalat und Endivien wurden in Sand ausgepflanzt. Später Karfiol entwickelte sich in leicht angefeuchtetem Sand weiter, sodass sich seine Blumen während des Winters vergrößerten.

Alte gemauerte Erdkeller haben heute schon Seltenheitswert. In ihnen konnte man Gemüse in Kisten oder lose geschüttet aufbewahren.

Durch eine runde, kegelförmige Anordnung konnte man Platz sparen. Lage für Lage wurden die Wurzeln, deren Spitzen nach innen schauten, aufgeschichtet und dazwischen jeweils mit Sand abgedeckt. Speziallager wurden im professionellen Gemüsebau für Zwiebel, Kraut und Kohl gebaut. Diese Zwiebel- oder Kohlscheunen waren mehrgeschossige Bauwerke aus Holz, die geräumig, frostsicher und optimal lüftbar waren.

Gemüsebau in vergangenen Zeiten

Viele Stunden des Lesens und Studierens in alter Gartenliteratur liegen nun hinter mir. Neben Lehrbüchern wurden früher auch unzählige kleine Broschüren und Beratungsheftchen mit starkem Praxisbezug herausgegeben. Anschaulichkeit, Verständlichkeit und Anwendbarkeit standen im Vordergrund. Trotzdem klingt nicht nur die Sprache, sondern die ganze Ausrichtung für uns wie aus einer anderen Welt. Konsequente Selbstversorgung, um Nahrungsmittelmangel zu verhindern, ist in unseren Zeiten des Überflusses als Motivation für das Do-it-yourself-Gärtnern kaum mehr nachvollziehbar. Beim Studium der alten Gartenbaubücher spürt man noch die existenzielle Ernsthaftigkeit, mit der man im eigenen Garten bzw. in der eigenen Gärtnerei erfolgreich sein wollte. Es steckte damals auch unglaublich viel Handarbeit und Mühe hinter dem täglichen Gartenwerk. Von der Bodenvorbereitung über Pflege und Ernte der Gemüsekulturen bis zur Lagerung betrieb man einen großen Aufwand, der alle Beteiligten viel Zeit und Kraft kostete. In diesem Sinn kann man sicher nicht von den guten alten Zeiten sprechen. Wir haben uns heutzutage an die vielen technischen Hilfsmittel und vereinfachten Abläufe gewohnt. Betriebsmittel sind ohne Schwierigkeiten beim Gärtner ums Eck oder im nächsten Gartenmarkt zu besorgen, praktische Gartengeräte stehen in breiter Auswahl zur Verfügung. Wenn wir uns also rund ums Jahr mit den eigenen Gemüsekostbarkeiten versorgen, tun wir das mit der Haltung des Genussgärtnerns.

In den alten Gartenbüchern fasziniert mich der detailreiche, praxisorientierte Zugang, das umfassende Kreislaufdenken dahinter und die unglaubliche Einfachheit der Materialien und Verfahren, mit denen gearbeitet wurde. Da war, wie gesagt, ein hoher Zeit- und Anstrengungsaufwand vonnöten, aber es geschah doch alles mit hoher Selbstbestimmung, indem man ausnutzte, was ohnehin vorhanden war, wiederverwendet oder leicht selbst beschafft werden konnte.

Altes Winterwissen?

Eine wahre Fülle von vergessenen Details zum Gärtnern mit Wurzel-, Knollen- und Blattgemüsearten ist in alten Gartenbüchern zu finden, deren Wiederentdeckung für uns Wintergärtnerinnen und -gärtner äußerst hilfreich ist.

Beim Studium dieser historischen Quellen kam ich aber zu einem verblüffenden Schluss: Schon damals ging es kaum um Winterernte von Frischgemüse. Schon damals fehlten in der Literatur Angaben zur Frostfestigkeit gängiger Gemüsearten und schon damals unterschätzte man deren Kälteresistenz gewaltig. Das hatte ich nicht erwartet.

Das Hauptaugenmerk in diesen alten Gartenratgebern lag einerseits auf der Gemüselagerung über den Winter, andererseits auf der Verfrühung von Frühlings- und Sommergemüsekulturen. Es ging also darum, wie man von der reichen Ernte des Herbstes im Winter profitieren und wie im Frühjahr die Saison so zeitig wie möglich wieder beginnen konnte. Dazu wurden Naturlagermethoden angewendet, Verfrühungskästen eingerichtet oder Jungpflanzen über den Winter gebracht. Man entwickelte erstaunliche, intelligente und nachhaltige Lösungen. Aber der Winter selbst blieb die frischefreie Zeit, die er anscheinend immer schon war. Mit Ausnahme von Vogelsalat, Winterendivien, Spinat und Petersilie konnte ich in den his-

torischen Gartenbibliotheken keine Informationen über Wintergrünes entdecken.

Meine romantische Erwartung, dass ich aus den Archiven vergessenes Gartenwissen zur Winterernte ans Tageslicht befördern würde, wurde nicht erfüllt. So wollen wir uns, liebe Leserin, lieber Leser, hier eben gemeinsam, ausgerüstet mit einem Rucksack voller wiederentdeckter Erfahrungen zur Gemüselagerung und -verfrühung, auf eine Abenteuerreise begeben und neu entdecken, was sich ganz praktisch an ungeheizter Gemüsevielfalt im Winter frisch ernten lässt.

Zierkohle kennt man aus dem herbstlich bepflanzten Park. Ihre Gemüsetauglichkeit ist kaum bekannt.

Ausstellungen und Verkostungen sind Teil der Schönbrunner Seminare, bei denen Gemüse in ihrer ganzen Arten- und Sortenbreite präsentiert werden. Hier ist die Vielfalt von Wintergemüse zu sehen.

Die gesammelten Steckbriefe der besten Arten & Sorten

Nach fast zehn Jahren gezielter Anbauversuche mit ungeheiztem Wintergemüse kann ich sagen, dass wir in dieser verlorenen Jahreszeit in unseren Gärten und Küchen auf Gemüsevielfalt nicht verzichten müssen. Zwar fehlen uns die Fruchtgemüse des Sommers, aber Tisch und Beet sind reich mit Salaten, Kräutern und Wurzeln oder Knollen gedeckt.

Bei einem Schönbrunner Seminar zu diesem Thema konnten wir eine Ausstellung von mehr als 120 verschiedenen Arten und Sorten aufbauen, die allesamt aus unserem Versuchsgarten Zinsenhof oder aus den Foliengewächshäusern unserer biologischen Projektpartnerbetriebe im Winter geerntet worden waren. Der frische Anblick und die unglaublich vielfältigen Variationen an Geschmacksrichtungen und kulinarischen Anwendungsmöglichkeiten erfreuten das Herz der Teilnehmerinnen und Teilnehmer und ließen die tiefsitzenden Stereotype eines kargen Winters gänzlich vergessen. In diesem Zusammenhang möchte ich die Gemüseserie der Schönbrunner Seminare erwähnen, in der ich mich seit mehr als fünfzehn Jahren gemeinsam mit dem Haubenkoch und Geschmackspädagogen Johann Reisinger durch die faszinierende Welt der Gemüsevielfalt arbeite. Jedes Jahr konzentrieren wir uns auf eine Gruppe von Gemüsearten und -sorten, die wir in ihrer

Vielfalt anbauen, sichten, dokumentieren und bei den Schönbrunner Seminaren gemüsebaulich wie auch kulinarisch präsentieren. Alle hier beschriebenen Gemüsearten wurden schon in dieser Art erforscht und erschlossen.

Um nun die Vielfalt geeigneter Wintergemüse zu ordnen und dadurch einen besseren Überblick zu ermöglichen, habe ich die Fülle der Arten und Sorten in zehn Kategorien eingeteilt. Ein solches Schema ist immer nur eine Hilfskonstruktion, bei der sich vereinzelt Zuweisungsschwierigkeiten ergeben haben, weil zum Teil nach Nutzung, zum Teil nach Botanik unterschieden wurde. Den Schnittlauch beispielsweise habe ich aufgrund seiner Verwendung zu den Gewürzkräutern gestellt, den Bärlauch zur Gruppe der Wildgemüse, obwohl beide ja botanisch dem Zwiebelgemüse zugeordnet hätten werden müssen. Asia-Salate stehen in ihrer Verwandtschaft dem Kohlgemüse nahe, sind aber eindeutig als Salate im Einsatz. Und den Löwenzahn kennen wir als Wildgemüse, Kulturformen davon könnte man aber auch den Spezialsalaten zurechnen.

Ich will die Steckbriefe der beschriebenen Gemüsearten und -sorten übersichtlich untergliedern, jeweils Herkunft und Besonderheiten betrachten, den Bestimmungsort (Freiland oder geschützter Kulturraum) definieren, die Frosthärte, das Winterpotential, aber auch die Grenzen der winterlichen Anbauwürdigkeit einschätzen und sodann genauer auf alle Fragen der Sorteneignung, des spezifischen Anbaus, der Pflege und Ernte eingehen. Anwendungshinweise und anschauliche Bilder werden die Porträts jeweils abrunden.

Gleich zu Beginn möchte ich betonen, dass diese Zusammenstellung keinen Anspruch auf Vollständigkeit erhebt. Ich habe mich bemüht, bekannte ebenso wie noch untergenutzte Arten aufzunehmen und damit die faszinierende Breite unseres Themas zu belegen. Mit so gut wie allen hier beschriebenen Vertretern der verschiedenen

Der Garten der City Farm Schönbrunn dient auch im Winter als Erlebnisraum zur Gemüsevielfalt.

Umfangreiche Sortenversuche zum Wintergemüse wurden an der Versuchsstation Zinsenhof bei Melk durchgeführt.

Gemüsearten haben wir eigene Anbauerfahrungen, auf den voralpinen Versuchsflächen meiner wissenschaftlichen Station Zinsenhof oder im Garten der City Farm Schönbrunn.

Auch wenn wir schon umfangreiche Sichtungen und Winterscreenings gemacht haben, sind noch durchaus Neuentdeckungen und Überraschungen möglich. Die Erfahrungen anderer Gärtnerinnen, Biobäuerinnen, Projektpartner und Buchautoren habe ich hier ebenfalls eingearbeitet.

Auch wird es notwendig sein, die Angaben zur Winterfestigkeit laufend zu präzisieren. Echte Härtetests waren in den letzten, meist milden Wintern rar, sodass wir wahrscheinlich oft gar nicht an die Grenzen dessen gekommen sind, was die Pflanzen aushalten würden. Ich habe mir deshalb da und dort die Meinung von Gärtnerinnen und Gärtnern aus alpinen Gegenden eingeholt.

Bei der Angabe der Aussaat- und Pflanzdaten beschränke ich mich auf das Thema dieses Buches, nämlich die Winterernte. Viele der hier dargestellten Gemüsearten eignen sich selbstverständlich auch für eine Ernte zu anderen Jahreszeiten. Dazu finden sich aber in gängigen Gartenbüchern ausreichend Informationen. Nur wenn es dann Richtung Spätherbst und Winter geht, brechen die darin enthaltenen Tabellen und Pflanzkalender jäh ab. Genau da aber schließen wir in unserer Übersicht an.

Übersicht über die Wintergemüseporträts:

	Kategorie	Gemüse	Im Buch auf Seite
1	Endivien und Zichorien	Winterendivie	60
		Zuckerhut	64
		Radicchio, Treviso	68
		Castelfranco	72
		Catalogna	74
		Blattzichorien	78
		Chicorée	80
2	Gartensalate	Spargelsalat	88
		Pflücksalate	90
		Romanasalate	94
		Kopfsalate	96
		Babyleaf, Multileaf-Salate und sonstige	100
3	Salatkräuter, Spezialsalate	Vogerlsalat	106
		Asia-Salate	110
		Pak Choi	116
		Rosetten-Pak-Choi	118
		Mizuna	120
		Blattsenf	122
		Rucola	128
		Winterportulak (= Winterpostelein)	132
		Gartenkresse	136
		Winterkresse (= Barbarakraut)	138
		Brunnenkresse	140
		Löffelkraut	142
		Sauerampfer	144
		Schildampfer	146
		Blutampfer	148
		Rote-Rüben-Blatt	150
		Hirschhornwegerich	152
		Speisechrysantheme	156
		Blattmohn	158
		Sedanina	160
		Gelbdolde, Alisander	162
4	Gewürzkräuter	Petersilie	166
		Schnittsellerie	170
		Kerbel	172
		Koriander	174
		Schnittlauch	176
		Thymian	180
		Oregano	182

	Kategorie	Gemüse	Im Buch auf Seite
5	Kohlgemüse	Kopfkohl (Weißkraut, Rotkraut, Wirsingkohl)	186
		Butterkohl	190
		Grünkohl	192
		Palmkohl, Schwarzkohl	196
		Ewiger Kohl	198
		Zierkohl	200
		Kohlsprossen	204
		Karfiol	208
		Brokkoli	212
		Sprossenbrokkoli (= Spargelkohl, Sprouting Broccoli)	214
		Chinakohl	218
		Pak Choi, Senfkohl	222
		Kohlrabi	224
6	Spinate	Echter Spinat	228
		Mangold	232
7	Wurzel- und Knollengemüse	Karotte	238
		Knollensellerie	244
		Rote Rübe	246
		Pastinak	248
		Wurzelpetersilie	250
		Radieschen	252
		Rettich	256
		Speiserübe	260
		Kohlrübe (= Steckrübe)	264
		Topinambur	266
		Erdmandel	268
		Knollenziest	270
		Zuckerwurzel	272
8	Zwiebel- und Lauchgemüse	Speise-, Küchenzwiebel	276
		Jungzwiebel (= Frühlingszwiebel)	280
		Zwiebelgrün, Schnittzwiebel	282
		Winterheckenzwiebel	284
		Porree (= Lauch)	288
		Jungknoblauch, Knoblauchsprosse	292
		Schnittknoblauch	294
9	Wildgemüse	Vogelmiere	300
		Bärlauch	302
		Löwenzahn	304
		Pimpinelle	306
10	Sonstige Wintergemüse	Stridolo (= Sculpit)	310
		Erbsentriebe	312

Wintergemüsevielfalt der Endivien und Zichorien

Endivien und Zichorien zählen zu den faszinierendsten Blattgemüsearten für den Spätherbst und Winter.

Die Verwandtschaft der Endivien und Zichorien genießt in Italien höchstes Ansehen. Nirgendwo wird ein solcher Kult rund um die Vielfalt der Zichorien betrieben wie im norditalienischen Venetien. Klingende Städtenamen wie Treviso, Verona, Mantova oder Castelfranco finden sich auch in den Sortennamen lokal bedeutsamer Zichorien wieder. Bei uns sind diese allerdings noch viel zu unbekannt. Zwar haben einige Vertreter aus dieser Gemüsegruppe auch bei uns schon eine lange Anbautradition, aber das Vielfaltspotenzial ist bei weitem noch nicht ausgeschöpft.

Als wir in unserer Forschungsarbeit am Zinsenhof den Jahresschwerpunkt 2012 der Vielfalt der Endivien und Zichorien widmeten, ahnten wir noch nicht, welche spannenden Entdeckungen und Überraschungen italienischer Herkunft auf uns warteten. Wir sammelten, meist direkt von italienischen Samenfirmen, Saatgut von 66 verschiedenen Sorten, bauten sie bei uns an und beschrieben und dokumentierten sie.

Ich erinnere mich noch gut an eine bezeichnende Begegnung mit einem Fachkollegen, dem ich damals begeistert von unserem Jahresschwerpunkt erzählte. „Oje, Endivien und Zichorien", gab er mit charakteristischen Gesichtsmuskelverzerrungen zur Antwort, „das Leben ist doch bitter genug!" Tatsächlich besteht in unserer Sprache eine ausschließlich negative Konnotation, wenn man an folgende Redewendungen oder Begriffe denkt: „bitterböse", „er weinte bitterlich" oder – passend zu unserem Generalthema: „bitterkalt". Die Berührungsängste der Bevölkerung mit dem Bittergeschmack scheinen Verwendung und Beliebtheit spürbar einzuschränken. Der gelernte Österreicher hat eben große Vorbehalte, obwohl Trendforscher und Ernährungswissenschafterinnen immer wieder die Zukunftsfähigkeit dieser Geschmacksrichtung beteuern. Die außergewöhnliche Gesundheitswirkung des für Zichorien

typischen Bitterstoffs Inulin steht übrigens außer Zweifel.

Wir ließen uns nicht entmutigen und nutzten natürlich die Gelegenheit, die Vielfalt der Endivien und Zichorien auch gleich auf ihre Eignung für einen Winteranbau in unseren Breiten zu testen. Da es ja auch in Nordostitalien im Winter durchaus frostig und ungemütlich sein kann, wurden unsere Erwartungen, aussichtsreiche Kandidaten unter diesen Salaten zu finden, nicht enttäuscht.

Die folgenden Porträts sollen einen Überblick über traditionsreiche, bewährte, aber auch noch unbekannte und unternutzte Arten und Sorten bieten und ihr Wintererntepotenzial im Hausgarten aufzeigen.

Bei der Präsentation der Endivien und Zichorien im Rahmen der Schönbrunner Seminare durften auch Verkostungen nicht zu kurz kommen.

Winterendivie
Cichorium endivia

Frisée-Endivien zeichnen sich durch ihre gekrausten Blätter und eine feinere Blattstruktur aus.

Endivien sind als Herbst- und Wintersalate Standard in jedem Supermarktsortiment. Kommen sie zunächst noch aus heimischer Ernte, verschiebt sich die Herkunft im Winter eindeutig nach Südeuropa, und mediterrane Importe sorgen dann für frisches Grün im Regal.

Botanisch gesehen kann man drei Typen unterscheiden: die Schnittendivien, deren Blätter zu losen Rosetten wachsen, die Frisée-Endivien mit ihren gekrausten Köpfchen und die Glatten oder Eskariol-Endivien, die Köpfe aus ganzrandigen Blättern bilden. Frisées werden gerne mit bunten Salaten gemeinsam vermarktet. Die Eskariol-Endivien kennt man als Herbst- und Winterklassiker im Handel. Besonderes Qualitätsmerkmal sind die gebleichten Köpfe. Moderne Sorten sind selbstbleichend, das bedeutet, dass sich die Blätter so nach innen krümmen, dass das Herz gelb, zart und bitterfrei wird. Früher band man die Blätter des Kopfes mit einem Faden zusammen oder stülpte Bleichgefäße darüber. Dieses gärtnerische Verfeinerungsverfahren hat bis heute überall dort Bedeutung, wo man auf außergewöhnliche Gemüsequalität besonderen Wert legt. In Süd-

frankreich oder Italien wird auf ganzen Endivien-
feldern jeder einzelne Kopf mit einer Bleichhau-
be abgedeckt. Das ist ein beachtlicher Aufwand,
aber er macht sich bezahlt. Im Supermarkt findet man dort die gelben Herzen, einzeln verpackt
zu stattlichen Preisen. Jeder Gemüsefeinschme-
cker, der den Unterschied zwischen herkömm-
lich-grün und gebleicht-gelb selbst erlebt hat, ist
bereit, dafür tiefer in die Tasche zu greifen. Im
Hausgarten haben wir die Möglichkeit, nicht nur
selbst zu bleichen, sondern die Ernte bis Weihnachten in die Länge zu ziehen. Auf der festlichen
Tafel sorgt so ein feiner Frischsalat bestimmt für
Freudenstimmung.

Die zarten Endivien sorgen sogar in meiner
„gemüse-affinen" Familie noch für Verwechslungen: Eines Tages wollte mein Sohn, ein absoluter
Salatliebhaber, bei der Salatzubereitung die Blätter
einer gebleichten Endivie zerpflücken wie einen
Salat, statt sie herkömmlich zu schneiden, weil er
die zarten Herzen für einen Gartensalat hielt. Die
salatartige Verwendung der derben, ledrigen grünen Außenblätter gewöhnt man sich da gänzlich
ab. Die könnten, fein geschnitten, kurz angebraten, in der Pfanne oder im Wok verwertet oder mit
heißen Kartoffeln abgemischt werden.

Schnittendivien können breitwürfig angebaut und als Babyleaf geerntet werden. Gekrauste oder gelb gefärbte Sorten wirken ausgesprochen dekorativ. Auch Frisée-Sorten lassen sich im
frühen Blattstadium ernten. Für alle Sorten ist ein
charakteristischer bitterer Geschmack typisch. Ein
mehrmaliger Schnitt ist jeweils möglich.

Wintereignung

Endivien stammen von Wildpflanzen mediterraner
Herkunft ab. Sie sind weniger frostfest als Zichorien, aber sicher ausreichend robust, so dass sie
noch bis weit in den Winter genutzt werden können. Ihnen setzen weniger die frühwinterlichen
Fröste als vielmehr die unkontrollierten Niederschläge im kühlen Herbst zu. Frisée-Endivien sind

da besonders empfindlich. Sie zeigen sofort Fäulniserscheinungen an den fein gekrausten Blatträndern. Eskariol-Endivien sind etwas widerstandsfähiger. Aber auch sie beginnen leicht zu
faulen, wenn sie nicht nach oben vor Feuchtigkeit
geschützt werden. So werden Endivien im Spätherbst aus dem Freiland, in späteren Sätzen aber
aus dem Frühbeet oder Hobbygewächshaus geerntet. Um diese wertvollen gärtnerischen Schutzvorrichtungen gezielt einzusetzen, könnte man Endivien in den Spätsätzen im Freien wachsen lassen und erst ab November einen Kasten oder eine
Schutzhaube darüberstellen. Damit lässt sich die
Erntesaison noch deutlich verlängern.

Schnittendivien sind in ihrem Jugendstadium frostfester als fertige kopfbildende Endivien-
sorten.

Eskariol-Endivien wie hier die Sorte 'Stratego' bilden
Köpfe aus ganzrandigen Blättern.

Das Bleichen von Endivien mithilfe von Hauben ist mit einem gewissen Aufwand verbunden, der sich aber angesichts der gelben, zarten Herzen bezahlt macht.

Anbau und Pflege

Für die Ernte im Spätherbst werden Eskariol-Endivien Mitte bis Ende Juli entweder zuerst in Saatschalen gesät und im Keimblattstadium in Töpfchen pikiert oder gleich direkt mit einem oder zwei Samen in Töpfe gesät. Nach drei bis vier Wochen haben die Pflänzchen das Vier- bis Fünfblattstadium erreicht und können ausgesetzt werden. Mit einem Pflanzabstand von 30 x 30 cm bilden Winterendivien geschlossene, aber nicht zu dichte Bestände. Vor allem eine feuchte Spätherbstwitterung kann im Freiland zur Fäulnis führen, wenn zwischen den Pflanzen keine Luft zum Abtrocknen bleibt. Endivien schätzen einen humosen, sandiglehmigen Boden ohne Staunässe. Auf zu schweren Böden besteht besondere Fäulnisgefahr.

Im Sommer muss regelmäßig gegossen werden, ab dem Herbst nur sehr sparsam. Durch Kompostdüngung vor Kulturbeginn bekommt die Pflanze die benötigten Nährstoffe.

Schnittendivien können in der zweiten Augusthälfte gesät werden, solche, die man im Frühbeetkasten überwintern möchte, auch noch in der ersten Septemberwoche.

Zwei, im Winter drei Wochen vor der Ernte werden die Köpfe bei trockenem Wetter einzeln mit Plastikkübeln oder Hauben abgedeckt, um sie zu bleichen. Im Kasten kann man sie auch bleichen, indem man diesen als Ganzen dunkel hält.

Ernte und Lagerung

Die Herbstsätze von Endivien können bis November im Freien geerntet werden. Danach sollte ihnen ein Niederschlagsschutz in Form eines Daches über dem Kopf geboten werden. Man kann dazu Glocken oder mobile Frühbeete verwenden. In der alten Gartenliteratur wird auch empfohlen, Endivien samt Wurzelstock aus dem Freien auszuheben und in Frühbeetkästen zu übersiedeln. In deren Schutz lässt sich die Ernte bis nach Weihnachten verlängern, denn Endivien vertragen Fröste von -5 bis -7 °C. Wenn nötig, kann man die

Frühbeete in kalten Frostnächten mit Strohmatten oder alten Teppichen abdecken.

Auf unseren Versuchsflächen am Zinsenhof haben wir bei Endivien im Herbst und Winter immer wieder Probleme mit Wühlmäusen. Diese Feinspitze fressen am liebsten das zarte Herz und die fleischige Pfahlwurzel – und zwar von unten kommend, sodass das äußere derbe Umblatt der Köpfe stehen bleibt, in der Mitte aber einfach ein kreisrundes Loch bleibt.

Endivien lassen sich auch gut lagern. Im Erdkeller werden sie mitsamt dem Wurzelstock aufgelegt oder auch verkehrt aufgehängt. Luftigkeit ist wieder oberstes Gebot, damit Fäulnis nicht zum Verderb des Lagergutes führt.

Ich erinnere mich an meine erste Zeit in Schönbrunn, als wir nach einer besonders üppigen Herbsternte Endivien im luftigen Holzschuppen einfach aufgeschichtet hatten und wochenlang lagern konnten. Beim Auslagern putzt man außen einige angewelkte Blätter weg und genießt den frischen Kopf darunter.

Durch das Abdecken von Endivienköpfen mit Hauben ist auch ein gewisser Frostschutzeffekt gegeben.

Die gelben, gebleichten Herzen von Endivien schmecken mild und sind ein wahrer Wintergenuss.

Zuckerhut (= Fleischkraut)

Cichorium intybus var. foliosum

Zuckerhutköpfe wachsen im Herbst zu beachtlicher Größe an. Sie bleiben im Winter einfach auf dem Beet.

Diese kopfbildende Zichoriensorte, die rein botanisch, aber sicherlich nicht optisch mit Radicchio und Chicorée ident ist, hat bei uns in den Hausgärten bereits lange Anbautradition. In Westösterreich ebenso wie im Süden des Landes nutzt man sie schon lange als frostsicheres Spätherbst- bis Wintergemüse. Der Name Zuckerhut darf wirklich nicht sensorisch verstanden werden. Er bezieht sich auf die Tüten-

form der Köpfe, die etwas bitterer schmecken als Endivien. Zuckerhut ist im Handel und in der Direktvermarktung daher nur von lokaler Bedeutung.

Wintereignung

Zichorien sind aufgrund der botanischen Verwandtschaft zur heimischen blaublütigen Wegwarte, von der sie alle abstammen, bei uns ziemlich frostfest und bestens angepasst. Am einfachsten bleibt Zuckerhut im Herbst auf dem Beet stehen und wird nach Bedarf während des Winters geerntet. Empfindlich zeigt er sich allerdings bei wechselhaftem Winterwetter gegenüber oftmaligem Einfrieren und Auftauen. Frostschäden und Fäulnis sind die Folge. Da wäre eine Einlagerung über den Winter erfolgversprechender.

Zuckerhut kann aufgrund seiner Robustheit auch für alpine und raue Gegenden als Wintergemüse im Freiland empfohlen werden. Dort kommt er mit den gleichbleibend kalten Bedingungen während des Winters bestens zurecht.

Anbau und Pflege

Zuckerhut wird Ende Juni bis Anfang Juli am besten in der Saatschale angebaut und nach der Keimung in Töpfchen pikiert. Die Auspflanzung ins Freie erfolgt Ende Juli mit einer Standweite von 40 x 40 cm, damit sich größere Köpfe mit üppigem Umblatt bilden können. Spätere Zuckerhutsätze, die erst Ende Juli gesät und ab Mitte August gepflanzt werden, ergeben einen delikaten Baby-Zuckerhut.

Eine Kompostgabe vor der Pflanzung und eine regelmäßige Bewässerung vor allem während der Sommer- und frühen Herbstwochen sorgen für ein rasches Wachstum und eine kräftige Blattbildung. Durch regelmäßiges Hacken zwischen den Pflanzen fördert man eine gute Belüftung des Bodens, ermöglicht das Brechen der Bodenkruste und eine kontinuierliche Beikrautregulierung.

Zuckerhut kann, muss aber nicht in den Kasten gepflanzt werden. Da er auch im Freien anstandslos zurechtkommt, überlässt man den wertvollen geschützten Platz besser anderen, empfindlicheren Gemüsearten.

Ernte und Lagerung

Für die Winterernte wird Zuckerhut ab November regelmäßig nach Bedarf vom Beet geholt. Zu diesem Zeitpunkt sind die Köpfe bis zu zwei Kilo

Vor der Verwendung werden die äußeren Blätter weggeputzt. Der Kopf darunter ist frisch und knackig.

Baby-Zuckerhut ist schneller erntereif und erlaubt bedarfsgerechtere Salatportionen als die üblichen, kiloschweren Zuckerhutköpfe.

Alle Zichorien stammen von der heimischen wilden Wegwarte ab, die mit ihren charakteristischen Blüten bei uns häufig zu finden ist.

schwer und dicht gefüllt. Gerade die feucht-kühlen Spätherbstwochen sind für den Gewichtszuwachs besonders wichtig. Man putzt zur Ernte die äußeren, losen Blätter ab. Die küchenmäßige Aufarbeitung der Köpfe erfordert nicht viel Aufwand. Von der Spitze her schneidet man den Kopf quer und feinnudelig, soviel man eben benötigt. Der Rest lässt sich unkompliziert im Kühlschrank lagern und beim nächsten Mal verwenden. Baby-Zuckerhut bildet kleine dichte Köpfchen und damit die richtige Portionsgröße für normale Haushalte.

Wenn im Winter die Fröste unter -10 bis -15 °C gehen oder durch wechselhaftes Wetter der Zuckerhut immer wieder einfriert und auftaut, sollte er vom Beet geerntet und eingelagert werden. Dazu eignen sich Erdmieten ebenso wie Erdkeller oder Schuppen. Während der Lagerung mumifiziert das äußere Blatt, schützt den darunterliegenden Kopf und hält ihn frisch. Das Herz wird durch die Lagerung immer gelber, zarter und milder. Ab Anfang Februar ist ein Abmildern und Entbittern des Salats durch zehnminütiges Einweichen der geschnittenen Blätter in Wasser, wie es immer wieder vor der Zubereitung geschieht, gar nicht mehr nötig.

Beeindruckend ist die Frostfestigkeit von Zuckerhut.

Radicchio di Chioggia und Radicchio Rosso di Treviso

Cichorium intybus var. *foliosum*

Der kugelrunde, tiefrote Radicchio ist vom Typ Chioggia. Hier ist die Sorte 'Leonardo' zu sehen.

Der Radicchio, in Ostösterreich unter Missachtung aller italienischen Ausspracheregeln liebevoll „Raditschi" genannt, zählt ebenfalls zu den Zichorien. In den letzten 20 Jahren hat er ausgehend von der Gastronomie seinen Einzug in die heimischen Sortimente gefunden. Somit ist er heute nicht mehr nur ausgewiesenen Italienkennern geläufig, sondern wird durchaus allgemein als Herbstsalat geschätzt. Am besten ist der kugelrunde, tiefrote Chioggia-Typ bekannt. Radicchio di Treviso nennt man die länglichen, rötlichen, im Herzen oft zart-gelben Sorten, die dem Chicorée ähneln. Im Gegensatz zu diesem wird Treviso allerdings nicht getrieben, sondern in dieser Form vom herbstlichen Beet oder Feld geerntet. Eine Sonderform stellt der edle 'Rosso di Treviso Tardivo' dar, der in Venetien hoch geschätzt und dort großflächig angebaut wird. Er wächst das ganze Jahr auf dem Feld, wo er stehen bleibt, bis einige Tage Frost die äußeren Blätter absterben lassen. Dann rodet man die Wurzeln und legt sie zum Treiben in die in der Gegend um Venedig typischen, relativ warmen Grundwasserbäche. Nach Abdeckung mit Folien treiben die Wurzeln wieder rötliche Blätter mit bleichen, zarten Blattstielen, die sehr mild schmecken und als „Fiori d'inverno", als „Winterblumen", bezeichnet werden.

Wintereignung

Ähnlich wie die Endivien werden bei uns Zichorien bisher vor allem als Herbstgemüse genutzt. Durch Abdeckung kann man auch bei Radicchio die Ernte bis Weihnachten verlängern, weil eine Frostfestigkeit bis -7 °C gegeben ist. Wieder muss man darauf achten, dass die äußeren Blätter nicht bei feuchtkaltem Wetter zu faulen beginnen.

Anbau und Pflege

Der Anbau von Radicchio erfolgt Anfang bis Mitte Juli, in kälteren Gebieten auch schon Ende Juni in Saatschalen. Nach der Keimung wird in Töpfchen pikiert, die dann warm bei ca. 20 °C weiterkultiviert werden sollen. So beugt man späterem Schossen, also der vorzeitigen Blütenbildung ebenso vor wie durch eine nicht zu frühe Pflanzung. Langes, besonders mildes Herbstwetter kann die Entwicklung insgesamt so beschleunigen, dass die Kultur einfach schon im Herbst fertig ist und nicht mehr bis zum Winter durchgezogen werden kann. Auch da tritt häufig das Schossen auf.

Das Aussetzen der Jungpflanzen ist ab Anfang August im Abstand 30 x 30 cm in ein mit Kompost grundgedüngtes Beet möglich. In den Sommerwochen muss ausreichend bewässert werden, damit die Pflanzen rasch und kräftig heranwachsen. Erst im Herbst, wenn die Nächte kühler werden und die Luftfeuchtigkeit steigt, füllen sich die Köpfe so richtig. Ein Zuwachs ist also durchaus auch Ende Oktober und im November noch möglich. Wie bei den Endivien werden die Wintersätze in einen Kasten gepflanzt oder mit

Längliche Radicchios wie hier die Sorte 'Ercole' zählen zum Typ Treviso.

Der Radicchio Treviso Tardivo ist eine norditalienische Spezialität.

Baby-Radicchios sehen nicht nur niedlich aus. Sie sind rascher in ihrer Entwicklung. Besonders exquisit schmecken sie, wenn man sie halbiert und in der Pfanne in etwas Olivenöl anbrät.

Während des Sommers werden Radicchio-Pflanzen regelmäßig gegossen, damit sie kräftig heranwachsen. Die Köpfe füllen sich erst im Herbst.

einem transparenten Schutz vor Niederschlägen versehen, damit es nicht zu unkontrollierter Fäulnis kommt. Auf eine Bewässerung kann man dann vollständig verzichten.

Ernte und Lagerung

Leider haben vor allem samenfeste Radicchio-Sorten häufig Probleme mit einer einheitlichen Kopfbildung. Oft treiben die Pflanzen dann zwar zahlreiche lose Blätter, die sich aber nicht zu festen Köpfen formen. Da diese Art von Ertragsausfall genetische Ursachen hat, kann man mit der richtigen Pflege auch keine Verbesserung erzielen. Hybridsorten zeigen in dieser Hinsicht deutlich bessere Qualitätseigenschaften.

Winter-Radicchio wird ab November geerntet. Oft wirken zu diesem Zeitpunkt die äußeren Blätter nicht mehr sehr ansehnlich. Das ist kein Problem, denn die müssen bei der Ernte ohnehin weggeputzt werden. Bei Radicchio sind alle grünen Pflanzenteile extrem bitter. Man verwertet nur das intensiv rote Herz des Kopfes. Die Ernte erstreckt sich bis nach Weihnachten, geschützte Kulturen können auch noch länger genutzt werden.

Ähnlich wie alle übrigen Endivien und kopfbildenden Zichorien lassen sich Radicchios in Erdmieten oder in Kellern bestens überwintern. Auch sie werden mit der Wurzel ausgerissen oder ausgestochen und eingelagert.

Beim Radicchio müssen alle grünlichen Außenblätter entfernt werden. Sie schmecken extrem bitter.

Variegato di Castelfranco

Cichorium intybus var. *foliosum*

'Variegato di Castelfranco di Lusia', kurz Castelfranco, ist eine Zichorienspezialität, die bei uns noch kaum bekannt ist. Sie sieht ausgesprochen attraktiv aus und schmeckt mild und leicht nussig.

Die Castelfranco-Zichorie ist tatsächlich nach der gleichnamigen Festungsstadt in Venetien benannt, wo sie Ende des 18. Jahrhunderts durch eine Kreuzung zwischen einem Radicchio di Treviso und einer Eskariol-Endivie entstanden sein soll. Sie gilt als exquisite Zichorienspezialität, die bei uns aber noch weitgehend unbekannt ist. Castelfrancos bilden runde Köpfe aus zarten, hellen Blättern mit dekorativer, rötlich-violetter Sprenkelung. Es gibt eine nette Anekdote, die von einer adeligen Dame aus Castelfranco erzählt, die bei einer Premiere an der Mailänder Scala an ihr teures Abendkleid ein Köpfchen einer Castelfranco-Zichorie aus ihrer Heimatstadt angesteckt hatte und dafür Bewunderung erntete, weil man es für eine exotische Blume hielt.

Tatsächlich sehen Castelfrancos nicht nur außergewöhnlich schön aus, sie schmecken auch nussig und mild ohne übermäßige Bittertöne. In unseren Anbauversuchen machten wir mit der Sorte 'Variegato di Castelfranco di Lusia' gute Erfahrungen.

Wintereignung

Castelfrancos sind nicht so winterfest einzustufen wie Zuckerhutsalate. Das hängt mit der verwandtschaftlichen Verbindung zu Endivien zusammen. Im Spätherbst sind sie auch ähnlich anfällig für Fäulnis wie letztere. Eine deutliche Verlängerung der Ernteperiode im Winter kann man deshalb dadurch erreichen, dass man sie in Frühbeetkästen oder Hobbygewächshäuser pflanzt. Dort würde ich ihre Frosthärte auf -5 °C einstufen.

Anbau und Pflege

Mittlerweile ist Saatgut dieser Zichorienspezialität auch bei heimischen Samenfirmen erhältlich. Als Geheimtipp für den Bezug gilt aber nach wie vor der Besuch von Samenhandlungen direkt vor Ort bei der nächsten Italienreise. Saatgutständer mit typisch italienischen Gemüsesorten findet man häufig sogar in Lebensmittelgeschäften oder Souvenirshops.

Der Anbau für die Spätherbst- oder Winterernte erfolgt Mitte Juli mit einer Pflanzung Anfang August, in kühlen Gegenden auch schon etwas früher. Für die Pflege gilt Ähnliches, wie schon bei den bisherigen Kulturen beschrieben. Castelfrancos können zwei bis drei Wochen vor der Ernte ebenfalls mittels Hauben gebleicht werden. Das verfeinert den Geschmack und hellt die Blattfarbe deutlich auf. Für eine Ernte im Babystadium pflanzt man erst Ende August.

Ernte und Lagerung

Haupterntezeit für Castelfrancos ist der November. Bei milder Witterung und bei geschützter Kultur lässt sich diese noch bis Weihnachten verlängern. Für eine Lagerung orientiert man sich an den Endivien. Gebleichte Köpfe sind nicht mehr lagerfähig und sollten sofort verarbeitet werden. Apropos: Castelfrancos beeindrucken nicht nur als zarte, köstliche Salate, in ihrer Heimat werden sie auch gerne kurz in Olivenöl angebraten oder mit Käse und Schinken überbacken. Dafür sind besonders die Baby-Castelfrancos hervorragend geeignet.

In Norditalien werden Castelfrancos gebleicht. Das verfeinert ihren Geschmack noch zusätzlich.

In puncto Winterfestigkeit kann die Castelfranco-Zichorie nicht mit dem Zuckerhut mithalten. Eigentlich sollte man sie vor Schnee und strengen Frösten im Frühbeetkasten schützen.

Cicoria Catalogna

Cichorium intybus var. foliosum

Catalogna sieht dem Löwenzahn sehr ähnlich. Er wächst aber wesentlich kräftiger und kann bis zu 60 cm lange Blätter bilden.

Diese ebenfalls aus Italien stammende Blattzichorie bildet keinen geschlossenen Kopf, sondern eine Rosette aus gezähnten, dickrippigen Blättern. Gerne wird Catalogna auch aufgrund der optischen Ähnlichkeit mit dem Löwenzahn verwechselt und auf Märkten fälschlich als solcher angeschrieben. Die Bezeichnung „Riesen-Löwenzahn" verdeutlicht außerdem die beeindruckende Größe der bis zu 60 cm langen, dunklen und saftigen Blätter. Catalogna weist einen überwältigend bitteren Geschmack auf und wird in seiner Heimat nicht roh, sondern gekocht oder gedünstet genossen. Eine Sonderform des Catalogna stellen die in Rom so beliebten „Puntarelle" dar. Die deutschen Bezeichnungen „Spargelchicorée" oder „Vulkanspargel" spielen auf die verdickte Sprossbasis an, die als Ernteorgan dient. Typisch sind Köpfchen im Herzen der Pflanze, die von einem Kranz Catalogna-Blättern umgeben sind und aus einer fleischigen Verdickung von Knospen, Blattstielen und Strunk entstehen. Puntarelle gelten bei uns noch als unbekannter, exquisiter Geheimtipp in Spitzenrestaurants. Im Hausgebrauch werden die abgepflückten Blütenknospen einfach in etwas Olivenöl angebraten. Der milde, kaum bittere Geschmack und das zarte, schwammige Gewebe zeichnen diese Köstlichkeit aus. Sorten wie 'Di Galatina' oder 'Brindisina' können auch hierzulande angebaut werden. Die Wahl des richtigen Anbauzeitpunkts ist allerdings eine heikle Angelegenheit.

Wintereignung

Catalogna hat sich in unseren Anbauversuchen wieder einmal als winterhärter erwiesen, als er in Internetforen oder auf Websites gehandelt wird. Der Verdacht, dass da einer vom anderen abgeschrieben, kaum aber jemals selbst gezielten Winteranbau betrieben hat, drängt sich mir auf, wenn ich mich so durch die Seiten klicke. Auch bei den Blattzichorien ist eine trockene, windgeschützte Kultur entscheidend für den Wintererfolg. Im Freien kann man mit einer Ernte bis in den Spätherbst oder je nach Witterung bis Weihnachten rechnen, geschützt im Kasten geht die Saison sicherlich noch deutlich länger. Dort werden Temperaturen von -7 bis -10 °C überstanden.

In unserem Gemeinschaftsprojekt wurde ein Freilandanbauversuch mit und ohne Vliesabdeckung im Eferdinger Becken in Oberösterreich durchgeführt. Der Biohof Achleitner war von der Qualität der Ernteprodukte und von den positiven Rückmeldungen seiner Abokistenkunden begeistert, als er Catalogna im Dezember direkt vermarktete. Mittlerweile ist dieses Spezialgemüse aus seinem Wintersortiment nicht mehr wegzudenken.

Auf Märkten wird Catalogna regelmäßig falsch als Löwenzahn angeschrieben.

Catalogna-Wurzeln lassen sich treiben wie Chicorée. Die bleichen, gelben Blätter schmecken so wesentlich milder und zarter.

Catalogna ist relativ raschwüchsig und verträgt auch ohne Probleme winterliche Freilandbedingungen – allerdings nur, wenn er vor Wildverbiss geschützt ist.

Bei Puntarelle ist die Winterfestigkeit nur bedingt gegeben. Die fertigen Köpfchen sind wesentlich empfindlicher als die Rosetten der Blattsorten. Für eine Ernte im Dezember sollten die Pflanzen unbedingt im Kasten stehen.

Anbau und Pflege

Um an Catalogna-Saatgut zu kommen, ist der oben erwähnte Besorgungstipp unbedingt zu empfehlen. Samenpäckchen werden einfach bei der nächsten Italienreise direkt vor Ort gekauft und mit nach Hause genommen. Freilich lassen sich auch über das Internet Bezugsquellen finden.

Bei der Wahl des richtigen Anbautermins muss man zwischen den Blattsorten und den köpfchenbildenden Puntarelle unterscheiden. Blattcatalognas werden Mitte bis Ende Juli direkt am Beet oder in Saatschalen angebaut. In letzterem Fall muss pikiert und danach ausgepflanzt werden. Diese Arbeitsschritte entfallen bei der Direktsaat. Spätere Aussaaten führen zu schwächeren Rosetten im Spätherbst und Winter. Da es aber zu keiner Kopfbildung kommen muss, ist man in puncto Erntereife sehr flexibel. Bei den Puntarelle hingegen ist es nicht leicht, ohne prophetische Begabungen den richtigen Aussaatzeitpunkt zu finden. Verläuft die Witterung von August bis Oktober nämlich warm und trocken, besteht im Spätherbst die Gefahr des Schossens. Bei zu später Aussaat und kühlem Saisonverlauf aber werden die Köpfchen nicht fertig. Am besten sieht man zwei Sätze mit Aussaaten Anfang und Mitte Juli vor. Ein Anbau in der Schale, das Pikieren in einen Anzuchttopf und eine warme, gleichmäßige Jungpflanzenanzucht sind zu empfehlen. Die Pflanzungen erfolgen Ende Juli bis Mitte August.

Während des Sommers sind Beikrautpflege ebenso wie regelmäßiges Gießen zu erledigen, da Catalognas erst im Herbst dichte Bestände bilden.

Ernte und Lagerung

Ab November ist eine Ernte sowohl der Blatt- als auch der Kopftypen möglich. Zunächst sollte man sich auf die Puntarelle konzentrieren, denn die Blattcatalognas sind wie bereits beschrieben robuster und somit länger erntbar. Eine Lagerung der Rosetten ist nicht empfehlenswert. Die Blätter würden welken und rasch ihre Frische verlieren.

Nach Frost geerntete Catalognas schmecken wesentlich milder und weniger bitter als die ers-ten Exemplare aus dem früheren Herbst. Während diese Blattzichorien, sofern sie nur milden Temperaturen ausgesetzt waren, eigentlich nur eingefleischten Italienliebhabern empfohlen werden können, ist ihre Winterernte aus dem eigenen Garten sicher einem größeren Kreis an Garten- und Kochbegeisterten zuzumuten.

'Puntarelle' oder Vulkanspargel nennt man eine Sonderform des Catalogna. Wirklich wintertauglich ist sie allerdings nicht. Man sollte sie bereits im Herbst abernten.

Blattzichorien

Cichorium intybus var. *foliosum*

Blattzichorien bilden keine Köpfe, sondern lose Rosetten. In Italien werden sie auch gerne im Babyleaf-Stadium genutzt.

Die lokale Gemüsekultur Norditaliens wird durch eine Vielzahl von Blattzichoriensorten bestimmt. Gemeinsam mit Gartensalaten genießen sie als Sorten- und Artenmix mit der Bezeichnung „misticanza" nicht nur regionale Wertschätzung. Auch bei uns gehören ja Schnittsalate, die im Jugendstadium als Babyleaf, also mit einer Blattlänge von 6–12 cm geerntet werden, zum Convenience-Angebot jedes Supermarkts. In Beutel verpackt findet man sie als Fertigsalate in unterschiedlichsten bunten Mischungen im Kühlregal.

Die Zichorien in diesen Mischungen tragen in Italien Sortennamen wie 'Zuccherina di Trieste', 'A Grumolo verde', 'Spadona da Taglio', 'Biondissima di Trieste' oder einfach 'Rossa Italiana'. So verschieden die Farben und Blattformen auch sind, sie bilden allesamt nur lose Blattrosetten und keine geschlossenen Köpfe.

Wintereignung

Blattzichorien sind vor allem im Jungstadium ausgesprochen winterharte Schnittsalate. Sie eignen sich daher bestens zur Winterbegrünung von Kalten Kästen oder Hobbygewächshäusern, wo sie Temperaturen von -8 bis -12 °C vertragen. Auch im Freien kann man sie bis tief in den Winter auf dem Beet lassen.

Anbau und Pflege

Am besten baut man lose Blattzichorien durch Direktsaat in Reihen oder breitwürfig an. Der Reihenabstand beträgt 15 bis 20 cm. Zum Teil werden Samen gleich im Sortenmix angeboten, was den Vorteil hat, dass man später vom bunten Beet gleich eine abwechslungsreiche Mischung ernten kann. Nachteil ist aber, dass die Sorten verschieden schnell wachsen. Rote Typen entwickeln sich etwas langsamer als grüne, die deshalb dominanter werden. Die Keim- und Jugendphase dauert bei Zichorien insgesamt länger als etwa bei Gartensalaten. Deshalb sollte man sein Winterzichorienbeet schon ab Ende August anlegen.

Ernte und Lagerung

Geerntet wird im Jungstadium ab Anfang November, die Blätter sollten nicht länger als 12 bis 15 cm sein. So können sie als Salat gut weiterverarbeitet werden. Blattzichorien sollten aufgrund ihres bitteren Geschmacks mit anderen Salaten abgemischt werden. Dafür sind Gartensalate ebenso geeignet wie Asia-Salate oder andere Salatkräuter. So ein bunter Salatmix wirkt garantiert als Stimmungsaufheller in trüben Winterwochen.

Die Ernte im Freiland ist bis Weihnachten möglich, im Kasten setzt sie sich während des ganzen Winters fort. Schneidet man nicht die komplette Rosette ab, ist ein mehrmaliger Schnitt möglich. Allerdings treiben Blattzichorien in den dunklen Winterwochen nur sehr langsam nach. Deutlicher Zuwachs ist erst wieder ab März zu erkennen.

Die Sorte 'Spadona da Taglio' als Babyleaf

'A Grumolo verde' bildet tütenförmige, sehr dekorative Rosetten.

Blattzichorien können auch einfach in die Wiese eingesät werden. Dort entwickeln sich die kleinen Rosetten, können während des Sommers mitgemäht werden und sind im Winter erntebereit. Solche Zichorienwiesen bieten die Möglichkeit winterlicher Ernte auch abseits des Gemüsebeets.

Chicorée

Cichorium intybus var. *foliosum*

Chicorée wächst den ganzen Sommer auf dem Beet. Im Spätherbst werden die fleischigen Wurzeln ausgegraben und im Winter zum Treiben aufgestellt.

Der Chicorée stellt die jüngste aller Zichorientypen dar. Er entwickelte sich aus der Nutzung der rübenförmigen Zichorienwurzel, die schon im Altertum bekannt war. Wenn auch die Identität der bei den alten Römern als „intubus" und „cichorium" angebauten Gemüseart nicht ganz klar ist, so scheint es Hinweise darauf zu geben, dass es sich dabei genau um dieses Wurzelgemüse gehandelt haben könnte. Wurzelzichorien wurden erst ab dem 18. Jahrhundert als Kaffee-

ersatz verwendet. Zuvor wurde im 17. Jahrhundert der echte Kaffee, von der Türkei kommend, zunächst als Luxusgetränk in den Adelshäusern immer beliebter. Er verbreitete sich rasch auch als Genussgetränk in der Bevölkerung. Die ersten Kaffeehäuser entstanden. Bald aber wurden aus Einsparungsgründen in den europäischen Staaten Kolonialwaren stärker besteuert, der Kaffeeimport und damit auch der Kaffeekonsum gingen zurück. Man suchte fieberhaft nach Ersatzprodukten heimischer Herkunft und fand auch im fein vermahlenen Pulver der getrockneten Zichorienwurzel ein Kaffeesurrogat. In einem 1756 in einer Zeitschrift in Braunschweig erschienenen Aufsatz heißt es: „Nachricht von der Cichorienwurzel oder Hindläufte item Wegwart, zum Coffee zu gebrauchen, daß er ebenso wohlschmeckend als der ordentliche ist, so aussieht und riechet, dabey aber weit gesünder ist."

Es entstand eine eigene Herstellungsindustrie, die bis ins 20. Jahrhundert hinein Zichorienkaffee in großem Maßstab produzierte. Heutzutage wird die Wurzelzichorie nur mehr als Rohstoff zur Inulingewinnung genutzt. Inulin ist ein Gemisch aus Polysacchariden, das als präbiotischer, Darmbakterien fördernder Lebensmittelzusatzstoff in Joghurt oder in Wurstwaren Verwendung findet.

Ganz unabhängig davon aber entwickelte sich eine ganz andere Nutzungsform, als man entdeckte, dass aus den Zichorienwurzeln getriebene Blattknospen einen zarten, bekömmlichen Wintersalat ergeben. Man liest immer wieder von jenen belgischen Rübenbauern, die um 1870, nach einer ungewöhnlich reichen Ernte, Zichorienwurzeln im Gewächshaus zur Lagerung eingeschlagen haben sollen. Der bleiche Austrieb brachte sie auf den Gedanken der salatartigen Nutzung. Belgien wurde in Folge zum Chicorée-Produktionsland Nummer eins, das es ja bis heute geblieben ist.

Eine andere Entstehungsgeschichte wird im Chicorée-Museum in Brüssel erzählt. Ein Bauer namens Jan Lammers soll dicke Zichorienwurzeln in seinem Keller unter einem Erdhaufen versteckt haben, um sie vor dem Steuerbeamten zu verbergen. Beim Ausgraben der Wurzeln entdeckte er die bleichen Triebe, die ihm als Salat vorzüglich schmeckten. Er begann sie für den lokalen Markt zu produzieren. Damit wäre die Entstehung des Chicorées als Erfolgsgeschichte einer Steuerhinterziehung zu interpretieren.

Wie dem auch immer war: Chicorée gilt zu Recht als ausgezeichneter Wintersalat. Die Her-

Zum Treiben schlichtet man die Wurzeln des Chicorée aufrecht stehend in Kübel oder Wannen, die man einige Zentimeter mit Wasser füllt. Nach 2–3 Wochen können die gelben Pfeifen geerntet werden.

stellung verläuft allerdings etwas abweichend von den bisher beschriebenen Zichorien. Er muss nämlich in dunklen Räumen getrieben werden.

Wintereignung

Chicorée wächst während eines ganzen Vegetationsjahres bis November oder Dezember auf dem Beet. Er verträgt Fröste von -5 bis -7 °C. Frost benötigt er auch, um dann im Treibraum wieder auszutreiben. Die gerodeten Wurzeln können auch in Kästen oder im Erdkeller gelagert und in Folge satzweise zum Treiben aufgestellt werden.

Anbau und Pflege

Chicorée wird Mitte Mai direkt auf ein mit Kompost gedüngtes Beet ausgesät und durch Auszupfen überschüssiger Pflänzchen so ausgedünnt, dass er letztlich im Abstand von etwa 30 x 15 cm stehen bleibt. Bis zum Herbst bildet die Pflanze eine üppige Rosette aus losen Blättern und unterirdisch eine kräftige, etwa 15 cm lange und 3–6 cm dicke Wurzel. In dieser Zeit muss man nur auf eine ausreichende Wasserversorgung achten. Mehrmaliges Durchhacken des Beets verschafft der Kultur mehr Luft.

Im November oder Dezember werden die Wurzeln mit der Grabgabel aus dem Boden gehoben, anschließend wird das Kraut unter Schonung des Herzens auf 2–3 cm eingekürzt und auch die Wurzelspitze abgeschnitten. Die Wurzeln können gleich zum Treiben aufgestellt oder zwischenzeitlich gelagert werden, damit man sich während des Winters laufend mit frischem Chicorée versorgen kann.

Zum Treiben schlichtet man die Wurzeln stehend in einen Plastikkübel oder in eine geschlossene Kiste und füllt gerade so hoch Wasser ein, dass in etwa das untere Drittel der Wurzeln im Wasser steht. Im Treibraum sollte es 15–20 °C warm und völlig dunkel sein. Ein kleiner Trick hilft, die Treibkübel auch im Wohn- oder Schlafzimmer unterzubringen: Man stülpt einfach einen schwarzen Kübel derselben Größe oben drüber. So bleiben die Wurzeln ebenso vor Licht geschützt. Aus den Wurzeln wachsen innerhalb von 2–3 Wochen die typischen sogenannten Chicorée-Pfeifen aus, die botanisch gesehen eigentlich ihre Blütenknospen darstellen. Durch den Lichtentzug sind diese gelb gefärbt und ausgesprochen zart ausgebildet.

Ernte und Lagerung

Nach Abschneiden der Pfeifen werden die verbrauchten Wurzeln kompostiert. Nun kann man mit dem Treiben wieder neu beginnen. Verschiedene Treibsätze sorgen für einen kontinuierlichen Frischenachschub. Chicorée wird salatartig verwendet oder auch einfach blattweise roh als Snack geknabbert, kann aber auch mit Käse überbacken oder in der Pfanne kurz angebraten werden. Zahlreiche Chicorée-Rezepte können als Inspiration dienen, um den winterlichen Genuss völlig auszukosten.

Die gelben Blätter des Chicorée schmecken mild. Verfärben sie sich bei Lichteinwirkung wieder grün, wird auch der Bittergeschmack intensiver.

Wintergemüsevielfalt der Gartensalate

Gartensalate stehen für Frische und gesunde Ernährung. Auch im Hausgarten haben sie traditionell den ganzen Sommer Saison.

Salate gelten zu Recht als Inbegriff von Gemüsefrische. Fast 9 kg davon essen Herr und Frau Österreicher pro Jahr. Die Gartensalate, also Kopfsalat, Eissalat und bunte Salate, liegen in der Hitliste der wichtigsten Gemüsearten an dritter Stelle und damit auf einem Stockerlplatz. Konsumentenbefragungen haben ergeben, dass wir Gemüse überhaupt am liebsten in Salatform zu uns nehmen. Auf die Frage hin, was sie denn mit gesunder Ernährung am ehesten verbinden, antworteten in einer Untersuchung mehr als die Hälfte der Teilnehmerinnen und Teilnehmer, dass

häufiges Salat-Essen dafür besonders wichtig sei. Salat ist aber nicht nur gesund, sondern er entspricht auch ganz dem Trend der leichten, schnellen Ernährung, an dem wir uns im Westen immer stärker orientieren. Salatbuffets sind in Restaurants und Kantinen zu Visitenkarten der „Corporate Identity" geworden. Auch wenn nicht immer alles tatsächlich konsumiert wird, muss das Angebot in den Salatwannen regelmäßig erneuert werden. Das ist man dem eigenen Image der Frische und Fortschrittlichkeit schuldig.

Wenn wir hier so einfach von Salaten reden, müssen wir eigentlich eine Definition an den Anfang unserer Ausführungen stellen. Das deutsche Wort leitet sich ja wahrscheinlich vom italienischen „insalata" oder von den lateinischen Vorformen ab, die auf das „Einsalzen" zur Haltbarmachung von Lebensmitteln anspielen. In der folgenden Darstellung verstehe ich darunter allerdings die marinierte Zubereitung roher Gemüse, weil ich mich für Wurst- und Nudelsalat nicht zuständig fühle. Genaugenommen wollen wir uns noch weiter auf das Blattgemüse beschränken, denn auch der Tomatensalat passt nicht zum Thema.

Salate im engeren Sinn, die wir als Gartensalate bezeichnen, gehören der botanischen Art Lactuca sativa an. Sie sind Vertreter der Pflanzenfamilie der Korbblütler, wie auch die vorher beschriebenen Endivien und Zichorien. Letztere können ebenso wie der Vogerlsalat oder die Asia-Salate den Salaten im weiteren Sinn zugerechnet werden. Wir werden im Kapitel der „sonstigen Salate" ja darüber hinaus noch einige spannende Winterkandidaten kennenlernen.

Bei meinem Studium der historischen Literatur stieß ich auf ein Gartenbuch aus dem Jahr 1650, das die wahrscheinlich erste Erwähnung von Überwinterungssalat enthält. Ich möchte hier Herrn Daniel Rhagor zitieren, der zum Lattich (die damalige Bezeichnung des Salats) Folgendes festhält: „Es wird gemeinlich dafür gehalten/ das der Lattich die Kälte nicht erleiden/ und also nit durch den Winter kommen möge/ da ich aber das widerspiel erfahren/ das auff ein zeit da der Samen under dem/ in die Räben getragenen Grund hierfür kommen/ er über den Winter grün verblieben/ und nachwärts im Sommer sehr groß worden." (*„Pflanz-Garten"*, 1650)

Auch wenn seine Sprache für uns nicht leicht zu verstehen ist, interpretiere ich ihn dahingehend, dass er ähnliche Erfahrungen in seiner Zeit gemacht hat wie auch wir heute. „Das widerspiel" haben wir nämlich auch erfahren. Die Gartensa-

late waren die große Überraschung in unseren Winterversuchen. Ihre tatsächliche Frostfestigkeit steht in krassem Gegensatz zu allen Literaturangaben, in denen sie als sehr kälteempfindlich beschrieben werden.

Im Garten der City Farm Schönbrunn zeigten Salate sogar im Freien eine ungeahnte Winterhärte.

Die erstaunliche Frostfestigkeit normaler Gartensalate war die große Entdeckung unserer Winterversuche an der Versuchsstation Zinsenhof.

Der heimische Kompass-Lattich kann als einer der Vorfahren der Gartensalate angesehen werden.

Blättern wirkt er nicht besonders attraktiv und kann als Unkraut leicht übersehen werden. Wie gerade er mit seinem extrem bitteren Geschmack und dem klebrigen Milchsaft Stammpflanze einer der wichtigsten Blattgemüsearten werden konnte, ist mir schwer erklärlich. Er scheint aber seine Robustheit und Kältetoleranz an seine bekömmlicheren Nachfahren, die ihm genetisch immer noch sehr nahestehen, weitervererbt zu haben.

Wir werden uns bei der Unterteilung dieses Kapitels an der Botanik der Gartensalate orientieren, die in vier Varietäten gegliedert werden: die Spargelsalate, die Pflücksalate, die Romanasalate und die Kopfsalate. Die Babyleaf- und Multileaf-Salate in einem eigenen Unterkapitel zu berücksichtigen, trägt nicht der Botanik, sondern Spezialanbauformen Rechnung, die zusätzliche Chancen für den Winter bieten.

Nachdem sie aber von den wilden Lattichen abstammen, die ja zum Teil auch bei uns heimisch sind, erscheint es mir naheliegend, dass sie mit unserem gemäßigten Klima gut zurechtkommen. Den Kompass- oder Stachel-Lattich, der bei uns als einjährig überwinternde oder zweijährige Pflanze häufig auf verwilderten Freiflächen wächst und direkter Vorfahre unserer Gartensalate ist, kennen Sie sicher vom Wegschauen. Mit seinen bestachelten und bläulich-bereiften, tief gebuchteten

Bunte Blattsalate sind der Inbegriff von Frische. Im Winter muss man nur auf die essbaren Blüten der Speisechrysantheme verzichten.

Spargelsalat

Lactuca sativa var. *angustana*

Spargelsalate sind bei uns kaum bekannt. Sie werden in den Ländern Fernostasiens als Stängelgemüse genutzt.

Der Spargelsalat oder Chinesische Salat ist wohl als die älteste und ursprünglichste Salatvarietät anzusehen. Auf alten ägyptischen Reliefs sind Nutzpflanzen abgebildet, die als Spargelsalat identifiziert werden können. Heute spielt er in der Gemüsekultur Chinas nach wie vor eine große Rolle. Man verwendet ihn allerdings nicht unbedingt als Blatt-, sondern als Stängelgemüse. Der saftige, dicke Strunk wird bis auf das gel-

be Herz entblättert und, in Scheiben geschnitten, in der Pfanne angebraten. Die Sorte 'Celtuce', bei der nur ihr Name, nicht aber die wirkliche Botanik eine Kombination aus den englischen Wörtern für Sellerie und Salat darstellt, verbindet tatsächlich geschmacklich diese beiden miteinander gar nicht verwandten Gemüsearten. 'Celtuce' eignet sich ebenso wie die Sorte 'Chinesische Keulen' auch für einen Winteranbau hierzulande.

Wintereignung

Spargelsalat ist im Jungpflanzenstadium ausgesprochen frostfest bis -10 °C. Zur Erntereife hin zeigen die fertigen Stängel eine größere Kälteempfindlichkeit und brauchen unbedingt einen Winterschutz.

Anbau und Pflege

Für die Winterernte von Spargelsalat sollten Fernostliebhaber einen Spätherbst- und einen Frühlingssatz mit Jungpflanzenüberwinterung einplanen. Zunächst wird also Anfang August ausgesät, nach der Keimung in Töpfchen pikiert und Ende August ins Freie ausgepflanzt. Eine Abdeckung etwa durch eine Frühbeethaube ab Mitte Oktober, wenn die Nächte kühl werden und herbstliche Niederschläge unkontrollierte Feuchtigkeit ins Beet bringen würden, bietet den notwendigen Schutz für unsere Gemüsepflanzen.

Der zweite Satz startet mit der Aussaat Ende August und einer Pflanzung Ende September ins Freie. Die Pflanzen wurzeln dann vor dem Winter nur noch ein und werden erst im darauffolgenden Frühjahr erntereif. Durch eine Abdeckung mit Gartenvlies können Schäden durch starke Frostperioden abgemildert werden.

Die Pflegearbeiten im Kasten oder Frühbeet reduzieren sich auf gelegentliches, nicht zu häufiges Gießen an sonnigen Wintertagen während der Vormittagsstunden. Im Freien ist außer einer gegebenenfalls nötigen Beikrautregulierung im Herbst eigentlich nichts zu tun.

Ernte und Lagerung

Der erste geschützte Satz ist je nach Witterungsverlauf ab November fertig, die Ernte kann aber mehrere Wochen bis über Weihnachten hinaus verlängert werden. Der zweite Satz läuft als Überwinterungskultur. Ein Schnitt ist dabei je nach Frühjahrswetter vor Ende April nicht zu erwarten.

Eine Lagerung von Spargelsalat ist wegen des raschen Welkens der Blätter nicht möglich.

Bei den Spargelsalaten werden die fleischigen Stängel und die zarten Herzblätter genutzt.

Pflücksalate, Bunte Salate

Lactuca sativa var. *crispa*

Bunte Pflücksalate wie Krul- oder Lollo-Salate zeigen unserer Erfahrung nach die beste Winterfestigkeit unter den Gartensalaten. Sie bilden nur Rosetten, keine Köpfe.

Die bunte Welt der Pflücksalate ist heute auch aus dem Sortiment der Handelsketten nicht mehr wegzudenken. Dabei ist es noch nicht so lange her, dass sie den Einzug dorthin geschafft haben. Eichblattsalat, Lollo rossa & Co wurden vor mehr als dreißig Jahren praktisch nur in Hausgärten genutzt. Man pflückte die äußeren Blätter nach und nach ab und konnte so laufend Frisches aus dem eigenen Garten genießen. Darauf lässt sich auch die deutsche Bezeichnung zurückführen. Heute ist die Einmalernte der ganzen Rosetten üblich. Typisch für diese Salatgruppe, deren Ver-

treter allesamt keine Kopfbildung zeigen, ist die bunte Vielfalt der Farben und Blattformen. Moderne Pflücksalate wurden in die Richtung gezüchtet, dass die Rosette nach der Ernte länger frisch bleibt. So entstanden aus den ursprünglichen Eichblattsalaten mit ihren typischen gelappten Blättern die sogenannten Krulsalate. Diese bilden statt einer losen, offenen Rosette ein kompaktes Köpfchen, das nicht so rasch welkt. Auch die Lollo-Salate haben heute dichte Herzen aus knackigen Blättern. Samenfirmen haben sich bemüht, durch Kreuzungen etwa mit Kopf- oder Eissalaten die Vielfalt der Typen noch zu vergrößern. Vor allem ging es um die Krispigkeit der Blätter oder die Attraktivität der Sonderblattformen. Aber auch schon alte und traditionelle Pflücksalatsorten weisen eine spannende Variation der Typen auf. Extravagante Löwenzahnblättrige, gezähnte Venezianer oder üppige Blattbatavias bieten nicht nur im Sommer eine ergiebige Auswahl fürs Beet.

In der ganzen Gruppe der Pflücksalate findet man die drei Farben Grün, Gelb und Rot. Intensität und Farbton variieren aber je nach Sorte und Anbauzeit beträchtlich. Grundsätzlich kann man davon ausgehen, dass die Farbe auch einen Einfluss auf die Wachstumsgeschwindigkeit hat. Grüne Sorten entwickeln sich schneller als gelbe, diese wiederum sind früher erntereif als rote. Jede Farbvariation, die von Grün abweicht, stellt für die Pflanze selbst nämlich einen Wettbewerbsnachteil dar. Denn die Photosynthese funktioniert am effizientesten mit dem blauen und dem roten Anteil des Lichts. Der grüne Anteil wird nicht genutzt und deshalb wieder abgestrahlt. Rote Blätter aber reflektieren einen Anteil des Lichts, den sie eigentlich gut nutzen könnten. Das macht, auch wenn der Effekt uns gut gefällt, ihre Assimilation weniger leistungsfähig.

Wintereignung

Pflücksalate sind aufgrund ihres offenen Wuchses als ausgesprochen kältefest zu bezeichnen. Wie bei allen Salaten sind sie im Jugendstadium noch frosthärter als im schnittfertigen Zustand. Aber auch die erntefähigen Rosetten weisen eine erstaunliche Widerstandsfähigkeit gegen Temperaturen unter dem Gefrierpunkt auf. Voraussetzungen sind der Schutz der gefrorenen Blätter vor mechanischer Belastung durch Wind und Berührung sowie ein zurückhaltendes Bewässerungsmanagement. In unseren Versuchen überlebten sie Temperaturen von -8 bis -11 °C ohne Schäden. Erfrorene Blätter verlieren ihre Festigkeit, werden dünn und sehen welk aus.

Auch glasige, an den Rippen braune Blätter oder Blattteile zeugen von zu starker Frosteinwirkung. Oft findet man diese Schäden eher an den äußeren Blättern. Das Herz kann durchaus noch gesund und frisch und damit auch noch weiter nutzbar sein. Durch Auszupfen der betroffenen Blätter kann man die Pflanzen weiter erhalten.

Von den vielen angebotenen Sorten sind nach unserer Erfahrung all jene auch für den Winteranbau geeignet, die für den Frühlings- und Herbstanbau empfohlen werden.

Anbau und Pflege

Da Salate für die Winterernte im Sommer oder frühen Herbst angebaut werden, muss man die Hitzeempfindlichkeit des Saatgutes berücksichtigen. Salatsamen keimen bei Temperaturen über 20 °C ausgesprochen ungleichmäßig oder gar nicht. Am besten baut man sie deshalb in Schalen an, stellt sie an einen kühlen, durchaus dunklen Ort, wie zum Beispiel in einen Schuppen, und

Frischer saftiger Salat Mitte März aus dem ungeheizten Gewächshaus oder Frühbeetkasten lässt die Herzen aller Selbstversorger und Hausgärtnerinnen höherschlagen.

holt sie erst nach Sichtbarwerden der Keimwurzel ans Licht. Auch da sollte man die Schale an einen Schattenplatz stellen. Ein kleines, schattiertes Gewächshaus oder ein geschützter Kasten sorgen für eine erhöhte Luftfeuchtigkeit und verhindern damit das Vertrocknen des Keimlings. Die kräftigen Keimlinge werden in kleine Töpfchen mit 4–6 cm Durchmesser pikiert. Auch diese lässt man im Sommer an einem schattigen Platz bis zum 3–5-Blattstadium heranwachsen. Dann sind sie pflanzfertig und können ins Beet oder in den Kasten mit Standweiten von 20 x 20 cm bis 25 x 25 cm versetzt werden. Engere Standweiten sind zu empfehlen, wenn man früher ernten und doch den Platz gut ausnützen möchte. Immer sollte man aber darauf achten, dass die Pflanzen nicht so dicht an dicht stehen, dass der Boden nicht ausreichend belüftet wird. Salatfäule, die die Köpfchen von unten befällt, wäre die Folge.

Ähnlich wie auch für die im Folgenden beschriebenen Romana- und Kopfsalate sind für Pflücksalate vier Staffelungen bzw. Kulturvarianten über den Winter möglich:

- der Anbau Anfang August mit Pflanzung Ende August zunächst im Freien, später unter dem Schutz einer Frühbeethaube
- der Anbau Ende August mit Pflanzung Ende September gleich direkt ins Gewächshaus oder den Kasten
- der Überwinterungsanbau im Kasten oder Gewächshaus mit Aussaat Ende September/Anfang Oktober und einer Pflanzung Mitte Oktober bis Anfang November. Später gepflanzter, geschützter Salat bildet kein Wurzelsystem aus, das tief genug reicht, um im Frühjahr, wenn es wärmer wird, ausreichend Wasser aufzunehmen, damit ein Randen des Salats verhindert werden kann.
- der Überwinterungsanbau im Freien mit einer Aussaat Ende August/Anfang September und einer Pflanzung Ende September bis Mitte Oktober. Ab November gepflanzte

Überwinterungssalate wurzeln im Freien nicht mehr ausreichend ein.

- Für den Erfolg der Winterkultur ist es unbedingt nötig, vorsichtig zu gießen und ausgiebig zu lüften. Steigt die Luftfeuchtigkeit auf über 85 %, muss in jedem Fall gelüftet werden, auch wenn die Außentemperaturen frostig sind. Besser, die Kultur steht etwas kühler, als es bildet sich Kondenswasser, das auf die Pflanzen tropft. Das würde die Verbreitung von Pilzkrankheiten fördern, die die Pflanzen abtöten können. Unsere Versuche haben gezeigt, dass es völlig ausreichend ist, während des Winters alle 4–6 Wochen zu gießen. Das geschieht am besten an einem sonnigen Tag in den späteren Vormittagsstunden, damit die Kultur bis zum Abend wieder abtrocknen kann. Auf sandigen Böden geht das schneller und unkomplizierter als auf schweren, lehmigen Böden, wo man mit dem Gießen besonders vorsichtig sein muss.
- Falls besonders im Herbst, aber auch wieder ab Februar einzelne Beikräuter auftreten, kann zwischen den Salatpflanzen gehackt werden.

Ernte

Die zu erwartenden Erntezeiträume der oben beschriebenen Sätze sehen je nach Witterungsverlauf so aus:

- Ernte ab Ende Oktober während eines langen Zeitraums. Da in dieser lichtschwachen Zeit ein Weiterwachsen und damit die Gefahr des Überreifwerdens des Salates nicht bestehen und Frühbeetkästen einen guten Schutz vor übermäßigen Frösten und unkontrollierter Feuchtigkeit bieten, bleibt die Kultur oft bis nach dem Jahreswechsel erntefähig.
- Dieser zweite Satz zielt auf einen ähnlichen Erntezeitraum wie der erste ab. Die von Anfang an geschützten Bedingungen ermöglichen eine Ernte ab Ende November. Auch

hier schützt das Dach über dem Kopf die Kultur vor raschem Verderb. Das Erntefenster bleibt ebenfalls bis ins neue Jahr offen.

- Der geschützte Überwinterungssatz wird erst im neuen Jahr ab Ende Februar oder Anfang März erntereif. Damit ist ein unmittelbarer Anschluss an die beiden obigen Sätze gegeben. Ab Ende März sollte dieser Satz fertig geräumt sein. Mit dem länger werdenden Tag könnten die Salatpflanzen zu schossen beginnen.

- Die Jungpflanzenüberwinterungsvariante bringt erntefähige Bestände erst ab Ende April des Folgejahres und damit zu einer Zeit, die bereits außerhalb unseres Winterernte-fokus liegt. Sie bietet aber einen Erntevor-sprung von 7–10 Tagen gegenüber den im Frühjahr ausgesäten ersten Salaten.

- Die Wahl des Erntezeitpunktes für Pflück-salate kann man sehr flexibel handhaben. Wenn man früher schneidet, sind die Köpf-chen zwar noch kleiner, aber nicht weniger frisch und attraktiv. Im Winter erfreuen sie ja auch mit einem Stückgewicht von 100–150 g das stolze Gärtnerherz. Das früher übliche einzelne Abpflücken der äußeren Blätter lässt sich im Winter ebenfalls praktizieren. Es hilft, die Ernte über einen langen Zeitraum weiter-zuführen. So hat man zu einer Zeit, in der man besonders hungrig danach ist, immer frisches Grün oder Rot in der Salatschüssel.

Pflücksalate sind aufgrund ihres offenen Wuchses besonders winterfest. Sie können auch schon im jungen Stadium laufend geerntet werden, indem man jeweils die äußersten Blätter abzupft.

Romanasalat, Römischer Salat

Lactuca sativa var. *longifolia*

Traditionssorten wie 'Forellenschluss' stammen aus einer Zeit, als man die Romanasalate noch Kochsalate nannte. Sie sind ausgesprochen schmackhafte Frischsalate.

In meiner Jugend hat man noch Kochsalat dazu gesagt. Tiefgekühlter Kochsalat mit Erbsen gehört nicht gerade zu den idyllischen Erinnerungen an meine Kindheit. Ich möchte jetzt nicht behaupten, dass er psychische Folgeschäden bei mir hervorgerufen hat, aber das Interesse an dieser Salatvarietät war bei mir auch später noch ziemlich begrenzt. In den letzten Jahren hat sie aber nicht nur den Namen gewechselt, sondern sich zu einem spannenden Frischgemüse gemausert. Denn Romanasalate – das klingt doch gleich viel trendiger – können auch als schmackhafte Salate in der Schüssel genossen werden, wenn man eher die inneren Blätter verwendet. Und wenn man die äußeren nicht zu Tode kocht, sondern nur kurz in der Pfanne oder im Wok anbrät, behalten sie ihre Konsistenz und Knackigkeit. In Wirklichkeit haben Romanasalate einen wesentlich besser ausgeprägten Geschmack als zum Beispiel Eissalate. Die fleischige, saftige Blatttextur braucht den Vergleich auch nicht zu scheuen. So können selbst alte, typisch österreichische Sorten wie der attraktiv rot gesprenkelte 'Forellenschluss' oder die Traditions-Erwerbssorte 'Zieglers Wiener Maidivi' wieder zu neuen Ehren kommen. Im Handel findet man Romanasalate auch unter der Bezeichnung „Salatherzen" meist halbiert auf Tassen verpackt. Tatsächlich lässt sich das gelbe, ausgesprochen knackige Innere auch frisch vom eigenen Beet ernten.

Wintereignung

Im Wintergarten sind Romanasalate aufgrund ihrer Frostfestigkeit und der Eignung als Babyleaf-Salat unverzichtbar für das Sortiment. Es empfiehlt sich ein Anbau in Kästen oder Gewächshäusern während der Winterzeit. So bleiben die länglichen, tütenförmigen Köpfe vor allem vor Wind, Schnee und Regen geschützt.

Anbau und Pflege

Für die Satzstaffelung der Romanasalate orientiert man sich an den beim Pflücksalat angegebenen Anbau-, Pflanz- und Ernteterminen. Auch für das Gießen gelten die gleichen Grundsätze. Für jene Sorten, die gezielt für die Ernte von Salatherzen angebaut werden, kann man engere Standweiten wählen. Klassiker brauchen ebenso viel Platz wie Pflücksalate.

Ernte

Auch Kulturdauer und damit Erntezeitpunkte ähneln jenen der Pflücksalate. So lassen sich regelmäßig über die ganze Wintersaison frische Romanas aus dem eigenen Garten genießen.

Auch die Salatherzen fallen in diese botanische Gruppe. Sie sind ähnlich wintertauglich wie Pflücksalate.

Salatherzen sind bestens geeignet, halbiert und im Rohr überbacken zu werden.

Die alte Sorte 'Zieglers Wiener Maidivi' wurde früher erwerbsmäßig in Ostösterreich angebaut.

In Anbau und Pflege unterscheiden sich Romanasalate nicht von Pflücksalaten.

Kopfsalate

Lactuca sativa var. capitata

In einer umfangreichen Sortensichtung wurden an der Versuchsstation Zinsenhof gemeinsam mit dem Verein Arche Noah alte kroatische Wintersalatsorten getestet. Nach einer Pflanzung Mitte Oktober (rechte Gewächshaushälfte) bzw. Ende Oktober (linke Gewächshaushälfte) waren die Pflanzen Ende November bereits gut eingewachsen. Die Ernte erfolgte Ende Februar/Anfang März des Folgejahres.

Sie stellen die am weitesten entwickelten und am stärksten spezialisierten Sorten der Gartensalate dar. Kopfsalate bilden nämlich, wie der Name es schon sagt, einen geschlossenen Kopf und nicht nur eine lose Rosette an Blättern. Wie fest sich dieser Kopf anfühlt, wie gut er mit Herzblättern gefüllt ist und wie geschlossen sich die Unterseite darstellt, sind wichtige Qualitätskriterien für Kopfsalatsorten. Auch der Ton der Grünfärbung spielt heutzutage bei der Sortenzüchtung eine große Rolle. Wir Österreicher lieben den hellen, gelblichen Häuptelsalat, in westeuropäischen Ländern bevorzugt man dunkle Farbtöne.

Kopfsalate unterteilt man in die Gruppe der Butterkopfsalate, der Eissalate und der Batavias. Sie unterscheiden sich in der Blatttextur. Butterkopfsalate bilden zarte, weiche, auch schneller welkende Blätter. Die Eissalate wiederum haben seit 20 Jahren ihren Siegeszug bei uns gerade deshalb angetreten, weil sie aufgrund ihrer knackigen Blätter und fest geschlossenen Köpfe im Handel bestens transportiert und gelagert werden können. Man nennt sie auch Eisberg- oder Krachsalate, auf Wienerisch Bummerlsalat. In den USA, woher diese Sortengruppe stammt, werden sie als „Crispheads" bezeichnet. Ebenfalls sehr krispig sind die Blätter der Batavia-Salate, die man von den Eissalaten unterscheiden muss. Sie bilden auch Köpfe, aber meist wesentlich mehr Umblatt, zeigen blasige Blätter oft mit rötlichen und gelben Farbtönen. Diese aber nicht nur äußerlich attraktiven Salate französischen Ursprungs weisen mit ihren milden, knusprigen Blättern auch einen außergewöhnlichen Geschmack auf. In Österreich hat die Batavia-Sorte 'Grazer Krauthäuptel' nicht nur lokale Bedeutung erlangt. Für mich ist er der beste Salat überhaupt, mit dem ich sehr gerne offizielle Versuche mache, weil dann nach der Auswertung unzählige Köpfe für den Eigenbedarf „abfallen". Der „Grazer" zeigt sich im Hochsommer mit seinen dünnen, zarten, rot behauchten Blatträndern als empfindlich gegen Hitze, Trockenheit und wechselnde Witterungsverläufe. Für Spätherbst- und Frühwintersätze eignet er sich hingegen ausgezeichnet, da er eine gute Kältetoleranz und eine natürliche Robustheit gegen Pilzkrankheiten aufweist.

Wintereignung

Kopfsalate sind im Rosettenstadium frostsicher bis -10 °C und darunter. Im Freien leiden sie unter Wind ebenso wie durch den feuchten Umschlag einer Schneedecke. Am widerstandsfähigsten zeigen sie sich unter den trockenen Bedingungen eines ungeheizten Gewächshauses oder Kalten Kastens. Diese Schutzeinrichtungen halten den Frost ja nicht auf Dauer draußen, sie verzögern aber die Tiefstwerte und sorgen für einen gleich-

mäßigeren Temperaturverlauf. Gefrorene Salatbestände sehen nicht appetitlich aus. Die glasigen Blätter liegen am Boden und wirken wie abgestorben. Nach dem Auftauen aber stellen sie sich wieder auf, werden frisch und saftig und sehen gesund aus wie zuvor.

Fertig geschlossene Salatköpfe sind deutlich kälteempfindlicher als Jungpflanzen. Frostschäden können an den exponierten Teilen der Köpfe auftreten.

In vergangenen Zeiten wurden für die Überwinterung eigene Sorten gezüchtet, die diese saisonale Eignung oft auch noch im Namen tragen. In unseren Versuchen haben wir deutliche Sortenunterschiede bemerkt, weniger in der Frostfestigkeit als in der Entwicklungsgeschwindigkeit und im Kopfgewicht bei der Ernte.

Die folgende Tabelle gibt einen Überblick über alte und neuere Sorten, erhebt aber keineswegs einen Anspruch auf Vollständigkeit. Auch hier gilt, dass Sorten, die für den Frühlings- und Herbstanbau empfohlen werden, sicher geeignet sind.

Die alte Salatsorte 'Brune d'Hiver' ('Brauner Winter') entspricht vielleicht nicht dem modernen Salattyp mit fest geschlossenem Kopf, im Winter wird man damit auch nicht Gewichtsweltmeister, aber sie eignet sich für die Winterernte hervorragend.

Während Kopfsalate im Winter in der Phase der Kopfbildung auf Frost durchaus empfindlich reagieren können, zeigt sich die alte Traditionssorte 'Grazer Krauthäuptel' robust.

Sorte	Herkunft	Beschreibung
'Neusiedler Gelber Winter'	Austrosaat	ostösterreichische Traditionssorte mit hellen, zarten Blättern
'Winterkönig'	Austrosaat	Traditionssorte mit hellen Blättern und einer leichten rötlichen Zeichnung, relativ große Köpfe
'Winterbutterkopf'	Samen Maier, Nebelung Kiepenkerl	Traditionssorte mit gelblichen Blättern, feste Köpfe
'Brauner Winter' ('Brune d'hiver')	Sativa Rheinau, Samen Baumaux	auch im Winter kräftiger Wuchs; in unseren Versuchen gute Ergebnisse; typische braunrote Färbung
'Winterhäuptel'	Arche Noah	lockere rot-grüne Köpfe
'Grosse blonde d'hiver'	Essem'Bio	alte Sorte, kräftiger Wuchs, gelbgrüne Färbung; blasige, gewellte Blätter
'Merveille des quatre saisons'	Bingenheimer Saatgut	intensive rotbraune Färbung, lockerer Kopf
'Zimska Salata'	Arche Noah	kroatischer Winterkopfsalat, lockere Köpfe
'Wiener Kräften'	Arche Noah	Wiener Traditionssorte, blasig gewellte Blätter, robust
'Unikum'	Austrosaat	Eissalat, Traditionssorte, rötlicher Rand

Anbau und Pflege

Für den Anbau von Kopfsalat gelten die schon oben bei den Pflücksalaten beschriebene Vorgangsweise und die vorgeschlagenen Anbautermine. Die Entwicklungszeit von Eis- und Bataviasalaten dauert zwar etwa eine Woche länger, sie sind aber im Herbst besonders empfindlich gegen Fäule bei zu frühem Anbau. Deshalb empfiehlt es sich, die gleichen Aussaat- und Pflanztermine wie bei den übrigen Salaten einzuhalten und ein eventuell schwächeres Ernteprodukt in Kauf zu nehmen.

Ernte

Bei Kopfsalaten ist eine Einzelblatternte nicht möglich. Da sie erst geschnitten werden können, wenn die Blätter sich tatsächlich zum Kopf geschlossen haben, ist man mit der Wahl des Erntezeitpunktes nicht so flexibel wie bei den Pflücksalaten. Gerade die Kopfbildung verläuft im Winter sehr verlangsamt. Im Hausgarten muss man aber nicht so streng sein wie im Erwerbsgemüsebau, wo man auch im Winter nur geschlossene Köpfe mit einem Mindestgewicht von ca. 200 g verkaufen kann. Ab einem Einzelstückgewicht von 150 g kann man für die eigene Verwendung schon von einem richtigen Salatkopf sprechen. Mit den gärtnerischen Rekorden des Sommers, wo man ja auch Prachtexemplare mit einem halben Kilogramm eingebracht hat, darf man die Wintersalate freilich nicht vergleichen.

Im gefrorenen Zustand ist Salat glasig hart. Er darf nicht berührt werden, damit das Gewebe nicht verletzt wird.

Babyleaf-, Multileaf-Salate
Lactuca sativa

Babyleaf-Salate sind frostfest, raschwüchsig und eignen sich deshalb ausgezeichnet für die Winterernte.

Sie sind in den letzten Jahren so richtig beliebt geworden, die zarten, jungen Blätter von diversen Salatsorten und -typen, die bunt gemischt in Fertigsalatsäckchen und -tassen gepackt und immer frisch im Kühlregal des Supermarkts angeboten werden. Nicht nur, damit sie so richtig modern wirken, hat man sich für sie auch noch neudeutsche Bezeichnungen ausgedacht: Babyleaf oder Multileaf klingt zugegebenermaßen ausgesprochen flott, ihre Namen haben sie aber deshalb, weil sie im englischsprachigen Raum in großem Maßstab produziert werden. Dort ist in Gartenbüchern auch von *Micro-leaf-*, also den Allerkleinsten, oder von *Teen-Leaf-*Salaten die Rede. Letztere müsste man dann wohl, frei übersetzt, in die Kategorie der pubertierenden Jungsalate einordnen.

So eng differenziert wird die Entwicklungsphysiologie der Gartensalate bei uns nicht, aber der Begriff Babyleaf hat sich auch in unserem gärtnerischen Sprachgebrauch festgesetzt. Man versteht darunter Schnittsalate, die flächig angebaut und als Einzelblättchen im zarten Jungstadium mit einer Blattlänge von 6–12 cm geerntet werden. Saatgutfirmen arbeiten daran, immer wieder neue Sorten mit attraktiver Blattform und -farbe zu entwickeln. Zwar gibt es Babyleaf-Salate nicht nur bei den Gartensalaten, die wir hier besprechen, sondern auch noch bei anderen botanischen Arten, wie wir noch sehen werden, aber Pflück- und Romanasalate zählen zu den Hauptvertretern dieser Kategorie. Butterkopfsalate sind nicht geeignet, weil ihre jungen Blätter so sensibel sind, dass sie nach der Ernte sofort welken würden. In diversen Saatgutkatalogen findet man Eichblatt-, Batavia-, Lollo- und Romanasalate für den Babyleaf-Anbau in den Farben Grün, Gelb und Rot. Neu ist diese Nutzungsrichtung bei den Salaten jedenfalls nicht. Denn in früheren Zeiten säte man Salate gerne dicht ins Frühbeet, pikierte Jungpflanzen heraus, um sie ins Salatbeet zu setzen, ließ die restlichen einfach noch ein wenig weiterwachsen und erntete sie dann direkt in die Salatschüssel.

Hinter der Züchtung der Multileaf-Salate steckt ein anderes Konzept als bei den Babyleafs. Sie werden wie Pflücksalate ausgepflanzt und bilden lose Köpfe, die einzeln geerntet werden. Bei der Zubereitung entfernt man einfach die Strünke, und da die Köpfchen so aufgebaut sind, dass sie dann in lauter mundgerechte Einzelblättchen zerfallen, können diese gleich direkt in die Salatschüssel gekippt werden. Auch die Multileaf-Salate kann man also als Convenienceprodukte bezeichnen, die uns das Leben zuhause so bequem wie möglich machen sollen. Umständliches Putzen, Zerschneiden oder Auseinanderzupfen bleibt uns stressgeplagten Zeitgenossen damit erspart.

Babyleaf- und Multileaf-Salate bieten auch im Hausgarten gerade für die Wintersaison unschätzbare Vorteile, weil sie rasch in ihrer Entwicklung sind und sogar mehrmals beerntet werden können.

Wintereignung

Nach allem, was wir bisher zu den Gartensalaten besprochen haben, ist es ziemlich einleuchtend, dass Babyleaf-Salate ideale Wintersalate darstellen. Durch ihr jugendliches Entwicklungsstadium sind sie bestimmt bis -10 °C frostfest. Wir haben in Versuchen Babyleaf-Salate schon erfolgreich als Keimlinge im Freien überwintert. Probleme machen dabei wieder eher die Bodenfeuchtigkeit und die damit verbundene Pilzinfektionsgefahr, keinesfalls aber die winterlichen Temperaturen. Empfehlenswert ist deshalb in jedem Fall die Kultur im geschützten Kasten.

Sorten von Babyleaf-Salaten heißen 'Grüner Eishäuptel' (ein krausblättriger Eissalat), 'Oaking' (grüner Eichblattsalat), 'Ovired' (roter Romana) oder 'Greenet' (grüner Batavia), um nur einige zu nennen. Bei den Multileaf-Salaten kann man 'Multired' (dunkelrot, gekraust) oder 'Klee' (rot und kopfsalatähnlich) erwähnen. Eine Fülle von Sorten wird von den diversen Samenfirmen angeboten. Nicht alle aber wachsen gleich schnell und gesund während der Winterwochen.

Anbau und Pflege

Babyleaf-Salate werden im Unterschied zu allen bisher besprochenen Salatgruppen meist direkt gesät. Dazu legt man die Samen in der Reihe alle 2–3 cm ab. Zwischen den Reihen sollte man etwa 10–15 cm Abstand lassen. Da Salate generell

Zahlreiche Sorten werden im Babyleaf-Bereich angeboten. 'Greenet' ist eine grüne Batavia-Sorte.

Die auffallend rotblättrige Sorte 'Redmar' sieht sehr attraktiv aus.

Die rotblättrige 'Ovired' zählt eigentlich zu den Romana-Salaten, wird aber auch gerne als roter Vogerlsalat vermarktet. Mit diesem hat sie rein botanisch freilich gar nichts zu tun.

Die Sorte 'Klee' zerfällt wie alle Multileafs nach Entfernen des Strunks in schüsselfertige Einzelblättchen.

Lichtkeimer sind, sät man nicht zu tief. Das würde die Keimung erheblich verzögern oder hemmen. Nach der Aussaat wird gründlich eingegossen. Wie lange man bis zur ersten Ernte warten muss, hängt vom Aussaatzeitpunkt ab. Es ist sinnvoll, Babyleaf-Salate für die Winterernte im Kalten Kasten oder Gewächshaus zu staffeln. Die erste Aussaat

erfolgt dann Anfang September, die zweite ca. 14 Tage später Mitte September. Auch mit einem dritten Satz Ende September wird man noch vor Weihnachten ernten können. Einen Überwinterungssatz sät man Anfang oder Mitte Oktober aus. Im Freien genügt der Anbau eines Satzes Mitte September.

Babyleaf-Salate können aber genauso gut vorkultiviert werden. Dazu legt man 5–7 Korn in ein mit Anzuchterde gefülltes Töpfchen mit 5 cm Durchmesser, übersiebt die Samen ganz fein mit Erde und gießt mit feiner Brause ein. Diese Töpfchen werden an geschützter Stelle in einem Kasten aufgestellt. Wenn die Pflanzen gekeimt sind und 2–3 Laubblätter aufweisen, werden sie im Abstand von 10 x 10 cm in den Kasten gesetzt. Eine Pflanzung von vorkultivierten Setzlingen verkürzt die Kulturdauer im Kasten um ca. 3–4 Wochen. So kann man auch noch in der ersten Oktoberhälfte auspflanzen, um vor Weihnachten zu ernten.

Es ist empfehlenswert, die einzelnen Babyleaf-Salate reinsortig zu säen. Das bunte Mischen hebt man sich für nach der Ernte auf. Denn im Wuchs gibt es deutliche Unterschiede: Grüne Sorten entwickeln sich rascher als rote, sie würden also schon im Anbau dominieren. Ob man nun für jede Sorte eine Reihe vorsieht oder das Beet bzw. den Kasten in kleine Parzellen unterteilt, bleibt dem eigenen Geschmack überlassen.

Die Multileaf-Salate werden immer im Topf vorgezogen. Dazu sät man in Saatschalen. Nach der Keimung wird pikiert. Im 3–5-Blattstadium werden Multileafs in den Kasten verpflanzt. Eine optimale Entwicklung ist bei Standweiten von 20 x 20 cm möglich. Für die Satzstaffelung orientiert man sich an den Anbauterminen, wie sie bei den Pflücksalaten angegeben wurden.

Während der Herbst- und Winterwochen können sich zwischen den Salatreihen noch Vogelmiere und Hirtentäschel als ungebetene Gäste einfinden. Die sollte man möglichst gleich nach der

Keimung auszupfen. Ein verunkrauteter Babyleaf-Bestand macht bei der Ernte wenig Spaß. Im Falle der genannten Beikräuter wäre freilich der Schaden halb so schlimm, die könnten als essbare Wildsalate gleich mit in der Schüssel landen.

Mit dem Gießen muss man auch bei den Baby- und Multileaf-Salaten sehr vorsichtig sein. Auf sandigen Böden benötigt die Kultur etwas mehr Wasser. Im Freien kann auf ein Gießen gänzlich verzichtet werden, da im Spätherbst meist genügend Niederschläge fallen.

Ernte und Lagerung

Baby- und Multileaf-Salate sind deshalb so wunderbare Winterkandidaten, weil sie während der kalten Jahreszeit gleich zwei- oder mehrmals geschnitten werden können. Das sollte nicht tiefer als 2 cm über dem Boden geschehen, damit man nicht das Herz der Pflanze verletzt, aus dem wieder neue Blätter nachwachsen. Mit Massenerträgen in der Zeit des Kurztages dürfen wir freilich nicht rechnen, denn auch diese Salate zeigen bei einer Tageslänge von weniger als 10 Stunden kaum Zuwachs. Die größten Fortschritte macht die Kultur im Herbst bis Ende Oktober und dann wieder im Frühjahr ab Mitte Februar.

Die gesäten Herbstsätze von Babyleaf-Salaten sind ab Ende Oktober erntereif. Satz 2 und 3 sollten voraussichtlich Ende November und Mitte Dezember folgen. Sie ermöglichen eine kontinuierliche Ernte bis Weihnachten. Der Überwinterungssatz wird dann ab Ende Jänner bis Anfang Februar fertig sein.

Bei den Multileaf-Salaten ist durch die Staffelung der Sätze eine laufende Ernte der ganzen Rosetten möglich. Setzt man das Messer nicht zu tief an, können mehrere Schnitte gemacht werden. Der erste Schnitt ist Ende Oktober möglich, der zweite kann Ende Februar bis Anfang März erfolgen. Bis Ende März kann man bei sonniger Witterung und frühlingshaften Bedingungen noch einen dritten Schnitt erwarten.

'Multigreen' ist eine hellgrüne, gekrauste Multileaf-Sorte.

Wintergemüsevielfalt der Salatkräuter und Spezialsalate

Eine Fülle von Salatkräutern eignen sich für die Winterernte. Sie bringen Farbe und Leben in die winterliche Salatschüssel.

In diesem Abschnitt wollen wir uns der faszinierenden Vielfalt der Salatkräuter und „Salate im weiteren Sinn" widmen. Der Übergang zwischen diesen beiden Kategorien ist fließend. Einige sind dazu geeignet, „schüsselfüllend" zu wirken, andere verwendet man aufgrund ihres ausgeprägten Eigengeschmacks oder ihres zarten Wuchses als Ergänzung und Bereicherung für gängige Salate. Wir müssen uns bewusst sein, dass wir hier eine bunte Zusammenschau von Pflanzen wagen, die eine unterschiedliche botanische Herkunft, ganz verschiedene Wuchseigenschaften und Kul-turerfordernisse sowie vielfältige optische und geschmackliche Qualitäten aufweisen. Seit vielen Jahren führen wir mit diesen Spezialgemüsearten wissenschaftliche Anbauexperimente – nicht nur im Winter – an unserer Versuchsstation Zinsenhof durch. Manche kennen wir schon lange, andere sind auch für uns noch neu. Es macht viel Freude, solche neuen Bekanntschaften mit Spezialsalaten zu schließen oder auch Altbekannte ganz neu in ihrer Wintertauglichkeit kennenzulernen. Aus manchen Bekanntschaften sind bei mir im Laufe der Jahre richtige Freundschaften geworden. Ich kann mir das Winterhalbjahr ohne ihre Anwesenheit nicht mehr vorstellen und freue mich schon darauf, wenn sie wieder Saison haben. In einer Weise haben sie sogar Familienanschluss gefunden, denn wir genießen sie auch gerne gemeinsam zuhause. In meiner großen Familie sind meine vier Kinder die größten Kritiker, wenn ich wieder einmal mit einem neuen Spezialsalat nach Hause komme. Gut, dass meine Frau meist eine zündende Idee zur kulinarischen Aufarbeitung hat. Trotzdem schaffen wir es nicht immer, alle unsere Youngsters sofort zu überzeugen. Mit so manchem Kräutchen bin ich daheim überhaupt durchgefallen. Dann muss ich wohl noch weiter Salat-Lobbying betreiben. Manchmal fehlt mir dazu aber der Ehrgeiz, dann genießen meine Frau und ich solche Spezialitäten eben zu zweit.

Rein geografisch lassen sich die Hintergründe der folgenden Salate in drei Kategorien einteilen. Da finden sich alte heimische Arten, die es gilt, wiederzuentdecken, italienische Vertreter, die ja eigentlich von gar nicht weit herkommen und doch aus einer anderen Welt sind, und jene aus der Gemüsehochkultur Fernost, die bei aller Exotik auch Handfestes, Wintertaugliches zu bieten hat.

Zahlreiche Salatkräuter sind besonders im Jugendstadium zart und schmackhaft.

Vogerlsalat, Feldsalat
Valerianella locusta

Vogerlsalat gilt aufgrund seiner Frostfestigkeit zu Recht als Klassiker unter den Wintersalaten.

Er gilt zu Recht als Wintersalat schlechthin. Denn Vogerlsalat wird schon seit Generationen genau in der Art und Weise produziert, wie wir sie hier propagieren: ungeheizt in einfachen Kulturräumen. Ein Betrieb im burgenländischen Seewinkel, den ich kenne, schafft es sogar, Vogerlsalat ganzjährig nur mit Vliesabdeckung im Freiland zu produzieren. Nicht nur im Erwerbsanbau, auch im Hausgarten schätzt man seine unglaubliche Winterhärte und Robustheit. Und er zählt geschmacklich zum Feinsten, was das Salatbeet zu bieten hat.

Im Profianbau gibt es freilich auch die andere Seite: Spezialbetriebe in Holland oder Frankreich, wo in Intensivgewächshausanlagen ganzjährig Vogerlsalat auf einer eigens aufgeschütteten Sandschicht angebaut wird. Der Schnitt erfolgt dann mit Vollerntemaschinen, die ganze Beetbahnen schneiden und gleich automatisch in Kisten füllen.

Botanisch gesehen ist der Vogerlsalat eine Besonderheit aus der Familie der Baldriangewächse. Im deutschsprachigen Raum wurde er mit zahlreichen lokal gefärbten Namen bedacht: Feld- oder Ackersalat heißt er offiziell in Deutschland, in manchen deutschen Bundesländern auch Sonnenwirbel, Mause- oder Hasenöhrchen. Nüsslisalat sagt man dazu in der Schweiz, Rapunzel in der Steiermark. Apropos: Letztgenannter Name im Märchen bezieht sich nicht auf den Vogerlsalat, sondern auf die Rapunzelglockenblume, eine alte heimische Gemüseart aus dem Mittelalter.

Egal, ob aus dem Kasten oder aus dem Freien: Im Hausgarten darf man auf diesen Winterklassiker keinesfalls verzichten.

Wintereignung

Vogerlsalat ist klimatisch an unsere Bedingungen bestens angepasst. Ihm wird gemeinhin eine Frosthärte von -20 °C zugestanden. Auch bei +5 °C ist er imstande zu wachsen. Im Freien sind im Winter nur längere Regenperioden und eine matschige Schneeauflage ein Problem. Davor sollte man den Vogerlsalat schützen. Im Kasten oder Gewächshaus wird auch er eher trocken gehalten, um Pilzinfektionen zu verhindern.

Anbau und Pflege

Der Vogerlsalat ist ein typischer Vertreter der Riege der Wintersalate. Im Sommer ist es ihm zu heiß. Deshalb sollte man auf ihn in dieser Zeit gleich ganz verzichten. Seine Saison beginnt im Spätsommer mit der ersten Freilandaussaat Mitte August. Er keimt am besten und raschesten bei Temperaturen von 16–18 °C. Über 20 °C treten Keimhemmungen und -verzögerungen auf. Aber selbst bei +5 °C läuft das Saatgut noch verlässlich auf. Vogerlsalat kann man entweder direkt säen oder Jungpflanzen vorziehen. Beide Varianten haben Vor- und Nachteile. Die Direktsaat ist eine einfache und zeitsparende Sache, erfolgt sie in Kästen oder Gewächshäusern, werden diese allerdings schon früher belegt und sind länger dafür gebunden. Man kommt also manchmal mit der Vor- oder Nachkultur in zeitlichen Konflikt. So könnte man zum Beispiel Paradeiser durchaus bis Mitte oder Ende Oktober im Hobby-Gewächshaus belassen, der gesäte Spätherbstsatz von Vogerlsalat sollte aber schon Anfang oder Mitte September starten. Da ist die Verwendung von vorgezogenen Jungpflanzen ein Vorteil. Mit ihnen gelingt der optimale direkte Anschluss. Man nutzt den wertvollen Platz im Gewächshaus oder Frühbeetkasten einfach besser aus. Allerdings bedeutet die Vorkultur von Jungpflanzen einen zusätzlichen Aufwand. Man sät 5–7 Korn in Töpfchen mit 5 cm Durchmesser. Als Substrat eignet sich gängige Anzuchterde. Nach dem Eingießen stellt

man sie an einen geschützten, nicht zu sonnigen Platz. Auch die Auspflanzung 4–5 Wochen später kostet Zeit, weil die Pflänzchen sehr dicht auf 10 x 10 cm gesetzt werden. Gepflanzter Vogerlsalat ist später leichter zu ernten und bringt höhere Erträge. Er wurzelt aber nie so tief ein wie direkt gesäter, was gerade im Winter bei starken Frösten zu Ausfällen führen kann.

Am besten gelingt die Winterkultur von Vogerlsalat im Kalten Kasten oder Frühbeetkasten.

Vogerlsalat zu pflanzen bietet den Vorteil, dass der wertvolle Frühbeetkasten erst später belegt wird. Er ist dann auch leichter zu ernten. Die Jungpflanzenvorkultur ist allerdings mit einem erhöhten Aufwand verbunden.

Eine Vielzahl an älteren und neuen Sorten stehen zur Auswahl, die rundblättrige 'Vit' oder die dunklere 'Verte a cœur plein 2' seien hier nur exemplarisch genannt. Als roter Vogerlsalat wird immer wieder 'Ovired' angeboten. Es handelt sich dabei allerdings um eine Romanasalatsorte, die in ihrem Aussehen nur dem Vogerlsalat ähnelt.

In der Direktsaat wählt man Reihenabstände von 10 cm und eine Saatstärke von 50 bis 100 Korn pro Laufmeter.

Die folgende Tabelle bietet einen Überblick über mögliche Satzstaffelungen im Freien oder im geschützten Anbau zur kontinuierlichen Winterernte von Vogerlsalat:

Die genaue Kulturdauer ist sehr stark vom Witterungsverlauf abhängig und kann deshalb durchaus von den hier angegebenen Terminen des Erntebeginns abweichen. Alle Sätze bleiben aber lange erntefähig. So lassen sich die letzten Herbstsätze im Freien durchaus bis Weihnachten schneiden. Auch die im Dezember fertigen Kulturen im Kalten Kasten oder Gewächshaus bleiben bis über den Jahreswechsel frisch und nutzbar.

An Pflegearbeiten ist in den winterlichen Vogerlsalatbeständen nicht viel zu tun. Gegossen wird nach dem Auspflanzen oder nach der Direktsaat gründlich, danach im Kasten sehr sparsam, und zwar nur dann, wenn der sandige Boden wirklich zu trocken wird. Im Freien wird gar nicht bewässert. Die natürliche Feuchtigkeit ist meist mehr als ausreichend. Zwischen den Reihen sorgt man durch gelegentliches Hacken für Ordnung. Das ist auch der Grund, warum eine breitwürfige Direktaussaat nicht zu empfehlen ist. Denn dann ist zwischen dem verstreut stehenden Vogerlsalat wirklich Einzelbeikraut-Zupfen angesagt. Das Arbeiten mit einer feinen Ziehhacke oder einer extra-schmalen Pendelhacke zwischen den Reihen hingegen spart Kraft und Zeit.

Ernte

Keinesfalls sollte man gefrorenen Vogerlsalat schneiden, denn die zarten Blätter sind sehr empfindlich. Nach dem Auftauen werden sie schwarz und matschig. Schon das Berühren gefrorener Blätter verursacht Frostschäden. Am besten wartet man, bis die Mittagssonne an einem frostigen Tag die Bestände wieder auftaut. Dann sind die frischen und saftigen Blätter rechtzeitig fürs Mittagessen zu ernten. Es lassen sich entweder ganze Rosetten ernten, was in der Schüssel wirklich sehr ansprechend wirkt, oder man schneidet Einzelblättchen etwa 2 cm über dem Boden. So kann man die Bestände im zeitigen Frühjahr auch noch ein zweites Mal beernten.

Aussaat	Pflanzung	Erntebeginn	Standort
Mitte August	-	Ende Oktober	Freiland
Anfang September	-	Mitte November	Freiland
Ende September	-	Anfang bis Mitte März	Freiland
Anfang September	-	Ende Oktober	geschützte Kultur
Mitte September	-	Ende November	geschützte Kultur
Ende September	-	Mitte Dezember	geschützte Kultur
Anfang September	Anfang Oktober	Ende Oktober	geschützte Kultur
Mitte September	Mitte Oktober	Mitte November	geschützte Kultur
Anfang Oktober	Anfang November	Mitte Dezember	geschützte Kultur
Anfang Oktober	-	Februar	geschützte Kultur
Anfang Jänner	-	Mitte März	geschützte Kultur

Das wilde Eck im Garten

Nach dem Winter ab März oder April beginnen die übriggebliebenen Vogerlsalat-Pflanzen zu blühen. Mit ihrer unscheinbaren zartrosa Blüte wirkt das nicht besonders aufsehenerregend. Ich möchte hier aber noch auf eine ganz einfache Nutzungsvariante hinweisen, für die sich Vogerlsalat vorzüglich eignet. Wir haben bemerkt, dass einige Pflanzen, die man nach dem Winter am Beet zur Blüte und danach bis zur Samenreife stehen lässt, für ausreichend Nachwuchs im nächsten Winter sorgen. Und das ganz von alleine. Die nächste Generation keimt dann pünktlich im Herbst und steht über den Winter zur bequemen Ernte bereit. So braucht man sich um Saatgutbeschaffung und Aussaat gar nicht zu kümmern. Dieser Tipp lässt sich auch auf zahlreiche andere Salate und Kräuter anwenden. Man betreibt so ein wildes Eck oder Beet im Garten, in das man nur zum Ernten kommen muss. Na ja – auch ein bisschen Beikrautzupfen wird wohl nötig sein, wenn das botanische Durcheinander noch halbwegs in Zaum gehalten werden soll. Da Beikräuter und Salate bunt nebeneinander keimen, ist es notwendig, die gewünschten von den unerwünschten schon im Keimlingsstadium auseinanderzukennen, damit man nicht irrtümlich die „guten" entfernt. Das erfordert genaues Beobachten, botanische Grundkenntnisse und ein bisschen Übung. Bei unseren Führungen in der City Farm Schönbrunn, wo wir so ein wildes Beet betreiben, sage ich dann gerne: Für die Beikrautpflege dürfen nur jene Personen zugelassen werden, die die „Lizenz zum Jäten" besitzen.

Lässt man am Ende des Winters einige Vogerlsalatpflanzen stehen, beginnen sie zu blühen und Samen zu bilden, die genau dann im Herbst wieder keimen, wenn wir sie für den Winter benötigen.

In so einem wilden Salat-Winterbeet sieht alles freilich nicht so geordnet aus, wie wenn man direkt in Reihen sät.

Zahlreiche Winterspezialsalate keimen unkompliziert im Winterbeet, wenn man sie sich selbst aussäen lässt. Der Winterportulak beispielsweise wächst dann verlässlich aus allen Ritzen.

Asia-Salate, Oriental Greens, Kohlsalate

Brassica rapa, Brassica juncea

Asia-Salate sind innovativ, absolut frostfest und extrem raschwüchsig, also für die Winterernte unverzichtbar.

Diese Gruppe an Spezialsalaten gehört zu meinen Winterlieblingen. Mit ihnen haben wir begonnen, das Winterthema versuchsmäßig überhaupt zu erschließen. Schon deshalb stehen sie uns so besonders nahe. Asia-Salate aus der botanischen Gattung Brassica, die mit unserem Kohlgemüse verwandt sind, sind innovativ, attraktiv in ihrem Äußeren ebenso wie im Geschmack und extrem raschwüchsig. Das macht sie zu außerordentlich gut geeigneten Wintersalaten, die zwar langsam „gesellschaftsfähig" werden, aber im Profianbau genauso wie im Hausgarten immer noch viel zu wenig genutzt werden.

Schönbrunner Hintergrund

Eigentlich habe ich mich schon zu Beginn meiner gemüsebaulichen Forschungsarbeit, also vor mehr als 20 Jahren, mit dem asiatischen Blattgemüse befasst. Damals aber ging es um die Ernte ganzer Köpfchen bzw. fertiger Blattrosetten bei Pak Choi, Blattsenf & Co. Da sich bei uns in dieser Zeit kaum jemand dafür interessierte, knüpfte ich Kontakte zu chinesischen Gemüsehändlern und Asia-Shops, um ihnen unsere im eigenen Garten produzierte Ware schmackhaft zu machen. Der chinesische Großhandel wurde nämlich praktisch zur Gänze durch Frischgemüseimporte aus den Ländern des Fernen Ostens, also aus China, Vietnam oder Thailand versorgt. Es erschien mir widersinnig, Pak Choi mit dem Flugzeug nach Österreich zu transportieren, wenn er hier ebenso gut gedieh. Ich erinnere mich noch sehr genau, wie ich damals in Wien von einem Chinarestaurant zum anderen fuhr, um den Einkäufern unsere Versuchsprodukte zu präsentieren und dann einen Kontakt zu Wiener Gärtnern herzustellen. Da trafen sich konträre Welten zwischen China und Simmering. Die Verbindungen der Händler mit ihren Herkunftsländern waren allerdings so stark, dass es kaum gelang, da einzudringen und eine Brücke zu heimischen Gemüsegärtnereien zu schlagen. So ruhte dann das Thema Asia-Gemüse bei uns wieder einige Jahre lang.

Erst durch das Angebot neuerer Sorten einzelner Samenfirmen, die gezielt auf die Babyleaf-Ernte abzielten, lebte es wieder auf. Mit einer Blattlänge von 6–12 cm konnte man Asia-Salate ja ganz „westlich" nutzen. Nun waren sie einfach als Salate für die Schüssel geeignet und mussten nicht nach eigenen Rezepten im Wok zubereitet werden. Das sagte dem heimischen Konsumenten wesentlich mehr zu. Wir starteten unsere Sortensichtung im Jahr 2007. Damals passierte das in der Einleitung erwähnte Missgeschick eines vor Winterbeginn draußen auf dem Feld verbliebenen Sichtungssatzes. Diese Salate mussten im Freien bleiben, weil wir sie nicht mehr zeitgerecht hatten ernten und auswerten können. In diesem Winter 2007/08 aber entdeckten wir die außergewöhnliche Frosthärte der Asia-Salate, die eigentlich so gar nicht zu dem passte, was in Sortenbeschreibungen und Lehrbüchern stand. Wir waren von dieser Erkenntnis der Winterfestigkeit so begeistert, dass wir mit gezielten Versuchen anknüpften. So konnten wir herausfinden, dass Asia-Salate bis -15 °C und wahrscheinlich noch darunter frostfest sind, allerdings nur, wenn sie in geschützten Kulturräumen stehen, die ihnen im Winter ein Dach über dem Kopf

Asia-Salate sind unglaublich vielfältig in Farbe, Form und Geschmack.

In umfangreichen Versuchen mit Asia-Salaten an der Versuchsstation Zinsenhof wurden Fragen der Sortenwahl, Kulturführung und Wintereignung bearbeitet.

Pak Choi, Blattsenf & Co als chinesische Gemüse stoßen hierzulande bis heute auf wenig Interesse.

Zunehmend Aufmerksamkeit genießen Blattgemüse aus der Brassica-Verwandtschaft im Babyleaf-Stadium. So sind sie als Salate in unserem westlichen Sinn bestens nutzbar.

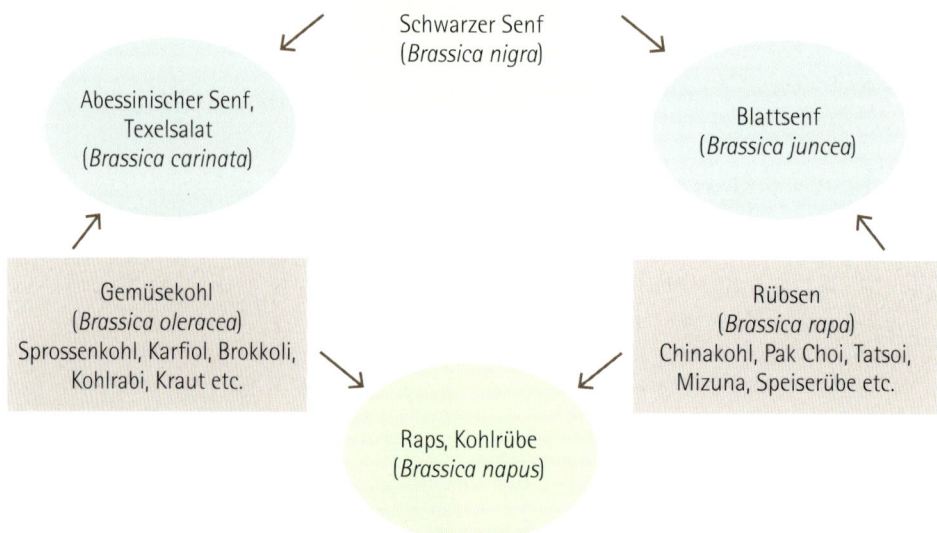

Schwarzer Senf
(*Brassica nigra*)

Abessinischer Senf,
Texelsalat
(*Brassica carinata*)

Blattsenf
(*Brassica juncea*)

Gemüsekohl
(*Brassica oleracea*)
Sprossenkohl, Karfiol, Brokkoli,
Kohlrabi, Kraut etc.

Rübsen
(*Brassica rapa*)
Chinakohl, Pak Choi, Tatsoi,
Mizuna, Speiserübe etc.

Raps, Kohlrübe
(*Brassica napus*)

Das Dreieck von U (Seite 113 f.) *veranschaulicht die verwandtschaftlichen Zusammenhänge zwischen wichtigen Nutzpflanzenarten der Gattung Brassica. Die Bastarde zwischen den drei Eckpunkten vereinen das Erbgut ihrer Eltern in sich.*

und damit Schutz vor Niederschlägen und Wind bieten.

Asia-Salate lassen sich so geschickt staffeln, dass sie eigentlich das ganze Jahr erntbar sind. Im Sommer sind die Sätze nach 2–3 Wochen schnittfertig, im Winter dauert es bis zu 15 Wochen. Heizen muss man sie in keinem Fall. Der Frühling und Frühsommer ist jene Zeit, in der sie ihre Blühphase durchmachen. Gerade da haben ja auch viele andere Salate Saison, sodass man auf die Asia-Salate eventuell verzichten kann. Danach aber sind sie wertvolle Begleiter durch den ganzen Herbst und Winter.

Einen ersten Eindruck vom Winterhärtepotenzial von Asia-Salaten gewannen wir durch ein Missgeschick: Ein Freilandsatz blieb im Winter draußen, weil wir ihn nicht rechtzeitig ernten konnten. Und siehe da – er trotzte winterlichen Minusgraden, obwohl er diese laut Lehrbuchwissen eigentlich gar nicht hätte überleben dürfen.

Die Botanik der Asia-Salate

Die Vorfahren der Asia-Salate stammten eigentlich aus Europa. Der wilde Rübsen oder Feldkohl diente hierzulande als Ausgangspunkt einer Züchtung, die zur Speiserübe führte. In den Ländern des Fernen Ostens hingegen, und da vor allem in China, nutzten Bauern die genetische Breite, um eine Fülle von Blattgemüsetypen zu entwickeln. Dabei kamen auch Bastardierungen ins Spiel, die die Nutzungsmöglichkeiten noch erweiterten. Erst in der ersten Hälfte des 20. Jahrhunderts gelang es Wissenschaftlern, allen voran dem Koreaner mit dem kurzen und einprägsamen Namen U, die Kulturpflanzenentwicklung nachzuzeichnen. Er stell-

Im Freien leiden Asia-Salate im Winter unter Schneedruck und übermäßiger Feuchtigkeit.

Vliesabdeckung kann da nur ungenügend Abhilfe schaffen.

Die winterliche Kultur im Frühbeetkasten bietet ideale Voraussetzungen für eine ergiebige Winterernte.

te im sogenannten Dreieck von U dar, dass die botanischen Arten *Brassica rapa* (Chinakohl, Pak Choi, Speiserübe), *Brassica oleracea* (unser Kohlgemüse) und *Brassica nigra* (der Schwarze Senf) gemeinsame Bastarde bilden, die das unterschiedliche Erbgut ihrer Eltern in sich vereinigen. Genau diese Bastarde aber wurden zu bedeutenden Kulturpflanzen: Ölraps und Kohlrübe gehören ebenso dazu wie die hier behandelten Asia-Salate aus der Gruppe der Blattsenfe, die ein bisschen Schärfe von ihrem Ahn Schwarzer Senf mitgenommen haben.

Das Anbaugebiet der Asia-Salate in Fernost ist riesengroß. Einige dieser asiatischen Kohlverwandten sind an die Kultur unter tropischen oder subtropischen, vor allem äquatornäheren Klimabedingungen angepasst, wo die Tageslängen im Jahresverlauf geringere Unterschiede aufweisen als bei uns. Sie lassen sich in unseren Hausgärten kaum sinnvoll anbauen, weil sie unter unseren Langtagbedingungen im Frühsommer sofort in Blüte gehen. Es gibt aber eine Vielzahl an schnellwüchsigen, anspruchslosen Sorten und Typen, die in unseren Gärten, vor allem im Winter, eine spannende Bereicherung des Salatsortiments bieten.

Im länger werdenden Tag ab März bekommen Asia-Salate ihren Blühimpuls. Das ist die einzige Zeit im Jahr, wo ein Anbau nicht so empfehlenswert ist.

Eine faszinierende Vielfalt an Blattformen und -farben macht den Reiz der Asia-Salate aus.

Pak Choi (Senfkohl)
Brassica rapa ssp. chinensis

Pak Choi ist als Blattstielgemüse zu bezeichnen. Er bildet keine geschlossenen Köpfe.

Der Pak Choi ist älter als unser Chinakohl und soll in China bereits seit dem 5. Jahrhundert vor Christus angebaut worden sein. In Korea, Taiwan und Japan gehört er zu den beliebtesten Gemüsearten überhaupt. Seit er in den Niederlanden kommerziell produziert wird, ist er auch auf europäischen Märkten zu finden. Immer wieder wird Pak Choi fälschlich als Mangold angeschrieben, weil er diesem mit seinen weißen Blattstielen etwas ähnlich sieht. Botanisch besteht allerdings gar kein Zusammenhang.

Pak Choi bedeutet wörtlich „weißes Gemüse". Schon im Babyleaf-Stadium sind die charakteristischen weißen, kahlen, fleischigen Blattstiele zu erkennen. Es gibt auch grünstielige Sorten, die besonders in China sehr beliebt sind. In weiterer Folge entwickelt Pak Choi kompakte, jedoch nicht geschlossene Köpfchen. Im Geschmack ist er als mild zu bezeichnen.

Für den Winteranbau können folgende Babyleaf-Sorten empfohlen werden:

- 'Green Fortune' (Enza): breitovales, mittelgrünes Blatt, hellgrüner Blattstiel
- 'White Celery' (Reinsaat): helles Blatt, weiße, saftige Blattstiele
- 'Hanakan' (Uniseeds): sehr dickfleischige, weiße Blattstiele
- 'Sagami' (Hild): dunkelgrünes Blatt, weiße Blattstiele
- 'Arax' (Hild): intensiv rotes Blatt, hellgrüne Blattstiele

Pak Choi zeigt schon als Babyleaf seine typischen fleischigen Blattrippen.

Auch im Rosetten-Stadium ist Pak Choi erstaunlich frostfest.

Grünstieliger Pak Choi ist vor allem in China sehr beliebt.

Besonders dekorativ wirken rotblättrige Sorten wie zum Beispiel 'Red Baby' (Foto) oder 'Arax'.

Rosetten-Pak-Choi

Brassica rapa ssp. *chinensis* var. *rosularis*

'Tatsoi' bildet wunderschöne, flache Rosetten. Er wird deshalb auch als Rosetten-Pak-Choi bezeichnet.

Der Rosetten-Pak-Choi ist tatsächlich ein enger Verwandter des Pak Choi und womöglich als Vorform desselben zu sehen. Er wird in Japan als Tatsoi oder Tah Tsai bezeichnet und ist ein kältetolerantes, anspruchsloses Kohlgewächs aus Fernost. Auffallend ist die Schossfestigkeit des Rosetten-Pak-Chois. Er bildet im ausgewachsenen Zustand ebenmäßige, tellerflache, im Durchmesser 40 cm große Rosetten aus dunkelgrün-glänzenden, löffelartigen Blättern. Diese sind in konzentrischen Kreisen angeordnet und geben der ganzen Pflanze ein atemberaubend ästhetisches Aussehen. Als Babyleaf wirken die Blätter zarter und etwas heller.

'Tatsoi' (Reinsaat): dunkle, dicht stehende Blätter
'Tama': glänzende, dunkelgrüne, löffelförmige Blätter mit kurzem Blattstiel

'Tatsoi' als Babyleaf bildet fleischige, saftige Blätter.

In seiner Kältefestigkeit steht 'Tatsoi' den anderen Asia-Salaten um nichts nach.

Mizuna, Japanischer Salatkohl

Brassica rapa ssp. *nipposinica*

Mizuna bildet Rosetten mit auffallend weißen Blattstielen und fein gezähnten Blättern.

Botanisch gesehen sind die Salatkohle eng verwandt mit dem Stielmus (Rübstiel), einer rheinischen Gemüsespezialität. Ursprünglich zwar zweifelsohne chinesischer Herkunft, erfreut sich der Anbau von Mizuna seit langer Zeit in Japan großer Beliebtheit, sodass es oft als klassisch japanisches Gemüse angesehen wird. Mizuna wirkt auch außerordentlich dekorativ. Es bildet eine Rosette aus fein geschlitzten, federartigen frisch-grünen Blättern mit saftig-zarten weißen Blattstielen. Diese Rosetten können 25 cm hoch und

40 cm breit wachsen und bis zu einem Kilogramm schwer werden. Die nahestehende Schwesternsorte heißt Mibuna und weist statt der geschlitzten eine ganzrandige Blattform mit leuchtendgrünen Blattstielen auf. Sie wächst etwas langsamer als Mizuna.

Als Babyleaf-Salat sollte Mizuna in keinem Wintergarten fehlen. Denn schon in diesem Stadium sehen die Blättchen unglaublich attraktiv aus. Zuerst bilden sich die für die ganze Verwandtschaft typischen herzförmigen Keimblätter, danach erscheinen die ersten fein geschlitzten, zarten Laubblätter. Mizuna zählt zu den Asia-Salaten mit der raschesten Entwicklung und ist damit auch immer als Erstes schnittfertig.

- grünblättrige Sorten: 'Mizuna' (Reinsaat), 'Mizuna Early' (Enza), 'Mandovi' (Hild), 'Nagoya' (Uniseeds)
- rotblättrig: 'Arun' (Hild), 'Mizuna Deep Red' (Uniseeds)

Schon im Babyleaf-Stadium verfehlt Mizuna seine dekorative Wirkung nicht.

Den Winter-Härtetest konnte auch Mizuna bestehen.

Blattsenf

Brassica juncea

Blattsenfe zählen optisch und geschmacklich zu den faszinierendsten Asia-Salaten. Von ihrem Vorfahren, dem schwarzen Senf, haben sie eine krenartige Schärfe geerbt.

Eigentlich wird unter dem Namen „Blattsenf" (englisch: *mustard greens*) eine sehr vielfältige und faszinierende Gruppe von Kohlgemüsen zusammengefasst.

Ursprünglich im zentralasiatischen Himalayagebiet beheimatet, breitete sich der Blattsenf nach China, Indien und bis in den Kaukasus aus. Vor allem in China entstanden vielfältige Typen und Sorten, die sich nicht nur äußerlich, sondern auch in ihrer Nutzungsart unterscheiden. Die meisten dieser Sorten eignen sich nicht für einen Anbau unter mitteleuropäischen Bedingungen. Von Saatgutfirmen wurden neue Sorten entwickelt, die bei uns klimatisch adaptiert sind und in Ausfärbung, Blattform oder Geschmack Besonderheiten aufweisen. All diesen Sorten gemeinsam ist die verblüffend krenartige würzige Schärfe, die beim Zerkauen der Blätter frei wird. Am besten erntet man sie ebenfalls im zarten Babyleaf-Stadium.

Von den vielen geeigneten Sorten möchte ich hier folgende erwähnen:

- 'Grün im Schnee' oder 'Green in Snow' (Reinsaat): ist ein ursprünglicher Typ mit gezähnten Blättern. Die Wintereignung ist schon beim Sortennamen nicht zu übersehen.

- 'Red Giant' (Reinsaat): geschmacklich ausgezeichnet, Rotfärbung aber im Winter manchmal etwas blass
- 'Bloody Mary' (Hild): als Verbesserung von 'Red Giant' gedacht und tatsächlich auch wesentlich intensiver rot gefärbt, allerdings geschmacklich nicht mehr so attraktiv
- 'Ruby Frills' (Uniseeds), 'Agano' (Hild), 'Rouge metis' (Reinsaat): fein geschlitzte, intensiv rot gefärbte, sehr attraktive Blattsenfe mit guter Ausfärbung auch im Winter
- 'Golden Streaks' (Uniseeds), 'Golden Frills' (Reinsaat): das Gleiche in Grün wie die vorige Gruppe
- 'Frizzy Joe' und 'Frizzy Lizzy' (beide Hild) sind ein ausgesprochen scharfes, attraktives Asia-Pärchen mit stark gefransten bis gekrausten Blättern, das einem beim Verkosten schon einmal die Tränen in die Augen treiben kann.

Wintereignung

Jenen 12. Februar 2012 werde ich nicht vergessen, als mich unser Kollege an der Versuchsstation Zinsenhof anrief und mir mitteilte, dass in der Nacht das Thermometer auf -26 °C Außentemperatur und -14,5 °C Kälte im Foliengewächshaus gesunken war. Wir waren überzeugt, dass das für unseren Asia-Salatversuch nur den Tod bedeuten konnte. Er schickte mir ein paar Fotos: Die Blätter lagen flach am Boden – glasig, grau und völlig erstarrt. Als an diesem sonnigen Tag wenige Stunden später die Temperatur im Gewächshaus auf +15 °C stieg, staunten wir nicht schlecht. Alles richtete sich mit dem Auftauen wieder auf, in die Blätter kehrte das Leben zurück und sie sahen frisch und knackig aus, als wäre nichts gewesen. Solche Erfahrungen lassen das Herz jedes Gemüseliebhabers höher schlagen. Für uns war es einer jener Härtetests, die in den letzten Jahren ange-

'Red Giant' kann als Klassiker unter den Blattsenfsorten bezeichnet werden.

'Bloody Mary' wurde als Verbesserung von 'Red Giant' entwickelt. Sie ist leuchtender gefärbt, kann allerdings geschmacklich nicht mithalten.

'Golden Streaks' (Bild oben) und 'Red Streaks' (Bild unten) sind Blattsenfsorten mit fein gefiederter, attraktiver Blattform.

sichts ungewöhnlich milder Winter ohnehin sehr rar waren. Von Praktikern haben wir erfahren, dass bei ihnen Asia-Salate sogar bei -20 °C schadenfrei überlebt hatten. Unbedingt sollten die Asia-Kulturen aber in geschützten Räumen wachsen. Im freien Feld ist die Überlebensrate bei solchen Temperaturen deutlich niedriger.

Asia-Salate sind extrem schnellwüchsig. Hier sieht man parallel Anfang November angebauten Vogerlsalat im Vergleich zur Blattsenfsorte 'Golden Streaks' zu deren Erntezeitpunkt Ende Februar des Folgejahres.

Enge Reihenabstände und dichte Aussaat führen zu einem ergiebigen, beikrautfreien Bestand.

Anbau und Pflege

Die zweite große Entdeckung unserer Asia-Projekte betraf ihre außergewöhnlich rasche Entwicklungsgeschwindigkeit. Auch nach vielen Versuchsjahren und nach Tests mit unzähligen anderen Gemüsearten kann ich sagen: Es gibt absolut nichts Vergleichbares!

Wir arbeiten meist mit Direktsaat, weil sie so einfach und ohne großen Aufwand praktiziert werden kann. Aber auch bei Asia-Salaten ist eine Jungpflanzenvorkultur möglich. Vor der Aussaat wird das fein hergerichtete Saatbett mit Brettern kräftig angedrückt oder eventuell angewalzt. So fallen beim Aussäen die kleinen Samen nicht verschieden tief in Hohlräume in die raue Bodenoberfläche, sondern liegen so gleichmäßig, dass sie auch sehr einheitlich keimen und auflaufen. Der Profi spricht von einem guten Bodenschluss, also von einer engen Einbettung des Samens im Boden. Das verbessert nicht nur die Keimfähigkeit, sondern verhilft auch zu einem sehr einheitlich wachsenden Bestand während der gesamten Kultur.

Asia-Salate sollten reihenweise reinsortig ausgesät werden. Viele Sorten entwickeln sich zwar relativ gleichmäßig, aber es gibt auch Ausreißer. In allen unseren Versuchen ist Mizuna in seiner Entwicklung immer am schnellsten unterwegs. Wie bei den Gartensalaten wachsen auch hier die rot gefärbten Typen stets langsamer. Um sich im Winter an einer bunten Asia-Mischung erfreuen zu können, ist es empfehlenswert, mindestens fünf in Blattform und -farbe sowie in botanischer Zugehörigkeit verschiedene Sorten für den Anbau auszuwählen.

Für die Winterernte werden Asia-Salate im Freien Ende September ausgesät. Im Kasten muss man erst Anfang Oktober beginnen. Dort kann man nun im 14-tägigen Abstand staffeln, was dann Sinn macht, wenn man zur Ernte die ganzen Rosetten nimmt und damit Stück für Stück den Bestand räumt. Das Abernten einzelner Blät-

Im Normalfall wird reinsortig gesät. Saatgutmischungen aber wirken zweifelsohne von der Keimung weg wesentlich bunter.

Asia-Salate lassen sich auch in Töpfen ohne Probleme kultivieren.

Im Winter darf nur sparsam gegossen werden, damit es nicht zu einer Pilzinfektion kommt.

ter erlaubt einen mehrmaligen Schnitt während des Winters. Man muss nur bedenken, dass dies auch Keimung und Entwicklung von Beikräutern fördert, die den neu gewonnenen Platz und das Licht nach der Blatternte schnell nutzen wollen. Die Beikrautpflege gestaltet sich in den dichten Beständen dann etwas mühsam. Denn Asia-Salate werden mit Reihenabständen von 10 cm und 100–130 Korn pro Laufmeter eng gesät. Ihre rasche Entwicklung während der Herbst- und Winterwochen und die Einmalernte lassen unerwünschten Beikräutern eigentlich keine Chance. Ganze Rosetten sehen bei der Ernte auch attraktiver aus und machen sich in der Salatschüssel besonders gut.

Alles, was im Kasten bis Ende Oktober gesät wird, wird noch vor Weihnachten fertig. Ab Anfang bis Mitte November verschiebt sich die Ernte dann erst auf Ende Jänner bis Februar des Folgejahres. Diese Lücke füllt man, indem man den letzten Satz des alten Jahres etwas großflächiger anlegt.

Möchte man Asia-Salate pflanzen, rechnet man im Herbst mit 2 Wochen für die Jungpflanzenanzucht von der Keimung bis zum Setzen im Kasten. Es ist sinnvoll, junge Pflänzchen auszubringen, weil sie sich dann ohne Pflanzschock rasch weiterentwickeln. Mitte November gepflanzte Asia-Salate sollten noch vor Weihnachten fertig werden.

Selbstverständlich müssen Asia-Salate nicht im Babyleaf-Stadium geerntet werden. Liebhaber der asiatischen Küche können sie bis zur fertigen Rosette weiterziehen, was die Kulturdauer deutlich verlängert. In dem Fall ist es empfehlenswert, Jungpflanzen vorzukultivieren und diese dann im Abstand 20 x 20 cm auszupflanzen.

Auch Asia-Salate werden im Winter nur sparsam gegossen. Sonst neigen sie zu Grauschimmelinfektionen. Der tritt nesterweise auf und kann rasch um sich greifen.

Ernte

Der Übergang von der Herbst- zur Winterernte ist ein fließender. Etwas willkürlich haben wir ja den November als unseren ersten Wintermonat definiert. In ihm wird der Freilandsatz von Ende September ebenso erntereif wie jener Anfang Oktober im Kasten ausgesäte oder Mitte Oktober ausgepflanzte Satz. Die ganzen Rosetten erntet man mit einem Messerschnitt durch den Wurzelansatz direkt am oder im Boden. Mit etwas Übung geht das sehr rasch vor sich. Asia-Salate lassen sich in dieser Jahreszeit über einen längeren Zeitraum schneiden. Man erntet jeden Satz also sukzessive nach Bedarf ab, bis schon der nächste schnittfertig ist. Das ermöglicht eine lückenlose Selbstversorgung mit Frischsalat während des gesamten Winters. Auch Asia-Salate sollte man übrigens nicht im gefrorenen Zustand berühren oder beernten.

Das Ende der Winterernte markiert dann nicht nur definitionsgemäß der Monat März. Ab diesem Zeitpunkt gehen Asia-Salate tageslängengesteuert in die generative Lebensphase über. Sie schieben dann fleischige Blütenstängel. Sollte das in unserem Kasten oder Gewächshaus passieren, ist es auch kein Schaden. Denn die zarten Triebe mit den brokkoliähnlichen, feinen Knospen sind noch einmal ein Leckerbissen zum roh Knabbern, für den Salat oder kurz angebraten im Wok. In China gab man diesem Gemüse einen eigenen Namen: *Choi sum*, das blühende Gemüse. Allerdings sollte man darauf achten, die Triebe zu ernten, bevor sie gelb aufblühen. Sie sind im knospigen Zustand einfach delikater.

Wenn man einige Pflanzen jeder Sorte ins wilde Salatbeet setzt und stehen lässt, sodass sie blühen und Samen bilden können, dann vermehren sie sich ganz von alleine. Diese nächste Generation Asia-Salate wird dort freilich nicht fein säuberlich in Reihen stehen, sondern während des ganzen Jahres bunt durcheinander.

Asia-Salate sind in ihrer Gesamternte durchaus ergiebig. Unsere Ertragsmessungen ergaben,

Zur Ernte werden die ganzen Rosettchen abgeschnitten. Möchte man mehrmals ernten, darf man nur die Einzelblätter entnehmen.

dass man vom Quadratmeter, je nach Blattlänge des Ernteguts, ein bis zwei Kilogramm zarter Ware herausholen kann. Das sollte man bei der Berechnung der benötigten Beetfläche im Kasten einkalkulieren.

Choi sum *nennt man in China Pak Choi im Blüten-
knospenstadium.*

Rucola, Salat-, Senfrauke, Wilde Rauke
Eruca sativa, Diplotaxis tenuifolia

Rucola kann bei uns auf eine Erfolgsgeschichte verweisen. Vom italienischen Spezialkraut hat er sich zum Klassiker entwickelt.

Er galt lange als Inbegriff der italienischen Küche. Aber inzwischen ist Rucola auch bei uns so beliebt, hat sich so weit verbreitet und verselbstständigt, dass man mittlerweile nicht mehr nur an unser südliches Nachbarland denkt, wenn man ihn genießt. Immer noch aber scheiden sich die Geister am sehr ausgeprägten Eigengeschmack dieses Salatkrauts. Für all jene, denen der Rucola im sommerlichen Salat eine Spur zu streng daherkommt, habe ich eine gute Nachricht: Aus dem winterlichen Garten geerntet, schmeckt er deutlich milder und bekömmlicher.

Eigentlich handelt es sich bei diesem Salatkraut ja um zwei eigenständige Arten: die einjährige, ganzrandig beblätterte, cremefarben blühende Echte Salatrauke (*Eruca sativa*) und den mehrjährigen, gelbblühenden Wilden Rucola mit seinen schärfer gezähnten Blättern und dem tatsächlich wilderen Geschmack (*Diplotaxis tenuifolia*). Die Echte Salatrauke wächst schneller und ist ertraglich ergiebiger, schmeckt dafür aber eben nicht so würzig wie ihr wilder Verwandter. Auch in der Kultur im Hausgarten unterscheiden sie sich ein wenig. Im Wintergarten sollten aber beide nicht fehlen.

Wintereignung

Rucola ist ebenso frostfest und wintertauglich, wie es die Asia-Salate sind. Es gibt ja auch verwandtschaftliche Verbindungen, denn alle gehören der Familie der Kreuzblütler an. Die Echte Salatrauke ist etwas empfindlicher und sollte auf jeden Fall in einem geschützten Kasten überwintern. Dort hält sie aber auch der winterlichen Kälte von -8 °C stand. Der mehrjährige Wilde Rucola hingegen kann auch gut im Freien bleiben. Er ist völlig anspruchslos und absolut winterfest.

Mit folgenden Sorten haben wir positive Wintererfahrungen gesammelt:

- 'Rucola coltivata' (Reinsaat; Austrosaat): Echte Salatrauke
- 'Rucola selvatica' (Reinsaat; Austrosaat): Wilde Rauke
- 'Speedy' (Nebelung Kiepenkerl): Ein besonders raschwüchsiger Rucola, der ebenso aromatisch schmeckt wie der wilde
- 'Dragon's tongue' (Thompson & Morgan; Rühlemann's): sehr schöner rotadriger Wilder Rucola

In den Katalogen der Gemüsesaatgutanbieter gibt es noch zahlreiche andere Sorten, die sicherlich auch gut geeignet sind.

Anbau und Pflege

Für den Anbau der Echten Salatrauke orientiert man sich ebenfalls an den Asia-Salaten, denn sie wächst ähnlich schnell und unkompliziert. Auch hier ist eine Direktsaat mit einer Saatstärke von 100–120 Korn pro Laufmeter und einem Reihenabstand von 10–15 cm zu empfehlen. Der erste Wintersatz im Kalten Kasten startet Ende September bis Anfang Oktober. Ein Folgesatz wird zwei Wochen später ausgesät. Ende Oktober legt man den Überwinterungssatz an.

Beim Wilden Rucola dauert die Entwicklung etwas länger. Dafür ist er aufgrund seiner Mehrjährigkeit auch länger nutzbar, wenn er ein Dauerplätzchen im Garten bekommt. Im Freien sollte

man ihn bis Anfang September ausgesät haben. Das kann aber auch schon früher geschehen, damit man vom Herbst an laufend einzelne Blättchen bis über den Winter ernten kann. Im Kasten startet man gezielt für die Winterernte Mitte September.

Rucola kann man während des Winters mehrmals schneiden.

Rucola 'Speedy' zählt botanisch zwar zur Kulturrauke, wächst ebenso schnell wie diese, ist aber ähnlich aromatisch wie der Wilde Rucola.

Rucola ist ein sehr ertragreicher Spezialsalat, auf den man im Hausgarten keinesfalls verzichten sollte.

So dicht darf man Rucola nicht säen, schon gar nicht im Winter, wo Lichtmangel die Konkurrenz der Pflanzen zusätzlich verstärken würde.

Von Frost und Schnee zeigt sich Rucola ebenso wenig beeindruckt wie die Asia-Salate.

Sowohl der Wilde als auch der Echte Rucola können als Jungpflanzen vorkultiviert und dann aufs Beet ausgepflanzt werden. Man verwendet Töpfchen mit 5 cm Durchmesser, füllt sie mit Anzuchterde und sät 5–7 Korn hinein. Zur Keimung sollte es nicht zu warm sein, das würde hemmend wirken. Die Pflanzen entwickeln sich schnell und können nach ca. 3 Wochen ausgesetzt werden.

Gelegentliche Bodenfeuchtigkeitskontrolle und Bewässerung nur bei spürbarer Trockenheit sowie Beikrautpflege sind die einzigen Pflegemaßnahmen während des Winters. Dass in dieser Jahreszeit die sonst so lästigen Erdflöhe Auszeit haben, wird jeder Hausgärtner mit Erleichterung wahrnehmen.

Ernte

Bei Rucola empfiehlt es sich, zur Ernte einfach einzelne Blätter mit einer Länge von 6–12 cm abzuschneiden und sich so während des ganzen Winters mit würzigem Grün selbst zu versorgen.

Unsere Winter-Rucolaernte beginnt mit November. Bei milder Herbstwitterung sind die ersten Sätze auch schon früher erntefertig. Da ja laufend an denselben Pflanzen herumgezupft wird, ist auch nicht eine so strenge Staffelung wie bei den Asia-Salaten nötig. So ein Satz hält dann wochenlang durch. Ab Februar bekommt er spürbar Zuwachs. Im März werden die Bestände dann wieder ziemlich üppig.

Beide Arten des Rucola, von denen man Einzelpflanzen im Beet einfach weiterwachsen lässt, beginnen zu blühen und Samen zu bilden, mit denen sie sich kräftig vermehren. So können sie fast zum Unkraut werden. Andererseits ist damit für ganzjährigen Frischenachschub gesorgt.

Die Wilde Rauke zeigt ein schlankeres Blatt als die Kulturrauke. Sie wächst etwas langsamer, ist aber intensiver im Geschmack.

Winterportulak, Winterpostelein
Claytonia perfoliata

Winterportulak bildet extrem dichte Bestände. Während des Winters lässt er sich oft 3–4 Mal schneiden.

Dass die Heimat dieses Spezialsalates im westlichen Nordamerika bis nach Alaska reicht, lässt schon ahnen, warum er in der Liste der Winterkandidaten keinesfalls fehlen darf. Nach einer Weltreise von den Indianern im pazifischen Nordamerika nach Kuba und sogar nach Australien ist er schließlich in Nordwesteuropa gelandet. In England, Frankreich oder den Niederlanden wird diese zarte Salatrarität bereits angebaut.

Als ich den Winterportulak vor mehr als 20 Jahren kennengelernt habe, habe ich mich schon damals gefragt, warum er eigentlich bei uns im Gemüsehandel so gar nicht aufscheint. Das ist mir bis heute eine Frage ohne Antwort geblieben. Denn der Winterportulak, der noch einige Beinamen wie Winterpostelein, Tellerkraut oder Kubaspinat trägt, ist nicht nur eine völlig anspruchslose Gemüsepflanze, er schmeckt angenehm mild, ist ergiebig im Ertrag und eben vollkommen winterfest. Auch heute noch wird er im Supermarkt nicht verkauft. Gelegentlich, aber leider immer noch viel zu selten findet man ihn in der Direktvermarktung.

Wintereignung

Seinem Namen macht der Winterportulak alle Ehre, verträgt er doch Fröste bis unter -20 °C. Ähnlich wie der Vogerlsalat eignet er sich optimal als Wintersalat in ungeheizten Hobbyglashäusern oder Kalten Kästen. Auch im Freien überwintert er ohne Probleme selbst in dichten Beständen. Ist er allerdings Frosttrocknis und Wind ausgesetzt, verfärben sich die Blätter manchmal rötlich.

Anbau und Pflege

Für den Wintergenuss wird Winterportulak ab August bis September in Reihen mit 10 cm Abstand gesät. Er ist so perfekt an kühles Klima angepasst, dass er bei Temperaturen über 12 °C nicht einmal keimt. So ist es ihm selbst beim Aussäen im Spätsommer zu warm. Das gelingt dann nur mit einem Trick: Man füllt angefeuchteten Sand in ein Schraubdeckelglas, streut die Samen hinein und stellt das Glas zur Keimung in den Kühlschrank. Sobald die Samen angequollen sind und zu keimen beginnen, kann man sie in Saatreihen ins Gemüsebeet oder in den Kasten säen, mit Erde leicht bedecken und befeuchten. Schon bald zeigen sich die länglich-schmalen, grasartigen Keimblätter.

Wenn man Winterportulak nicht sät, sondern pflanzt, sollte man ihn nicht zu tief setzen. Er bildet feine Wurzeln, mit denen er sich den Weg in die Erde sucht. Der vom Boden abgesetzte Bestand erleichtert die Ernte erheblich.

Winterportulak ist ähnlich winterfest wie Vogerlsalat. So kann er auch im Freien zum Einsatz kommen.

Das dunkle Saatgut mit einem Tausendkorngewicht von gerade einem Gramm ist so fein, dass man bei der Aussaat darauf achten sollte, nicht zu dicht zu säen. Ein Abmischen mit Quarzsand kann helfen, die richtige Saatstärke zu finden. Andererseits ist es wichtig, einen üppigen Bestand zu bekommen, der Beikräuter unterdrückt und leicht zu ernten ist.

Selbstverständlich ist es auch möglich, Pflänzchen vorzuziehen und dann auszupflanzen. Dazu verwendet man wieder 5er-Töpfe und sät 8–10 Korn in Anzuchterde ein. Die Pflanzen wachsen gemeinsam in Büscheln heran und werden so im Abstand von 15 x 15 cm ausgepflanzt. Eine hohe Pflanzung, das heißt nur ein flaches Einsenken der Wurzelballen in den Boden, verhindert während des Winters Pilzinfektionen an den unteren Blättern. Mit feinen Wurzeln suchen sich die Pflanzen ihren Weg hinunter ins Erdreich, die Blätter bleiben aber vom Boden abgesetzt und damit luftig und gesund.

Winterportulak stellt geringe Ansprüche an den Boden. Er ist auch mit einem halbschattigen Plätzchen im Garten zufrieden. Während des Winters achtet man im Kasten nur auf eine ausreichende, nicht zu hohe Bodenfeuchtigkeit.

Ernte

Winterportulak für den Winter ist nach 8–10 Wochen schnittfertig. Vor allem die Keim- und Jugendphase verläuft langsam, hat sich aber einmal ein Bestand gebildet, geht es rasch dahin. Man sollte unbedingt ernten, wenn die Rosetten noch kompakt sind und die Blätter knapp aufsitzen. Wartet man zu lange, werden nur die Blattstiele immer länger. Im Salat sind sie dann sperrig und schwer in den Mund zu bekommen. Überständige Rosetten kann man auch beernten, indem man nur die fleischigen, rautenförmigen Blättchen hoch abschneidet. Allerdings bleiben dann die Blattstiele an der Pflanze zurück, können in Folge zu faulen beginnen und stören beim nächsten Schnitt.

Lässt man einige Pflanzen bis zur Samenreife stehen, vermehrt sich Winterportulak am Beet so stark, dass man ihn in den Folgejahren fast als Unkraut bezeichnen muss – als angenehmes jedenfalls.

Wenn man den Winterportulak zu spät schneidet, hat er lange Blattstiele ausgebildet, die beim Verzehr eher stören.

Eine lustige Geschichte erzählte mir in diesem Zusammenhang unser Gärtner der City Farm Schönbrunn Stefan Scholz. Als er vor einigen Jahren eine innovative Biospezialgärtnerei leitete und ihm dort einmal ein solcher Winterportulaksatz davongewachsen war, machte er aus der Not eine Tugend und erntete mit einem Schnitt oben die Blättchen, die er in der Salattasse vermarktete, und mit einem zweiten tieferen Schnitt extra die langen, zarten Blattstiele. Diese Stiele verkaufte er dann zu stolzen Preisen unter dem Namen „Spaghetti verde" oder grüne Spaghetti an ein Spitzenrestaurant. Man musste sie nur kurz durch kochendes Wasser ziehen, das ergab ein ausgesprochen feines Gemüse. Der Einkäufer des Restaurants war sehr neugierig und wollte unbedingt wissen, wie denn dieses exquisite Produkt hergestellt worden war. Das aber blieb Betriebsgeheimnis …

Der Schnitt erfolgt als Einmalernte der ganzen Rosetten oder blattweise, wenn man über dem Vegetationspunkt der Pflanze schneidet. Hat man das Winterportulakbeet genügend groß dimensioniert, ist man den ganzen Winter über mit frischem Salat versorgt. Besonders delikat und abwechslungsreich ist auch das Abmischen der Blättchen mit anderen Spezialsalaten.

Ab Ende März beginnt die Pflanze zu blühen. Auf kreisrunden Hochblättern bilden sich büschelweise kleine weiße Blüten. Auch in diesem Zustand kann man den Winterportulak noch ohne Weiteres ernten und salatartig verwenden. Er wirkt blühend sogar ausgesprochen extravagant.

Nach der Blüte kommt es sehr rasch zur Samenreife. Die sehr kleinen schwarzen Samen fallen leicht aus und sorgen für intensive Vermehrung am Beet. So kann Winterportulak fast zum Unkraut werden. Positiv formuliert ist er ein idealer Kandidat fürs wilde Salateck.

Ab März beginnen die Pflanzen zu blühen. Die Form der Hochblätter erklärt den Namen Tellerkraut.

Gartenkresse
Lepidium sativum

Kressekeimlinge am Küchenfenster kennt jedes Kind. Schon nach wenigen Tagen sind sie erntereif.

Die Gartenkresse kennt jedes Kind als Keimling vom Fensterbrett. Weil sie so schnell keimt und schon nach einer Woche geerntet werden kann, bietet sie die beste Garantie für den ersten „Gartenerfolg" selbst ungeduldiger Nachwuchsgärtner. Aber auch Erwachsene wissen kaum, dass man die Gartenkresse durchaus im Beet etwas länger kultivieren kann. Die Laubblätter sehen mit ihrer gezähnten oder fein geschlitzten Form und der hellen, saftigen Farbe nicht nur ausgesprochen attraktiv aus, als Babyleaf geerntet ergeben sie deutlich mehr Substanz als die winzigen Keimblätter, die man *indoor* aus der Igel-Keramikschale gezupft hat.

In unseren Babyleaf-Versuchen mit Asia-Salaten hatten wir stets auch Gartenkresse im Test. Die sorgte für eine sehr ansprechende Ergänzung des schmackhaften Sortiments und passte in Wuchs, Ansprüchen und als Kreuzblütler auch botanisch perfekt dazu. Der scharfe Kressegeschmack ist auf ihren Gehalt an Senfölglykosiden zurückzuführen.

Wintereignung

Gartenkresse hielt in unseren Versuchen winterlichen Tiefstwerten von -10 °C stand. Das macht sie zu einem spannenden Salatkraut für den Kalten Kasten oder das Gewächshaus, auf das man nicht verzichten sollte. Für den Freilandanbau über den Winter würde ich es nicht empfehlen.

Anbau und Pflege

Gartenkresse wird direkt auf die Beetoberfläche gesät. Ein Abdecken mit Erde ist bei diesem Lichtkeimer nicht erforderlich. Es sollte aber die Saatreihe angedrückt werden, um die Verbindung des Samens mit dem Boden, also den Bodenschluss zu verbessern. Für die Keimung reichen schon Temperaturen von 5 °C. Rascher und sicherer geht es im Temperaturoptimum von 15–20 °C. Als Reihenabstand wählt man 10–15 cm, in der Reihe sollten die Samen dicht, also etwa jeden halben oder dreiviertel Zentimeter zu liegen kommen.

Die Entwicklung geht ähnlich rasch vor sich wie bei den Asia-Salaten. Für den Winter wird deshalb ab Ende September oder Anfang Oktober in den Kasten gesät. Es folgt dann noch ein Satz im Abstand von zwei Wochen. Anfang November gesäte Gartenkresse keimt noch, wird aber je nach Witterung erst im neuen Jahr fertig, wenn der zunehmende Tag wieder für mehr Wachstum sorgt.

Unmittelbar nach der Aussaat wird gründlich eingegossen, danach geht man mit der Wasserversorgung sehr sparsam um. So bleibt Gartenkresse während der Winterwochen sicher gesund.

Ernte

Gartenkresse kann entweder 2–3 cm über dem Boden so geschnitten werden, dass das Herz stehen bleibt und damit neu austreiben kann, oder als ganze Rosette in Einmalernte. Man muss dazusagen, dass die 8–12 cm langen Blätter nicht so scharf und würzig schmecken wie die Keimlinge, die man vom Fensterbrett pflückt. Aber sie sind zweifelsohne als Mischungspartner in winterlichen Salaten eine wertvolle Ergänzung.

Auch bei der Frostfestigkeit ist die Gartenkresse mit den Asia-Salaten vergleichbar. Am besten lässt man sie im Winter aber auch im Frühbeetkasten wachsen.

Die Kressesorte 'Greek Cress' passte in unseren Versuchen bestens zum Asia-Salatsortiment. Im Babyleaf-Stadium zeigt sie nicht nur ihre Keim-, sondern auch die dekorativen Laubblätter.

Winterkresse, Barbarakraut

Barbarea vulgaris

Die Winterkresse wächst völlig anspruchslos in unserem Wintergarten.

Dieses heimische, nur auf den ersten Blick unauffällig aussehende, sehr schmackhafte Salatkraut gehört eindeutig in die Reihe der unbekannten Gemüsearten. Meiner Überzeugung nach wieder zu Unrecht. Die Winterkresse lässt sich mit ihrem pikanten Geschmack als Würzkraut für Aufstriche und als Butterbrotbelag ebenso erfolgreich einsetzen wie als muntermachende Salatbeigabe. Durch ihren Vitamingehalt und durch wertvolle Inhaltsstoffe wie Senfölglykoside, Saponine und Flavonoide wird sie schon lange in der Volksmedizin geschätzt. Wir haben es in ihrem Fall also mit einem *Winterheilsalat* zu tun.

In Kultur kann man sie als absolut anspruchslos bezeichnen. Die Kombination dieser günstigen Eigenschaften macht sie zu einer interessanten Anwärterin für unser Winterbeet im Garten.

Wintereignung

Die Winterkresse ist als heimische Pflanze, die wild an Weg- oder Feldrändern, auf Äckern oder in der Nähe von Gewässern vorkommt, an unser Klima bestens angepasst und damit vollkommen winterhart. Um sie braucht man sich auch bei Dauerfrost keine Sorgen zu machen. Somit kann sie bei uns im Garten entweder überhaupt im Freien bleiben oder wir gönnen ihr ein Plätzchen im Kalten Kasten, was sie mit einem zarteren Blatt und einer reicheren Winterernte lohnen wird.

Anbau und Pflege

Das Barbarakraut liebt frische, feuchte Böden und ist auch mit einem halbschattigen Plätzchen im Garten zufrieden. Für die Winternutzung sät man im August in Reihen mit 20 cm Abstand aus. Eine Satzstaffelung ist in diesem Fall nicht notwendig. Man erntet ja nur blattweise. Da die Pflanzen mit ihren einfachen bis gefiederten Blättern immer wieder frisch austreiben, ist man für den ganzen Winter versorgt.

Die Nutzung der Winterkresse ist eine echte Alternative zur etwas aufwändigeren Kultur der Brunnenkresse. Mit ihrem pikanten Kressegeschmack sind sie einander ja sehr ähnlich.

Auch als Butterbrotbelag eignet sich die Winterkresse bestens.

Ernte

Die Ernte der Winterkresse erfolgt ab Ende Oktober nach Bedarf. Das rohe Kraut bereichert Salate oder dient als scharf-würziger Butterbrotbelag. Gekocht kann man sie mit Spinat mischen. Sie verleiht ihm dann eine kräftigere Note.

Die dekorative Blattform, aber vor allem der pikante Geschmack machen die Winterkresse zu einem attraktiven Spezialsalat.

Durch ihre ausgezeichnete Frosthärte kann man die Winterkresse auch einfach ins Freie pflanzen.

Im geschützten Kasten fällt die Winterernte freilich ungleich üppiger aus.

Brunnen-, Wasserkresse
Nasturtium officinale

Die Brunnenkresse hat die außergewöhnliche Eigenschaft, selbst im Kurztag und bei Kälte zu wachsen. So füllt sie relativ rasch die Fläche. Mit ihrem hohen winterlichen Wasserbedarf ist sie aber die Ausnahme unter den Winterspezialsalaten, die man sonst eher trocken halten muss.

Eigentlich kann man die Brunnenkresse in die Kategorie Wildgemüse einordnen. Denn dieser Kosmopolit ist auch in Mitteleuropa heimisch. Sie liebt fließende Gewässer, also klare, kühle Bäche. Ursprünglich war sie bei uns sehr weit verbreitet. Ihr Bestand in freier Wildbahn ist aber in den letzten Jahrzehnten stark zurückgegangen. Ein Spezialitätengärtner erzählte mir, dass er früher für seine Lieferungen von Brunnenkresse an die Spitzengastronomie in der Nähe von Wien seine festen Sammelplätze hatte. Dort war die Brunnenkresse so häufig, dass er buchstäblich aus dem Vollen schöpfte. Inzwischen hat sich das drastisch verändert. Heute muss er sie aufwändig in Töpfen oder in wassergefüllten Beckenbeeten ziehen, weil die Wildbestände stark gefährdet sind.

Die Brunnenkresse ist bei uns nicht nur eine alte Nutzpflanze, sondern wurde früher auch in der Volksmedizin sehr geschätzt. Aufgrund ihrer wertvollen Inhaltsstoffe und der Erntemöglichkeit während der Wintermonate war sie ein wichtiger Vitaminlieferant in dieser Frischgemüse-armen Jahreszeit.

Als Salatkraut stellt sie insofern eine seltene Ausnahme dar, als sie ja an ein Leben am und unter dem Wasser angepasst ist. Das ist im Gemüsebau doch ziemlich ungewöhnlich. Mit ihren hohlen, kantigen Stängeln kriecht sie am Gewässergrund entlang. Nur die Triebspitzen mit den fleischigen, leuchtend-grünen Blättern stehen über die Wasseroberfläche. Im Hausgarten könnte man mit ihr wegen ihrer ungewöhnlichen Ansprüche also durchaus ein Salatbeet am Ufer des Gartenschwimm-Biotops einrichten.

Wintereignung

Die Brunnenkresse bleibt im Winter grün. Das ist ihre Jahreszeit, wo sie sich so richtig wohlfühlt, frisch und saftig aussieht und damit auch regelmäßig beerntet werden kann. Bei der Frosthärte lässt sie im Freien keine Wünsche offen. Brunnenkresse kann auch in geschützten Kulturräumen kultiviert werden, allerdings nur mit einigen Besonderheiten, wenn man Kasten oder Gewächshaus nicht fluten möchte.

Anbau und Pflege

Im Freien macht die Kultur von Brunnenkresse nur Sinn, wenn man der ausdauernden, mehrjährigen Pflanze einen fixen Platz an einem Gewässer bieten kann. Sie schätzt regelmäßige Frischwasserzufuhr, also Fließwasserbedingungen, und gute Nährstoffversorgung. Dann kann sie ganzjährig, vor allem aber im Winter geschnitten werden. Wenn man für sie aber, wie es wahrscheinlich bei vielen Gartenliebhabern der Fall sein wird, ein solches Umfeld nicht schaffen kann, ist eine saisonale Kultur auch in Töpfen oder Beeten möglich. Die Brunnenkresse hält sich nicht auf Dauer im normalen Gartenboden. Vor allem der Sommer mit Hitze und Trockenheit führt zum Vergilben und Absterben der Triebe.

Deshalb legt man extra für den Winter in Kästen oder Gewächshäusern Brunnenkressebeete an, die ab August bis Ende September besät oder im Abstand von 15 x 15 cm bepflanzt werden. Sie kann aus Samen gezogen oder mittels Stecklingen vermehrt werden, wenn man irgendwo Zugang zu einer Mutterpflanze hat. Die Stecklingsbewurzelung gelingt ohne Probleme, da Brunnenkresse an den Trieben häufig Luft- und Wasserwurzeln bildet. Die Beete müssen gut mit Kompost gedüngt und sehr feucht gehalten werden. Eliot Coleman schlägt in seinem *Handbuch Wintergärtnerei* vor, eigene 75 x 75 cm große, 8 cm hohe Holzrahmen aufzubauen, in die man humose Gartenerde einfüllt und die laufend feucht gehalten wer-

den können. Er richtet in seiner Gärtnerei eigene Nebeldüsen zum Besprühen ein. Das ist verständlicherweise aber nur unter frostfreien Bedingungen möglich.

Unsere Versuche haben gezeigt, dass man auch im ungeheizten Kasten Brunnenkresse über den Winter nutzen kann. Im Gegensatz zu den vielen in diesem Buch beschriebenen Salaten, die man während des Winters trocken hält, muss sie aber regelmäßig gründlich gegossen werden. Dann sind ein üppiger Zuwachs im Herbst und eine Ernte im Winter garantiert.

Ernte

Von der Brunnenkresse werden zur Ernte 5–10 cm lange Triebstücke abgeschnitten. Da laufend Zuwachs erfolgt, ist das ab Oktober während des ganzen Winters möglich. Die Brunnenkresse bringt Würze und Geschmacksintensität in Salate ein und ist deshalb eine wertvolle Bereicherung in unserem Wintergarten.

Geerntet werden bei der Brunnenkresse einzelne Blätter oder ganze Triebstücke. Schon junge Blätter und Triebe schmecken würzig und zart.

Löffelkraut
Cochlearia officinalis

Junge Löffelkrautblätter sind noch nicht so extrem im Geschmack.

Mit dem Löffelkraut als Winterrarität wollen wir hier den Reigen der scharf-würzigen Salatkräuter aus der Familie der Kreuzblütler beenden. So anerkannt das Löffelkraut früher in der Volksmedizin auch war, heute ist es weitgehend in Vergessenheit geraten. Man schätzte es in vergangenen Zeiten aufgrund seines außerordentlich hohen Vitamin-C-Gehaltes zur Bekämpfung von Skorbut. Für diesen Zweck wurde es auch eingesalzen und so haltbar gemacht.

Am Geschmack des Löffelkrauts scheiden sich bei uns in der City Farm die Geister. Da wir bei Gar-

tenführungen immer auch ungewöhnliche Kräuter und andere Gemüse verkosten lassen, bekommen wir einen sehr verlässlichen, für uns manchmal auch unterhaltsamen Eindruck von Zustimmung oder Ablehnung anhand der Reaktionen unserer Gäste. Den größten Zeigerwert hat immer der spontane Gesichtsausdruck unmittelbar nach der Verkostung. Dieser fällt beim Löffelkraut sehr aussagekräftig aus. Während man bei einigen Besuchern Verwunderung, aber Interesse ablesen kann, kommt bei anderen deutliches Befremden zum Ausdruck. Wir haben die Leute gebeten, Worte für ihre Geschmackswahrnehmungen zu finden. Die Assoziation „wie beim Zahnarztbesuch", mit der eine Besucherin das Löffelkraut beschrieb, werde ich nicht mehr vergessen. Das ist zugegebenermaßen kein Begriff aus der Werbeabteilung für seltene Salatkräuter. Ich erwähne ihn hier nur, damit keine meiner Leserinnen und Leser hinterher behaupten können, ich hätte sie nicht gewarnt.

Spaß beiseite. Ich finde, das Löffelkraut hat mit seinem kresseähnlichen Geschmack (das klingt gleich zivilisierter) durchaus Berechtigung, den winterlichen Garten zu bereichern und in der Küche vorsichtig und gezielt eingesetzt zu werden.

Wintereignung

Beeindruckend ist die Frostfestigkeit dieses wintergrünen Krauts. Selbst unter Schnee findet man immer frische Blätter, die man abpflücken kann. Das Löffelkraut ist deshalb am besten im Freien untergebracht. Es reichen zwei bis drei gesunde Stöcke zur Selbstversorgung aus.

Anbau und Pflege

Für die Winternutzung des Löffelkrauts zieht man sich rechtzeitig kräftige Pflanzen heran. Das bedeutet, dass man bis spätestens Juli 4–6 Korn in mit Anzuchterde gefüllte Töpfchen aussät. Als letzten Pflanztermin kann man Mitte August angeben, um die Pflanzen an Ort und Stelle auszusetzen. Das ergibt junge, aber schon ausreichend entwickelte Stöcke für den Winter. Während des Sommers müssen die Pflanzen regelmäßig und ausreichend gegossen und von konkurrierenden Beikräutern befreit werden.

Das Löffelkraut kann auch wesentlich früher, ab Mai ausgesät und ca. 4 Wochen später ausgepflanzt werden. Nach dem Sommer schneidet man noch einmal den ganzen Blattschopf so hoch ab, dass das Herz nicht verletzt wird. Mit dem sich danach entwickelnden frischen Austrieb geht man dann in den Winter.

Ernte

Eine Ernte ist während des gesamten Winters möglich, indem man nach Bedarf junge Blätter abzupft. Das Löffelkraut wirkt mit seinem üppigen Wuchs und den frischen grünen Blättern in jedem Wintergarten farb- und stimmungsaufhellend. Besser also nur die Assoziation eines Zahnarztbesuches als die tatsächliche Behandlung durch einen Neurologen in der lichtarmen Jahreszeit.

Löffelkraut kann ohne Probleme im Winter ohne Schutz im Freien bleiben.

Garten-Sauerampfer

Rumex acetosa

Garten-Sauerampfer ist blattreicher und ergiebiger als sein wilder Verwandter auf der Wiese.

Vielleicht steigen Ihnen hier alte Erinnerungen daran auf, wie Sie als Kind wilden Sauerampfer auf der Frühlingswiese gesammelt und mit Vergnügen verspeist haben. Auch für mich war der saure Spaß fixer Bestandteil kindlicher Naturerfahrungen. Leider sind solche Kindheitserlebnisse heute keine Selbstverständlichkeit mehr. Deshalb haben wir in der City Farm ein ganzes Hochbeet mit Gartensauerampfer ausgepflanzt. Der ist blattreicher und etwas milder im Geschmack als sein wilder Verwandter. Für unsere Junior-Besucher ist er das Highlight unseres ganzen Gartens. Sommers wie winters wird hier kräftig genascht. Letztens haben sogar zwei 15-jährige Mädchen, die mit ihrer Schulklasse bei einem Projekt mehrere Gartentage bei uns verbracht haben, auf die Frage, was ihnen denn am besten gefallen hat, gleichzeitig geantwortet: „Am coolsten war der Sauerampfer!"

Die alten Römer hätten das bestimmt anders ausgedrückt. Aber auch sie schätzten den Sauerampfer, nicht so sehr zum Naschen, sondern eher als Verdauungshilfe bei ihren üppig-fetten Festmählern.

Da kann man wirklich beeindruckt sein von so einer erstaunlichen Nutzungsbreite vom Genuss- zum Heilkraut. Es muss hier aber auch erwähnt werden, dass ein Zuviel an Sauerampfer wegen seines Oxalsäuregehalts ungesund ist. Da wir ihn aber kaum kiloweise zu uns nehmen, ist diese Warnung vor allem an Nierenkranke adressiert.

Wintereignung

Der Sauerampfer ist in die Kategorie der winterharten Dauergemüse mit hoher Kältefestigkeit einzuordnen. Er kann mehrere Jahre genutzt werden und braucht dafür auch ein fixes, durchaus halbschattiges Plätzchen im Garten. Während des

Winters zieht er ein, um zeitig im Frühjahr mit frischem Grün wieder auszutreiben. Mithilfe mobiler Treibeinrichtungen wie Glasglocken oder Kunststoffhauben kann man sowohl das Einziehen im Herbst hinauszögern als auch das Austreiben im Frühjahr erheblich verfrühen und damit eine Winterernte erreichen.

Anbau und Pflege

Für eine mehrjährige Nutzung baut man Gartensauerampfer im März oder April in der Saatschale an. Da er ein Lichtkeimer ist, muss möglichst flach ausgesät werden. Nach der Keimung wird in Töpfchen pikiert. Nachdem die Pflanzen kräftige Rosetten aus Laubblättern gebildet haben, kann man sie im Abstand von 35 x 35 cm ins Freie setzen. Ampfer lieben einen feuchten, mittelschweren, nährstoffreichen Boden. Auch eine vegetative Vermehrung durch Teilen von älteren Stöcken ist möglich.

Ab Mai bis nach dem Sommer beginnt er zu blühen. Die Blütentriebe sollten allerdings laufend ausgebrochen werden, da sie die Pflanze unnötig Kraft kosten. Ein blühender Stock bietet außerdem gar keine zarten Naschblätter mehr. Ausreichendes Gießen ist vor allem im Sommer für eine regelmäßige Blattbildung notwendig.

Nach sechs bis sieben Jahren sollte man seinen Gartensauerampferbestand erneuern, die alten Pflanzen ausreißen und neu ansäen.

Ernte

Die Ernte von Gartensauerampfer erfolgt durch laufendes Zupfen von zarten, jungen Blättern. Das ist ganzjährig möglich, im Winter eben dadurch, dass man unter einer transparenten Schutzhaube für begünstigte Bedingungen sorgt. Sauerampfer schmeckt erfrischend säuerlich und hat sogar fruchtige Noten.

Besonders für unsere jungen Gäste ist der Sauergeschmack anscheinend unwiderstehlich.

Als mehrjähriges Dauergemüse ist Sauerampfer vollkommen frostfest.

Das Ampferbeet der City Farm Schönbrunn wird sommers wie winters von allen gerne beerntet.

Schildampfer
Rumex scutatus

Der Schildampfer bildet dichte, mehrjährige Bestände, die den Winter gut überstehen.

In die Verwandtschaft der Ampfer, die ja botanisch zu den Knöterichgewächsen zählen, ist auch der Schildampfer einzuordnen. Dieses bei uns heute unbekannte Salatkraut wurde in früheren Zeiten in England sehr geschätzt. Mit seinen silbriggrünen, pfeilförmig gespitzten Blättern wirkt der Schildampfer oder Römische Ampfer dekorativer als der Sauerampfer. Ähnlich wie dieser ist er eine ideale Naschpflanze. Er ist so anspruchslos, dass er sich sogar mit einem Plätzchen im Steingarten, in Mauern oder am halbschattigen Beetrand zufriedengibt. Je nährstoffreicher der Boden, desto stärker ist allerdings der Blattzuwachs und damit das Erntepotenzial.

Wintereignung

Die Anspruchslosigkeit des Schildampfers umfasst auch seine Winterfestigkeit und Kältetoleranz. Als mehrjähriges, bei uns klimatisch bestens angepasstes Gartenkraut übersteht er den Winter ohne Probleme. Frische Blätter findet man während der kalten Jahreszeit an ihm aber nur, wenn man ihn, ähnlich wie beim Sauerampfer beschrieben, abdeckt oder schützt.

Anbau und Pflege

Die Anzucht erfolgt ab März durch Aussaat in
Schalen und Jungpflanzenanzucht in Töpfchen
im Gewächshaus. Die fertigen Pflänzchen werden im Abstand von 30 cm ausgesetzt. So bilden sich im Laufe des Sommers dichte, polsterar-
tige Bestände, die regelmäßig geschnitten werden
können. Spätere Aussaaten können auch direkt
ins Beet erfolgen. Durch Teilung der Stöcke oder
durch Abstechen von Pflanzen kann man ganz
einfach für eine vegetative Vermehrung sorgen.
Möchte man auch im Winter ernten, sollte man
nicht mehr nach Ende August oder Anfang September schneiden. Die Pflanzen lieben keinen zu
sauren Boden, gegebenenfalls muss man mit Dün-
gekalk den pH-Wert des Bodens korrigieren.

*Ist der Schildampfer einmal gut eingewachsen,
breitet er sich üppig aus.*

   Außer dass man darauf achtet, dass Schildampfer während Trockenzeiten im Sommer ausreichend Gießwasser bekommt, ist bei dieser pfle-
geleichten Kultur nicht viel Arbeit zu leisten.

Ernte

Schildampfer wird regelmäßig beerntet, indem
man die ganzen Rosetten nicht zu tief abschneidet. So verhindert man auch das Auswachsen
von Blütentrieben. Blätterweise wird er in Salate gemischt, größere Erntemengen, die man zu
Suppen oder sogar zu Marmelade verarbeitet,
sind allerdings nur im Sommer oder Frühherbst
zu bekommen.

*Im Herbst zieht der Schildampfer ein, um im
darauffolgenden wieder frisch auszutreiben.*

   Im Winter schmeckt Schildampfer deutlich milder als im Sommer.

*Mit seinem pfeilförmigen Blatt sieht der
Schildampfer attraktiver aus als der Sauerampfer. Er schmeckt aber noch saurer.*

Blutampfer
Rumex sanguineus

Besonders die jungen Blätter des Blutampfers sind ausgesprochen dekorativ und wohlschmeckend.

Als ganz besonderes Salatkraut sollte man im Wintergarten keinesfalls auf den Blutampfer verzichten. Den Namen verdankt dieser seinen blutrot geäderten Blättern, die nicht nur außergewöhnlich dekorativ aussehen, sondern im jungen Zustand angenehm säuerlich schmecken und sogar Heilwirkungen aufweisen sollen. So kann man ihn für blutreinigende Frühlingskuren verwenden. In Gartenmärkten wird er oft nur als Zierpflanze verkauft, ohne dass auf seine gemüsebauliche Nutzungsmöglichkeit hingewiesen wird.

Wintereignung

Blutampfer ist auch bei uns als Wildpflanze heimisch. Er bildet kräftige Stöcke, die winterliche Kälte von -20 °C ertragen können. Zum Antreiben von zarten Blättern im zeitigen Frühling schützt man die Pflanzen mit Glocken oder mobilen Kästen. Auch ein gezielter Anbau nur über den Winter ist möglich. Junge Blätter weisen eine erstaunliche Frostfestigkeit auf. Die Sorte 'Bloody Dock' mit ihren milden Blättern und den leuchtend roten Blattrippen hat sich in unseren Versuchen als wintertauglich erwiesen.

Anbau und Pflege

Blutampfer kann entweder mehrjährig im Garten wachsen, oder man nutzt ihn als Kurzkultur gezielt während des Winters. Um ein Dauerbeet anzulegen, baut man ab April direkt im Freien an. Einzelstöcke lassen sich leichter gewinnen, indem man zunächst in Saatschalen aussät, danach in Töpfchen pikiert und die fertigen Jungpflanzen an den Bestimmungsort im Garten pflanzt.

Als wichtigste Pflegemaßnahme ist das regelmäßige Gießen zu nennen, weil Blutampfer keine Trockenheit verträgt.

Für eine Winterkultur wird Mitte bis Ende August mit 4–6 Korn in Töpfchen ausgesät. Diese stellt man an einen vor praller Sonne geschützten Ort auf. Ab Mitte September wird im Abstand 15 x 15 cm dicht in den Kalten Kasten oder ins Gewächshaus ausgepflanzt.

Blutampfer in „Mischkultur" mit dem Sauerampfer.

Ernte

Nur junge Blätter vom Blutampfer eignen sich für die salatartige Verwendung. Ältere Blätter schmecken zäh und bitter. Deshalb ist es notwendig, durch regelmäßigen Schnitt für eine Verjüngung der Blutampferstöcke zu sorgen und die Blütentriebbildung zu verhindern. Gerade die Ernte im Winter und zeitigen Frühjahr ist besonders schmackhaft und zart. Die Winterkultur kann ab November bis März mehrmals geschnitten werden.

Als Dauergemüse ist Blutampfer vollkommen frostfest.

Kleine Büscheln kann man zum Schmücken und Verfeinern winterlicher Salate verwenden.

Rote-Rüben-Blatt

Beta vulgaris

Junge Blätter der Rote-Rüben-Sorte 'Bull's Blood' eignen sich bestens zur Verwendung als Babyleaf-Salat.

Die Rote Rübe als Knollengemüse ist uns allen vertraut, wenn wir sie vielleicht auch nur fertig verarbeitet aus dem Konservenglas kennen. Dass man aber auch die jungen Blätter frisch als Salat essen kann, hat sich noch nicht ausreichend herumgesprochen. Mit beiden Ernteformen ist die Rote Rübe unverzichtbarer Winterkandidat, wenn auch in ganz unterschiedlichen Kategorien.

Die Salatnutzung erfolgt fast immer im Zusammenhang mit ihrer Eignung zum Babyleaf-Anbau. Etwas martialisch klingt der Name der gängigsten Babyleaf-Sorte: 'Bull's Blood' (Stierblut), was aber angesichts der dunkelroten Blattfärbung durchaus nachvollziehbar ist.

Wintereignung

Junge Blätter der Roten Rübe sind im geschützten Anbau geeignet für die spätherbstliche Nutzung. Als Grenze der Winterhärte kann -5 °C angegeben werden. Die kalten Temperaturen führen zu einer noch intensiveren Ausfärbung der Blätter. Im Wuchs sind sie langsamer als andere Babyleaf-Salate.

Anbau und Pflege

Rote-Rüben-Salate für die Winterernte werden Mitte September im Freien oder ab Anfang Oktober im Kalten Kasten direkt in Reihen mit 10 cm ausgesät. In der Reihe stehen die Pflänzchen eng beisammen.

'Bull's Blood' wird gerne auch für die Keimsprossenernte empfohlen. Die Blätter im Mikrostadium kommen allerdings indoor vom Fensterbrett und nicht aus der winterlichen Kälte.

Während der Herbstwochen achtet man auf eine saubere, beikrautfreie Kultur und gießt sparsam nach Bedarf.

Die leuchtend rote Farbe der Rote-Rüben-Blätter sticht schon am Beet ins Auge.

Ernte

Die ersten Sätze der zarten frischen Rote-Rüben-Blättchen lassen sich ab November bis zum Jahreswechsel aus Freiland und Kasten ernten. Geschützte Aussaaten ab Mitte Oktober werden erst ab Februar des Folgejahres fertig. Man mischt 'Bull's Blood' vorsichtig mit anderen Babyleafs und erfreut sich an der attraktiven Farbe, die es in Salatmischungen einbringt. Geschmacklich sorgen Rote-Rüben-Blättchen für eine deutlich erdige, aber keineswegs bittere Note im Salatmix.

Schon an den Keimblättern von 'Bull's Blood' ist die attraktive rote Farbe erkennbar.

Hirschhornwegerich

Plantago coronopus

Der Hirschhornwegerich bildet dichte Büschel aus saftig-grünen Blättern.

Bisher kennen ihn nur Italien-Insider: den Hirschhornwegerich oder Hirschhorn-Salat, jenen Verwandten unseres Spitzwegerichs, der in mediterranen Ländern heimisch ist. Dort fehlt er allerdings in keiner der Originalsalatmischungen, der sogenannten *misticanza*. Die Italiener nennen dieses zarte Kraut mit seinen grasartigen, gezähnten, ausgesprochen dekorativen Blättern auch *Erba Stella*. Bei unserem letzten Kroatienurlaub fand ich Hirschhornwegerich-Pflänzchen wild in Strandnähe. Die unterscheiden sich im Geschmack allerdings von den Kulturformen deutlich. Denn beim Hirschhornwegerich schätzt man zarte, saftige, nussig schmeckende Blätter. Die Wildformen sind zäh und faserig. Auch bei den Sorten, die von Spezialsamenfirmen angeboten werden, sind erhebliche Unterschiede zu beobachten. Meist wird ja gar kein spezieller Sortenname angegeben, sodass man beim Anbau im Garten auf Versuch und Irrtum angewiesen ist. Wenn man eine gute Sorte gefunden hat, sollte man das Saatgut selbst vermehren, um es zu erhalten. Dazu lässt man einige Pflanzen ausblühen und Samen bilden. Die ährigen Samenstände erinnern an den Spitz- und den Breitwegerich in unseren Wiesen. Die Samen sind extrem fein. So muss man beim Abnehmen sehr vorsichtig arbeiten, damit sie nicht verloren gehen. Da sich die Pflanzen aber auch leicht von alleine aussamen, sorgen sie am Beet meist gleich selbst für Nachwuchs. Der Hirschhornwegerich ist deshalb ein sehr gut geeigneter Kandidat fürs wilde Salateck im Garten.

Wintereignung

Hirschhornwegerich kann als ausgesprochen winterfest bezeichnet werden. In unserem wilden Salatbeet in der City Farm Schönbrunn stand er im letzten Winter selbst bei Frost und Schnee im Freien. Und wer weiß, wenn ihn nicht übereifrige, botanisch nicht so versierte Helfer unlängst ausgejätet hätten, er stünde wahrscheinlich noch heute dort.

Zarter und schmackhafter wächst er freilich im Kalten Kasten, wo er auch über den Winter mehrmals beerntet werden kann. Seine Frosthärte kann ich auf mindestens -10 °C einschätzen. Unter geschützten Bedingungen liegt sie wahrscheinlich noch darunter.

Die länglichen, grasähnlichen Blätter des Hirschhornwegerichs sind geweihartig verzweigt. Dieser Blattform verdankt der italienische Spezialsalat seinen Namen.

Anbau und Pflege

Anspruchslosigkeit und Robustheit machen den Hirschhornwegerich zu einem wichtigen Wintersalatkraut im eigenen Garten. Für die Winterernte sät man den ersten Satz Anfang September aus. Dies kann entweder direkt mit einem Reihenabstand von 20 cm geschehen, oder man zieht sich Jungpflänzchen heran, indem man zuerst in einer Saatschale anbaut und sodann zwei bis drei zarte Keimlinge in einen 5er-Topf (5 cm Durchmesser) pikiert. Nach etwa drei Wochen wird dann im Kasten auf ca. 20 x 20 cm ausgepflanzt. So haben die Pflanzen genug Platz, sich zu dichten Büscheln zu entwickeln. Bei der Direktsaat erfordert es etwas Übung, mit dem sehr feinen Saatgut zurechtzukommen. Durch Abmischen mit grobem Quarzsand kann man für eine Verdünnung sorgen, die verhindert, dass der Hirschhornwegerich zu dicht keimt und später durch Auszupfen vereinzelt werden muss.

Eine spezielle Düngung ist nicht notwendig. Für den Hirschhornwegerich ist das Angebot an Restnährstoffen von der Vorkultur im Boden meist völlig ausreichend. Während warmer Herbstwochen achtet man auf eine bedarfsgerechte Wasserversorgung und entfernt keimende Beikräuter im Beet.

Der Hirschhornwegerich ist ausgezeichnet winterfest. Am besten kultiviert man ihn im Frühbeetkasten.

So ein frisches Büschel Grün tut im tiefsten Winter der Seele gut.

*Nach dem Schnitt wachsen bald wieder neue
Blätter von der Basis her nach.*

Ernte

Der erste Schnitt im Kasten ist bereits Ende Oktober bis Anfang November möglich. Da Hirschhornwegerich sich in der lichtarmen Zeit nur langsam
entwickelt, kann man aber auch laufend während
des ganzen Winters Blätter nach Bedarf entnehmen. Beim Schnitt ganzer Büschel sollte man darauf achten, nicht zu tief anzusetzen. Die Regene-
ration neuer Blätter dauert sonst sehr lange. Wenn
man aber zu hoch schneidet, bleiben Blattstümpfe
über, die in Folge abtrocknen oder faulen, was sich
störend auf die nächste Ernte auswirkt.

Hirschhornwegerich sorgt als Salatbeigabe für
Abwechslung, kann aber auch gemeinsam mit
Spaghetti gekocht oder in der Pfanne kurz ange-
braten werden. Fein geschnitten bringt er frisches
Grün in Omeletten und Aufläufe.

*Auch der Hirschhornwegerich ist sehr gut wintertopftauglich. Lässt man ihn blühen und sich aussamen,
kann es schon passieren, dass die nächste Generation aus dem Topf „ausbricht".*

*Auch im Winter sehen Bestände des Hirschhorn-
wegerichs frisch und saftig aus.*

Speise-, Salat-Chrysantheme

Glebionis coronaria

Speise-Chrysanthemen sind in den Ländern des Fernen Ostens sehr beliebt. Bei uns muss man sich an den strengen Geschmack erst etwas gewöhnen.

Der Chrysanthemenorden gilt in Japan als eine der höchsten Auszeichnungen. Auch das Wappen des japanischen Kaisers ziert eine Chrysantheme. Bei uns kennt man diese beliebten Zierpflanzen ja nur aus dem Blumenbeet oder vom Friedhof, im Fernen Osten aber sind sie aus der Küche nicht wegzudenken. Die Speise-Chrysantheme genießt unter dem Namen Shungiku in Japan höchstes kulinarisches Ansehen und wird dort auf mehreren Hundert Hektaren Acker- und Gewächshausfläche angebaut. Chinesen in den USA haben vor mehr als 150 Jahren ein eigenes Gericht namens Chop suey erfunden, in das Speise-Chrysanthemen-Blätter hineinverarbeitet werden. Auch in Thailand, Korea oder Israel verwendet man die Speise-Chrysantheme mit eigenen Namen, die man hierzulande kaum aussprechen kann. Die deutschen Bezeichnungen „Goldblume" oder „Korn-Wucherblume" dieses eigentlich aus dem Mittelmeergebiet stammenden Krautes klingen nicht unbedingt nach Küche und Genuss. Nun muss man zugeben, dass der eigenartige Reingeschmack der Blätter tatsächlich nur fortgeschrittenen Fernostliebhabern empfohlen werden kann. In Salatmischungen oder spinatartig in Aufläufen aber entsteht eine interessante, exotische Note, die durchaus auch bei uns ihre Anhänger finden wird. Ich persönlich schätze zum Beispiel die Speise-Chrysantheme als Bestandteil von Gemüse-Lasagne.

Und für besonderes Aufsehen sorgen die schönen gelben oder cremefarbenen Blüten der Speise-Chrysantheme. Ihre Samen fehlen deshalb in kaum einer Mischung für essbare Blüten. Eigentlich kann man ja alle Chrysanthemenblüten essen. Ich rate aber immer davon ab, sich an der herbstlichen Friedhofsware zu vergreifen, weil sie aus dem Zierpflanzenhandel stammt und oft mit chemischen Spritz- und Stauchemitteln behandelt wurde. Selbstgezogene Speise-Chrysanthemenblüten sind in dieser Hinsicht völlig sauber.

Wintereignung

Bis zur Blüte bringt man es während der Wintermonate bei der Speise-Chrysantheme nicht. Aber die Blätter und zarten Triebe kann man als völlig kältefest bezeichnen. Deshalb passen sie, auch wenn es botanisch gar keine Zusammenhänge gibt, bestens zu den Asia-Salaten. Denn Speise-Chrysanthemen wachsen ebenso schnell und problemlos in der kalten Jahreszeit. In unseren Versuchen hielten sie Temperaturen von -5 °C stand, was aber sicher nicht ihre Frosthärteuntergrenze darstellt.

Anbau und Pflege

Im Anbau orientiert man sich am besten an den Asia-Salaten und startet mit den Wintersätzen im Freien ab Mitte September, im Kasten oder Gewächshaus ab Ende September. Auch bei der Speise-Chrysantheme ist Direktsaat oder Jungpflanzenvorkultur möglich. Bei letzterer kann man 3–5 Korn in ein mit Anzuchterde gefülltes 5er-Töpfchen säen. So muss nach der Keimung nicht pikiert werden. Bereits nach drei Wochen kann im Abstand 10 x 10 cm ausgepflanzt werden, wenn man Speise-Chrysanthemen als Babyleaf ernten will. Lässt man die Pflanzen größer werden und entnimmt Blätter oder Triebspitzen, sind Pflanzweiten von 20 x 20 cm sinnvoll. Direktsaat empfiehlt sich für Speise-Chrysantheme als Babyleaf-Kultur. Es wird mit einem Reihenabstand von 10 cm und in der Reihe dicht im Abstand von 1 cm gesät.

In der Anfangsphase ist auf eine konsequente Beikrautpflege ebenso zu achten wie auf eine ausreichende Bewässerung. Während des Winters bleibt die Kultur möglichst trocken, um Pilzinfektionen zu vermeiden. Schädlingen wie den im Sommer auftretenden Minierfliegen, die Gänge in die Blätter fressen, ist es im Winter offensichtlich zu kalt.

Ernte

Mit der ersten Winterernte von jungen Blättern kann man im November rechnen. Nun werden entweder ganze Sätze auf einmal bodeneben abgeerntet oder man schneidet etwas höher, sodass die Pflanzen wieder austreiben können. Dann ist allerdings darauf zu achten, dass die Beikräuter nicht überhandnehmen.

Sätze, die ab Ende Oktober gesät wurden, sind vor dem Jahreswechsel nicht mehr fertig. Sie werden dann ab Februar erntereif. Ab März ist auch bei schon beernteten Beständen wieder deutlicher Zuwachs erkennbar.

Die feinen, stark geschlitzten Blätter sind sehr empfindlich gegen Welken und sollten sofort weiterverarbeitet werden.

Auch im Winter wachsen Speise-Chrysanthemen ausgesprochen dicht und üppig.

Dieses Bild stammt aus wärmeren Zeiten. Im Sommer zählen die Speise-Chrysanthemen zu den Klassikern der essbaren Blüten.

Blattmohn

Papaver rhoeas

Mohn kennen wir nicht als Salatgemüse. In Italien werden dafür Sorten verwendet, die unbehaarte, zarte Blätter bilden.

Wer verbindet so ein Bild nicht mit ländlicher Idylle: sommerliche Weizenfelder mit blauen Kornblumen und leuchtend rotem Klatschmohn? Letzterer ist an dieser Stelle allerdings aus dem romantischen Sommerbild im Klimt-Stil geschlüpft und hat sich in unseren Wintergarten verirrt. Wie das? Was ich bis vor einem Jahr auch noch nicht wusste: Klatschmohn kann im frühen Wuchsstadium, bevor er seine Blüten bildet, als Salat oder Spinat genossen werden. In Italien verwendet man dafür eigene Sorten mit unbehaarten, zarten Blättern gezielt in Salaten oder in Ravioli, gefüllten salzigen Palatschinken oder in Aufläufen. Unter dem Namen „Rosola da campo" sind Samenpäckchen häufig in Geschäften anzutreffen. Am besten also, man nutzt die Gelegenheit des nächsten Italienurlaubs und deckt sich direkt mit Saatgut ein.

Wintereignung

Über die Winterfestigkeit dieser italienischen Rarität, die auch Temperaturen unter -8 °C ohne Probleme überstand, waren wir in unseren Versuchen selbst erstaunt. Andererseits verwundert eine solche Frosthärte auch wieder nicht. Denn Klatschmohn ist ja auch bei uns heimisch und als Winterannuelle bestens an unser Klima angepasst. Unter diesem botanischen Fachbegriff versteht man eine einjährig überwinternde Lebensweise, bei welcher Pflanzen im Herbst keimen, den Winter im Rosettenstadium überstehen, um dann im darauffolgenden Jahr in Blüte und Samenreife zu gehen und danach abzusterben. Das ist genau der Wachstumsrhythmus, der am besten zu unserem Anspruch der Winterernte passt.

Anbau und Pflege

Wir säten in unseren Versuchen Blattmohn ab Ende August in Saatschalen aus. Die Keimlinge wurden in mit Anzuchterde gefüllte Töpfchen pikiert und nach vier Wochen ausgepflanzt. Das geschah im Abstand 15 x 15 cm. Diese Art der Jungpflanzenvorkultur ist zu empfehlen, weil man damit im Vergleich zur Direktsaat Saatgut spart. Meist sind in den italienischen Samenpäckchen nicht besonders viele Samenkörner enthalten, sodass man sorgsam damit umgehen muss. Durch ein geschütztes Aufstellen der Saatschalen in einem Frühbeetkasten oder Hobbygewächshaus verbessert man die Keimrate deutlich.

Blattmohn kann ins Freie oder gleich in den Kalten Kasten gepflanzt werden. Die Kultur im Freiland wird entweder im Spätherbst ab Ende Oktober mit einem mobilen Kasten überdacht, oder man lässt sie gleich den ganzen Winter draußen. Das Wachstum kommt dann zwar zum Stillstand, aber Frost und Wind konnten in unserem Versuch den Pflänzchen nichts anhaben.

Blattmohn wird im Herbst noch gegossen und gehackt. Im Winter steht er relativ trocken und stellt auch keine großen Ansprüche mehr. Bald bildet er dichte, üppige Bestände.

Ernte

Die Ende September gleich in den Kasten gepflanzten oder später überdeckten Sätze können im November zum ersten Mal geschnitten werden. Das Erntefenster bleibt jedenfalls bis zum Jahreswechsel offen. Anfang November gesetzter Blattmohn wird erst ab Ende Jänner erntereif.

Erstaunlich wüchsig zeigt sich Blattmohn im März. Allein in diesem Monat konnten wir unseren Überwinterungssatz im Kasten dreimal schneiden. Auch beim Mohn darf man nicht zu tief ansetzen, damit man den Vegetationspunkt der Pflanze nicht verletzt und ein rasches Nachtreiben ermöglicht.

Mohnblätter sehen sehr dekorativ aus. Sie sind zwar leicht, aber sehr voluminös. So erntet man auch von einer kleinen Fläche beeindruckend viel. Sie schmecken zart, mild und „grün". Gerade dadurch kann man in der Küche mit vielfältigen Zubereitungen experimentieren. Durch seinen unaufdringlichen Geschmack ist Blattmohn auch ideal als Beigabe für winterliche Smoothies geeignet.

Als heimisches Wildkraut weist Blattmohn eine erwartungsgemäß hohe Winterfestigkeit auf.

Die typischen, leuchtend roten Blüten wird man im Winter vergeblich an seinem Mohn suchen.

Sedanina
Helosciadium nodiflorum

Sedanina nennt sich eine Sellerie-Verwandte, die in mediterranen Ländern als Wildkraut geschätzt wird.

Wo wir schon bei ausgefallenen italienischen Winterspezialitäten sind, möchte ich Ihnen ein ganz besonderes, bei uns aber gänzlich unbekanntes Salatkraut nicht vorenthalten: die Sedanina. Die korrekte deutsche Bezeichnung, nämlich *Knotenblütige Sellerie* oder *Wassersellerie*, deutet es schon an. Die Sedanina ist mit unserer Knollensellerie verwandt, wird aber sehr verschieden genutzt. In mediterranen Ländern kennt man Sedanina als Wildkraut, das im Pesto oder in Wildkräutersuppen verwendet wird. Eigentlich ist Sedanina sogar bei

uns heimisch, freilich nicht sehr häufig anzutreffen. Sie liebt feuchte Standorte, kommt im Garten aber durchaus im normalen Gemüsebeet und auch im Halbschatten gut zurecht. Medizinische Untersuchungen zeigten, dass Sedanina als Heilpflanze gegen Bakterien eingesetzt werden kann, die Magengeschwüre hervorrufen. Ihre beruhigende Wirkung auf Magen und Darm wird schon lange in der Volksmedizin geschätzt.

Wintereignung

Wir haben sie im Zuge eines Vielfaltsschwerpunktes entdeckt, wo wir unbekannte Kräuter mit nachgewiesener medizinischer Wirkung angebaut und auf ihre Eignung als Gartenpflanzen getestet haben. Davor hatte ich von Sedanina noch nie gehört. Aber ihr robuster Wuchs, ihre Winterfestigkeit und Mehrjährigkeit haben uns wirklich begeistert. Seither hat Sedanina ein festes Plätzchen in unserem Versuchsgarten, wo sie sommers wie winters grünt und gedeiht.

Wir haben ihr keinen geschützten Standort im Gewächshaus oder Kasten vergönnt, und im letzten Winter war Sedanina Außentemperaturen von bis zu -24 °C ebenso wie Schnee und Wind ausgesetzt. Wenn auch die Blattfarbe unter dem Schnee manchmal leicht ins Gelb wechselt, gab es weder Ausfälle noch Kälteschäden.

Anbau und Pflege

Sedanina kann aus Samen gezogen oder auch einfach durch Teilung vegetativ vermehrt werden. Der feine, sellerie-ähnliche Samen wird am besten gleich dünn in Töpfchen gesät. Nach der Keimung kann man gegebenenfalls vereinzeln. Es empfiehlt sich eine Jungpflanzenanzucht im Frühjahr. Kräftige Pflanzen im gut durchwurzelten Topf werden an ihrem Bestimmungsort ausgesetzt. Das sollte ein fixer Platz sein, an dem Sedanina die nächsten Jahre wachsen kann, ohne ständig umgepflanzt zu werden. Gut geeignet ist ein halbschattiger, feuchter Standort. Man lässt zunächst die Pflanze üppig heranwachsen, bevor man sie das erste Mal stark beerntet. Zum Kosten und Naschen aber ist schon im ersten Sommer genügend Blattmasse vorhanden. Ab Juli bilden sich zarte weiße Doldenblüten, die man am besten auszwickt, um die Pflanze vegetativ zu halten. Wenn man einige Blüten stehen lässt und zur Samenreife bringt, kann man wenig später sein eigenes Saatgut von Sedanina gewinnen.

Ernte

Als Hauptnutzungszeit bietet sich der Winter an. Die immergrünen Blätter können laufend geschnitten oder abgezupft werden. Wenige kräftige Stöcke ergeben genügend Erntegut, um mitten in Frost und Kälte mediterrane Gefühle hervorkommen zu lassen.

Aus weißen, unscheinbaren Blüten bilden sich Samen, mit denen man Sedanina vermehren kann.

Sogar unter dem Schnee bleibt Sedanina grün und erntbar.

Gelbdolde, Alisander

Smyrnium olusatrum

Die frisch-grünen Blätter der Gelbdolde lassen ihre botanische Zugehörigkeit zur Familie der Doldenblütler erkennen. Sie schmecken nach einer Kombination aus Sellerie und Petersilie.

Es ist kaum zu glauben, dass dieses unbekannte Kraut namens Gelbdolde einst zu den beliebtesten Gemüsearten aus der Familie der Doldenblütler zählte, in der immerhin Klassiker wie Karotte oder Sellerie zuhause sind. Von der Antike bis ins Mittelalter genoss man Blätter, Blattstiele und junge Triebe roh, gekocht oder gebraten und die Pfahlwurzeln ähnlich zubereitet wie den Pastinak. Unter dem Namen „Olisatum" findet sich die Gelbdolde sogar im berühmten *Capitulare de villis*, der Landgüterverordnung von Karl dem Großen, der darin unter anderem vorschrieb, welche Nutzpflanzenarten in den kaiserlichen Gütern zur Versorgung des Hofes angebaut werden mussten. Ab dem 17. Jahrhundert wurde die Gelbdolde zunehmend vom Sellerie verdrängt, bis sie schließlich im 19. Jahrhundert aus den Gärten und von den Gemüseäckern gänzlich verschwunden war.

Wir wurden darauf aufmerksam, als wir auf unserer Suche nach winterfesten Kräutern die Sortimentslisten unterschiedlichster Spezialkräuterbetriebe studierten. Man findet sie darin auch unter den Bezeichnungen Alisander oder Pferde-Eppich. Letzterer Name wird, befürchte ich, ihre Neubelebung und Wiedereinführung nicht unbedingt fördern.

Wintereignung

Unsere Versuche mit der Gelbdolde fanden sowohl im Gewächshaus als auch im Freien statt. In beiden Fällen zeigte sie eine erstaunliche Kältetoleranz und überstand Temperaturen unter -10 °C. Im Freien empfiehlt sich ein Schutz vor extremen Kahlfrösten durch Abdecken mit Laub oder Reisig. Auch der Windschatten von Mauern oder Gebäuden verbessert die Winterfestigkeit der Gelbdolde, zumal sie durchaus mit Halbschatten zurechtkommt.

Anbau und Pflege

Als zweijährige, überwinternde Kultur wird die Gelbdolde bereits im Frühjahr ab Mai angebaut. Dies kann entweder durch Direktsaat im Beet oder in Töpfen geschehen. Mehrmaliges Umpflanzen und Pikieren verträgt sie nicht gut. Durch Vereinzeln strebt man eine Pflanzdichte von etwa 40 x 40 cm an, um ihr dauerhaft genügend Platz zu bieten. Ein mit Kompost vorgedüngtes Beet fördert das gesunde Wachstum. Während der Sommermonate wird ausreichend gegossen und zwischen den Pflanzen gejätet. Die grünlich-gelbe, sehr dekorative Blüte erscheint im Sommer. Die Blütendolden werden entweder allesamt ausgebrochen oder man lässt einzelne stehen, sodass sich die Gelbdolde von selbst aussamen kann. Durch Ausbrechen vegetativ gehaltene Pflanzen können auch mehrjährig genutzt werden.

Im Kalten Kasten ist es möglich, die Gelbdolde auch nur über den Winter zu kultivieren. Dazu wird sie Mitte bis Ende August in Horstsaat mit 5–8 Korn pro Töpfchen ausgesät. Etwa einen Monat später pflanzt man im Abstand von 25 x 25 cm in den geschützten Kulturraum. Nach einem gründlichen Eingießen hält man den Bestand im Winter eher trocken. Beikräuter werden regelmäßig durch Hacken entfernt.

Ernte

Die Blätter mit den saftigen Blattstielen können bei der reinen Überwinterungskultur ab November während des ganzen Winters nach Bedarf geerntet werden. Ab Februar legen die Pflanzen wieder spürbar frische Blattmasse zu. Die zweijährige Kultur im Freien lässt sich bis Dezember beernten, dann ruhen die Pflanzen, um ab Ende Februar wieder neu auszutreiben. Das Überstülpen von Treibeinrichtungen wie Glasglocken wirkt austriebsverfrühend.

Im Geschmack erinnert die Gelbdolde an eine Kombination aus Sellerie und Petersilie. Mit diesem Aroma ist sie eine interessante Bereicherung für Salate oder würzige Suppen ebenso wie für Kräuterdips und Gemüsepfannen.

Gelbdolden überwintern im Freien oder besser im Frühbeetkasten und können dort laufend beerntet werden.

Wintergemüsevielfalt der Gewürzkräuter

Eigentlich verbindet man die Gruppe der Gewürzkräuter mit Sommer und Sonne ...

Gewürzkräuter verbinden wir intuitiv mit dem Sommer. Wir denken an Basilikum und Rosmarin, an Tomaten und Mozzarella und assoziieren damit würzig verfeinertes Grillgut und laue Gartenabende. Im Sommer stehen uns reichlich aromatische Frischkräuter zur Verfügung. Für die winterliche Verwendung aber bleiben nur ein Rest im Tiefkühlschrank und vielleicht ein paar getrocknete Sträußchen auf dem Dachboden.

Der Winter schränkt die gärtnerischen Möglichkeiten einer Frischkräuternutzung zugegebenermaßen stark ein, aber er schließt sie keineswegs gänzlich aus. Einige unserer bekannten Gewürzkräuter sind Allrounder, die auch in der kalten Jahreshälfte durchaus gute Figur machen. Da sie ja nicht in großen Mengen eingesetzt werden, bieten Kleinstgarten ebenso wie Töpfe auf Balkon und Terrasse beste Voraussetzungen für eine erfolgreiche Kultur. Freilich schmecken Gewürzkräuter im Winter nicht so intensiv, weil ihnen die Sonne fehlt, die für die Bildung von Aromastoffen in der Pflanze verantwortlich ist. Aber Frische und direkte Verfügbarkeit ohne aufwändiges Haltbarmachen stellen eine interessante Alternative zu allen Formen des Konservierens dar.

Auch die hier behandelten Küchenkräuter sind frostfester als erwartet und können, entgegen vielen Anleitungen in Kräuterbüchern, auch in der kalten Jahreszeit eingesetzt werden. Die Abgrenzung zum vorigen Kapitel der Salatkräuter und Spezialsalate fiel etwas willkürlich aus. Was man als Salatbeigabe, was als Würze bezeichnen soll, darüber wollen wir keinen wissenschaftlichen Diskurs starten. Sie finden in diesem Unterkapitel einige Klassiker aus der Riege der Frischgewürze.

... aber auch für den Winter gibt es Kräuter, die uns in der Küche frisch zur Verfügung stehen.

Petersilie
Petroselinum crispum

Petersilie ist ein ausgezeichnetes winterfestes Gewürzkraut, das in keinem Wintergarten fehlen sollte.

Wir kennen die Petersilie als unersetzliches Küchenkraut, das in Antike und Mittelalter außerdem wegen seiner Heilwirkungen gegen Darm-, Nieren- oder Blasenleiden geschätzt wurde. Die krausen Formen wurden in Klöstern gezüchtet, um sie von anderen, giftigen Doldenblütlern unterscheidbar zu machen. Das war allerdings mit einem Verlust an Würzkraft verbunden. Im Winter sollte man deshalb unbedingt mit den glatten, aromatischeren Sorten arbeiten. Ihre Blätter kommen roh oder nur kurz erhitzt zum Einsatz, zu lange gekochte Petersilienblätter schme-

cken nicht mehr würzig. Die winterlichen Petersilkartoffeln mit frischen Kräutern anzurichten, statt ins Tiefkühlfach zu greifen, ist ein Privileg, das jede Wintergärtnerin und jeder Wintergärtner genießen sollte.

Wintereignung

Die Petersilie ist eine zweijährige Pflanze, die mithilfe eines rübenförmigen Speicherorgans überwintert, um danach in Blüte und Samenbildung zu gehen und abzusterben. Bei der Wurzelpetersilie, die wir in diesem Buch auch noch behandeln wollen, nutzt man gerade diese Speicherwurzel. Der Lebenszyklus der Petersilie ist also auf Überwinterung ausgerichtet. Auch wenn sie ursprünglich aus dem Mittelmeergebiet stammt, zeigt sie bei uns absolute Winterfestigkeit. In allen unseren Versuchen blieb sie im Freien und unter Glas oder Folie auch bei Kälte und Frost frisch und erntbar. Ihre Winterhärte ist auf unter -10 °C einzuschätzen. Das macht sie zu dem Winterküchenkraut schlechthin. Schon in der alten Gartenliteratur findet man Anbauanleitungen für die Winternutzung von Petersilie in Kalten Kästen oder Frühbeeten.

Anbau und Pflege

Um im Winter grüne Petersilienblätter ernten zu können, braucht man junge Bestände. Deshalb sieht man für den Winter eigene Sätze vor, die mitten im Sommer, also Mitte Juli bis Anfang August ausgesät werden. Am besten baut man direkt ins Freilandbeet in Reihen mit einem Abstand von 15 cm an. Bei Aussaat direkt in den Kasten sind noch Anbautermine Ende August bis Anfang September möglich. Auch eine längere Nutzung älterer Bestände ist möglich, wenn man im September radikal zurückschneidet. Dafür sät man schon im März in Töpfchen an, stellt die Pflanzen nach der Keimung kühler und pflanzt ab April auf 25 x 25 cm ins Freie. Eine Ernte ist dann laufend ab Juli möglich. Im Sommer treibt die Petersilie bereits zwei Wochen nach dem Schnitt wieder nach. Ein tiefes Abschneiden verhindert das Zurückbleiben von gelben Blattstielen, die bei der nächsten Ernte stören. Man sollte unbedingt darauf achten, dass die Pflanzen einige Tage nach dem Schnitt vor praller Sonne geschützt bleiben und gut feucht gehalten werden.

Da Petersilie lockere, feuchte, nährstoffreiche Böden liebt, ist eine Grunddüngung mit reifem Kompost empfehlenswert. Keinesfalls sollte man frischen Stallmist verwenden. Petersilie verträgt sich in Mischkultur nicht mit Salat, das gilt auch für den Winter. In der Fruchtfolge vermeidet man

einen Nachbau, also die Aussaat auf jenem Beet, auf dem schon zuvor Petersilie gewachsen ist.

Unbedingt sollte man frisches Saatgut verwenden, da die Keimfähigkeit von Doldenblütlern rasch abnimmt. Petersilie keimt sehr lang-

Für die Winterernte verwendet man junge Bestände, die Ende August oder Anfang September angebaut wurden.

Ältere Petersilbestände können im Winter im Freien leiden, vor allem, wenn sie vor dem Winter nicht zurückgeschnitten wurden.

sam, in alten Gartenbüchern wird deshalb gerne Markiersaat empfohlen. Dafür mischt man einige Radieschensamen ins Saatgut. Diese gehen rasch auf und zeigen am Beet die Petersilreihen an. Wurde zu dicht angebaut, vereinzelt man die Kräuterpflänzchen in der Reihe auf einen Abstand von ca. 5 cm. Im Sommer und Herbst muss man dann durch Hacken auf möglichst saubere, beikrautfreie Bestände achten und regelmäßig gießen.

Für eine Ernte im Spätwinter bedeckt man Petersilie ab Dezember mit Wanderkästen oder Minitunneln. Die Bestände bleiben so länger frisch und gesund, da sie vor Niederschlägen und extremen Temperaturschwankungen geschützt sind.

Eine Winterernte von Blattpetersilie ist auch durch Treiben von Wurzelpetersiliensorten möglich. Diese werden im März oder April bei einem Reihenabstand von 20–25 cm ins Freie gesät und bleiben zunächst bis zum Spätherbst auf dem Beet.

Ernte

Da Petersilie so frostfest wächst, kann man sie im Freien problemlos ab November bis Ende Dezember schneiden. Man entnimmt stets die äußeren Blätter und schont das Herz, sodass die Pflanzen immer wieder nachtreiben können. Ab dem Jahreswechsel werden die geschützten Bestände beerntet.

Für die Petersilientreiberei werden im Spätherbst die Blätter der gerodeten Wurzeln beerntet und frisch verwendet, anschließend wird sortiert. Kräftige Rüben werden als Wurzelpetersilie genutzt. Die schwächeren kann man im Erdkeller oder Kasten in Sand einschlagen und nach Bedarf ab November zum Treiben in helle, kühle oder warme Räume stellen. Ähnlich wie beim Chicorée geschieht das in Töpfen *indoor*, die man zu einem Drittel mit Sand oder Erde füllt und feucht hält. Bei Zimmertemperatur kann man nach zwei bis drei Wochen ernten. Indem man die äußeren

Blätter entnimmt, kommt innen immer Frisches nach. Die Pflanze treibt aus ihren in der Wurzel gespeicherten Reservestoffen nach. Ein Treiben ist auch im Kalten Kasten oder im Gewächshaus möglich. Dort dauert es allerdings etwas länger, bis das frische Grün erscheint. Ein gestaffeltes Treiben eingelagerter Wurzeln sorgt für laufend Nachschub in der Küche. Die Petersilientreiberei empfiehlt sich aber nur in sehr kalten, schneereichen Gegenden, wo Blattpetersilienbestände in eingeschneiten Kästen unter der Lichtarmut leiden und sich schnell gelb verfärben würden. Überall sonst ist es wesentlich einfacher, frisch aus dem Freiland, später aus dem Kasten oder Minitunnel zu ernten.

Für die Verwendung möchte ich abschließend noch einen Tipp weitergeben: Oft bleiben nach Abzupfen der feinen Blättchen beim Petersil noch die Stängel und Blattrippen zurück. Im Winter sind sie eigentlich zu schade, um im Biomüll zu landen. Wenn man keine Kaninchen oder Meerschweinchen hat, die sie mit Vergnügen verzehren, steckt man die Stängel gemeinsam mit anderen Kräutern und Salaten in den Blender und verarbeitet sie zu einem Green Smoothie. Zu dieser Jahreszeit ist das ein Genussgetränk und eine wahre Vitaminbombe.

Die Petersilie ist so frostfest, dass sie auch im Freien überlebt. Im Winter besser nutzbar ist sie freilich im Frühbeetkasten.

Schnittsellerie

Apium graveolens var. *secalinum*

Schnittsellerie, wie hier die Sorte 'Dunkelgrüne Amsterdamer', eignet sich für die Winterernte besonders gut.

Als Würz- und Suppengemüse ist die Schnittsellerie bei uns eigentlich ganz aus der Mode gekommen. Sie ähnelt ja mit ihrem zarten, aromatischen Blatt der Petersilie und wurde von dieser auch verdrängt. Der Hinweis in alten Büchern, dass die Herzblätter der Knollensellerie im Spätherbst oder nach der Winterlagerung auch im zeitigen Frühjahr als Ersatz dienen, berücksichtigt nicht den großen Unterschied in der Blattstruktur der beiden Sellerievarietäten. Schnittsellerieblätter sind wesentlich feiner und auch würziger als der kräftige, derbe Austrieb der Knollentypen.

In der Antike wurde Schnittsellerie wegen ihrer verdauungsfördernden, harntreibenden und magenreinigenden Wirkung geschätzt. Sie galt auch als Aphrodisiakum. Wenig ist aber vom Ruhm dieser Sellerievarietät geblieben, aus der im alten Griechenland bei Sportwettkämpfen sogar Siegeskränze geflochten wurden.

Wintereignung

Für unseren Wintergarten ist Schnittsellerie ein wichtiges Würzkraut, weil sie außerordentlich frostfest ist. Im Freien kann sie meist bis zum Jahreswechsel, im geschützten Kasten sogar während des gesamten Winterhalbjahrs beerntet werden. Ich schätze die Frosthärte dieses Küchenkrauts, dessen Vorfahren auch in Mitteleuropa heimisch sind, ähnlich ein wie jene der Petersilie. In gleicher Weise wie diese beiden Küchenkräuter kann auch das sogenannte Apioselinum verwendet werden. Das ist eine botanische Kreuzung aus beiden, wie sowohl der lateinische Name als auch die deutsche Bezeichnung Petersilsellerie nahelegen.

Anbau und Pflege

Schnittsellerie wird ähnlich wie Blattpetersilie in Reihen mit 10–15 cm Abstand direkt ins Freie gesät. Für die Winterernte sollte dies bereits Mitte Juni geschehen, weil Schnittsellerie ein extrem langsames Jugendwachstum zeigt. So entwickeln sich die Pflanzen ausreichend kräftig und sind doch noch jung genug, um vor dem Winter nicht abzubauen. Schnittsellerie ist eine nährstoff- und feuchtigkeitsliebende Kultur. Reifer Kompost, den man vor der Pflanzung in den Boden einarbeitet, sorgt für eine gute Grunddüngung. Durch mehrmaliges Hacken werden Beikräuter entfernt, der Boden gelockert und Nährstoffe mobilisiert. Ab Ende November bis Anfang Dezember deckt man die Schnittselleriekultur mit mobilen Kästen oder Minitunneln ab. Man schützt sie so nicht nur vor Frost, sondern vor allem vor unkontrollierter Feuchtigkeit durch Niederschlag und vor Schnee und Wind.

Ernte

Die Winterernte von Schnittsellerie beginnt Anfang November im Freien. Reine Freilandsätze können je nach Witterung bis zum Jahresende beerntet werden. Stets werden äußere Blätter abgepflückt und zum Würzen in Suppen oder Gemüsepfannen verwendet. Die geschützten Sätze sind über den gesamten Winter nutzbar. Schnittsellerie treibt ab Ende Februar oder Anfang März wieder nach.

Schnittsellerie keimt rasch und dicht, wenn man frisches Saatgut verwendet.

Schnittsellerie muss für die Winterernte rechtzeitig, nämlich schon Mitte Juni, angebaut werden, weil sie sich in der Jugend sehr langsam entwickelt.

Die Petersilsellerie ist eine Kombination aus Petersilie und Schnittsellerie, die ebenfalls im Winter gut nutzbar ist.

Echter Kerbel, Garten-Kerbel

Anthriscus cerefolium

Eine aromatische Winterspezialität ist der Echte Kerbel. Am besten pflanzt man ihn in den Frühbeetkasten.

Der Echte Kerbel oder Garten-Kerbel ist ein ausgezeichnetes Würzkraut. Mit seinem ätherischen Aroma und seinen zarten, hellgrünen, fein gefiederten Blättern wird dieser Doldenblütler gerne in Suppen, grünen Saucen, Aufstrichen oder Salaten eingesetzt. Unverzichtbarer Bestandteil ist er in den berühmten Kärntner Kasnudeln, die somit ab nun auch im Winter serviert werden können. Für die frische Nudelfülle muss man sich allerdings unbedingt auch einige frische Minzblätter suchen gehen, die an den Pfefferminzstöcken hoffentlich noch zu finden sind.

Wintereignung

Die Wildsippe des Garten-Kerbels kommt auch bei uns in Mitteleuropa in lichten Wäldern, auf Brachflächen und in Weingärten natürlich vor. Weil er sich so leicht aussamt, hat er sich auch von Gärten ausgehend wild verbreitet. Das veranschaulicht deutlich seine Robustheit und Winterfestigkeit, mit der er in unserem Klima vollkommen frosthart ist. Bei uns in Schönbrunn gibt es ein Plätzchen am Waldrand des Fasangartens, in welchem einst Kaiser Franz Joseph Kleinwild jagte und an dem man heute einige Blätter des ausdauernden Echten Kerbels erbeuten kann.

Anbau und Pflege

Um nicht in freier Wildbahn mühsam auf die Suche gehen zu müssen, baut man Kerbel am besten gleich direkt im eigenen Garten an. Entweder man sät Ende Juli in Reihen mit 20 cm ins Beet oder nicht zu dicht in Saatschalen, aus denen man die Keimlinge in Töpfe mit 5 cm Durchmesser pikiert. Die Jungpflanzen des Garten-Kerbels werden dann Ende August im Abstand von 20 x 20 cm ausgepflanzt. Bis in den Spätherbst kann Kerbel im Freien wachsen. Wir hatten ihn in einem Versuch sogar über einen ganzen Winter draußen, ohne dass er Frostschäden erlitten hätte. Da er nährstoffreiche, frische, also gut mit Wasser versorgte Böden liebt, sollte man ihn ausreichend düngen und gießen. Bei Trockenheit verfärben sich seine Blätter rot, und er zeigt Kümmerwuchs. Für eine Ernte ab dem Jahreswechsel empfiehlt sich die Abdeckung mit einem mobilen Kasten ab November oder bei milder Witterung ab Dezember.

Ernte

Während des ganzen Winters bleibt Kerbel vegetativ. Er würde erst ab Mai in Blüte gehen. Damit bietet uns die kalte Jahreszeit ein ungetrübtes Erntevergnügen im geschützten Kasten. Die zarten, hellen Blättchen werden einzeln abgezupft oder als ganze Rosetten abgeschnitten.

Wenn man nach dem Winter im April mit dem mobilen Kasten vielleicht über verfrühte Gurken oder Melonen wandert, lässt man am besten einige Kerbelpflänzchen stehen, statt sie komplett zu räumen. Diese beginnen dann zu blühen und Samen zu bilden. Der glänzende, schwarze, längliche Samen verbreitet sich und sorgt ganz von allein für Nachwuchs im Kräuterbeet (und darüber hinaus).

Da der Kerbel bei uns ja auch heimisch ist, lässt seine Winterfestigkeit nichts zu wünschen übrig.

Echter Koriander

Coriandrum sativum

Blattkoriander kann aufgrund seiner raschen Entwicklung und seiner guten Winterfestigkeit allen Asien-Fans auch im Winter viel Freude bereiten.

Bei kaum einem Gewürzkraut scheiden sich die Geister so sehr wie beim Koriander. In Asien, Afrika und Südamerika zählt der Blattkoriander zu den beliebtesten Küchenkräutern überhaupt, in Nordamerika und Europa sind traditionell nur die Samen als Brot- und Lebkuchengewürz sowie als Bestandteil von Currypulver anerkannt. Blätter werden von vielen Menschen hier als ekelerregend empfunden. Auch die Beschreibung des Aromas könnte verschiedenartiger nicht ausfallen: frisch, ätherisch, citrusartig versus seifig, angebrannt, Wanzengeruch.

Wintereignung

Koriander ist als Blattgewürz stets während des Frühjahrs und Sommers in Verwendung. Seine ausgezeichnete Frosthärte bietet aber die Chance einer zweiten Saison im Winter. Geschützt im Kasten übersteht er ohne Probleme auch kalte Winterphasen. Wie andere Doldenblütler kann er zunächst im Freien wachsen, bevor man ihn im Spätherbst mit Verfrühungseinrichtungen überdeckt.

Anbau und Pflege

Blattkoriander für die Wintersaison wird Ende Juli ausgesät. Direktsaat erfolgt gleich ins feinkrümelig vorbereitete Kräuterbeet mit einem Reihenabstand von 25 cm. Unbedingt sollte man mit frischem Saatgut arbeiten, weil die Keimfähigkeit rasch abnimmt. Für die Keimung und Jungpflanzenentwicklung benötigt Koriander ausreichend Feuchtigkeit. Halbschattige Standorte sind zu bevorzugen. Nach der Keimung wird in der Reihe auf 5 bis 10 cm vereinzelt. Kompostgaben fördern das Blattwachstum. Ansonsten kann Koriander als anspruchslos bezeichnet werden.

Septembersaaten direkt in den Kasten sind ab Februar erntereif. Koriander bleibt während der gesamten Wintersaison vegetativ und geht erst ab Juni in Blüte.

Ernte

Zur Ernte werden die zarten, petersilienähnlichen Blättchen ab November abgezupft. Ab Februar schneidet man die Herbstsätze. Diese laufende Ernte macht Koriander für Freunde der asiatischen Küche zu einem treuen Begleiter durch den ganzen Winter.

Blattkoriander lässt sich auch bestens im Topf kultivieren.

Schnittlauch

Allium schoenoprasum

Schnittlauch ist der Kräuterklassiker, der vollkommen frostfest ist, allerdings im Winter einzieht.

Schnittlauch ist das ideale Gewürzkraut für den Hausgarten. Er ist mehrjährig, frostfest, anspruchslos, vielseitig einsetzbar und deshalb bei Jung und Alt sehr beliebt. Bei uns auf der City Farm Schönbrunn wächst er in Form einer kleinen Hecke rund um das Wildkohlbeet. Zur Blütezeit ab Mai ist das ein echter Blickfang. Nicht nur für Kinder wirken die kugelförmigen, lilafarbenen Blüten dann wie ein Magnet, sie scheinen auch für Wildbienen, Hummeln und Schwebfliegen unwiderstehlich zu sein. Und so manches Blütenköpfchen wandert in die mitgebrachten Sammeltaschen, nachdem unsere Juniorgärtnerinnen und -gärtner gelernt haben, dass auch die Schnittlauchblüten essbar sind und Salate und Aufstriche nicht nur verzieren, sondern geschmacklich außerordentlich bereichern können.

Wintereignung

Dass Schnittlauch bei uns auch im Freien bis unter -20 °C vollkommen frostfest ist, ist kein Geheimnis. Genau deshalb findet man ihn ja in jedem Hausgarten als unverzichtbaren Kandidaten im Kräuterbeet. Nur wird er normalerweise im Winter nicht genutzt. Da die Schnittlauchstöcke im Herbst einziehen, das heißt, temperatur- und tageslängengesteuert alle Nährstoffe aus den röhrenförmigen Blättern in die Bulben und Wurzeln verlagern, endet die Erntesaison nach dem Sommer. Denn das fortschreitende Vergilben der Blätter erschwert seine Verwendung, weil der Putzaufwand erheblich steigt. Frischen Schnittlauch gibt es im Winter nur unter Anwendung besonderer Gärtnertricks.

Anbau und Pflege

Man unterscheidet bei Schnittlauch grob- und feinröhrige Sorten. Sorten mit gröberen Röhren sind unempfindlich, dafür aber etwas derber in der Verarbeitung. Die zarten feinröhrigen wiederum zeigen während des Sommers bei Trockenheit oder Nährstoffengpässen schneller Spitzendürre.

Die Aussaat von Schnittlauch erfolgt schon im Frühjahr direkt ins Beet ab Ende März bis Anfang April. Den schwarzen Samen sät man in den nährstoffreichen, feuchten Gartenboden in Reihen mit 25 bis 40 cm Abstand. Pro Laufmeter werden ca. 150 Korn ausgebracht, etwa 2 cm mit Erde bedeckt und angedrückt. Direktsaat hat den Vorteil der einfachen Handhabung. Unbedingt sollte man frisches Saatgut verwenden, weil Schnittlauch nur ein Jahr keimfähig bleibt.

Als Alternative ist auch eine Vorkultur in Töpfen möglich. Dazu werden in mit Aussaaterde befüllten 5-cm-Töpfen ab Februar 10 bis 20 Korn pro Topf abgelegt, etwa 2 cm mit Erde übersiebt und mit feiner Brause angegossen. Schnittlauch keimt bei Zimmertemperatur optimal und ist nach ca. 6 Wochen pflanzfertig. Nun übersiedeln die Pflanzen ins Freie. Die Töpfe werden im Abstand von 40 x 25 cm in den mit Kompost vorgedüngten Gartenboden gesetzt. Bei gepflanztem Schnittlauch kann man während des Sommers Beikräuter leichter unter Kontrolle halten als bei der direkt gesäten Variante. Vor allem eine Verunkrautung der Bestände durch Gräser macht das Jäten zu einer mühseligen Angelegenheit.

Für die Winternutzung von Schnittlauch kann man das Verfahren der Schnittlauchtreiberei während des Winters im Haus anwenden. Dafür verwendet man die diesjährigen Pflanzen oder besser jene, die seit dem Vorjahr im Beet stehen.

Bei Schnittlauchstöcken, die man später für die Treiberei verwenden will, muss man darauf achten, dass sie während des Sommers reichlich mit Wasser und Nährstoffen versorgt und nicht beerntet werden. Sie müssen zu gesunden und kräftigen Pflanzen heranwachsen.

Für die ersten Treibsätze bis Weihnachten werden die Stöcke Mitte September aus dem Beet ausgestochen, grob von Erde befreit und draußen trocken unter einem Vordach aufgestellt. Das Trockenhalten der Ballen erleben die Pflanzen als Ruheperiode. Ab Mitte November werden die vergilbten Halme entfernt, die Wurzeln etwas eingekürzt und die Ballen einer Warmwasserbehandlung ausgesetzt. Dazu legt man sie für 12 Stunden in ein 35–40 °C warmes Wasserbad, am besten über der Heizung, damit das Wasser warm bleibt. So wird die Ruhephase gebrochen. Anschließend werden die Ballen in Töpfe gepflanzt und bei Zimmertemperatur am Fensterbrett aufgestellt. Man hält sie nun leicht feucht und kann bereits nach etwa zwei Wochen saftigen, grünen Schnittlauch schneiden. Durch Staffelung der Wärmebehandlung und des Treibens im Wochenabstand hat man laufend frische Blätter zur Verfügung.

Schnittlauch wird im Frühjahr ausgesät. Bei einer Vorkultur im Töpfchen und Auspflanzung am Beet ist die Beikrautregulierung leichter zu bewerkstelligen.

Ab März kann man den frischen, jungen Austrieb wieder nützen, dem auch Fröste und Schnee nichts anhaben können.

Schnittlauch eignet sich als Einfassung fürs Gemüsebeet, die im Vorfrühling schon wieder als Strukturelement sichtbar wird. Dieses Bild wurde im März aufgenommen, nach einem kurzzeitigen Wintereinbruch.

Möchte man auch im Jänner Schnittlauch ernten, werden die Ballen erst Ende Oktober bis Anfang November ausgegraben, anschließend durch Entfernen der gelben Halme und Zurückschneiden der Wurzeln gleich geputzt und im Freien aufeinandergeschichtet. So sollen sie an einem offenen, exponierten Platz dem winterlichen Frost ausgesetzt werden. Am besten schlichtet man sie auf einer verkehrt aufgestellten Holzkiste oder auf einer Holzpalette auf. Die Ruhephase der Pflanzen wird in diesem Fall durch das Durchfrieren der Ballen erreicht. Vor dem Treiben werden die Ballen wieder der oben beschriebenen Warmwasserbehandlung unterzogen. Waren sie draußen längerem Frost ausgesetzt, kann man sich das Einlegen in warmes Wasser auch sparen. Nach Eintopfen der Ballen und Übersiedeln ans Fensterbrett im Wohn- oder Schlafzimmer beginnt wieder der Treibvorgang, der auch in dem Fall recht rasch zu frischem Grün führt. Auch diese Variante lässt sich so staffeln, dass man laufend ernten kann.

Abgeerntete Stöcke werden in ihren Töpfen draußen in Kisten geschlichtet und können im Frühjahr ohne Topf wieder aufs Beet hinausgepflanzt werden. Da Schnittlauch ein mehrjähriges Kraut ist, treibt er auch wieder neu aus, wächst weiter und wird in dem Jahr für den Sommerschnitt verwendet.

Falls Ihnen die Prozedur des Treibens zu umständlich erscheint, habe ich noch einen Tipp für die einfache winterliche Nutzung von Schnittlauch: Lassen Sie ihn im Herbst einfach im Beet stehen und stülpen Sie ab Jänner eine Glocke über einzelne Stöcke oder versetzen Sie einen mobilen Kasten über den Bestand. So treiben die Pflanzen deutlich früher aus als im Freien und ermöglichen Ihnen je nach Witterung vielleicht schon eine Ernte ab Februar.

Eine dauerhafte Nutzung von Schnittlauch im Garten sollte einen Fruchtwechsel vorsehen. Man nutzt die Stöcke mehrere Jahre und wechselt danach mit jungen, frisch angebauten Pflanzen in ein neues Beet.

Ernte

Zur Ernte wird Schnittlauch stets büschelweise mit einer Länge von 15 bis 25 cm abgeschnitten. Die Blätter sollten jeweils schon ausgewachsen sein, sonst schneidet man nur ihre Spitzen ab, sie schieben dann nach und es bleiben für den folgenden Schnitt unansehnliche Stummelblätter zurück. Bei guter Kultur und konsequenter Nachdüngung mit biologischen Mitteln ergibt so ein Schnittlauchbeet im Hausgarten übers Jahr gerechnet beachtliche Erntemengen von zweieinhalb Kilogramm und mehr pro Quadratmeter.

Im zeitigen Frühjahr treibt der Schnittlauch im Beet wieder frisch und gesund aus.

Echter Thymian, Garten-Thymian

Thymus vulgaris

Thymian ist ein vollkommen frostfestes, mehrjähriges Gewürzkraut, das im Winter nutzbar ist, wenn es auch nicht unbedingt vor frischem Grün strotzt.

Der Echte Thymian ist eine alte Heil- und Gewürz-pflanze, deren gärtnerische und volksmedizinische Verwendung bei uns lange Tradition hat. Bis heute haben die duftenden Pölster im Garten nichts an Faszination eingebüßt. Robustheit und Anspruchs-losigkeit des Thymians erlauben eine kulinarische Nutzung unkonventioneller Gartenplätzchen wie Trockenmauern oder Steingärten. Als mediterra-ner Halbstrauch hat er nur ein Bedürfnis: das nach Sonne und Wärme.

Wintereignung

Der Garten-Thymian ist bei uns vollkommen frostfest. Er überwintert im Garten ohne Proble-me, wenn er am richtigen Standort wächst. Der Boden sollte locker und sandig sein. Bei Staunässe

verfault Thymian im Winter. So ist ein Dach über dem Kopf oft nicht wegen der Frostgefahr, son-dern wegen einer Vernässung anzuraten. Umge-kehrt kann Dauerfrost auch zum Vertrocknen von Pflanzen führen. Deshalb ist es mitunter notwen-dig, in frostfreien Perioden während des Winters zu gießen.

Anbau und Pflege

Da Thymian mehrjährig wächst, muss man ihm im Garten ein Dauerplätzchen an sonniger, war-mer, exponierter Stelle anbieten. Dorthin kann er entweder ab März breitwürfig direkt gesät wer-den oder man bereitet Jungpflanzen vor, die im April ausgesetzt werden. Zur Vorkultur füllt man Anzuchterde, die man mit Sand vermischt, in Töpfe oder Saatschalen und stellt diese am Fensterbrett oder im geheizten Hobbygewächshaus auf. Die Samen werden nur leicht mit Sand bedeckt, da Thymian ein Lichtkeimer ist, anschließend wird mit feiner Brause angegossen. Nach 4 bis 5 Wochen kommen die Pflänzchen im Abstand von 30 x 30 cm ins Freie. Direkt gesäter Thymian muss je nach Aussaatstärke auf denselben Abstand vereinzelt werden.

Er kann auch vegetativ mithilfe von Stecklingen vermehrt werden. Diese werden vom Neuaustrieb der Mutterpflanze im April geschnitten. Die Triebstücke sollten so lang sein, dass sie drei Knoten aufweisen. Nun steckt man sie in eine Schale oder einen größeren Topf, den man mit einer Mischung aus Sand und Anzuchterde gefüllt hat, so tief, dass der unterste Knoten gut im etwas angedrückten Substrat sitzt, weil von ihm aus die neuen Wurzeln austreiben werden. Mit feiner Brause werden die Stecklinge übergossen und anschließend mit einer Haube aus dünnem Vlies bedeckt, um ihnen eine erhöhte Luftfeuchtigkeit zu bieten. Sie sollten nun keinesfalls im direkten Sonnenlicht aufgestellt, sondern etwas schattiert werden. Nach etwa drei Wochen haben sich, wenn alles gutgegangen ist, bereits Wurzeln gebildet. Nun lässt man die Pflänzchen noch etwa drei Wochen im Warmen, bevor man sie ins Freie setzt.

Sehr abwechslungsreich wird es im Kräuterbeet, wenn man vom Thymian verschiedene Sorten pflanzt. Empfehlenswert ist die Verwendung von Zitronenthymiansorten oder von panaschierten Typen, die mit ihren grün-weißen Blättern sehr dekorativ aussehen.

Thymian braucht im Garten kaum Pflege. Man muss sich nur darum kümmern, dass ihn Beikräuter nicht überwuchern. Intensives Düngen mit Kompost oder organischen Düngemitteln ist nicht nötig. Ab Juni geht er in Blüte, was die aromatischen Pölsterchen noch attraktiver macht. Während trockener, heißer Witterungsphasen im Sommer tun ihm Wassergaben gut. Ein regelmäßiger Rückschnitt sorgt nicht nur dafür, dass man in der Küche mit ausreichend Gewürztrieben versorgt ist, sondern auch, dass unser Thymian in Form bleibt. Andernfalls verkahlen die Triebe. Die frischen Blätter sitzen dann immer weiter außen, innen aber wird es kahl und trocken.

Eine ganz einfache Art der Vermehrung ist noch im Herbst möglich. Man teilt größere Polster, indem man mit dem Spaten ein Stück absticht. Dieses wird dann mitsamt dem Wurzelballen an einen neuen Platz verpflanzt und ausgiebig eingegossen.

Im Winter bleibt Thymian im Freien, kann aber auch mit mobilen Kästen, Glocken oder Minitunneln überdeckt werden. Das schützt ihn einerseits vor Vernässung, andererseits bewirkt es, dass die feinen Blätter frisch und grün bleiben.

Ernte

Zur Ernte zwickt man nach Bedarf Blättchen aus oder schneidet ganze Triebstücke ab, die man erst in der Küche abrebelt. Hat man mehrere Stöcke zur Verfügung, geschieht dies reihum. So kann man die Ernte nach dem Sommer im Winter einfach fortsetzen. Den Wunsch nach mediterranen Gefühlen, die Thymian in der kalten Jahreszeit durchaus zu wecken vermag, muss man allerdings etwas zügeln und sparsam mit ihm umgehen, weil er im Winter keinen Zuwachs zeigt und erst wieder ab März stärker zu treiben beginnt.

Thymian wird im Frühling aus Samen oder aus Stecklingen vermehrt.

Oregano
Origanum vulgare

Auch Oregano ist ein mehrjähriges, frostfestes Gewürzkraut. Bei uns verbindet man damit sofort Pizza-würze.

Oregano ist ein wichtiges Gewürz der mediterranen Küche. Bei uns verbindet man ihn ja untrennbar mit Pizza. Er zählt aber neben Thymian, Rosmarin, Salbei und anderen auch zu den Kräutern der Provence. Zwar stammt er tatsächlich aus dem Mittelmeergebiet, aber mittlerweile ist dieser oft auch Dost genannte Lippenblütler in fast ganz Europa heimisch. Oregano behält auch im getrockneten Zustand sein Aroma. Ihn aber frisch für die Pizza zu pflücken, ist ein Vorrecht des Wintergärtnerns.

Wintereignung

Oregano ist ein frostfestes, ausdauerndes Kraut. Im Gegensatz zu Majoran, der bei uns meist nur einjährig kultiviert werden kann, bekommt Oregano ein festes Plätzchen im Garten. Auf einem sandigen Boden übersteht er den Winter ohne Probleme, auch wenn die Temperaturen bis unter -20 °C sinken. Unter einer dicken Schneedecke fühlt sich Oregano besonders wohl.

Anbau und Pflege

Wenn Oregano einen sonnigen, trockenen, warmen Standplatz im Garten bekommt, ist er ein völlig pflegeleichtes Gewürzkraut, das kaum gedüngt und nur sparsam gegossen werden muss. Die Aussaat erfolgt ab Mai gleich direkt ins Kräuterbeet. Da Oregano Lichtkeimer ist, braucht man weder Rillen zu ziehen noch einzurechen. Nach dem Keimen wird so vereinzelt, dass die Einzelpflanzen 40 bis 50 cm Abstand zum Nachbarn haben. Oregano kann mit der Zeit kräftige Stöcke bilden, die man zur Vermehrung im Frühjahr auch teilen kann.

In der sommerlichen Blütezeit von Juli bis September ist Oregano nicht nur extrem aromatisch, er zieht auch alle Arten von Insekten magisch an. Wird er in dieser Zeit geschnitten, hat er sich bis zum Winter wieder ausreichend regeneriert, um neuerlich genutzt zu werden.

Ernte

Oregano wird während des ganzen Winters nach Bedarf beerntet. Nur in sehr kalten Phasen ist es ratsam, einen Winterschutz mit Reisig oder Laubmulch aufzubringen, falls nicht genug Schnee vorhanden ist. Ab März zeigen sich je nach Außentemperaturen frische Blätter. Da sollte man die Pflanzen auf jeden Fall wieder freilegen, um sie ungehindert Licht und Wärme auszusetzen.

Im Winter sieht der Oregano weniger üppig aus. Nutzbar ist er trotzdem.

Oregano kann ab Mai direkt ins Kräuterbeet gesät werden oder man zieht Pflänzchen vor.

Wintergemüsevielfalt der Kohlgewächse

Die Kohlgewächse sind eine faszinierende Gemüsegruppe. Es haftet ihnen aber hartnäckig ein etwas vorgestriges Image an.

Kohlgewächse zählen zu den traditionellsten heimischen Gemüsearten überhaupt. Sie werden auch in Koch- und Gartenbüchern immer dann genannt, wenn die Rede auf Gemüsenutzung im Winter kommt. Und tatsächlich haben sie dafür ja einiges an Potenzial zu bieten. Nur liegen sie leider nicht unbedingt im Zeitgeist der jungen, trendigen Ernährung, da man sie mit Arme-alte-Leute-Essen verbindet. Tatsächlich lieben ältere Menschen Kraut und Kohl, können diese aber aus diätetischen Gründen oft nicht mehr genießen. Und jüngere werden durch unangenehme Kochgerüche und zu üppig gekochte Kohlbeilagen abgeschreckt. Angesichts von Kohlsuppe und Kraut-Einbrenn muss man es offen ansprechen: Kohlgemüse hat ein Imageproblem. Ich würde in dem Zusammenhang vom „Witwe-Bolte-Appeal" sprechen:

> *„Dass sie von dem Sauerkohle*
> *eine Portion sich hole,*
> *wofür sie besonders schwärmt,*
> *wenn er wieder aufgewärmt."*

So beschreibt Wilhelm Busch vor 150 Jahren in seinem berühmten *Max und Moritz* die gute alte Dame. Nur, wer schwärmt heute noch für aufgewärmten Sauerkohl?

Auch Heinrich Heine lebte offensichtlich in einer anderen Zeit und Welt, wenn er verzückt dichtet:

„Sei mir gegrüßt mein Sauerkraut
holdselig sind deine Gerüche!"
(Deutschland. Ein Wintermärchen, Caput IX)

Das waren die Voraussetzungen, mit denen wir vor einigen Jahren in einen Jahresschwerpunkt gegangen sind, der dem Kohlgemüse gewidmet war. Wir suchten fieberhaft nach neuen Zugängen, welche die Welt der Kohlgewächse für unsere Zeit aufschließen könnten.

Dafür galt es zunächst Botanik und Kulturgeschichte zu verstehen. Die Gruppe der Kohlgemüse, die wir im Westen nutzen, also Wirsingkohl, Weiß- und Rotkraut, Karfiol, Brokkoli, Kohlrabi oder Kohlsprossen, entstand nämlich aus mehreren Wildkohlarten, die im Mittelmeergebiet beheimatet sind und dort zum Teil noch heute als Wildgemüse geerntet werden. Im Laufe der Kulturgeschichte wurden diese im Blick auf jedes Pflanzenorgan züchterisch bearbeitet, so dass jeweils ein eigenes Gemüse daraus entstand. So kann man die Kopfkohle als überdimensionale End-(Terminal-) Knospen ansehen, Kohlsprossen besitzen betonte Seitenknospen und Karfiol und Brokkoli sind nichts anderes als riesige, gestauchte Blütenstände. Der Kohlrabi wiederum stellt eine knollenartige Verdickung des Stängels dar. Botaniker sagen uns deshalb, dass es keine Nutzpflanzengruppe mit einer größeren Variabilität gibt als die Kohlgemüse.

Variabilität ist ein treffendes Stichwort. Denn so viel kann ich sagen: Auf unserer Suche nach Kohl 2.0 wurden wir fündig, indem wir eine faszinierende Vielfalt an wintertauglichen, bunten Arten und Sorten kennenlernten. Aber überzeugen Sie sich selbst und folgen Sie uns auf unserer Entdeckungsreise, die abwechselnd zu Kohlklassikern und Newcomern führt.

Im Garten gelten einige Vertreter aus der Kohl-verwandtschaft als Klassiker für den Winter.

Oft sind es aber doch eher traurige Gestalten, die da im Beet im Spätherbst zurückbleiben.

Kopfkohl
Brassica oleracea conv. *capitata*

Weißkraut, Spitzkraut, Rotkraut, Wirsingkohl: Sie alle zählen zu den kopfbildenden Kohlen.

Weißkraut, Rotkraut und (Wirsing-)Kohl sind nicht nur sehr eng verwandt, sie werden im Garten auch ähnlich angebaut. Weil sie so viele Gemeinsamkeiten haben, wollen wir sie hier in der Gruppe der Kopfkohle zusammenfassen, die wirtschaftlich bei uns von großer Bedeutung ist. Von Weiß- und Rotkraut zusammengenommen verzehren wir fast 6 kg pro Person und Jahr. Nimmt man Wirsingkohl und Chinakohl, den wir noch besprechen werden, dazu, kommt man auf fast 10 kg.

Wintereignung

Kopfkohle verbindet man häufig mit dem Winter. Traditionellerweise werden sie im Herbst bis Spätherbst geerntet und gelten als klassische Lager- und Verarbeitungsgemüse. Sauerkraut stellte bei uns jahrhundertelang die wichtigste Vitaminquelle während der frischgemüsearmen Jahreszeit dar. Wirsingkohl, Weiß- und Rotkraut weisen im Winter auf dem Beet eine unterschiedliche Frostfestigkeit auf. Am kältetolerantesten ist Kohl, der

Temperaturen bis -15 °C und darunter verträgt. Problematisch ist der rasche Wechsel zwischen Frost und Tauwetter. So hatten wir letzten Winter in einer Woche drei Nächte mit Temperaturen unter -20 °C, in der darauffolgenden Woche ging es sprunghaft auf +10 °C. Das war zu viel für unseren Freilandkohl.

Alle Kopfkohle kann man während des Winters mit einfachen Methoden lagern. Dafür sind Erdeinschläge ebenso geeignet wie Erdmieten oder Erdkeller. Es werden die ganzen Pflanzen ausgestochen und nach Abklopfen des Wurzelballens eingeschlagen oder verkehrt aufgehängt. So kann man sie den ganzen Winter über nach Bedarf auslagern und verwenden, bis dann oft im März die Köpfe aufspringen und der junge Trieb durchbricht.

Vor allem der Wirsingkohl gilt als besonders frostfest.

Der rasche Witterungswechsel zwischen Starkfrost von -20 °C und Tauwetter mit +10 °C im Jänner 2016 war selbst dem Wirsingkohl zu viel.

Anbau und Pflege

Eine Fülle von Sorten steht bei Weiß- und Rotkraut sowie beim Kohl zur Verfügung. Für die Winternutzung im Hausgarten sollte man kleine bis mittelgroße aus der späten Reifegruppe auswählen. Im Erwerbsanbau ist die Verwendung von Hybridsorten gang und gäbe. Für den Hausgarten stehen aber auch noch samenfeste Sorten zur Verfügung wie das robuste 'Kärntner-Steirische Gebirgskraut' oder 'Türkis', 'Ruhm von Enkhuizen 2' und 'Premstättner Schnitt', das sich auch bestens zur Sauerkrautherstellung eignet.

Spätherbst- und Wintersätze von Kraut werden Mitte bis Ende April ausgesät und Anfang Juni gepflanzt, Wirsingkohl wird erst im Mai gesät und Ende Juni bis Anfang Juli gepflanzt. Man verwendet mit Aussaaterde gefüllte Saatschalen, in die das Saatgut dünn ausgebracht und mit Erde übersiebt wird. Nach der Keimung wird in 5er-Töpfchen pikiert, die dann warm bei Zimmertemperatur aufgestellt werden müssen. Verläuft die Jugendphase zu kühl, bekommen die Pflänzchen einen Kältereiz, der zu einer verfrühten Blütenbildung führt. Im Stadium von 4–5 Laubblättern übersiedeln die Setzlinge ins Freie. Man pflanzt sie tief in die Erde im Abstand von 40 x 40 cm oder sogar noch weiter, wenn es sich um größere Sorten handelt.

Der Vollständigkeit halber muss man hier erwähnen, dass man Kraut und Wirsingkohl auch als Überwinterungskultur führen kann. Man baut dazu Ende August bis September an, pflanzt im Oktober ins Freie oder in den Kalten Kasten und lässt die jungen Pflanzen über den Winter stehen. In diesem Stadium sind sie meist ausgesprochen frostfest. Eine Ernte ist dann im Folgejahr ab Mai möglich, bevor die Pflanzen zu schießen beginnen. Dieser Zeitpunkt liegt allerdings weit außerhalb unseres winterlichen Betrachtungszeitraumes.

Wirsingkohl und Kraut zählen zu den Starkzehrern. Ihr Nährstoffhunger muss mit ausreichend Kompost und Mist gestillt werden, sonst zeigen

Österreichische Traditionssorten beim Weiß-kraut wie das 'Kärntner-Steirische Gebirgs-kraut' eignen sich zur Herbsternte und Ein-lagerung.

Die Abdeckung mit einem Kulturschutznetz hält Schädlinge wie Kohlweißlinge während des Sommers ab.

sie Kümmerwuchs und unbefriedigende Kopfbildung. Am besten gedeihen Kohlgemüse auf lehmigen, schweren Böden. Für eine ausreichende Wasserversorgung ist es unerlässlich, regelmäßig zu gießen. Keinesfalls ist es ratsam, die Kohlgewächse immer aufs gleiche Beet zu setzen. Eine Fruchtfolge mit Abständen von drei bis vier Jahren sollte im Sinne der Pflanzengesundheit eingehalten werden. Gelegentliche Kalkgaben heben den pH-Wert im Boden und beugen auch Pflanzenkrankheiten vor.

Leider gibt es zahlreiche Schädlinge, die Kohlgewächse lieben: Die gefräßigen Raupen von Kohleule und Kohlweißling können ganze Pflanzen verspeisen und haben mit Sicherheit als Vorbild für das Kinderbuch von der kleinen Raupe Nimmersatt gedient. Eine Bekämpfung ist durch rechtzeitige Abdeckung mit Insektenschutznetzen möglich. In heißen, trockenen Sommerwochen leiden darunter allerdings kompakter Wuchs der Pflanze und Kopfbildung. Es gibt auch biologische Bekämpfungsmittel, mit denen die Pflanzen behandelt werden können.

Ernte und Lagerung

Kraut und Wirsingkohl bleiben so lang wie möglich auf dem Beet. Vor den ersten Frühfrösten müssen wir uns nicht fürchten, da die Pflanzen gut abgehärtet in den Herbst gehen. In kühlen Oktober- und Novembernächten mit hoher Luftfeuchtigkeit legen sie sogar im Kopfwachstum, vor allem auch in der Kopfdichte, noch deutlich zu. Und letztere ist für eine lange und gesunde Lagerung von besonderer Bedeutung.

Es ist empfehlenswert, die spätherbstlichen und frühwinterlichen Wetternachrichten aufmerksam zu verfolgen. Bevor es zu Dauerfrostphasen unter -7 °C kommt, muss man nicht ans Einräumen denken. Bei Wirsingkohl kann man noch entspannter sein, da er auch unter einer Schneedecke gesund und frisch bleibt. Bei Weiß- und Rotkraut können allerdings niederschlagsreiche Winterwochen schon eher Probleme bereiten. Die Köpfe neigen dazu, aufzuplatzen, vor allem bei schon sehr reifen Beständen.

Eingelagert werden schließlich nur gesunde Köpfe, indem sie mitsamt den Wurzeln ausgestochen oder ausgerissen werden. Anhaftende Erde klopft man einfach ab. Frisches Umblatt belässt man am Kopf, es dient als Verdunstungsschutz. Nun kann man die Kohlpflanzen ins Lager bringen. Im einfachen Erdeinschlag legt man sie mit dem Kopf nach unten in eine etwa 25 cm tiefe Furche, die man anschließend so zuhäufelt, dass nur die Wurzeln oben herausschauen. Erdgruben oder -mieten werden tiefer ausgehoben und

Krautköpfe werden in Lagerräumen nach der Ernte zur Lagerung aufgehäuft.

Die traditionelle Methode der Sauerkrautherstellung zur Konservierung von Kraut macht auch im Hausgarten Spaß.

mit Stroh und Laub ausgelegt. Kraut- und Kohllagerung kann darin wie in im Kapitel "Einwinterung und Lagerung von Gemüse" (Seite 48 ff.) beschrieben nach historischem Vorbild praktiziert werden. Wenn man einen Erdkeller oder gar eine kühle Garage als Lagerraum zur Verfügung hat, bindet man die Köpfe mit Schnüren an und hängt

sie verkehrt auf. In solchen Lagerräumen können auch abgeschnittene Kohlköpfe auf Haufen aufgeschichtet oder in Regalen untergebracht werden. Optimale Temperaturen liegen bei 1–4 °C. Wird es zu warm, besteht Fäulnisgefahr.

Natürlich sollte man auch die alte Konservierungsmethode der Sauerkrautverarbeitung nicht vergessen. Gehobelte Weißkrautköpfe werden eingesalzen, gewürzt und in Holz-, Ton- oder lebensmittelechte Kunststoffgefäße gefüllt. Nach kräftiger Verdichtung durch Stampfen und Treten wird ein Holzbrett aufgelegt und mit Gewichten so beschwert, dass die entstandene Flüssigkeit darübersteht. So ist das optimale Milieu für eine Milchsäuregärung unter Luftabschluss gegeben, die je nach Temperatur drei bis sechs Wochen dauert.

Gemüse gegen Krebs

Neuere Untersuchungen haben ergeben, dass Kohlgewächse wie kaum ein anderes Gemüse krebshemmend wirken können. Verantwortlich dafür sind spezifische Inhaltsstoffe, die Glukosinolate, die von allen Kohlverwandten eigentlich als Schutz vor Fraßschäden ausgebildet werden. Sie regen den Körper zu Abwehrmechanismen an, mit denen auch Tumorbildungen verhindert werden können. Außerdem ist eine antioxidative Wirkung zu beobachten, die vor freien Sauerstoffradikalen schützt. Dass Kohlgemüse damit gegen Magen-, Lungen- und auch gegen Dickdarmkrebs wirkt, ist bereits nachgewiesen. Allerdings sollte es möglichst schonend zubereitet werden. Durch langes Kochen werden die Glukosinolate nämlich ins Kochwasser abgegeben. Besonders günstig ist es deshalb, Gemüse zu dämpfen oder nur kurz zu blanchieren. Schon Sebastian Kneipp war Mitte des 19. Jahrhunderts der Überzeugung: „Die fleißigen Kohlesser werden am ältesten."

Butterkohl

Brassica oleracea conv. *capitata*

Der Butterkohl sieht wie eine Kombination aus Weißkraut und Wirsingkohl aus. Für den winterlichen Hausgarten ist er ein spannend-innovativer Kandidat.

Dieser Sonderform des Kopfkohls widme ich hier gerne einen eigenen Steckbrief, weil ich davon wirklich so begeistert bin. Der Butterkohl ist ein altes holländisches Hausgartengemüse, das bei uns unverständlicherweise kaum bekannt ist. Ich erinnere mich noch sehr gut an jenen älteren holländischen Besucher, der einmal bei uns im Garten angesichts eines Butterkohlbeetes von seiner Kindheit zu schwärmen begann, weil eben dieser Butterkohl fixer Bestandteil des Familien-Selbstversorgerbeetes war.

Butterkohl sieht wie eine Kombination aus Weißkraut und Wirsingkohl aus. Die Blattfarbe ist hell und saftig, die Blattstruktur blasig und kraus gewellt mit deutlich hervorstehenden Blattadern, wie man das vom Wirsingkohl kennt. Er bildet einen gespitzten, im Vergleich zu Wirsingkohl etwas lockeren Kopf.

Seine Stärke liegt im milden Geschmack und in der butterzarten Blatttextur. Die bei uns so traditionellen Krautfleckerln, mit Butterkohl zubereitet, sind wirklich ein Gedicht. Mit ihnen findet man durchaus auch Sympathien beim Gärtnernachwuchs in der Familie.

Wintereignung

In zahlreichen Versuchen haben wir Butterkohl während des Winters auf dem Beet belassen. Er zeigte eine gute Frosthärte bis -12 °C. Es ist faszinierend zu beobachten, wie Frosteinwirkung die Blatt- und Kopffarbe von einem blassen Gelb im Herbst zu einem leuchtenden Orange im Winter verändert. Auch der Geschmack wird dadurch sehr positiv beeinflusst. Wenn man die Pflanzen bei dichten Schneefällen oder intensivem Niederschlag durch Kästen schützt, verbessert man die Winterfestigkeit des Butterkohls noch zusätzlich.

Anbau und Pflege

Butterkohl wird ähnlich wie Wirsingkohl im Mai gesät und Ende Juni bis Anfang Juli gepflanzt. Die Jungpflanzenvorkultur funktioniert wie beim Kopfkohl durch Aussaat in Schalen sowie durch Pikieren der Keimlinge einzeln in Töpfchen mit einem Durchmesser von 5 cm. Ausgesetzt wird auf 40 x 40 bis 50 x 50 cm, sobald die Pflanzen vier bis fünf Laubblätter entwickelt haben. In unseren Versuchen waren wir am meisten von der Sorte 'Bloemendaalse Gele' überzeugt, weil sie relativ feste, schön gefärbte Köpfe bildet. Weiters werden 'Goldberg' und 'Goldvital' angeboten.

In den Standortsansprüchen entspricht Butterkohl den Kopfkohlen, wie wir sie besprochen haben. Auch er benötigt frische, lehmige, gut mit Wasser versorgte Böden. Durch eine Düngung mit Kompost, Mist und anderen organischen Düngemitteln fördert man ein kräftiges, rasches Wachstum.

Auch die Innenblätter des Butterkohls sind gekraust und blasig.

Ernte und Lagerung

Butterkohl für den Winterbedarf wird ab November über den ganzen Winter geerntet, solange der Vorrat reicht. Man kann das entweder laufend, blattweise von außen her tun oder durch Abschneiden ganzer Köpfe. Auch eine Einlagerung, wie beim Kopfkohl beschrieben, ist möglich. Allerdings muss man beim Butterkohl aufgrund seines lockeren Kopfes und des zarten Blattes mit größeren Lagerverlusten rechnen.

So haben Kinder den Butterkohl erlebt, die ihn als Gäste der City Farm kennengelernt haben.

Durch Frosteinwirkung werden die Köpfe des Butterkohls intensiver gelb bis orange gefärbt. Die Blätter schmecken zarter und milder.

Grün-, Krauskohl

Brassica oleracea var. *sabellica*

Der Grünkohl zählt zu den Blattkohlen. Im Wintergarten darf er nicht nur aus ästhetischen Gründen keinesfalls fehlen.

Im Norden Deutschlands, in Holland und Skandinavien ist das winterliche Grünkohlessen fixer Bestandteil des traditionellen Jahresablaufs. Ob in eigenen Nationalspeisen wie im norddeutschen „Kohl und Pinkel", wo er zusammen mit Räucherwurst serviert wird, oder als *boerenkoolstamppot*, ein holländischer Eintopf aus Grünkohl und Kartoffeln, sein winterlicher Genuss wird zelebriert. Zahlreiche Städte in Norddeutschland wie Bremen, Oldenburg oder Osnabrück rittern darum, als Hauptstadt des Grünkohls zu gelten. Grünkohl ist in Nordeuropa Kult. Meist kommen dabei freilich auch Speck, Würste und Schinken als „Beilage" nicht zu kurz. In den USA hingegen sind Grünkohle die große Entdeckung in der Vegetarier- und Veganerszene. Dort werden sie unter der Bezeichnung *Curly Kales* als Rohkost genossen oder in Green Smoothies verarbeitet. Das ist durchaus sinnvoll, denn Grünkohl zählt zu den Gemüsearten mit dem höchsten Gehalt an Vitamin C überhaupt.

Für mich ist Grünkohl mit seinen fein gekrausten Blättern und den kräftigen Stämmen nicht nur ein attraktives, imposantes Wintergemüse, er hilft

mir mit Bezeichnungen wie „Oldenburger Palme"
oder „Friesische Palme" auch eine gemüsebauliche
Verbindung zu meinem eigenen Namen herzustellen. So fühle ich mich persönlich etwas weniger
exotisch im Reich der Gemüse und kann durchaus auf bodenständige Bezüge verweisen, zumal
ich verschiedentlich schon gefragt wurde, ob Palme denn mein Künstlername sei.

Wintereignung

Hierin sind sich Fachliteratur und allgemeine Meinung einig: Grünkohl zählt zu den kältefestes-
ten Gemüsearten, die wir kennen. Manche Auto-
ren wagen sich in der Abschätzung seiner Frosthärte sogar an Werte von -10 °C heran, was ja bei
Gemüse tatsächlich nicht oft passiert. Den beweg-
ten Temperaturverlauf des letztjährigen Winters
haben Grünkohle in den Hochbeeten unseres Ver-
suchsgartens überstanden, obwohl die letzte Jän-
nerwoche dreimal unter eisige -20 °C ging. Es gab
aber zugegebenermaßen Ausfälle, die ich auch
darauf zurückführe, dass wir unmittelbar danach
Anfang Februar schon wieder frühlingshafte +10
bis 12 °C hatten. Dieses Wechselbad der Temperaturen tut dem Grünkohl sicherlich nicht gut. Er
kann aber meiner Meinung nach auf jeden Fall
als winterliches Freilandgemüse empfohlen werden, das keinen Schutz durch Kasten oder Minitunnel benötigt. Mit Wuchshöhen von über 1 m
oder sogar über 1,5 m ist er ein wichtiger Strukturgeber im winterlichen Garten, der sich Kälte
und Frost buchstäblich entgegenstellt und eben
nicht nur flach am Boden liegend gerade überlebt.

Anbau und Pflege

Grünkohl für die Winterernte wird ab Mai ausgesät. Das muss nicht im Zimmer, sondern kann auch
im Frühbeetkasten erfolgen. Es ist freilich möglich, auch schon früher zu beginnen, dann erhält
man bis zum Spätherbst größere Pflanzen. Durch
Jungpflanzenvorkultur im Topf zieht man kräftige
Setzlinge heran, die von Juni bis Anfang August

ins Beet übersiedeln. Grünkohl braucht genügend
Platz, um sich schön entwickeln zu können. Man
kann ihn solitär einsetzen, weil er frei stehend sehr
gut zur Geltung kommt.

Es werden zahlreiche Sorten angeboten, die
sich in Blattform und -farbe unterscheiden. 'Halb-
hoher grüner Krauser' kann als Standardsorte
bezeichnet werden. 'Lerchenzungen' bildet schlan-
ke, zierliche und dekorative Blätter. 'Westländer
Winter' zeigt einen halbhohen Wuchs. Besonders
attraktiv wirkt die Hybridsorte 'Redbor' mit ihren
dunklen, rot-violetten Blättern.
Ein Bio-Landwirt in Ostfriesland hat es sich zum
Ziel gesetzt, autochthone Grünkohlsorten aufzu-
spüren und durch Anbau zu erhalten. Seine
Sammlung umfasst mittlerweile 25 verschiedene Lokalherkünfte.

In seinen Ansprüchen ist der Grünkohl mit
anderen Kohlgemüsearten vergleichbar. Regelmäßige Bewässerung und Düngung sind Voraussetzungen für eine erfolgreiche Kultur. Leider ist
Grünkohl auch für die typischen Kohlschädlinge
anfällig. Neben Kohlweißling und Kohleule können auch Weiße Fliegen auf unangenehme Weise überhandnehmen. Eine Abdeckung mit Insektenschutznetz dient zwar nicht der optischen Ver-
schönerung der Pflanzen, wirkt aber, rechtzeitig
eingesetzt, sehr effektiv gegen all jene ungebe-
tenen Gäste.

*Bis zum Winter entwickelt der Grünkohl schöne
Einzelpflanzen, die ausgesprochen imposant
wirken.*

Die Sorte 'Redbor' kann man, so widersprüchlich das auch klingen mag, als roten Grünkohl bezeichnen.

Temperaturen unter -20 °C hätte unser Grünkohl im Hochbeet am Zinsenhof im Jänner 2016 ja noch überstanden. Dass das Thermometer in der Woche darauf aber auf über +10 °C stieg, war ihm zu viel.

Ernte und Lagerung

Grünkohl sollte schon während des Sommers regelmäßig beerntet werden, indem man stets untere Blätter abbricht. Der Schopf an der Spitze bleibt hingegen bestehen. So entwickelt sich die Pflanze tatsächlich palmenförmig. Sie treibt auch entlang des Stammes wieder gerne frisch aus. Dieser junge Auswuchs ist besonders zart und kann im Salat oder nur kurz angebraten im Wok verwendet werden. Grünkohl wächst so robust, dass er bis in den Spätherbst neue Blätter ansetzt. Das kühle, feuchte Herbst- und Winterwetter scheint er besonders zu mögen. Da er auch in dieser Zeit noch Photosynthese betreibt, die Stoffwechselvorgänge zum Umbau in Stärke in der kalten Jahreszeit aber verlangsamt ablaufen, enthalten die Blätter mehr Zucker, was für den guten winterlichen Geschmack sorgt. Die landläufige Meinung, Frosteinwirkung wäre für einen süßeren Geschmack erforderlich, scheint widerlegt zu sein.

Für die Lagerung eignet sich Grünkohl nicht, weil seine Blätter nach der Ernte relativ rasch zu welken beginnen. Dafür lässt er sich bei jeder noch so tiefen Temperatur frisch beernten. Sollten Pflanzen durch wechselhafte Temperaturen im Winter leiden und vielleicht Blattschäden aufweisen, kann man durch einen radikalen Rückschnitt einen Wiederaustrieb im zeitigen Frühjahr erreichen. Diese jungen, frischgrünen Triebe schmecken im Februar und März besonders süß und zart.

Wenige Wochen nach diesem Ausfall trieb der Grünkohl an der Basis schon wieder frisch aus.

Kaum ein Wintergemüse passt besser in den Schnee als Grünkohl. Gut, dass er frostfest bis unter -15 °C ist.

Die gekrausten Blätter des Grünkohls sehen nicht nur dekorativ aus, sie lassen sich vielfältig in der Küche verwerten.

Palm-, Schwarzkohl

Brassica oleracea var. *palmifolia*

Der Palm- oder Schwarzkohl wird gerne als reiner Zierkohl angepflanzt. Dabei hätte er auch im Wintergemüsebeet mehr Beachtung verdient.

Auch beim Palmkohl fühle ich mich persönlich irgendwie angesprochen. So ehrlich muss ich allerdings sein: Dieser Kohl trägt seinen Namen schon viel länger als ich. Er zählt nämlich zu den ältesten Nutzpflanzen aus der Kohlverwandtschaft und kann kulturhistorisch wohl als Vorfahr unseres Wirsingkohls angesehen werden. Mit seinem dekorativen Wuchs und der Zugehörigkeit in die Gruppe der Blattkohle steht er dem Grünkohl sehr nahe. Die Bezeichnungen Italienischer Kohl oder Toskanischer Kohl machen seine enge Beziehung zu unserem südlichen Nachbarland deutlich. Dort wird er bis heute großflächig angebaut.

Wintereignung

Der Palmkohl ist spürbar ein Kind des Südens und bei weitem nicht so frosthart wie der Grünkohl. Temperaturen bis zu -5 °C werden vertragen. Bei Dauerfrost zeigen sich allerdings Absterbeerscheinungen und in Folge Fäulnis an den Batträndern. Im Garten kann man ihn deshalb im Spätherbst nutzen, bis es wirklich ernst wird, oder man sorgt mit Abdeckhilfen für eine verlängerte Nutzungsperiode.

Anbau und Pflege

Ausgesät wird der Palmkohl im Mai oder Juni in den Frühbeetkasten. Nach Pikieren von einzelnen Pflänzchen in Töpfe zieht man Jungpflanzen heran, die 6 Wochen später im Abstand von 60 x 50 cm ins Beet gesetzt werden können. Dort benötigen sie während des Sommers als typische Kohlgewächse ausreichend Nährstoffe und Feuchtigkeit.

Als gebräuchlichste Sorten werden 'Nero di Toscana' oder 'Cavolo Nero' gehandelt.

Ernte

Die Ernte beginnt Anfang November und hält bis zu stärkeren Frösten an. Unter Schutz kann man sie bis Weihnachten oder länger fortsetzen. Die dunklen Palmkohlblätter werden einzeln abge-

zupft, fein geschnitten und roh in Salaten verwendet oder in der Pfanne angebraten. Bei etwas älteren Blättern schneidet man die Mittelrippe heraus, weil sie dazu neigt, zäh und faserig zu werden. Palmkohl schmeckt milder als Grünkohl und wird auch sehr gerne in winterlichen Green Smoothies verarbeitet.

Dass man seine schlanken, länglichen Blätter im Winter auch wunderbar kulinarisch veredeln kann, ist leider viel zu wenig bekannt.

Bekommt der Palmkohl während des Sommers ausreichend Feuchtigkeit und Nährstoffe, kann er im Winter durch seinen kräftigen, hohen Wuchs als interessanter Strukturgeber im Beet dienen.

Ewiger Kohl, Strauchkohl

Brassica oleracea var. *ramosa*

Der Ewige Kohl oder Strauchkohl ist im Hausgarten deshalb so wertvoll, weil er sommers wie winters immer grün ist und jederzeit beerntet werden kann. Man entnimmt gerade so viel an Blättern und Triebspitzen, wie man für Krautfleckerln & Co benötigt.

Der Ewige Kohl ist eine Kohlrarität, die ebenfalls zu den Blattkohlen zählt. Er bildet mehrjährige, breite, etwas verholzende Büsche und kann als Dauergemüse bezeichnet werden. Sein Name verspricht vielleicht ein bisschen zu viel, denn einzelne Pflanzen können nach einigen Lebensjahren auch plötzlich absterben. Da sie weder blühen noch Samen bilden, werden sie ausschließlich vegetativ vermehrt. Die zarten, jungen Triebe können zur Nutzung regelmäßig ausgebrochen und wie Weißkraut verwendet werden. So muss man nicht einen ganzen Kopf „schlachten", sondern nimmt bedarfsgerecht, soviel man eben braucht.

Wintereignung

Bei uns im Garten der City Farm wächst so ein Ewiger Kohl bereits seit 4 Jahren im Freien, ohne jemals im Winter irgendwelche Frostschäden erlitten zu haben. Damit können wir von einer Frostfestigkeit von mindestens -12 °C ausgehen. Ewiger Kohl leidet eher unter sommerlicher Hitze und Trockenheit und regeneriert sich dann bei kühlem Wetter wieder so richtig. Damit ist er ein wertvoller Winterkandidat in unserer Sammlung geeigneter Arten und Sorten. Nur vor dicken Schneedecken sollte man ihn schützen, weil seine Triebe darunter brechen können. Warum er in Hausgärten bisher keine breitere Verwendung gefunden hat, ist mir nicht erklärlich.

Anbau und Pflege

Zu einem Ewigen Kohl kommt man am besten, indem man sich von einer Gartenfreundin oder einem Gartenfreund ein Ästchen schenken lässt. Die vegetative Stecklingsvermehrung gelingt ohne Probleme vom Frühjahr bis zum Herbst. Man kann den Trieb im Gartenbeet an gewünschter Stelle

Der Ewige Kohl ist vollkommen frostfest. Da er mehrjährig wächst, bekommt er einen fixen Platz im Garten.

Über Triebstecklinge ist der Ewige Kohl leicht zu vermehren. Einfach Triebstücke abbrechen und in die Erde stecken. Nach wenigen Wochen wächst die junge Pflanze weiter.

gleich in die Erde stecken und dann feucht halten. Oder man füllt einen Topf mit Anzuchterde und setzt den Steckling dort einige Zentimeter tief ein. Sogar in einer mit Wasser gefüllten Vase bilden sich bald Wurzeln. Für den Ewigen Kohl muss man im Beet ausreichend Platz vorsehen, da er sich im Laufe der Zeit ziemlich ausbreitet. Das kann auch an einem halbschattigen Standort geschehen, weil Ewiger Kohl äußerst anspruchslos wächst. Regelmäßiges Gießen und gelegentliche Düngergaben sorgen für einen kräftigen, gesunden Bestand. Sehr attraktiv wirken weißbunte Gartenformen, die auch im Blumenbeet schön zur Geltung kommen.

An unserem Ewigen Kohl beobachteten wir im Sommer einen unangenehmen Befall mit der Gemüsewanze, die sich massenhaft vermehrt und durch Blattfraß schädigt. Sie kann durch rechtzeitige Abdeckung mit Insektenschutznetzen ferngehalten werden.

Ernte

Die Ernte am Ewigen Kohl erfolgt durch Abzwicken von Triebspitzen oder von einzelnen Blättern ab November. Sie kann den ganzen Winter über fortgesetzt werden. Ewiger Kohl kommt kulinarisch als vollwertiger Ersatz für Weißkraut zum Einsatz.

Nur dickere Schneedecken können zum Problem werden, wenn die Schneelast die Triebe abbrechen lässt.

Zierkohl

Brassica oleracea var. *acephala*

Zierkohle im eigenen Garten sind eine Augenweide, die man sich für den Winter nicht entgehen lassen sollte.

Wir alle kennen sie vom Blumenbeet oder von der Herbstbepflanzung im Park: die beliebten bunten Zierkohle mit ihren attraktiven, leuchtenden Blattfarben und vielfältigen Blattformen. Auf die Idee, sich einmal durchzukosten, sind wir erst im Rahmen unseres erwähnten Jahresschwerpunktes der Kohlgewächse gekommen. Und wir waren begeistert: Tatsächlich sehen Zierkohle nicht nur außerordentlich gut aus, sie haben mit ihrem milden Geschmack und der zarten Blattstruktur auch kulinarisch einiges zu bieten. Als Gemüse sind sie sowohl im Profianbau als auch im Hausgarten noch ein echter Geheimtipp. Wer nach interessanten Sorten sucht, sollte allerdings nicht im Gemüsesamen-, sondern im Blumenkatalog blättern.

Zum letzten Weihnachtsfest haben wir an Freunde und Verwandte Zierkohlköpfchen ver-

schenkt. Den Stamm unten in Krepppapier gewickelt und mit einem Stoffband dekoriert, ergab so ein Zierkohl ein ungewöhnliches Geschenk. Und weil ich der Überzeugung bin, dass Weihnachten nicht nur Zier-, sondern auch echt erlebbaren Genusswert hat, wünschte ich beim Überreichen diesmal nicht „Frohes Fest!", sondern sinnbildgemäß „Guten Appetit!"

Wintereignung

In der Frostfestigkeit gibt es erhebliche Unterschiede zwischen den Zierkohl-Sorten und -Typen. Manche zeigen schon bei -5 °C erste Schäden, andere sind bis unter -15 °C winterhart. Als Orientierung kann man sagen: Je offener die Blattrosette, desto kälteverträglicher sind sie. Röschen- oder köpfchenbildende Sorten sind als empfindlicher einzustufen. Ihnen tut ein Winterschutz in Form eines Kalten Kastens oder eines Minitunnels gut. Wegen des buschigen, aufrechten Wuchses müssen diese allerdings ausreichend großzügig dimensioniert sein. Repräsentative Einzelpflanzen können auch gut mit Glasglocken geschützt werden, was ausgezeichnet zu ihrem edlen Erscheinungsbild passt.

Anbau und Pflege

Folgende Sorten können wir aufgrund unserer Erfahrungen empfehlen:

'Crane White', 'Crane Pink', 'Crane Red', 'Crane Bicolor': Diese Zierhybridsorten wurden eigentlich für die Schnittblumenernte entwickelt. Man findet sie tatsächlich immer wieder in Blumengeschäften, wo sie mit ihren bunten Köpfchen wie Rosen wirken. Nun ist es für die Bekömmlichkeit als Gemüse von Vorteil, dass sie auf geringen Glukosinolatgehalt gezüchtet wurden, damit sie in der Vase nicht rasch einen unangenehmen Duft verströmen. Crane-Sorten schmecken sehr mild und sind ausgesprochen zart. Die ganzen Herzchen sind ein Blickfang in jedem Salat oder als Garnitur auf dem Buffet. Halbiert werden sie nur kurz in der Pfanne angebraten, sodass sie ihre Knackigkeit nicht verlieren.

Wir pinzieren unsere Pflanzen, das heißt, wir knipsen den Haupttrieb ab, wenn die Pflanzen sich vegetativ kräftig entwickelt haben, um die Seitentriebbildung anzuregen. So können wir zwar keine langgestielten Köpfchen ernten, was im Gegensatz zum Blumengeschäft in der Küche ohnehin nicht gefragt ist. Dafür wächst jede Pflanze schön buschig und bringt gleich mehrere Rosen. Crane-Sorten sind nur bis etwa -5 °C frostfest. Die Ränder der bunt gefärbten Blätter sind empfindlich auf stärkere Frosteinwirkung.

'Weiße Feder F1', 'Rote Feder F1': Wir nennen sie liebevoll unsere Indianersorten. Als Gemüsekohle für den Winter bieten sie die besten Voraussetzungen. Sie sind unkompliziert in der Kultur,

frostfest bis mindestens -15 °C und im Ertrag an bunten Blättern sehr ergiebig. Diese sehen außerdem ungemein attraktiv aus und lassen sich wunderbar im Salat verwenden. Äußere, etwas festere Blätter werden in der Pfanne oder im Wok kurz angebraten. Die Feder-Sorten pinzieren wir nicht, weil wir den kräftigen Haupttrieb ernten wollen. Sie bilden aber trotzdem zarte Seitentriebe, die man ebenfalls abzupfen kann.

Die Red Russians sind Zierkohle, die als Babyleaf angebaut werden.

Besonders attraktiv sind die Sorten 'Weiße Feder' und 'Rote Feder'.

Wenn man an den Triebspitzen die unteren Blätter wegputzt, erntet man Köpfchen, die wie ein essbarer Blumenstrauß verschenkt werden können.

Der Raureif eines kalten Wintermorgens verzaubert die Röschen der Zierkohlsorte 'Crane Pink'.

Auch die Zierkohle der Sorte 'Nagoya F1' sind atemberaubend schön.

Zahlreiche weitere Sorten werden im Saatguthandel angeboten: 'Nagoya rot' und 'Nagoya weiß' sehen mit ihren krausen Blättern – innen bunt, außen klar abgegrenzt grün – als ganze Köpfe attraktiv aus. Aber auch die auseinandergezupften Einzelblättchen sorgen im Salat für fröhliche Abwechslung.

In den USA sind Zierkohle mit der Bezeichnung *Red Russians* gerade der Verkaufsschlager im Saatguthandel. Sie können von August bis September als Babyleaf angebaut werden und sind dann ab Ende Oktober erntefertig. Im Kalten Kasten lässt sich die Ernteperiode deutlich verlängern.

Wichtig erscheint mir hier der Hinweis, dass fertige Zierkohlpflanzen aus dem Gartenfachhandel nicht für Speisezwecke gekauft werden sollen. Sie sind ja nicht als Gemüsepflänzchen herangezogen worden. Oft werden chemische Pflanzenschutz- oder Stauchemittel für einen schäd-

So ein trauriges Winterfoto von einem dem Frost zum Opfer gefallenen Zierkohl hat andererseits auch schon wieder ästhetischen Wert.

lingsfreien und kompakten Wuchs angewendet, die im Gemüsebau nicht zugelassen sind. Für die Verarbeitung in der eigenen Küche dürfen daher nur Pflanzen genutzt werden, die man selbst aus Samen herangezogen hat.

Wir bauen Zierkohle Mitte Juni im Frühbeetkasten an, pikieren die Keimlinge einzeln in kleine Töpfe und pflanzen die fertigen Setzlinge Mitte Juli ins Beet. Der Pflanzabstand hängt von der Sorte ab. Meist sind Standweiten von 50 x 50 cm ausreichend. Möchte man Zierkohle aber solitär einsetzen, dann sollte man ihnen mehr Platz überlassen.

So wie alle Kohlgewächse sind Zierkohle dankbar für eine bedarfsgerechte Düngung und Bewäs-

serung. Regelmäßiges oberflächliches Hacken sorgt für einen lockeren, beikrautfreien Boden rund um die Pflanzen.

Ernte

Je nach Sorte werden am Zierkohl ab Ende Oktober entweder einzelne Blätter abgezupft oder ganze Röschen abgeschnitten. Die Erntephase erstreckt sich bei Freilandkulturen bis Weihnachten und im Kalten Kasten auch noch bis nach dem Jahreswechsel. Für bunte Farben, die stimmungsaufhellend wirken, ist somit in Salat und Pfanne während des ganzen Winters gesorgt.

Ebenfalls bestens nutzbar sind die Sorten 'Crane White' und 'Crane Pink'.

Kohlsprossen, Rosenkohl

Brassica oleracea var. gemmifera

Kohlsprossen sind Winter-Klassiker, aber heute nicht mehr sehr oft in Hausgärten zu finden.

Die Kohlsprossen kann man kulturgeschichtlich wohl als das jüngste aller Kohlgemüse betrachten. Erst gegen Ende des 18. Jahrhunderts kamen sie von Belgien ausgehend in Mode. Bis heute sind sie ein typisch westeuropäisches Gemüse geblieben, das sich in Holland, Frankreich und Großbritannien großer Beliebtheit erfreut. Mit ihren über einen Meter hohen, reich beblätterten Stämmen sehen die Pflanzen wirklich imposant aus. In den Blattachseln bilden sich kompakte Seitenknospen, die wie kleine Krautköpfchen aussehen. 30 bis zu 70 solcher Rosen kann jede Pflanze bilden.

Kohlsprossen sind sehr Vitamin-C- und mineralstoffreich und sorgen somit im Winter für eine gehaltvolle Kost.

Bei uns ist die Marktbedeutung von Kohlsprossen eher begrenzt. Vor einigen Jahren bemühten wir uns in einem Projekt gemeinsam mit der Niederösterreichischen Landwirtschaftskammer um ein alternatives Produkt: die Kohlsprossen an der Stange. Es wurden ganze Stammstücke verpackt und ausgeliefert, von denen man sich in der Küche die Röschen nach Bedarf abpflücken konnte. Man nahm sich so also ein kleines Ernteerlebnis mit nach Hause. Im Hausgarten ist das eine Selbstverständlichkeit. Aber ich möchte nicht wissen, wie viele unserer Mitbürgerinnen und Mitbürger keine Ahnung davon haben, wie so eine Kohlsprossenpflanze tatsächlich aussieht und wo an ihr die Röschen eigentlich wachsen.

Wintereignung

Sprossenkohl gilt zu Recht als klassisches Wintergemüse, das im Freien am Beet bleiben kann. Seine Frosthärte geht bis unter -12 °C. Dauerfrost ist für ihn weniger belastend als ein ständiger Temperaturwechsel rund um den Gefrierpunkt. Mehrmaliges Einfrieren und Auftauen führt häufig zu Fäulniserscheinungen an den Röschen. Eine Abdeckung mit Gartenvlies kann für gleichmäßigere Bedingungen sorgen.

Anbau und Pflege

Für die Winterernte von Kohlsprossen verwendet man die mittelspäte bis späte Sortengruppe mit Sorten wie 'Hilds Ideal', 'Groninger' oder 'Roodnerf'. Sehr originell klingt die winterharte Sorte 'Kreuzung Vorfahrt beachten', die aus einer Kreuzung alter Sorten hervorgegangen ist. 'Rubine' oder 'Falstaff' bilden sehr attraktive rot gefärbte Röschen. Auffallend dekorativ sind auch die Flower Sprouts, Sprossenkohle mit blasigen, gekrausten Seitenknospen, die wie kleine, rötliche Kohlköpfchen aussehen.

Die Pflanzen haben eine Entwicklungszeit von der Pflanzung bis zur Ernte von ca. 200 Tagen. Das bedeutet, dass Kohlsprossen bereits Mitte bis Ende April angebaut werden müssen. Wie auch bei anderen Kohlgemüsen wird an geschützter Stelle in die Saatschale gesät und nach der Keimung einzeln in Töpfchen pikiert. Die Setzlinge werden im Mai oder Anfang Juni im Abstand von 60 x 60 cm tief in die Erde gepflanzt. Dazwischen lassen sich in Mischkultur noch Salate unterbringen, mit denen man Zeit und Platz nutzt, bis Sprossenkohl einen dichteren Bestand gebildet hat.

Auch Kohlsprossen zählen zu den ausgesprochen nährstoffhungrigen Kulturen. Man muss vor der Pflanzung das Beet also mit Kompost oder abgelegenem Stallmist versorgen. Eine Nachdüngung zum Beispiel mit Brennnesseljauche fördert das Wachstum, sollte aber nur bis in den Spätsommer erfolgen. Denn zu späte Stickstoffgaben bewirken lockere Röschen, die nur ungenügend winterfest sind. Während des Sommers wird regelmäßig gegossen und gehackt. Leichtes Anhäufeln erhöht die Standfestigkeit der Pflanzen.

Kohlsprossen lieben tiefgründige, lehmige Böden und einen ausgeglichenen Witterungsverlauf, also kühle Sommer und milde Herbstwochen. Eine höhere Luftfeuchtigkeit während der Röschenbildungsphase wirkt sich sehr positiv auf den Knospenansatz aus. Leider bleibt auch der Spros-

Die Stämme des Sprossenkohls sind im Winter reich mit Rosen bestückt.

senkohl von den typischen Kohlschädlingen nicht verschont. Eine Abdeckung mit Insektenschutznetz während des Sommers schafft Abhilfe.

Immer wieder liest man die Empfehlung, im Herbst die Haupttriebe beim Sprossenkohl auszubrechen, um die Röschenbildung zu verbessern. Für Sommersorten ist dies ein hilfreicher Tipp, weil man damit Gleichmäßigkeit und Frühertrag fördert. Für die Winterernte sollte man aber darauf verzichten, weil die Frosthärte darunter leidet und die Fäulnisbildung verstärkt wird.

Damit Kohlsprossen rauen Winterstürmen standhalten, ist es empfehlenswert, sie mit Stäben zu stützen.

Ernte und Lagerung

Kohlsprossen werden ab November regelmäßig über den ganzen Winter geerntet, indem man die Röschen abschneidet oder ausbricht. Sie können im Freien bis März auf dem Beet bleiben. Nur bei wirklich extremer Dauerkälte sticht man die Pflanzen aus, entblättert sie und bringt sie in den Erdkeller, wo sie noch wochenlang nachgelagert und weiter beerntet werden können. Auf eine luftige Unterbringung ist zu achten, um Fäulnis vorzubeugen.

Übrigens: Auch die Terminalknospe an der Spitze der Pflanze kann genutzt werden. Meist ist sie nur locker ausgebildet, bei manchen Sorten aber sieht sie fast wie ein kleiner Krautkopf aus.

Eine Sonderform der Kohlsprossen sind die sogenannten Flower-Sprouts mit ihren gekrausten Seitenknospen.

Kohlsprossen, wie man sie normalerweise nicht nutzt: in der Vase

Kohlsprossen sind ein ausgesprochen gesundes Wintergemüse. Leider haben sie im Hausgarten und in der Küche an Bedeutung verloren.

Karfiol, Blumenkohl

Brassica oleracea var. *botrytis*

Karfiol kann im Spätherbst geerntet werden. Die Blume ist empfindlich gegen Frost.

Karfiol zählt weltweit zu den 20 wichtigsten Gemüsearten. Im Wintergarten ist er deshalb eine Besonderheit, weil er als „Winterblume", also als Blütenstand im Winter geerntet werden kann. Dieser ist extrem gestaucht und zu einem festfleischigen Kopf verwachsen. Karfiol anzubauen gilt seit jeher als hohe Kunst des Gärtnerns. Er zeigt sich empfindlich gegen Hitze, Trockenheit, aber auch gegen Kälte und Kahlfröste. Wintersätze bieten den Vorteil, dass die Pflanzen in den kühleren, feuchten Herbst hineinwachsen, was ihnen besser bekommt als die heißen, trockenen Sommer-

monate. Schon in historischen Gartenratgebern wird beschrieben, wie man Karfiol bis über den Winter nutzbar halten kann. Dieses alte Gartenwissen ist heute tatsächlich vollkommen in Vergessenheit geraten.

Wintereignung

Karfiol im erntefähigen Stadium ist nur bis ca. -5 °C kältefest. Besonders empfindlich ist die weiße Blume. Wenn diese gut unter Blättern geschützt ist, halten die Pflanzen auch tieferen Temperaturen stand. Im Garten muss man Methoden anwenden, die während des Winters ausreichend Schutz bieten, um eine möglichst lange Ernte zu gewähren. Alte Gartenbücher empfehlen eine Kultur im Kalten Kasten, im Mistbeetkasten oder das Einlagern in Erdmieten. Kräftige, gut beblätterte Jungpflanzen von Karfiol vertragen tiefere Temperaturen bis -12 °C.

Anbau und Pflege

Für die spätherbstliche Ernte wird Karfiol Anfang bis Mitte Juli angebaut. Man sät ihn entweder direkt ins Frühbeet, was ihm den Verpflanzungsschock erspart, oder in Saatschalen, die geschützt aufgestellt werden und aus denen nach der Keimung Einzelpflänzchen in kleine Töpfe pikiert werden. Eine Pflanzung der Setzlinge erfolgt Anfang bis Mitte August in ein mit Kompost oder Stallmist vorgedüngtes Gartenbeet. Zu diesem Zeitpunkt hat erfahrungsgemäß der Schädlingsdruck durch Kohlerdflöhe bereits spürbar abgenommen.

Neben dem gewöhnlichen Karfiol mit seiner weißen Blume gibt es auch Sorten, die Farbvariationen bieten. Romanesco-Karfiole bilden Köpfe mit türmchenförmiger, sehr attraktiver Struktur und einer leuchtenden Grünfärbung. Die Hybridsorte 'Graffiti F1' zeigt intensiv lilafarbene, 'Panther F1' grüne und 'Collage F1' oder 'Cheddar F1' orange gefärbte Köpfe. Diese Farben bleiben auch in der Küche erhalten, wenn man dem Kochwasser zur Ansäuerung einen Schuss Essig zusetzt.

Bunte Karfiol-Sorten sind besonders attraktiv. Die Farbe bleibt nach dem Kochen erhalten, wenn man einen Schuss Essig zusetzt.

Karfiol bevorzugt humose, nicht staunasse Böden, die etwas leichter und sandiger sein können, als dies andere Kohlgemüsearten benötigen. In der Fruchtfolge sollten Anbaupausen am Beet von 3 bis 4 Jahren eingehalten werden. Sonst besteht die Gefahr, sich unangenehme Kohlkrankheiten wie die Kohlhernie einzuhandeln.

Während des Sommers wird ausgiebig gegossen und bedarfsgerecht nachgedüngt. Karfiol sollte möglichst zügig wachsen können, ohne durch Trockenheit gebremst zu werden. Gegen die ersten Frühfröste sind die meisten Sorten geschützt, weil sie selbstdeckend sind. Ihre inneren Blätter legen sich dicht über die Blumen. Stärkere Frosteinwirkung führt zu einer Braunverfärbung der Blumen und in Folge zu Fäulnis.

Eine Anbauvariante, bei der Karfiol während des Winters am Beet wächst, aber erst im Frühjahr geerntet wird, möchte ich hier erwähnen. Man pflanzt diesen Winterkarfiol erst Anfang bis Mitte September und lässt ihn als kräftige Jungpflanze überwintern. In sehr kalten Phasen muss die Kultur mit Vlies abgedeckt oder mit mobilen Frühbeetkästen überdacht werden. Ein Anhäufeln der Pflanzen schützt sie vor leichteren Frösten. Die Ernte ist dann erst ab April bis Mai möglich.

Ernte und Lagerung

Winterkarfiol legt im Herbst noch kräftig zu und wird ab November geerntet. Bei milder Witterung ist dies bis Dezember möglich. Vor stärkeren Frostphasen werden die Köpfe geschnitten und im Erdkeller oder im Erdeinschlag auf einer Stroh- oder Laubschicht eingelagert, nachdem man die äußeren Blätter entfernt oder auf Kopfhöhe eingekürzt hat. Sind die Blumen noch nicht voll entwickelt, kann man die ganzen Pflanzen aus dem Boden ausgraben und in zugedeckten Frühbeetkästen oder in Erdkellern in Sand oder Erde einschlagen. Während des Winters werden sie dann nicht mehr gegossen. Die Blumen reifen aber nach, legen an

Größe zu und bleiben aufgrund des Lichtschutzes reinweiß.

Karfiol muss man insgesamt als Winterrisikokultur bezeichnen, die nur für milde Gegenden empfohlen werden kann.

Romanesco-Karfiole bilden Köpfe mit einer türmchenartigen Form.

Brokkoli

Brassica oleracea var. *italica*

Etwas kältefester als der Karfiol ist der Brokkoli. Die Köpfe sind allerdings noch stärker den Winterfrösten ausgesetzt.

Der Brokkoli steht dem Karfiol verwandtschaftlich sehr nahe. Er hat sich bei uns in den letzten 20 Jahren von einer Rarität zur Standardgemüsekultur und von einer Anbaufläche in Österreich von 40 ha auf über 100 ha entwickelt. Damit sind wir immer noch nicht Brokkoli-Produktionsweltmeister, aber der steigende Beliebtheitsgrad wird an diesen Zahlen doch deutlich. Im Hausgarten wächst Brokkoli etwas unkomplizierter als Karfiol. Moderne Sorten sind so gezüchtet, dass sie einen Hauptkopf ausbilden. Ältere Sorten treiben noch kleinere Nebenblüten, die sich bis zur Erntefähigkeit entwickeln, nachdem die Hauptblüte abgeschnitten ist.

Neueste medizinische Studien belegen, dass Brokkoli neben Sprossenkohl zu den wirksamsten Gemüsen zur Krebsprävention zählt. Noch gesundheitsförderlicher als die fertigen Blumen sollen allerdings Brokkoli-Sprossen sein. Diese aus dem Keimglas am Küchenfenster gewonnenen Power-Winzlinge eignen sich ja eigentlich auch bestens als Frischgemüse zur Winterernte.

Wintereignung

Brokkoli ist bis etwa -6 °C frosthart. Die Blumen selbst sind zwar etwas kältefester als die des Karfiols, sie stehen aber an der Pflanze wesentlich exponierter und werden durch eigene Blätter kaum geschützt. Eine Abdeckung durch Gartenvlies zur Abwehr spätherbstlicher Fröste ist daher sehr zu empfehlen.

Anbau und Pflege

Späte Brokkolisätze werden Anfang bis Mitte Juli in den Frühbeetkasten oder in die Saatschale im Hobbygewächshaus ausgesät. Nach dem Pikieren der Keimlinge in Töpfchen lässt man die Jungpflanzen 4 Wochen heranwachsen, bevor man sie im Abstand von 50 x 50 cm ins gut vorbereitete und aufgedüngte Beet setzt. Auch Brokkoli ist nämlich Starkzehrer und liebt einen nährstoffreichen, humosen, kalkhaltigen Boden. Auf Anbaupausen von 3 bis 4 Jahren in einer ausgewogenen Fruchtfolge ist zu achten. Regelmäßiges Gießen und gelegentliches Hacken sind Voraussetzungen für eine gelungene Kultur.

Ernte

Geerntet wird Brokkoli, wenn sich feste Köpfe mit einer durchgängig dunkelgrünen Knospenschicht gebildet haben, bevor sich diese auflockert und gelbe Blütenansätze zeigt. Bei den späten Sätzen ist dies von November bis Dezember der Fall. Ähnlich wie beim Karfiol lassen sich Pflanzen mit noch nicht voll entwickelten Blumen aus dem Boden nehmen und an geschützter Stelle in Frühbeetkästen unterbringen, bevor stärkere Fröste drohen. Sie werden dort relativ tief bis zu den Blättern in die Erde eingesenkt und kommen so zur Erntereife. Die Kästen sollten aber nur während frostiger Nächte mit Strohdecken oder alten Teppichen abgedeckt werden, um eine Gelbverfärbung der grünen Blumen durch Lichtentzug zu verhindern. Brokkoli eignet sich nicht zur Lagerung, weil sich die Knospen rasch weiterentwickeln und öffnen.

Brokkoli wirkt nachgewiesenermaßen sehr gesundheitsförderlich. Diese Tatsache macht ihn auch zu einem wertvollen Wintergemüse.

Sprossenbrokkoli, Sprouting Broccoli, Spargelkohl

Brassica oleracea var. *italica*

Sprossenbrokkolis oder Sprouting Broccoli sind frostfester als die gängigen Brokkoli-Sorten. Sie bilden zahlreiche Nebentriebe, die laufend beerntet werden können.

Sprossenbrokkoli kann man als den Vorgänger des gängigen Brokkoli und des Karfiols bezeichnen. Die Pflanzen bilden mehrere dünne Triebe, die jeweils in kleinen, zarten Röschen enden. Man unterscheidet hellgrüne, weiße und violett gefärbte Sorten. In England ebenso wie in den USA schätzt man den Sprouting Broccoli als beliebtes Wintergemüse im Hausgarten. Eine ähnlich wohlwollende Aufmerksamkeit kann man dieser delikaten Brokkolispezialität bei uns nur wünschen. Bislang ist sie hierzulande ja noch gänzlich unbekannt.

Wintereignung

Sprossenbrokkoli wird auch als Winterbrokkoli bezeichnet. Tatsächlich ist er frostfest bis -12 °C und damit wesentlich wintertauglicher als der gängige Brokkoli und erst recht als Karfiol. In besonderen Kältephasen bedeckt man ihn mit einem Vlies. Da die Pflanzen im vollentwickelten Zustand beachtliche Wuchshöhen aufweisen, ist der Einsatz mobiler Kästen während der Wintermonate kaum möglich.

Anbau und Pflege

Ursprüngliche Typen des Sprossenbrokkoli bilden ihre Blütentriebe erst im Frühling nach einer Überwinterung. Sorten wie 'Early Purple Sprouting' blühen hingegen schon vor dem Winter oder während dessen. Auch die violettblütigen Sorten 'Red Admiral', 'Rudolph' und 'Santee F1' können für die Herbst- und Winterernte empfohlen werden.

Der günstigste Zeitpunkt, Sprossenbrokkoli auszusäen, ist der Mai. Dies kann direkt am Beet im Reihenabstand von 60 cm erfolgen. In der Reihe legt man einige Samenkörner ebenfalls im Abstand von 60 cm ab. Denn Sprossenbrokkoli entwickeln stattliche Pflanzen, die viel Platz brauchen. Überschüssige Keimlinge werden ausgezupft. Diese müssen übrigens nicht weggeworfen werden. Man streut sie einfach aufs Butterbrot oder mischt sie in einen pikanten Aufstrich oder Salat.

Frühere Aussaaten führen zu großen Pflanzen, die überproportional viel Platz benötigen, dafür aber auch schon früher beerntet werden können. Bei späteren Anbauterminen bis Ende Juni bilden die Pflanzen vor dem Winter die ersten Knospen, die allerdings erst ab Februar oder Anfang März tatsächlich erntereif sind.

Um Zeit zu sparen, ist es auch möglich, Pflänzchen vorzukultivieren. Man sät dann zu den angegebenen Zeitpunkten 2 bis 3 Samen pro Töpfchen aus und lässt nach der Keimung die stärkste Pflanze weiterwachsen. Die Jungpflanzenanzucht dauert etwa 4 Wochen. Danach wird auf das mit Kompost vorbereitete Beet im Abstand 60 x 60 cm ausgepflanzt.

Während des Sommers benötigt Sprossenbrokkoli viel Wasser und aufgrund der großen Standweite eine kräftige Mulchschicht, die vor allem in der Jugendphase das Aufkommen von Beikräutern verhindert und den Boden feucht hält. Die typischen Kohlschädlinge werden mit Netzen ferngehalten.

Ernte

Sprossenbrokkolipflanzen wachsen sehr rasch und sind oft schon im Herbst beerntbar. Dazu schneidet man die fleischigen Triebe mitsamt den Blüten ab. Die Pflanzen bilden danach ständig neue aus und sind damit über einen langen Zeitraum nutzbar. So findet man mit einigen wenigen, gut entwickelten Pflanzen im Hausgarten das Auslangen.

In der Küche werden sie nur kurz gegart, damit man möglichst wenige der wertvollen Vitamine, Mineral- und Bioaktivstoffe verliert.

Entnimmt man dem Sprossenbrokkoli seine fleischigen Blütentriebe, bildet er ständig neue.

Brokkoli-ähnliche Verwandte

Auf die Gefahr hin, für totale botanische und gemüsebauliche Verwirrung zu sorgen, möchte ich hier noch einige brokkoli-ähnliche Gemüsearten erwähnen, die bei uns zwar kaum bekannt sind, in anderen Ländern und Kulturen aber durchaus kulinarisches Ansehen genießen.

Chinesischer Brokkoli (*Brassica oleracea* var. *alboglabra*): Dieser enge Verwandte unseres Kohlgemüses und damit auch des Echten Brokkoli ist unter der Bezeichnung Kai-lan in China sehr beliebt. Die fleischigen, blau-grün beblätterten Triebe werden mit ihren zarten Knospenbüscheln geerntet, bevor sich die weißen Blüten öffnen, und als Ganzes in der Pfanne angebraten. Typisch ist ein leicht bitterer Geschmack. Chinesischer Brokkoli kann als ähnlich winterfest wie Sprossenbrokkoli angesehen werden.

Broccoletto wird in Italien als 'Cima di rapa' bezeichnet.

Chinesischer Brokkoli ist als Kai-lan in China sehr beliebt. Er ist im Unterschied zu den anderen Brokkoli-ähnlichen Gemüsearten weißblühend.

Broccoletto, Stängelkohl (*Brassica rapa* var. *cymosa*): ist mit unserer Speiserübe ebenso wie mit dem Chinakohl verwandt und stammt vom wilden Rübsen, nicht aber vom Raps ab. In Apulien in Italien schätzt man ihn unter den Namen 'Cima di rapa' oder „Rapini". Er wird dort traditionell gemeinsam mit den sogenannten Orecchiette-Nudeln, einer runden, hütchenförmigen Pasta-Art zubereitet. Broccolettos sind weniger frostfest als Chinesischer Brokkoli.

Choi sum (*Brassica rapa* ssp. *chinensis*): nennt man in China die Blütentriebe des Pak Choi. Sie sind ganz eng mit dem vorher beschriebenen Stängelkohl verwandt. Bevor die Knospen ihre gelben Blüten öffnen, werden die ganzen fleischigen Triebe im Wok gebraten. Auch der Rohgenuss der Stängel ist ein zartes, saftiges Knabbervergnügen, das mit einer Dip-Sauce noch verfeinert wird. Choi sum kann man bei uns im Kalten Kasten ernten, wenn überwinterter Pak Choi als Asia-Salat ab März in Blüte geht. Besonders dekorativ wirken lila-triebige Sorten.

Auch junge Rapsblätter und -stängel (*Brassica napus*) sind essbar und werden in der asiatischen und der afrikanischen Küche verwendet. Sie schmecken allerdings etwas bitter. Raps ist ja botanisch als Bastard zwischen dem Kohlgemüse von *Brassica oleracea* und dem Rübsen *Brassica rapa* anzusehen. Diese Zusammenhänge haben wir bei der Besprechung der Asia-Salate anhand des Dreiecks von U (Seite 112) aufgezeigt.

Choi sum ist blühender Pak Choi. Allerdings sollte man ihn ebenso wie die anderen Brokkoli-ähnlichen Gemüse im knospigen Stadium ernten, bevor sich die gelben Blüten öffnen.

Chinakohl

Brassica rapa ssp. *pekinensis*

Der Chinakohl kam als erster „Asia-Salat" zu uns. Die breitrunden Sorten sind nach der Leitsorte 'Nagaoka' benannt.

Der Chinakohl hat es als erster Asia-Salat in den Westen geschafft – als unverzichtbaren Herbst- und Wintersalat kennen wir ihn ja schon seit mehr als 50 Jahren. In der Steiermark hat er bei uns eine zweite Heimat gefunden. Kaum bekannt ist die Tatsache, dass Chinakohle in ihren Ursprungsländern Blattgemüse sind, die hauptsächlich offene und halboffene Rosetten bilden. Die bei uns so beliebten kopfbildenden Typen stellen dort nur einen Teil der Nutzungsvielfalt dar. Chinakohl wird in Korea milchsauer vergoren für die Herstellung des typischen Kimchi verwendet.

In meiner Kindheit war der Chinakohl *der* klassische Wintersalat, der vom Spätherbst an regelmäßig unsere Salatschüsseln füllte. Heute schätze ich ihn vor allem als winterliches Pfannengemüse. Kurz angebraten entwickelt er einen milden, angenehmen Kohlgeschmack, der gut zu anderem Wintergemüse passt. Für unsere eigenen Kids war Chinakohl immer schon so eine Selbstverständlichkeit, dass sie seinen Namen zu einem liebevollen „Kinderkohl" verballhornten.

Im heimischen Anbau tritt der Chinakohl in zwei Sortenvarianten auf: dem länglichen, zylindrisch geformten Granat-Typ und dem breitrunden Nagaoka. Die Namen lassen sich auf Leitsorten zurückführen. Im Anbau und in der Verwendung gibt es jedoch zwischen diesen beiden Typen kaum Unterschiede.

Wintereignung

Chinakohl verträgt Einzelfröste bis -8 °C und kann als Wintergemüse oft bis zum Jahresende auf dem Beet bleiben. Eine längere Nutzung wird durch die Verwendung von Kalten Kästen und durch das Einlagern in Erdmieten und Erdkellern ermöglicht. Halboffene Sorten zeigen eine wesentlich bessere Frosthärte, ebenso wie jüngere Pflanzen, die sich noch im Rosettenstadium befinden.

Anbau und Pflege

Für die Winterernte wird Chinakohl von Ende Juli bis Anfang August gesät. Er keimt relativ rasch und entwickelt sich auch so schnell, dass die Direktsaat im Hausgarten als einfachstes Verfahren empfohlen werden kann. Auch sind zu diesem Zeitpunkt Vorkulturen wie Salate, Erbsen oder Karotten bereits abgeerntet. Bei einem Reihenabstand von 50 bis 60 cm vereinzelt man nach der Keimung in der Reihe auf 10 bis 15 cm. Die Aussaattiefe soll etwa 3 cm betragen, damit die Pflanzen tief und gründlich einwurzeln können, was für die Winterfestigkeit von Vorteil ist. Keimlinge werden gerne vom Kohlerdfloh befallen, der kreisrunde Löcher in die Blätter frisst, zu diesem Zeitpunkt allerdings nicht mehr so massiv auftritt. Die Abdeckung mit einem Insektenschutznetz ist nur dann erfolgreich, wenn dieses eine Maschenweite von 0,5 mm aufweist und gleich nach der Aussaat aufgelegt wird.

Chinakohl liebt einen humosen, mit Kompost versorgten Boden und eine vollsonnige Lage. Er entwickelt sich so rasch, dass man nur anfangs darauf achten muss, dass Beikräuter nicht überhandnehmen. 4 Wochen nach der Aussaat wird noch einmal mit Brennnesseljauche nachgedüngt.

Eine regelmäßige, ausreichende Bewässerung ist von entscheidender Bedeutung.

Spätsätze vom Chinakohl können mit mobilen Kästen oder Minitunneln überdeckt werden, sobald es bei herbstlichen Niederschlägen zu einer Gefahr der Vernässung der Beete kommt. Chinakohl ist sonst bei kühlen Temperaturen von Fäulnis bedroht.

Längliche Chinakohle sind vom Typ 'Granat'.

*Selbst wenn Chinakohl irrtümlich im Beet „übrig-
bleibt", erfriert er nicht so schnell. Empfehlenswert
ist es allerdings, ihn einzulagern oder im Winter im
Frühbeetkasten zu kultivieren.*

*Chinakohl ist ein raschwüchsiges Gemüse, das bis
in den beginnenden Winter auf dem Beet
bleiben kann.*

Ernte und Lagerung

Die Winterernte startet Ende Oktober bis Anfang November bei trockenem Wetter. Vom Chinakohl schneidet man nur die festen Köpfe. Das Umblatt belässt man als leicht verdauliches Futter für Bodenlebewesen am besten gleich auf dem Beet. Je nach Witterungsverlauf kann man die Ernte bis Dezember fortsetzen. Sind starke Fröste angesagt, sollten die restlichen Köpfe lieber ganz geräumt werden. Nun hat man die Möglichkeit, sie in einfache Lagerräume zu bringen. Nur ganz gesunde Köpfe werden mitsamt den Wurzeln ausgerissen, einzeln in Zeitungspapier eingewickelt und senkrecht stehend im Erdkeller oder in der Erdmiete eingesenkt. Optimale Lagertemperaturen liegen bei +1 bis +3 °C. Eine laufende Kontrolle achtet auf Fäulnis. Angefaulte Köpfe müssen sofort nachgeputzt werden, damit sie gesund bleiben und nicht Nachbarköpfe infizieren. Am besten aber verwendet man sie gleich. Mumifizierte, eingetrocknete Blätter sind hingegen kein Problem. Sie halten den Kopf darunter frisch und werden erst unmittelbar vor der Verwendung in der Küche entfernt. Bei erfolgreicher Lagerung kann man Chinakohl bis ins neue Jahr erhalten.

Traditionell wird der Chinakohl bei uns als Salat verwendet. Die Blätter mit ihren charakteristischen breiten Rippen können aber auch in der Pfanne kurz angebraten werden, wie man das in der asiatischen Küche macht.

Pak Choi, Senfkohl

Brassica rapa ssp. *chinensis*

Pak Choi als Blattstielgemüse ist in den letzten Jahren auch bei uns zunehmend bekannt geworden, was noch nicht heißt, dass es zum Standardsortiment in unseren Hausgärten zählt.

Eigentlich haben wir den Pak Choi schon bei den Asia-Salaten besprochen. Ich möchte ihn hier aber nochmals aufgreifen und seine Kultur als winterliches Blattstielgemüse empfehlen. Für alle Liebhaber und Freundinnen der Fernostküche wird er unverzichtbarer Kandidat im Winterbeet sein. Seine fleischigen, saftigen Blattrippen und zarten Blätter mit dem sehr milden Kohlgeschmack ergeben ein attraktives Frischgemüse, das sich im Winter ideal in Wok oder Pfanne verarbeiten lässt.

Wintereignung

Pak Choi ist in seinem fertigen Köpfchenstadium ähnlich frostfest wie Chinakohl. Es empfiehlt sich ein Abdecken durch mobile Kästen im Spätherbst, was der Pflanzengesundheit zuträglich ist.

Anbau und Pflege

Bei uns kennt man beim Pak Choi am ehesten die weißstieligen Sorten. In China hingegen schätzt man vor allem grünstieligen, sehr kompakt wachsenden Pak Choi.

Ich erinnere mich noch genau an einen Sortenversuch, den ich vor fast 20 Jahren in Schönbrunn durchgeführt habe. Zur Besichtigung lud ich chinesische Großhändler ein, die die Parzellen mit weißstieligen Pak-Choi-Sorten keines Blickes würdigten, aber eifrig über die grünstieligen diskutierten, sie verkosteten und bewerteten. Ich konnte ihre Beurteilungen durchaus nachvollziehen und bin bis heute davon überzeugt, dass grünstieliger Pak Choi besser schmeckt, weil die Blattrippen keine so wässrige Gewebestruktur aufweisen. Vor allem im jungen Rosettenstadium sehen Sorten wie 'Green Fortune' oder 'Hanakan' nicht nur wunderschön aus, sie bieten mit ihrem süß-würzigen Aroma auch die besten Voraussetzungen für einen kulinarischen Asia-Genuss.

Pak Choi entwickelt sich noch schneller als Chinakohl. Er ist bereits 7 bis 8 Wochen nach der Aussaat erntereif. Deshalb wird er erst Ende August bis Anfang September angebaut. Wie beim Chinakohl geschieht dies am besten durch Direktsaat in Reihen mit 20 cm Abstand. Zu diesem Zeitpunkt der abnehmenden Tageslänge ist die Schossgefahr bei Pak Choi kaum mehr ein Problem. Auch haben die Kohlerdflöhe, die Pak Choi normalerweise lieben, bereits ihre Saison beendet. Durch bedarfsgerechtes Gießen sorgt man für ein gleichmäßiges Wachstum. Spezielle Düngemaßnahmen sind beim Pak Choi nicht nötig.

Ernte

Ab November werden ganze Pak-Choi-Köpfchen geerntet. Je nach Witterungsverlauf erstreckt sich die Ernte bis ins neue Jahr. Im Laufe des Februars sollte man die letzten Bestände räumen, weil Pak Choi ab März zu schossen beginnt. Dies kann man aber, wie wir schon gesehen haben, sicher nicht als Schaden bezeichnen, sondern ganz im Gegenteil als Fortsetzung asiatischen Küchenvergnügens, denn knospige Pak-Choi-Triebe sind eine schmackhafte Spezialität.

Eine Lagerung von Pak Choi ist theoretisch möglich, aber angesichts der zarten, leicht verderblichen Köpfchen nicht empfehlenswert.

Pak Choi ist ein extrem raschwüchsiges Gemüse. Auch für die Winterernte im ausgewachsenen Rosettenstadium darf er nicht zu früh angebaut werden.

Kohlrabi

Brassica oleracea var. *gongylodes*

Kohlrabi in Weiß oder Violett ist ein beliebtes Frühlingsgemüse. Er lässt sich aber auch schon im Winter nutzen.

Kohlrabi ist in Mitteleuropa als zeitiges Frühlingsgemüse sehr beliebt. Noch aber kennt ihn niemand als attraktives Wintergemüse. Das wird sich hoffentlich ändern, denn Kohlrabi bringt alle Voraussetzungen für eine erfolgreiche Winterfrischernte mit.

In der Gruppe der Kohlgemüse nimmt Kohlrabi eine Sonderstellung ein. Seine Knolle ist eigentlich ein verdickter Stängel und das Knollenfleisch zartes Stängelmark. Als Knabbergemüse für den Rohgenuss ist er ebenso geeignet wie zum Anbraten in Wok und Pfanne. Mit seiner kurzen Entwicklungszeit hilft er im Hausgarten als perfekte Vor-, Zwischen- oder Nachkultur mit, die Gemüsebeete optimal zu nutzen.

Wintereignung

In unseren Winterversuchen haben wir nicht schlecht gestaunt, dass Kohlrabis Fröste bis -10 °C im Foliengewächshaus unbeschadet überstanden haben. Auch das habe ich bisher aus keinem Lehrbuch erfahren. Gefrorene Kohlrabiknollen sehen glasig aus und sind hart wie Betonkugeln. Nach dem Auftauen aber zeigen sie sich unverändert zart und knackig. Frosteinwirkung scheint den Geschmack sogar positiv zu beeinflussen. Wir fanden das Fleisch letzten Jänner nach einigen klirrend kalten Nächten süßer und zarter als zuvor. Unbedingt sollte man ihm im Winter aber ein Dach über dem Kopf als Schutz vor Wind und Niederschlägen bieten.

Anbau und Pflege

Für den Hausgarten werden Kohlrabis mit weißer oder mit violetter Schalenfarbe angeboten. Als weißer Kohlrabi für die Winterernte ist beispielsweise der kälte- und schossfeste 'Lanro' geeignet. 'Azur-Star' oder 'Blaro' sind rot-blau gefärbt und ebenso wintertauglich. Der weiße Riesenkohlrabi 'Superschmelz' bildet 6–7 kg schwere Knollen, wenn er genügend lang am Beet stehen kann. Er bleibt dabei zart, ohne zu verholzen, und ist außerdem absolut kältefest und gut lagerfähig. Solche Knollenmonster sehen wie ganze Krautköpfe aus.

Kohlrabi wird für die Winterernte Mitte bis Ende Juli in Saatschalen ausgesät. Die Jungpflanzenvorkultur erfolgt nach Pikieren der Keimlinge einzeln in Töpfen mit einem Durchmesser von 5 cm. Nach 3 bis 4 Wochen sind die Kohlrabisetzlinge pflanzbereit. Sie kommen im Abstand von 30 x 30 cm auf ein Beet, das mit Kompost vorgedüngt wurde. Riesenkohlrabis brauchen mehr Platz am Beet. Ihnen muss man schon Standweiten von 60 x 60 cm zugestehen, damit sie sich sortentypisch entfalten können. Riesenkohlrabis brauchen auch mehr Zeit am Beet. Sie werden schon im April ausgesät, warm aufgestellt und im Mai gepflanzt.

Während der Wachstumszeit benötigen Kohlrabis unbedingt eine möglichst gleichmäßige Wasserversorgung, vor allem in der Phase der Knollenbildung. Sie sollen zügig ohne Stockungen wachsen können. Wintersätze sind eigentlich schon im Spätherbst fertig und sollten ab Ende Oktober mit einem mobilen Kasten oder einem Minitunnel abgedeckt und danach nur mehr sparsam gegossen werden, um ein Platzen der Knollen und auch eine Infektion mit Pilzkrankheiten zu vermeiden.

Ernte und Lagerung

Die Winterernte von Kohlrabi beginnt im November und kann bis über den Jahreswechsel fortgesetzt werden. Wir haben sogar gefrorene Knollen geerntet und anschließend langsam auftauen lassen, ohne dass Schäden aufgetreten sind. Am besten bedient man sich einer Gartenschere, weil die Strünke an der Knollenbasis ziemlich faserig und holzig sind. Anschließend werden nur die äußeren Blätter entfernt, die zarten Herzblätter belässt man an der Knolle. Sie sind der Beweis für die winterliche Frischernte und werden in der Küche selbstverständlich mitverwertet. Ab Ende Jänner kann es aufgrund des physiologischen Alters zum Holzig- oder Hohlwerden der Knollen kommen. Häufiger Wechsel von Frost- und Tauphasen beeinträchtigt die Winterfestigkeit von Kohlrabi. Es kann dadurch zu inneren Abbauvorgängen und zu unangenehmen Geschmacks- und Geruchsveränderungen kommen.

Kohlrabi lässt sich gut lagern. Dafür werden nach der Ernte alle Blätter entfernt, indem man sie am Blattstiel abschneidet, nicht aber abreißt. Das würde Verletzungen an der Knollenschale verursachen, die die Lagerfähigkeit beeinträchtigen. In Erdkellern, Erdmieten oder in leeren Frühbeeten kann man die Knollen nun unterbringen, wobei darauf zu achten ist, dass eine Frischluftzufuhr gegeben ist. Optimale Lagertemperaturen liegen bei 0–5 °C. So ist man bis ins Frühjahr mit diesem neuen Wintergemüsestar versorgt. Übrigens: Auch Riesenkohlrabis sind zur Lagerung bestens geeignet.

Durch und durch gefrorener Kohlrabi ist hart wie eine Betonkugel. Nach dem Auftauen schmeckt er besonders zart und süß.

Wintergemüsevielfalt der Spinate

Spinatvielfalt ist keineswegs ein grünes Einerlei, sondern bunt und abwechslungsreich.

Ernährungswissenschaftlerinnen werden nicht müde, es immer wieder zu betonen: Wir essen in unserer täglichen Ernährung zu wenig grüne Pflanzenblattmasse. Chlorophyll, der grüne Farbstoff, der für die Photosynthese der Pflanzen verantwortlich ist, hat vielfältige positive Wirkungen auf unseren Organismus und kann gerade den typischen modernen Zivilisationskrankheiten vorbeugen. Dreieinhalb Blättchen Salat am Tellerrand reichen für solche Effekte aber sicher nicht aus.

Spinate stellen eine komprimierte Form der Grünnahrung dar. Wer schon Blattspinat verkocht hat, weiß es genau: Was zuerst ein voller Topf mit frischen Blättern war, schrumpft nach kurzen Kochminuten auf eine wenige Zentimeter starke Grünmasse zusammen. Diese kann aber tatsächlich als konzentrierte Green Power bezeichnet werden.

Dass Spinate übrigens bei Kindern gänzlich unbeliebt sind, kann ich persönlich nicht bestätigen. Auf Spinat mit gerösteten Erdäpfeln am Speiseplan konnten wir uns, auch als unsere Kinder noch klein waren, stets ohne Diskussionen einigen. Abseits des gekochten Spinats sucht man heutzutage aber auch neue Wege zur Förderung von Grünkonsum in unseren westlichen Gesellschaften. Die Entwicklung des Konzepts der Green Smoothies, das von Victoria Boutenko stammt, kann als genialer Schritt in diese Richtung angesehen werden.

Viele der in diesem Buch beschriebenen Wintergemüsearten und -sorten, nicht nur die Spinate dieses Unterkapitels, dienen als reichhaltige Quelle für winterliche Green Smoothies. Die Experimente mit schmackhaften Kombinationen und besonders ungewöhnlichen Zutaten machen mir jedenfalls großen Spaß, seit wir uns am Forschungsinstitut vor einigen Jahren auch einen leistungsfähigen Mixer zugelegt haben.

Schon in alten Gartenbüchern wird auf die Frost-festigkeit des Echten Spinats hingewiesen.

Echter Spinat, Garten-Spinat
Spinacia oleracea

Der Echte Spinat ist wie für den Winter geschaffen. Er wächst im Frühbeetkasten so üppig, dass er mehrmals beerntet werden kann.

Das verwunderte Gesicht jenes Mädchens, das uns mit ihrer Schulklasse auf der City Farm Schönbrunn besuchte und kopfschüttelnd vor dem Spinatbeet stand, werde ich bestimmt nicht mehr vergessen. „Wieso Spinat: Der ist doch eckig!", meinte sie. Tatsächlich haben nicht nur Kinder, sondern auch viele Erwachsene keine Vorstellung davon, wie die Pflanzen zu diesen eckigen Tiefkühlpackungen eigentlich aussehen, die man aus den Gefrierschränken der Supermärkte „pflückt".

Ich liebe Blattspinat und Mangold, frisch zubereitet, bissfest und nicht bis zur Unkenntlichkeit püriert. Da spürt man meiner Meinung nach die grüne Kraft, die darin steckt. Apropos Kraft: Es mag schon sein, dass die bekannte Comicfigur Popeye ihre außerordentliche Stärke nicht dem in ihrer Lieblingsspeise Spinat angeblich in hoher Menge enthaltenen Eisen verdankt. Auf den Umrechnungsfehler, der zu dieser Irrmeinung geführt hatte, wurde ja schon oftmals hingewiesen. Aber eine neuere Studie aus Schweden bietet einen anderen, interessanten Erklärungsansatz: Das im Spinat enthaltene Nitrat könnte muskelwachstumsfördernde Wirkungen haben. Auf solche ganz aktuellen medizinischen Erkenntnisse, die das Nitrat in einem völlig neuen Licht erscheinen lassen, habe ich ja schon im Kapitel „Nitrat im Wintergemüse" (Seite 29 ff.) aufmerksam gemacht.

Wintereignung

Der Echte Spinat zählt zu den traditionellen Wintergemüsearten. Schon in alten Gartenbüchern wird auf seine Frosthärte, Freilandtauglichkeit und seine winterliche Frischernteeignung hingewiesen. Im Hausgarten bietet er als schnelle Kultur eine effiziente Ausnützung der Beete und optimale Voraussetzungen für eine flächige Winterbegrünung.

Anbau und Pflege

Eine Vielzahl an Spinatsorten wird für den Hobbyanbau angeboten. Man unterscheidet sie nach Blattform, Entwicklungszeit, Mehltautoleranz und Schossfestigkeit. 'Matador' wird als Erwerbssorte schon in alten Gartenbüchern erwähnt und kann als relativ rundblättrig, dunkelgrün und rasch wachsend für den Winteranbau immer noch empfohlen werden. 'Winterriesen Stamm Verdil' ist mittelgrün gefärbt, sehr rasch im Wuchs und schmeckt ausgesprochen aromatisch. Das Blatt sieht pfeilförmig zugespitzt aus. 'Butterflay' ist eine neuere, mehltaufeste Sorte. Hybriden wie 'Palco F1' (Sperli Samen), 'Dromedary F1' oder 'Silverwhale F1' (beide Rijk Zwaan) kommen als robuste, mehltautolerante, rundblättrige Sorten häufig im Erwerbsanbau zum Einsatz.

Spinate für die Winterernte werden im Freien im August, im Kasten bis Anfang September direkt mit Reihenabständen von 20 cm ausgesät. Zu diesem Zeitpunkt kann man ihn auch ins Freie

An Frostfestigkeit lässt Spinat nichts zu wünschen übrig.

säen und dann ab Mitte Oktober mit einem mobilen Kasten überdecken. Anfang bis Mitte Oktober gesäte Spinate keimen, entwickeln sich, überwintern auf dem Beet und werden ab Februar erntereif. In der Reihe muss auf einen Abstand von 5–10 cm vereinzelt werden, damit die Pflanzen nicht zu dicht stehen und sich gegenseitig in ihrer Entwicklung behindern.

Wer Zeit am Beet gewinnen möchte, kann Spinat auch als Jungpflanze anziehen. Man sät Mitte August 2 bis 3 Körner in einen mit Anzuchterde gefüllten Topf und pflanzt Anfang bis Mitte September im Freien aus. Wird in einen Kasten gepflanzt oder ab Mitte Oktober die Kultur mit einem solchen überdeckt, lassen sich die Sä- und Pflanztermine um 10 bis 14 Tage nach hinten verschieben. Für eine Überwinterungskultur wird erst Anfang November in den Kasten ausgepflanzt.

In der Fruchtfolge kann Spinat nach Frühkartoffeln, Erbsen, frühen Buschbohnen oder Gurken angebaut werden. Eine starkzehrende oder stickstoffsammelnde Vorkultur ist insofern günstig, als der „hungrige" Spinat von den zurückbleibenden Nährstoffen profitiert, ohne direkt gedüngt werden zu müssen.

Spinat gibt sich auch mit einem halbschattigen Plätzchen zufrieden. Allerdings sollte man darauf achten, dass das Freilandspinatbeet nicht unbedingt neben Laubbäumen liegt, denn der herbstliche Blattfall führt zu Verunreinigungen des Erntegutes, die mühsam abgetrennt werden müssen.

Eine regelmäßige Bewässerung ist unbedingte Voraussetzung für eine erfolgreiche Kultur, zumal wir ja auch im Herbst oft noch sehr warme, trockene Witterungsperioden erleben. Beikräuter sollten rechtzeitig entfernt werden, weil sie als Konkurrenten auftreten und später die Erntearbeiten erheblich erschweren. Spinat geht nach dem Winter ab Mai in Blüte und ist dann nicht mehr nutzbar.

Ernte

Spinat ist eine der wenigen Winterkulturen, die selbst in der lichtarmen Zeit Blattmasse bilden können. Er zeigt bei guter Nährstoffversorgung ein unglaubliches Wachstumspotenzial, das man sich im Winter zunutze macht, indem man mehrmals schneidet. Mit der ersten Ernte kann man witterungsabhängig schon ab Ende Oktober rechnen. Wenn man die Blätter nicht zu tief abschneidet, sodass das Herz verschont bleibt, treibt die Pflanze regelmäßig neu nach. So sind im geschützten Anbau im Laufe des ganzen Winters oft 3–4 Schnitte und Ernten von insgesamt 3 kg/m² möglich. Vor allem der wieder länger werdende Tag ab Ende Februar sorgt für beachtliche Zuwächse.

Junge, zarte Spinatblätter kann man roh genießen, indem man sie in Babyleaf-Salate mischt. Die älteren Blätter landen im Kochtopf, nachdem man ihre dicken Blattstiele entfernt hat, und werden mit etwas Salzwasser gekocht. Keinesfalls darf man dabei auf die Zugabe einiger zerdrückter Knoblauchzehen vergessen, die hoffentlich noch aus der eigenen sommerlichen Ernte im kühlen Keller lagern.

Der Echte Spinat wächst sogar im Winter, wo er drei- bis viermal geschnitten werden kann.

Frischer Blattspinat aus dem eigenen Garten schmeckt köstlich. Da lässt man das Tiefkühlprodukt gerne im Regal.

Mangold

Beta vulgaris ssp. *vulgaris*

Beim Mangold unterscheidet man den Stielmangold (hier die Sortenmischung 'Bright Lights') vom ...

Mangold ist in Mitteleuropa ein beliebtes Hausgartengemüse, das sich durch anspruchslosen Wuchs und wunderbare Ästhetik auszeichnet. Man verbindet die üppigen Blätter und die bunten Farben der Blattstiele aber durchwegs mit dem Sommer im Garten. Keinesfalls hat sich bisher herumgesprochen, dass Mangold im Winter seine zweite Saison hat. Während bereits einige wenige Stöcke im Laufe des Sommers zu einer Ernteschwemme führen, sodass man nicht nur selbst überversorgt ist, sondern auch Nachbar, Tante, Arbeitskollegin & Co einfach nicht mehr können, ist Mangold im Winter Mangelware. Wir führten vor einiger Zeit auf der City Farm Schönbrunn mit Jugendlichen ein Projekt mit dem Titel „Man(n)gold über Bord"

durch, bei dem es um Fragen der Lebensmittelverschwendung und Wegwerfvermeidung ging. Im Winter sind frische Mangoldblätter etwas Außergewöhnliches, das wertgeschätzt und blattweise genossen wird.

Mangold wird in zwei Kategorien unterteilt. Der Schnittmangold bildet zahlreiche spinatartige Blätter, der Stielmangold zeigt dicke, oft sehr bunt gefärbte, fleischige Blattstiele, die spargelähnlich zubereitet werden können. Selbstverständlich lassen sich auch die Blätter des Stielmangolds wie Spinat verwerten.

Wintereignung

Unsere eigenen Anbauversuche haben gezeigt, dass Mangold bis unter -12 °C winterfest ist. Im Freien kann es während extremer Frostphasen zu Schäden an den äußeren Blattstielen kommen, die sich dann braun verfärben. Nach dem Winter treiben aus dem Herzen aber wieder junge, gesunde Blätter nach. Schnittmangold ist winterhärter einzustufen als Stielmangold. Auch Mangold leidet unter dem Wechsel von Frost- und Tauwetter. Im Schutz eines Kalten Kastens bleiben die Blätter und Blattstiele während des Winters zarter als im Freien.

Anbau und Pflege

Die Sortenwahl erfolgt im Hausgarten nicht nur nach Kriterien der Anbaueignung, sondern auch der Ästhetik. Weißstielige Sorten wie 'Glatter Silber' werden mit leuchtend-roten wie 'Roter Vulkan' oder 'Feurio' (Reinsaat) und gelben wie 'Pirol' (Bingenheimer Saatgut) kombiniert. Die Sorten 'Bright Lights', 'Five Colours' oder 'Rainbow' bein-

halten einen fertig gemischten bunten Regenbogen an Farben. 'Lukullus' ist eine klassische, bewährte Blattmangoldsorte.

Gezielt für die Winterernte wird Mangold erst Ende Juli bis Anfang August angebaut. Man kann ihn aber auch schon ab Mai aussäen und vom Sommer weg bis über den Winter nutzen. Möchte man Mangold erst im Vorfrühling ab Ende Februar ernten, kann man ihn Mitte September im Kalten Kasten aussäen. In jedem Fall empfiehlt sich die Anzucht von Jungpflanzen. 3 bis 4 Korn werden in Töpfe gestreut, die mit Anzuchterde gefüllt wurden. Ein leichtes Übersieben der Samen mit feiner Erde verbessert die Keimfähigkeit. Nach 3–4 Wochen sind die Mangoldpflänzchen bereit zum Setzen. Statt sie einfach im Gemüsebeet in Reihen mit 30 cm Abstand aufzufädeln, lassen sie sich kreativ mit Grünkohl, bunten Salaten oder mit Ringelblumen kombinieren. So verschwimmen auch die Grenzen zwischen Zier- und Nutzbeeten, was in erfrischender Weise die angestammte Rollenverteilung im Garten durcheinanderwir-

... Blatt- oder Schnittmangold, der wie Spinat verwendet wird.

Im Freien ist Mangold bis unter -10 °C frostfest.

belt. Mit dem Grünkohl geht Mangold eine nachbarschaftliche Freundschaft ein, die im Freien bis über den Winter hält.

Mangold braucht einen humosen, mit Kompost angereicherten Standplatz, um sich kräftig zu entwickeln. Der Wasserbedarf ist aufgrund des massiven Blattwachstums hoch. Auch für den Halbschatten ist Mangold geeignet, dort allerdings weniger produktiv als in voller Sonne. Eine Beikrautregulierung ist vor allem in den ersten Lebenswochen notwendig, bis sich die Einzelpflanzen so weit entwickelt haben, dass sich der Bestand schließt. Der Einsatz eines mobilen Kastens ab Ende Oktober sorgt für Schutz vor Niederschlägen und Winterstürmen, was dem Mangold sicher guttut.

Eine zweite Form der Winternutzung von Mangold zielt darauf ab, ihn im Babyleaf-Stadium zu ernten. Dafür ist er bestens geeignet und passt damit sehr gut zu seinen Verwandten Rote-Rüben-Blatt oder Babyspinat. Eine dichte Direktaussaat mit Reihenabständen von 10 cm erfolgt

Im Winter wächst Mangold bestimmt nicht so üppig wie ...

... im Sommer, dafür zählt jedes geerntete Blatt aufgrund seines Seltenheitswerts doppelt.

Im Wintergarten ist Stielmangold auch deshalb unverzichtbar, weil er Farbe und atemberaubende Schönheit ins Gemüsebeet bringt.

Geschützt im Frühbeetkasten oder Hobbygewächshaus wächst Mangold kräftiger und bildet zartere Blätter aus.

ab Anfang September im Freien oder Ende September im Kalten Kasten. Zu dieser Zeit muss man unbedingt darauf achten, dass sich nicht ungebetene Begleitkräuter breitmachen und unsere Mangoldkeimlinge verdrängen. Durch Satzstaffelungen lässt sich eine kontinuierliche Ernte erreichen, wobei eine Aussaat ab Mitte Oktober erst im Februar des Folgejahres schnittreif wird.

Ernte

Stielmangoldstöcke eignen sich hervorragend zur kontinuierlichen Winterernte. Man bricht stets äußere Blätter aus, und von innen bildet die Pflanze frischen Nachschub. Bei Blattmangold kann man ganze Rosetten 5 bis 8 cm über dem Boden abschneiden. Er treibt dann wieder neu nach. Ältere Stöcke haben in ihren kräftigen Rhizomen ausreichend Reservestoffe eingelagert, sodass sie sich

beim Neuaustrieb leichter tun. Spätsätze werden erst ab Ende Februar erntereif. Im Frühsommer geht überwinterter Mangold in Blüte.

Vor einigen Jahren haben wir erfolgreich probiert, im Winter ganze Stöcke aus dem Freien auszuheben und im Wohnzimmer ähnlich wie Chicorée anzutreiben. Wir haben sie in Kübeln in etwas Erde eingetopft und mit einem zweiten, lichtundurchlässigen Gefäß abgedeckt. Der zarte, bunte Austrieb, der sich bereits nach 2 bis 3 Wochen bildet, sieht nicht nur außergewöhnlich dekorativ aus, er schmeckt mild und saftig.

Mangold-Babyleafs aus dem Beet oder Kasten kann man ab November ernten. Die zarten Pflänzchen werden flächig abgeerntet und mit anderen Babyleafs gemischt. Das ergibt einen exquisiten, sehr bunten Wintersalat.

Die Farbpalette der Stielmangold-Sorten ist so groß, dass man wirklich von einem Mangold-Regenbogen sprechen kann.

Wintergemüsevielfalt der Wurzel- und Knollengemüse

Wurzeln, Rüben, Knollen: Im Winter Speicherorgane von Gemüsepflanzen zu nutzen, hat lange Tradition.

Sie gelten als Klassiker der Wintergemüseversorgung: die Wurzel- und Knollengemüse, die eine ganze Vegetationsperiode lang am Beet Reservestoffe bilden und in ihren Speicherorganen ablegen. Damit überdauern sie die Ruhephase des Winters, um im neuen Jahr frisch auszutreiben, zu blühen und sich zu vermehren. So funktioniert ihre Biologie. Wir machen uns nun die Zweijährigkeit dieser vielfältigen Gemüsegruppe zunutze und greifen auf ihre gehaltvollen Wurzeln, Rüben oder Knollen zu. Viele von ihnen sind so frostfest oder dauerhaft, dass man sie einfach am Beet belassen oder bestens lagern kann.

Eine Versorgung über Wochen und Monate ist gesichert. Um aber während der langen Winterwochen nicht in die Eintönigkeit des Immer-Gleichen zu verfallen, gibt es nur einen Ausweg: die Ausschöpfung der vollen Vielfaltsbreite, die die Gruppe der Wurzel- und Knollengemüse zu bieten hat. Denn wir alle kennen Karotte und Sellerie, aber Erdmandel, Knollenziest & Co sind die großen (an der Knollengröße gemessen wohl eher kleinen) Unbekannten für den Garten mit spannendem Winternutzungspotenzial.

Klassiker der Winternutzung sind gelagerte Waschkarotten. Sie dürfen allerdings nie vor der Einlagerung gewaschen werden.

Karotte

Daucus carota ssp. sativus

Die Karotten zählen bestimmt zu den Wurzelklassikern des Winters. Dass aber auch sie so bunt sein können, ist zu wenig bekannt.

Jede Selbstversorgerin und jeder Hausgärtner kennt den Unterschied: Man zieht eine Karotte frisch aus dem eigenen Gemüsebeet, beißt hinein und vergleicht sie mit jener aus dem Plastiksackerl im Supermarkt. Ich kann nicht sagen, welche Inhaltsstoffe dafür verantwortlich sind, aber im Geschmack liegen Welten dazwischen. Karotten zählen zu den wichtigsten Gemüsearten im Hausgarten, deren eigener Anbau sich schon genau wegen dieses Unterschiedes lohnt.

Bei uns auf der City Farm Schönbrunn muss das Karottenbeet immer groß genug dimensioniert sein, damit alle unsere kleinen Gäste im Sommer und Herbst die Möglichkeit haben, eigenhändig mit der Grabgabel die orangen Wurzeln auszustechen, sie zu waschen, das Kraut abzutrennen und in der Regenwurmbox den unterirdischen Helfern zu übergeben und sie schlussendlich zu genießen. Dieses Abenteuer Ernte lässt Karotten doppelt so gut schmecken. Und schon so manche Mutter, die als Begleitperson mit dabei war, staunte nicht schlecht, dass ihr Sprössling plötzlich mit Freude daran knabberte, wo er oder sie sich bisher standhaft jedem Frischgemüse verweigert hatte.

Hier haben wir noch eine gute Nachricht für alle Eltern, Hausgärtner und Pädagoginnen des guten Geschmacks: Die Erntesaison von Karotten lässt sich auf den Winter ausweiten, wo diese an Süße und zarter Knackigkeit sogar noch eins drauflegen. Eliot Coleman beschreibt in seinem *Handbuch Wintergärtnerei* so eindrücklich, wie beliebt seine Winterkarotten sind. Kinder bezeichnen sie als „Bonbonkarotten" und drängen im Ab-Hof-Laden seiner Four-Season-Farm ihre Eltern zum Kauf.

Wintereignung

Karotten sind nicht nur gut lagerbare Herbstgemüse, sondern auch so kältefest, dass sie bis zum Spätherbst im Freien und über den ganzen Winter im Kalten Kasten bleiben und nach Bedarf frisch geerntet werden können. Das verwundert eigentlich nicht, denn die Wilde Möhre, die ja neben südlichen und orientalischen Typen im Stammbaum der Kulturkarotte aufscheint, ist in Mitteleuropa heimisch.

Die frostempfindlicheren Wurzeln der Karotte können im Boden durch Anhäufeln oder Abdecken mit Laub und Stroh gut geschützt werden. Das Laub weist eine höhere Winterhärte bis mindestens -8 °C auf. Stärker als durch Dauerfrost wird es durch schnelle und häufige Temperaturwechsel belastet. Frostschäden erkennt man an den Wurzeln in Form feiner Querrisse, die später zu Fäulnis und Verderb führen. Frostgeschädigtes Laub legt sich zunächst nieder und verfärbt sich in Folge gelb. Zwar kann die Pflanze wieder neu austreiben, das geht aber nur unter Zugriff auf die Reservestoffe und damit auf Kosten des Geschmacks.

Anbau und Pflege

Karotten werden für den Hausgarten in einer großen Sortenbreite angeboten. Grundsätzlich unterscheidet man zwischen samenfesten Sorten wie 'Nantaise 2', 'Robila' (Reinsaat) oder 'Amsterdam 2' (Sativa Rheinau) und F1-Hybriden. Letztere haben sich im Erwerbsanbau als Standard etabliert und werden züchterisch von internationalen Samenfirmen ständig weiterentwickelt.

Sehr auffällig sind die Farbvarianten. Der 'Gelbe Goliath' (Austrosaat) wird seit Generationen als Gelbe Rübe in Suppen verwendet. Die reinweiße 'White Satin F1' und violette Sorten wie 'Syrische Violette' oder 'Purple Haze F1' wirken auch in Kombination mit den orangefarbenen ausgesprochen attraktiv. Mit 'Rainbow F1' kann man einen bunten Sortenmix anbauen.

Für die Winterernte empfehlen sich Sorten, die für den Spätherbst oder das zeitige Frühjahr konzipiert sind. Sie bringen eine hohe Kältetoleranz mit oder sind rasch in ihrer Entwicklung. In unseren Versuchen haben wir gute Erfahrungen mit einer Hybridsorte gemacht, die den vielversprechenden Namen 'Eskimo' trägt. Sehr kurze Kulturzeit zeichnet die Traditionssorte 'Pariser Markt' aus. Mit ihren stumpfen, kugeligen Wurzeln sorgt sie schon rein äußerlich für Abwechslung.

Für die Winternutzung von Karotten müssen wir zwei grundverschiedene Konzepte unter-

Karotten werden im Winter bisher ausschließlich aus dem Lager genutzt.

Karotten keimen und entwickeln sich so langsam, dass sie zeitgerecht angebaut werden müssen, damit sie im Winter erntefertig sind.

Das Laub von Karotten ist kältefest und wintertauglich. Die Wurzeln sind etwas frostempfindlicher, aber in der Erde auch besser geschützt.

Extreme Fröste können dazu führen, dass sich die Blätter der Karotte umlegen, aber nicht absterben.

scheiden, die Anbauzeitpunkte und Kulturverfahren bestimmen. Einerseits bieten Lagerkarotten, die im Spätherbst vom Beet geräumt und dann in Erdmieten und Erdkellern untergebracht werden, eine durchgängige Winterversorgung. Andererseits kann man junge Bundkarotten mit Laub frisch aus dem winterlichen Kasten oder Minigewächshaus ernten.

Lagerkarotten werden Anfang bis Mitte Juni direkt ins feinkrümelig vorbereitete Beet gesät, indem man Rillen im Abstand von 20 cm zieht. In der Reihe werden die Keimlinge auf ca. 2–3 cm ausgedünnt. Der alte Gartentrick der Markiersaat, für die man einzelne Radieschensamen ins Saatgut mischt, die schneller keimen und die Reihen anzeigen, bis langsam die Karotten folgen, bewährt sich immer noch. Während der langen Jugendphase muss man mit dem Bewässern des Beetes und dem Jäten von Beikräutern aufmerksam bei der Sache bleiben. Karotten lieben einen tiefgründigen, steinfreien, humosen, aber nicht frisch gedüngten Boden. Auf Stallmist und unverrottete organische Materialien reagieren sie mit Wurzelverformungen oder verstärktem Möhrenfliegenbefall, deren Maden sich in Gängen durch die Wurzeln fressen.

Winterbundkarotten werden dichter als Lagerkarotten in Reihen mit 15 cm Abstand ausgesät. Dies muss Anfang bis spätestens Mitte August geschehen, damit sie sich noch im Herbst bis zu einer erntefähigen Länge von 15 bis 20 cm und einer Dicke von 2 bis 3 cm entwickeln können. Im Spätherbst werden sie mit mobilen Kästen überdeckt. Während des Winters findet kein Zuwachs statt, sehr wohl aber ein innerer Umbau in den Wurzeln, denn Karotten schmecken dann süßer und sind zarter in der Konsistenz als zuvor im Herbst. Um als Schneemannsnase Verwendung zu finden, sind sie damit eindeutig zu schade.

Der Vollständigkeit halber sei hier erwähnt, dass man Karotten auch als Überwinterungskultur ziehen kann. Dazu wird erst im September ins

Beet gesät und die junge Kultur im Winter mit Stroh oder Laub abgedeckt. Sehr bald im Frühjahr nimmt man den Schutz wieder ab, die Karotten wachsen rasch weiter und sind ab April als zeitiges Frühlingsgemüse erntereif.

Ernte und Lagerung

Lagerkarotten werden im Spätherbst ausgegraben. Man kann sich damit Zeit lassen und muss bei den ersten Frühfrösten nicht gleich panisch werden. Denn auch sie vertragen einiges an Kälte. Späte Ernten im November verbessern die Lagerfähigkeit, weil das Lagergut so kühler in die Miete oder in den Keller kommt. Lagerkarotten werden nach der Ernte weder gewaschen noch sonst wie bearbeitet, um mechanische Schäden und Belastun-

gen zu vermeiden, die die Lagerfähigkeit beeinträchtigen würden. Man trennt das Kraut direkt am Wurzelansatz ab und lässt sie dann, um späterer Fäulnis vorzubeugen, gründlich an der frischen Luft abtrocknen.

Eine einfache, aber durchaus arbeitsintensive Form der Lagerung bietet die Erdgrube, die man direkt am Beet oder besser in Hausnähe 25 cm tief aussticht. In manchen älteren Gartenbüchern wird auch empfohlen, den Aushub ganz wegzulassen und die Karotten auf den ebenen, trockenen Boden zu schichten. Die Karotten werden zu einem ca. einen Meter hohen Hügel aufgeschüttet. Anschließend wird eine dicke Lage Stroh aufgebracht und mit der ausgehobenen Erde abgedeckt. Alte Gartenbücher empfehlen, senkrecht stehende

Frisch geerntete Karotten haben eine Geschmacksqualität, die mit der Handelsware nicht vergleichbar ist.

Ein Bund frischer Karotten ist im Winter wirklich Mangelware.

Bündel aus Stroh oder Samenstängeln mit einzubauen, die eine Verbindung zur Außenwelt herstellen und damit der Belüftung des Lagergutes dienen. Droht im Winter extremer Frost, kann man die Schutzschicht der Erdgrube noch zusätzlich durch Laub, Stroh oder Pferdemist verstärken. Eine Entnahme von Lagergut während des Winters erfolgt von einem Ende her. Die Entnahmestelle muss danach wieder gut verschlossen wer-

Frostschäden an Karottenwurzeln zeigen sich an kleinen Querrissen.

An diesen Stellen kann es dann zu Fäulnis kommen.

den. Um ein Eindringen von Mäusen in die Erdgrube zu verhindern, muss man Boden und Seiten mit einem engmaschigen Schutzgitter auslegen.

In Erdkellern können Karotten lange und sicher gelagert werden. Hierzu wird lagenweise abwechselnd eine Schicht Karotten mit einer Schicht Sand oder Sägespänen abgedeckt. So bleiben sie über Monate frisch, ohne zu welken.

Winterbundkarotten werden während des ganzen Winters nach Bedarf aus dem Kasten geerntet. Sie sind so knackig und süß, dass sie sich ideal zum Knabbern eignen. Es wäre schade darum, wenn ihr frisches Grün im Biomüll landen würde. So wird dieses entweder mit anderem Wintergemüse kurz in der Pfanne mitgebraten oder zur Herstellung von Green Smoothies im Mixer verarbeitet.

Harmonie im Karottenbeet ...

Nicht nur im Sommer, auch im Winter sind bunte Karotten aus dem eigenen Garten eine Attraktion.

Knollensellerie
Apium graveolens

Knollensellerie wird traditionell im Spätherbst gerodet und eingelagert.

An diesem bekannten Herbstgemüse mit seinem durch den Gehalt an ätherischen Ölen intensiven Geruch und Geschmack scheiden sich die Geister. Sicher wird man aber dem in Österreich Zeller genannten Doldenblütler seine traditionelle kulinarische Bedeutung in Suppen, Saucen, als Sellerieschnitzel oder im Waldorfsalat nicht absprechen können. Sein Image als interessantes Zukunftsgemüse muss sich Sellerie freilich erst erarbeiten. Ich bin mir sicher, dass sich jene Selleriepflanzen in der City Farm Schönbrunn, die vor einiger Zeit von Kindern irrtümlich als Ananas angesprochen wurden, in ihrem Selbstwertgefühl außerordentlich gestärkt gefühlt haben. Nicht alltäglich wird man ja als gewöhnliches Knollengemüse mit einer edlen Südfrucht verwechselt.

Botanisch gesehen wird die Knolle aus einem Teil gestauchter Sprossachse, aus dem Hypokotyl, und aus der Wurzel gebildet. Im Hausgarten stellt Knollensellerie auf jeden Fall eine wertvolle Ergänzung des Spätherbst- und Winterknollengemüsesortiments dar.

Wintereignung

Sellerielaub ist gut winterhart. Sellerieknollen hingegen vertragen nur Fröste bis etwa -4 °C. Sie zählen mit ihrem oberirdischen, exponierten Wuchs also zu den empfindlicheren Knollengemüsearten. Im Beet müssen sie deshalb im Spätherbst abgeerntet und eingelagert oder durch eine Stroh- und Laubschicht geschützt werden. Die wertvollen mobilen Kästen werden im Hausgarten wohl eher bei anderen Wintergemüsearten zum Einsatz kommen.

Anbau und Pflege

Für die Winternutzung sollten beim Knollensellerie unbedingt robuste Sorten zum Einsatz kommen. Ich empfehle hier wärmstens – wenn man das bei einem Wintergemüse so formulieren darf – die Traditionssorte 'Wiener Riesen' (Austrosaat). Sie zeichnet sich durch ein gesundes Laub, ein helles Knollenfleisch, aromatischen Geschmack und eine gute Lagerfähigkeit aus. Einziger „Nachteil" ist ihre dunkelbraune Schalenfarbe, was im modernen Gemüsehandel als Ausschlussgrund gilt, im Hausgarten hingegen durchaus verschmerzbar ist.

Knollensellerie belegt das Beet während der ganzen Sommer- und Herbstsaison. Als Vorkultur sind noch Frühkartoffeln, Erbsen, Kohlrabi oder Salat möglich. Er wird aufgrund seiner extrem langsamen Jugendentwicklung schon Mitte Februar in Saatschalen angebaut, nach der Keimung einzeln in 5-cm-Töpfchen pikiert und bis zur Pflanzung Mitte Mai warm bei mindestens 16 °C vorkultiviert. Das ist insofern von Bedeutung, als zu kühl angezogene Pflänzchen einen Vernalisationsreiz erhalten und später im Beet zu schossen beginnen. Unter Vernalisation versteht man jenen pflanzenphysiologischen Vorgang, bei dem Kälteeinwirkung die Pflanze zur Blütenbildung anregt.

Knollensellerie wird auf eine Standweite von 40 x 40 cm in den humosen, nährstoffreichen Gartenboden ausgepflanzt. Er muss regelmäßig gegossen, gehackt und von Beikräutern frei gehalten werden.

Ernte und Lagerung

Knollensellerie wird mit der Grabgabel ab November bei trockenem Wetter geerntet. Die Erde wird herausgeschüttelt, die Wurzeln werden eingekürzt. Bis auf wenige Herzblätter entfernt man auch das Laub durch Abreißen. Nun kann man die Knollen in Erdmieten oder -gruben einlagern, wo sie mehrere Monate haltbar sind. Sie sollten auf einer Sandschicht mit dem Blattschopf nach oben so nebeneinander eingestellt werden, dass sie sich gegenseitig nicht berühren. Das Ganze wird mit Laub, Stroh und Erde abgedeckt. Die optimalen Lagertemperaturen liegen bei 4–5 °C. Ein mit eingebautes Wühlmausgitter verhindert Fraßschäden durch die hungrigen Nager.

Die einfachste Form der Lagerung geschieht direkt am Beet durch Abdeckung der Kultur mit einer dicken Schicht an Laub oder Stroh. Geerntet wird während des gesamten Winters nach Bedarf, indem man die Schutzschicht öffnet und anschließend über den verbleibenden Pflanzen wieder sorgfältig schließt. Durch Überbreiten von Ästen und Reisig oder durch Abspannen der Beete mit einem Laubschutznetz verhindert man das Verblasen des Abdeckmaterials durch Winterstürme.

Sellerieknollen können für den Winter in Erdmieten oder -gruben eingelagert werden.

Die österreichische Traditionssorte 'Wiener Riesen' ist besonders robust und deshalb für den Spätherbst bestens geeignet.

Rote Rübe

Beta vulgaris ssp. vulgaris

Die Rote Rübe sieht auch als Pflanze mit ihren leuchtenden Blattstielen und den roten Blattadern sehr ansprechend aus.

Viele von uns kennen Rote Rüben nur in Scheiben oder Streifen geschnitten aus dem Salatglas. Und auch diese traditionelle Konserve war in vergangenen Zeiten schon stärker nachgefragt als heute. In der City Farm Schönbrunn verwenden wir gerne ein Rezept, bei dem wir gekochte Rote-Rüben-Knollen mit Topfen vermischen und zu einem Brotaufstrich verarbeiten. Dieser sieht so leuchtend rosarot und appetitlich aus, dass man ihn für Himbeercreme hält. Der Geschmack aber führt in eine etwas andere, erdigere Richtung.

Rote Rüben sollten als klassische Winterlagergemüse aus unseren Gärten nicht verschwinden. Selbst zubereiteter Salat bedeutet zwar einen Aufwand, schmeckt aber viel besser als jene besagte Konserve, bei deren Zubereitung oft überproportional viel Zucker zugesetzt wird. Außerdem regen die farbenfrohen Knollen auch zum kreativen Kochen an und bringen das gewisse Etwas in die Wintergemüseküche.

Wintereignung

Die auf dem Boden aufsitzenden, sehr exponierten Hypokotylknollen der Roten Rübe erleiden unter -4 bis -5 °C Frostschäden. Sie müssen deshalb entweder rechtzeitig geerntet und eingelagert oder mit einer dicken Stroh- oder Laubschicht geschützt werden. Die Blätter dieses mit Mangold und Zuckerrüben verwandten Fuchsschwanzgewächses sind deutlich frosthärter.

Anbau und Pflege

Rote Rüben werden Anfang bis Mitte Juni in Reihen mit 25 cm Abstand auf mindestens 5 cm in der Reihe ausgesät. Das Saatgut von Roter Rübe bezeichnet man als Knäuel, das durchschnittlich drei Samen enthält. Nach der Keimung muss in der Reihe auf einen Pflanzenabstand von 7 bis 8 cm vereinzelt werden. Baby Beets, die man im jungen Zustand erntet, werden wesentlich enger gesät. Rote Rüben lieben einen humosen Boden. Zur

Düngung kann während der Kultur Brennnessel-jauche und Gesteinsmehl ausgebracht werden. Während der Knollenbildungsphase muss aus-reichend gegossen werden. Hacken des Bodens, bis sich der Bestand geschlossen hat, hält nicht nur die Beikräuter zurück, sondern bricht auch die Bodenkruste und verhindert damit die unproduk-tive Verdunstung aus dem Boden, weil die aufstei-genden Kapillaren unterbrochen werden.

Ernte und Lagerung

Ab November werden Baby Beets laufend nach Bedarf einfach ausgezogen, sie eignen sich nicht zur Lagerung. Ab November können auch die großknolligen Roten Rüben zur Ernte mit der Grabgabel ausgestochen werden. Nun kann man sie entweder frisch verwenden oder man lässt sie abtrocknen, sodass die Erde abfällt, dreht das Laub ab und lagert sie in Erdkellern ein. Nur unverletz-te Knollen werden auf Haufen oder in Kisten in ein Bett aus Sand oder Sägespänen geschichtet und so voneinander isoliert. Optimale Lagerbe-dingungen bestehen bei 3–4 °C und hoher relati-ver Luftfeuchtigkeit.

Der Rote Rüben-Aufstrich, den wir gerne in der City Farm Schönbrunn gemeinsam mit Kindern herstellen, sieht wie Himbeercreme aus.

Etwas jünger geerntet sind Rote Rüben zarter. Diese Baby Beets sind allerdings nicht lager-fähig.

Rote Rüben sind alles andere als nur rot und rund. Aus den Hausgärten sind sie in den letzten Jahren leider ziemlich verschwunden.

Pastinak
Pastinaca sativa

Der Pastinak ist ein altes, traditionelles Wurzelgemüse, das eine Wiederentdeckung verdient hat.

Bis ins 18. Jahrhundert galt er als nahrhaftes Hauptgemüse in weiten Teilen Europas und Asiens. Dann wurde er durch Karotte und Kartoffel verdrängt und geriet in Vergessenheit. Nur in England, Frankreich und im Norden Europas blieb er eine begehrte Wurzelgemüsespezialität. Im Hausgarten hat diese schmackhafte, weißliche Wurzel, die der Wurzelpetersilie sehr ähnlich sieht, eine Wiederentdeckung verdient. Wir lieben Pastinak als Beimischung zu Kartoffelpüree.

Dabei wird die halbe Kartoffelmenge durch Pastinaken ersetzt, die dem Püree eine aromatische, sehr feine Geschmacksnote verleihen, ohne selbst zu dominant zu werden.

Der Pastinak wurde 2011/2012 in Deutschland vom „Verein zur Erhaltung der Nutzpflanzenvielfalt" zum Gemüse des Jahres gewählt. Wir hoffen auf eine steigende Bekanntheit und Beliebtheit dieser Wurzelgemüsespezialität.

Wintereignung

Die Wildform des Pastinaks, der sogenannte Wiesen-Pastinak, ist in Mitteleuropa heimisch. Er wächst auf Wiesen, an Feldrändern und trockenen Böschungen. Damit wird verständlich, dass auch die aus ihm hervorgegangene Kulturform bestens an unser Klima angepasst ist. Selbst die Wurzeln des Pastinaks sind vollkommen frostfest. Sie können im Spätherbst im Boden bleiben und finden dort die idealen Lagerbedingungen vor. Nur bei Dauerfrost hat man das Problem, dass man im gefrorenen Boden nicht an die Wurzeln herankommt. Insofern ist es empfehlenswert, das Pastinakenbeet im Herbst mit einer Stroh- oder Laubschicht abzudecken, um zu verhindern, dass der Frost im Winter bis tief in den Boden eindringt. Diese Laubschicht wird mit Ästen und Reisig oder einer Netzabdeckung vor dem Verblasen durch Winde geschützt.

Anbau und Pflege

Tiefgründige, lehmige und humose Böden bieten die beste Voraussetzung für eine erfolgreiche Pastinakkultur. Pastinak für die Winternutzung wird im April fein in Reihen mit 40 cm Abstand gesät. Derart frühe Aussaattermine sind notwendig, weil er den kühlen Boden liebt und nur dort eine zufriedenstellende Keimfähigkeit zeigt. Auch die Verwendung von frischem Saatgut ist unbedingt nötig. Im Hausgarten hat sich die alte samenfeste Sorte 'Halblange Weiße' bewährt. Pastinak läuft sehr langsam auf und wird danach auf 5–10 cm ausgedünnt. Durch regelmäßiges Jäten und kontrolliertes Bewässern wird der Bestand während des Sommers gepflegt. Gegossen wird übrigens am Abend. So kann sich, anders als am Vormittag, der durch Gießen dunkler gefärbte Boden nicht mehr übermäßig aufwärmen.

Ernte und Lagerung

Ab Ende Oktober wird Pastinak für die Winternutzung mit der Grabgabel nach Bedarf geern-tet. Am einfachsten belässt man ihn im Beet. So trocknen die Wurzeln nicht aus und bleiben über Monate frisch. Um im Winter aber jederzeit an ihn heranzukommen, kann Pastinak entweder mit einer Schutzschicht abgedeckt oder auch in Erdmieten oder im Erdkeller in Sand eingeschlagen gelagert werden.

Feinschmecker behaupten, dass sich das volle Aroma erst durch mehrwöchige Lagerung und durch Frosteinwirkung entfaltet.

Sowohl Laub als auch Wurzel von Pastinak sind vollkommen frostfest. Das ist nicht erstaunlich, zumal seine wilden Vorfahren bei uns heimisch sind.

Wurzelpetersilie

Petroselinum crispum ssp. tuberosum

Die Wurzelpetersilie hat als klassisches Suppengemüse bei uns schon lange Tradition.

Als klassischer Bestandteil des Suppengrüns hat dieses in Österreich „Peterwurzen" genannte Gemüse bei uns schon lange Tradition. Die Wurzelpetersilie sieht dem Pastinak zum Verwechseln ähnlich. Ihre Wurzeln sind nur zarter gebaut und etwas weißlicher gefärbt. Die Blätter sehen wie jene der glatten Petersilie aus und können auch wie diese genutzt werden.

Wintereignung

Petersilienwurzeln sind gleich wie der Pastinak vollkommen frostfest. Sie können im Herbst einfach im Beet bleiben und nach Bedarf aus dem Boden entnommen werden. Bodenfrost verhindert man durch Abdecken des Beetes mit Laub oder Stroh.

Anbau und Pflege

Wurzelpetersilien zum Beispiel der Sorte 'Halblange' werden Mitte bis Ende April in ein gut aufgelockertes, humoses Beet ausgesät. Sie zeigen durchaus gehobene Bodenansprüche, haben selbst aber einen geringen Vorfruchtwert. Das bedeutet, dass Wurzelpetersilie eher bodenbelastend und bodenverdichtend wirkt. Sie soll erst nach 3 bis 5 Jahren wieder auf dasselbe Beet kommen. Dazwischen erholt sich dieses durch eine abwechslungsreiche Fruchtfolge. Die Reihenabstände bei der Aussaat von Wurzelpetersilie betragen 25 cm, in der Reihe wird auf 7 bis 10 cm vereinzelt. Sie keimt sehr langsam und braucht dann aufmerksamen Schutz vor konkurrierenden Beikräutern sowie regelmäßige Bewässerung.

Die Pflanze ist mit der Blattpetersilie vergleichbar.

Ernte und Lagerung

Petersilienwurzeln werden im Spätherbst mit der Grabgabel nach Bedarf ausgestochen. Das kann man fortsetzen, solange der Boden offen, also nicht gefroren ist. Um eine störungsfreie Winterversorgung zu ermöglichen, lassen sich die Wurzeln im Erdkeller oder in der Erdgrube einlagern. Sie werden in Sand eingeschlagen und hin und wieder gegossen.

Kleinere oder fehlgeformte Exemplare der Wurzelpetersilie können im Winter auch zum Treiben verwendet werden. Wie bei der Blattpetersilie beschrieben, holt man Wurzeln satzweise aus dem Lager und stellt sie in Kübeln in warmen Räumen auf. Eine nette Idee fand ich in dem Büchlein *Die Überwinterung der frischen Gemüse* von J. Barfuß aus dem Jahr 1888. Er schlägt vor, Tontöpfe, die rundherum mit Löchern versehen sind und die wir als Kräutertöpfe kennen, zum Treiben zu verwenden. Die Wurzeln werden so in die Öffnungen gesteckt, dass jeweils der Kopf heraussieht. Dann wird der Topf mit leichter Erde gefüllt und angegossen. Nach dem frischen Austrieb der Wurzeln wirkt so ein Petersilientopf im Wohnzimmer nicht nur dekorativ, er ist auch ausgesprochen nützlich.

Der Petersilientopf, wie ihn J. Barfuß im Jahr 1888 empfiehlt

Radieschen

Raphanus sativus ssp. sativus

Radieschen und Rettiche sind eng verwandt. Sie können in einer unglaublichen Sortenvielfalt im Garten genutzt werden.

Die Kultur des Radieschens ist bei weitem nicht so alt wie die des Rettichs, den wir im Anschluss auch noch betrachten wollen. Sein Anbau in unseren Breiten ist erst seit dem 16. Jahrhundert belegt. Das Radieschen kann man als den kleinen Bruder des Rettichs ansehen, seine Knollen sind im botanischen Sinn allerdings keine Wurzeln wie bei den Rettichen, sie werden aus dem Hypokotyl, also dem Stängelteil zwischen Wurzel und Keimblättern, gebildet.

Das Radieschen verkörpert mit seiner leuchtend roten Farbe, dem lebendigen Blattgrün und seinem knackigen, würzigen Geschmack wie kaum ein zweites Gemüse die Frische des Frühlings, wenn auch sein Gehalt an wertgebenden Inhaltsstoffen nur als mittelmäßig bezeichnet werden muss. Nun wollen wir es hier aus seinem traditionellen Zusammenhang gar nicht herauslösen. Unsere Versuche haben aber gezeigt, dass Radieschen auch ideale Boten schon des Vorfrühlings sind. Sie wachsen so unkompliziert selbst während rauer Winterwochen, dass man im ungeheizten Kasten, statt auf Ostern zu warten, sich schon viel früher daran erfreuen kann.

Radieschen sind keineswegs nur eine rote, runde Angelegenheit. Eine Vielzahl an farbigen Sorten steht uns zur Verfügung, die in ihrer Mischung tatsächlich einen wunderschönen „Bunt" ergeben, wenn Sie mir hier die kleine orthografische Unsauberkeit erlauben.

Wintereignung

Ich stufe die Kältetoleranz von Radieschen auf unter -7 °C ein, wobei das Laub frostfester ist als die Knolle. In jedem Fall ist eine winterliche Kultur im geschützten Kasten oder Minitunnel empfehlenswert. Unserer Einschätzung nach weisen sie eine bessere Winterhärte auf, wenn sie in den zunehmenden Tag hineinwachsen. Das kann auch damit zusammenhängen, dass junge Kulturen einfach frostfester sind als physiologisch ältere, die überständig werden.

Anbau und Pflege

Wir sind in Ostösterreich stolz auf unsere großknolligen, samenfesten Radieschensorten: 'Riesen von Aspern', 'Wiener Rotes Treib' oder 'Stamm P' (alle Austrosaat) sind alte Gärtnersorten, die über Generationen hin von Anbauern selektiert, gezüchtet und erhalten wurden. Sie weisen einen Durchmesser von bis zu 6 cm und ein butterzartes Knollenfleisch auf, ohne pelzig oder holzig zu werden.

Auch 'Ladenbeet', ein zartes, weißes Eiszapfenradieschen, kann als Traditionssorte bezeichnet werden. 'Rundes halbrot-halbweiß' (Austrosaat) und das zylindrische 'French Breakfast 2' (Reinsaat) bilden zweifarbige Knollen. Mit 'Grazer Treib' kann man rosa Knollen, mit 'Zlata' gelbe und mit 'Plum Purple' violette Knollen ernten.

Radieschen wie diese lassen sich tatsächlich im Winter ernten. Man sollte sie aber unbedingt in den Frühbeetkasten säen.

Bei der Winterkultur von Radieschen unterscheidet man jene Sätze, die im Frühwinter aus Herbstsaat stammen, und die Sätze, die für die Ernte im Vorfrühling angebaut werden.

Folgende Tabelle bietet einen Überblick über eine mögliche Satzstaffelung:

Aussaat	Ernte	Geschützt (G)/ Freiland (F)
M bis E September	E Oktober bis A November	F
E September	November bis Dezember	G
A Jänner	März	G

Der zeitige Spätwintersatz kann auch schon im Dezember ausgesät werden, wo wir in den letzten Jahren häufig milde Wetterphasen beobachtet haben, die ein verfrühtes Keimen und damit in Folge eine zeitigere Ernte eventuell noch im Februar ermöglichen.

Radieschen werden immer direkt angebaut, der Reihenabstand beträgt 10–15 cm, in der Reihe wird je nach sortentypischer Größe auf 4–8 cm vereinzelt. Wintersätze dürfen nicht zu eng gesät werden, denn zu dichter Bestand führt zu einer starken Konkurrenz unter den Pflänzchen, die dann sehr rasch Stängel treiben, ohne jemals Knollen gebildet zu haben. Bei Aussaat tiefer als 1 cm verformen sich die Knollen länglich bis rübenförmig. Beim Vereinzeln ausgezupfte Keimlinge kann man wie Keimsprossen aufs Butterbrot streuen oder in einen pikanten Aufstrich mischen.

Nach der Aussaat wird gründlich eingegossen. Während kalter Winterwitterung sollte man mit dem Gießen allerdings sehr vorsichtig sein und häufig lüften, um einer Infektion mit Pilzkrankheiten vorzubeugen.

Ernte

Als Frischgemüse werden Radieschen immer nach Bedarf unmittelbar vor dem Verzehr geerntet. Gerade im Winter, wo die Entwicklung der Radieschen nicht so einheitlich erfolgt wie im Sommer, ist es sinnvoll, den Bestand „durchzuziehen". Die Profis verstehen darunter das laufende Entnehmen der größten Knollen aus den Radieschenreihen, um den verbleibenden mehr Platz für ihre weitere Entwicklung zu überlassen. So bieten winterliche Radieschensätze auch ein erstaunlich weites Erntefenster, also eine lange Ernteperiode.

Übrigens: Das frische Grün der Knollen muss nicht in den Biomüll wandern. Man verarbeitet es einfach zusammen mit anderen Wintersalaten zu Green Smoothies.

Eiszapfen-Radieschen, wie die Sorte 'Ladenbeet', verdanken ihren Namen zwar der länglichen Knollenform und nicht der Frostfestigkeit. Aber auch sie sind im Winter nutzbar.

Ein Bund Radieschen, so fröhlich und bunt, wie man ihn sich im Winter nur wünschen kann.

Rettich

Raphanus sativus ssp. niger

Eine faszinierende Vielfalt an Rettich-Sorten lässt sich nicht nur im Frühling oder Herbst, sondern auch im Winter nutzen.

Als „Radi" ist er unersetzbarer Teil der österreichischen und süddeutschen Kultur geworden: der Rettich. Seine Herkunft liegt im Dunkeln, erste Belege finden sich in der Antike, wo Griechen und Römer die würzenden und gesundheitsfördernden Eigenschaften des Rettichs nutzten. Tatsächlich ist er reich an Vitamin C, an Mineralstoffen und vor allem an Bioaktivstoffen. Die Glukosinolate, die den würzig-scharfen Geschmack des Rettichs bestimmen, gelten als natürliche Antibiotika. Rettich wird außerdem eine Heilwirkung bei Leberproblemen, bei Gicht und auch bei Erkältungen zugesprochen. Der obligate ausgehöhlte schwarze Rettich, mit braunem Zucker oder Honig zum

Hustensaft angesetzt, ist ein gutes Beispiel häufig noch gelebter Volksmedizin.

Dabei scheiden sich am Rettichgeschmack die Geister. Die einen lieben ihn, die anderen können sein beißend-scharfes Aroma und seine raumgreifende Olfaktorik nicht ausstehen. Bei uns zuhause steht es 3 : 3. Drei von uns lieben Rettich, der Rest der Familie ist nicht so begeistert davon, konsumiert ihn aber immer noch weit über dem Durchschnitt der heimischen Bevölkerung. In Österreich und Deutschland werden jährlich pro Person durchschnittlich ganze 250 bis 300 g Rettich genossen. Als Kontrast dazu kann diese Zahl dienen: In Südkorea liegt der jährliche Pro-Kopf-Verbrauch bei 30 kg! Dort wird er allerdings nur zum Teil roh, meist aber gekocht, gebraten oder als Rettich-Kimchi milchsauer vergoren genossen. Rettich verliert einen Teil seiner Schärfe, wenn man ihn fein schneidet und unter Zugabe von Salz kräftig ausweinen lässt. Auch das Kochen mildert den Geschmack etwas ab. Japanische Sorten schmecken weniger scharf und süßer als die typischen heimischen Bierrettiche.

Bei aller Zwiespältigkeit wird dem Rettich niemand seine erfrischende Herzhaftigkeit absprechen können, wie das folgende, künstlerisch vielleicht nicht so hochwertige, aber in seiner Aussagekraft sehr eindeutige Gedicht von Eduard Mörike beweist:

Restauration (Eduard Mörike)

Das süße Zeug ohne Saft und Kraft!
Es hat mir all mein Gedärm erschlafft.
Es roch, ich will des Henkers sein,
wie lauter welke Rosen und
Camilleblümelein.

Mir ward ganz übel, mauserig, dumm,
ich sah mich schnell nach was
Tüchtigem um,
lief in den Garten hinterm Haus,
zog einen herzhaften Rettich aus.
Fraß ihn auch auf bis auf den
Schwanz.
Da ward ich wieder frisch und
genesen ganz.

Unvergesslich bleibt mir die Veranstaltung der Schönbrunner Seminare zum Jahresschwerpunkt der Radieschen und Rettiche im Jahr 2011, als wir in unseren Versuchen mehr als 100 verschiedene Sorten im Anbau hatten. Eine üppige Pracht bunter Rüben und Knollen konnte dabei präsentiert und inszeniert werden.

Die Sortenausstellung, die wir im Rahmen der Schönbrunner Seminare 2011 präsentieren konnten

Sorten wie 'Green Meat' oder ...

... 'Mantanghong' haben aufsehenerregende Farben zu bieten.

Das Wiener Gemüseorchester musizierte anlässlich der Schönbrunner Seminare 2011 im Obstgarten auf Rettichtrompeten und Karottenflöten.

Vergängliche Kunstwerke aus Rettichen und Radieschen

Lai Ha Rohsmann, eine chinesische Künstlerin, führte vor, wie man aus Rettichen und Radieschen Blütenkunstwerke schnitzen kann. Eine wunderschöne Ausstellung dazu demonstrierte das ästhetische Potential dieser Gemüsewurzeln auf eindrückliche Weise.

Ein Höhepunkt des Seminars war zweifelsohne der Auftritt des Wiener Gemüseorchesters (Vegetable Orchestra) im Obstgarten der Kammermeierei in Schönbrunn. Dieses international renommierte Ensemble experimenteller Musik, das weltweit Konzerte mit Frischgemüseinstrumenten gibt, komponierte eigens für diese Veranstaltung Stücke für Rettichposaune und Radieschen-Xylophon. Das Grundsatz-Motto der Schönbrunner

Seminare: Gemüse für **alle** Sinne – wurde erst durch dieses einzigartige Klangerlebnis zur echten Realität.

Wintereignung

Das beachtliche Winternutzungspotenzial von Rettichen geht in zwei verschiedene Richtungen: als spätherbstliches Lagergemüse und als Winterfrischgemüse, das man im Freien oder im Kalten Kasten ab dem Herbst bis weit in den Winter hinein nutzen kann. Rettiche sind vollkommen frostfest. Im geschützten Anbau vertrugen sie in unseren Versuchen -12 °C ohne Schäden, kälter wurde es im vergangenen Winter nicht. Im Freien zeigen sich die Unterschiede in der Empfindlichkeit der verschiedenen Pflanzenteile. Aus dem Boden stehende Wurzeln sind, wenn sie nicht nur Frost, sondern auch Wind und Niederschlägen ausgesetzt sind, weniger winterfest als das Laub. Eine Abdeckung mit einer Laubschicht im Spätherbst kann als Schutz dienen.

Anbau und Pflege

Rettichsorten unterscheiden sich nicht nur in Form und Farbe, sondern auch im Verwendungszweck als Frisch- oder Lagerware. Frühlings- und Sommerrettiche wie die Traditionssorte 'Ostergruß' weisen zarte und kleinere Wurzeln auf als die klassischen Herbst- und Winterrettiche. In letztere Kategorie fällt auch der in Ostösterreich so geschätzte 'Wiener Runde Kohlschwarze'. In China entstanden bunte Sorten wie 'Mantanghong', der außen weiß und innen pink gefärbt ist, oder die grünen Jahresrüben.

Schwarze Winterrettiche für die Lagerung werden erst Ende August bis Anfang September angebaut. Man sät auf 30 x 15 cm je zwei Körnchen, von denen man später das schwächere auszupft. Zu diesem Zeitpunkt bereitet der sonst so lästige Kohlerdfloh keine Probleme mehr.

Sorten aus der Kategorie „Münchner Bier" bilden nur auf sandigen Böden zufriedenstellend lange Wurzeln. Sie werden im Freiland auch mit je zwei Körnchen im August auf 30 x 10 cm ausgesät. Nach der Keimung wird wie bei den schwarzen Sorten vereinzelt und weiter gepflegt.

Rettiche sollte man für den Winter in den Frühbeetkasten säen, damit sie Schutz vor Wind und winterlichen Niederschlägen finden …

Im Kalten Kasten sät man Winterfrischrettiche erst Anfang September aus, je nach Sorte auf 25 x 10–20 cm. Hier wird während des Winters vorsichtig bewässert und reichlich gelüftet.

Ernte und Lagerung

Schwarze Lagerrettiche sticht man Ende Oktober bis Anfang November aus. Durch ihre feste, verkorkte Haut weisen sie eine gute Lagerfähigkeit in Erdmiete oder Erdkeller auf. Für die Mietenlagerung werden die Knollen in trockenen, hausnahen Beeten aufgeschüttet und anschließend mit einer Stroh- und Erdschicht abgedeckt. Im Erdkeller werden sie in feuchten Sand mit der Wurzel nach oben eingeschlagen, um ein Austreiben des Krautes zu unterdrücken. So sind sie mehrere Monate lagerbar.

Winterfrischrettiche entnimmt man nach Bedarf aus dem Beet oder Kasten. Dies kann ohne Probleme bis über den Jahreswechsel erfolgen. Ab Ende Jänner beginnen Rettiche sortenspezifisch zu schossen. Bis dahin sollten sie abgeerntet sein.

Rettiche schmecken im Winter milder als im Sommer. Auch ihr Kraut kann in der Küche in Gemüsepfannen oder im Wok verwertet werden.

… obwohl sie eigentlich eine erstaunliche Winterfestigkeit aufweisen.

Speiserübe, Stoppel-, Herbst-, Mairübe

Brassica rapa ssp. *rapa*

Speiserüben sind alte Nutzpflanzen. Mit ihrer Frostfestigkeit und Robustheit sind sie für die Winterernte besonders gut geeignet.

Ihren Verwandten sind wir auf unserer Reise durch die Vielfalt nutzbarer Wintergemüse bereits mehrfach begegnet. Speiserüben stammen vom Wilden Rübsen ab, einem unscheinbaren Ackerunkraut, das auch bei uns beheimatet ist. Im Fernen Osten entwickelte man daraus Chinakohl und Pak Choi, die europäische Nutzung zielte auf die Knollenbildung ab. Die von Goethe hochgelobten Teltower Rübchen, südlich von Berlin angebaut, ließ er sich per Eilboten nach Weimar schicken. In Frankreich schätzt man Speiserüben unter dem Namen „navets" bis heute. In England werden sie als „turnips" gehandelt.

Die Speiserübe tritt in verschiedenen Nutzungsformen auf: als reinweiße, radieschenähnliche Mairübe, als großknollige, zur Hälfte violett gefärbte Herbst- oder Stoppelrübe, als zarte, cremefarbene Teltower Rübe und als blattreiches Stielmus oder Rübstiel. Bei der letztgenannten Form handelt es sich gewissermaßen um eine Speiserübe ohne Rübe. Ihre feingeschlitzten Blätter werden traditionell im Rheinland spinatartig als Blattgemüse genutzt. Sie sind botanisch mit dem Mizuna, das wir bei den Asia-Salaten besprochen haben, fast identisch – wenn auch kulturhistorisch auf ganz anderem Weg entstanden.

Die europäischen Speiserübensorten enthalten ein Senföl, das ihnen einen rettichähnlichen, etwas strengen Geschmack verleiht. Neue Sorten der Mairübe stammen aus Japan und besitzen ein schneeweißes, zartes Fleisch, das süßlich schmeckt und für den Rohgenuss bestens geeignet ist.

Alle diese Formen und Typen haben wir vor vielen Jahren in einer umfassenden Sichtung an unserer Versuchsstation Zinsenhof angebaut und miteinander verglichen. Wir bekamen damals Samenmuster aus England ebenso wie aus Ost- und Südeuropa und beim Anbau auch eine Ahnung von dem großen untergenutzten Potenzial, das in dieser alten Kulturpflanze steckt.

Wintereignung

Speiserüben sind an unser Klima bestens angepasst. Sie sind gut winterfest oder als Herbstgemüse lagerfähig. Späte Freilandsätze bleiben ähnlich wie die Rettiche bis in den Winter im Beet oder Kasten stehen. Zusätzlicher Schutz durch Laub verbessert die winterliche Freilandtauglichkeit von Speiserüben. Zu der Möglichkeit eines ungeheizten Anbaus von Mairüben nach dem Jahreswechsel, analog zu Radieschen, liegen bis jetzt noch keine eigenen Anbauerfahrungen vor. Auch in der Literatur konnten dazu keine Angaben gefunden werden. Einen Versuch wäre es wert.

Anbau und Pflege

Speiserüben werden direkt gesät. Je nach Sortentyp wählt man Reihenabstände von 20 bis 30 cm. In der Reihe wird auf 10–15 cm vereinzelt. Mairüben wachsen ähnlich wie Radieschen so schnell, dass sie erst Anfang September im Freien und Mitte bis Ende September im Kasten ausgesät werden müssen. Herbstrüben bilden größere Knollen und werden Ende August angebaut.

Speiserüben ähneln Radieschen auch als küchenfertig geputztes Produkt.

Mairüben können radieschenähnlich angebaut werden.

"Ruabkeime" nennt man in alpinen Gegenden die gelben, zarten Austriebe der Speiserüben im Winterlager. Sie können als winterliches Blattgemüse genutzt werden.

Ernte und Lagerung

Mairüben werden ab November laufend gezogen wie Radieschen und auch ähnlich wie diese verwendet. Mit ihrem würzigen Geschmack und ihrer knackigen Textur können Mairübchen auch überhaupt gemeinsam mit Radieschen aufgetischt werden.

Herbstrüben sticht man ab Ende Oktober aus dem Beet, um sie in Erdmieten oder Erdkellern einzulagern. Eingebettet in einer Sandschicht gelingt das allerdings nicht immer so unkompliziert wie bei anderen Knollenlagergemüsen, denn Speiserüben beginnen im Winter leicht zu faulen. Als gut lagerfähig hat sich in unseren Versuchen die Sorte 'Mailänder' erwiesen.

In den Berggebieten Osttirols und Kärntens werden die Rüben zerhackt und wie Sauerkraut eingesäuert. Der berühmte, geruchsintensive „Rübenschnaps" oder „Krautinger" aus dieser Gegend stellt zweifellos auch eine mögliche Form der Winternutzung von Speiserüben dar, ist aber nur eingefleischten Liebhabern derselben zu empfehlen. Da fällt es schon leichter, die Speiserübe nach alter Südtiroler Tradition in Form der „Ruabkeime" zu probieren. Diese zarten gelben Blattaustriebe von in dunklen Erdkellern gelagerten Knollen schmecken äußerst mild und delikat.

Nach der Aussaat wird kräftig eingegossen. Auch in der Phase der Knollenbildung hat die Speiserübe einen erhöhten Wasserbedarf. Durch Hacken hält man die Kultur während milder Herbstwochen beikrautfrei. In dieser Zeit ist normalerweise der Befallsdruck von Kohlerdfloh, der Speiserübenblätter liebt, schon ungefährlich niedrig. Gegen ihn helfen sonst nur eine rechtzeitige Abdeckung mit feinmaschigem Insektenschutznetz und ein konsequentes Mulchen des Rübenbeets.

Speiserüben können in Erdmieten oder Erdkellern gelagert werden. Sie beginnen dort allerdings leicht zu faulen.

Kohlrübe, Steckrübe

Brassica napus ssp. rapifera

Die gelbfleischigen Kohlrüben sind botanisch von Kohlrabi zu unterscheiden. Sie stehen in ihrer Verwandtschaft dem Ölraps näher. Aus unseren Hausgärten sind sie fast gänzlich verschwunden.

Immer wieder sehe ich mich auf Rundgängen durch Gemüsemärkte im Herbst danach um. Aber Kohlrüben findet man kaum mehr im Angebot der heimischen Gemüsebauern. Vor Jahren war ich auf dem bekannten Münchner Viktualienmarkt unterwegs und fand dort einen Stand mit liebevoll aufgeschichteten Kohlrüben, deren Beschriftung mich erheiterte: „Wruke, Dotsche, Bodenkohlrabi" war auf dem Etikett zu lesen. Ob solche Namen tatsächlich verkaufsförderlich wirkten, konnte ich nicht feststellen. Ich bezweifle es. Zuhause recherchierte ich weiter und entdeckte für mich ähnlich unterhaltsame für die Kohlrübe verwendete Begriffe: „Kulloche, Pfotsche oder Ramanke". Na ja, da finde ich das aus dem Englischen entlehnte „Rutabaga" schon wesentlich flotter.

Kohlrüben haben ein echtes Imageproblem. Auch wenn es schon 100 Jahre her ist: Dass der Hungerwinter 1917/18 im 1. Weltkrieg als „Steckrübenwinter" auf traurige Weise in die Geschichte eingegangen ist, weil außer diesen Kohl- oder Steckrüben nichts mehr verfügbar war, sitzt tief. Damals half es auch nichts, dass die Reichskartoffelstelle ihre Überschüsse an Kohlrüben der notleidenden Bevölkerung schmackhaft zu machen versuchte, indem sie blumige Bezeichnungen wie „Ostpreußische Ananas" dafür verwendete. Diese massigen Knollen blieben unbeliebt.

Die Wahl des attraktivsten Namens alleine wird für ein „Revival der Rüben" nicht ausreichen. Im Hausgarten können wir eine Wiederentdeckung wagen, indem wir Kohlrüben einfach in einem jüngeren Stadium ernten. Sie sind dann nicht nur kürzer im Anbau, sondern schmecken auch zarter.

Wintereignung

Kohlrüben sind ausgezeichnete Winterkandidaten, weil sie bis mindestens -7 °C frostfest sind
und auch bestens gelagert werden können. Meist
kann man sie über den Winter auch einfach auf
dem Beet stehen lassen. Eine Laubabdeckung oder
Anhäufeln mit Erde kann über strenge Frostzei-
ten hinweghelfen und verbessert die Winterfestigkeit. Man darf nicht vergessen, das Laub durch
über das Beet gespannte Netze oder durch auf-
gelegtes Reisig zu sichern, damit es Winterstürme nicht verblasen können.

Anbau und Pflege

Im Anbau sind Kohlrüben sehr anspruchslos. Sie
schätzen einen schweren, humosen Boden und
eine gute Wasserversorgung während der Knollenbildungsphase. Als Standardsorte wird gerne
die 'Gelbe Wilhelmsburger' empfohlen, die sich
durch ein zartes, schmackhaftes Knollenfleisch
auszeichnet.

Die Aussaat erfolgt Ende Mai, Anfang Juni
direkt am Beet mit 40 cm Reihenabstand und einer
Ablage alle 20 cm in der Reihe. Möchte man Kohlrüben jung ernten, sollte man enger und später,
nämlich Mitte bis Ende Juni, säen.

Ernte und Lagerung

Ab November werden Kohlrüben mit der Grabgabel ausgestochen und entweder direkt verwendet oder eingelagert. Kohlrüben aus dem Winterbeet kann man bis über den Jahreswechsel laufend entnehmen.

Als Lager sind wiederum Erdgruben und Erdkeller bestens geeignet. Man lässt die Knollen
abtrocknen, trennt das Laub ab, klopft die Erde
ab und schichtet das Lagergut als Miete bis zu
einem Meter hoch auf, bevor man es mit einer
Schicht Stroh und Erde abdeckt. Im Erdkeller lassen sich kleinere Mengen lagern, die man in Sand
oder Sägespäne einschlägt.

*Kohlrüben sind anspruchslose Gartenpflanzen.
Die Sorte 'Gelbe Wilhelmsburger' gilt als Standardsorte.*

*Kohlrüben werden im Herbst ausgegraben und
eingelagert.*

*Erntet man sie in einem jüngeren Stadium, sind
sie zwar nicht so gut lagerfähig, aber insgesamt zarter und delikater.*

Topinambur

Helianthus tuberosus

Topinambur ist mit der Sonnenblume verwandt. In ihrem Wuchs ist dieser botanische Zusammenhang erkennbar.

Wenn man Topinambur nur als Wintergemüse betrachtet, würde man dieser vielseitigen Nutzpflanze Unrecht tun. Er passt als lebendiges Gestaltungselement in jeden Naturgarten, denn außer Gemüse- und Heilpflanze ist er auch noch Sichtschutz, Bienenweide und attraktive Zierpflanze in einem.

Biologen rümpfen die Nase, denn sie sehen in Topinambur einen bedrohlichen Neophyten. Tatsächlich überlebt dieser Einwanderer aus Nordamerika in unseren Gärten so dauerhaft, indem er aus im Boden verbliebenen Knollen und Knollenbruchstücken jedes Jahr von selbst wieder austreibt, dass er sich zu einem hartnäckigen Unkraut entwickeln kann – zu einem liebenswerten Unkraut, würde ich sagen.

Wintereignung

Topinambur ist ein völlig unkompliziertes, zu 100 Prozent frostfestes Wintergemüse. Zwar sterben über den Winter die oberirdischen Pflanzenteile ab, die spindelförmigen, je nach Sorte gelb-, braun- oder violettschaligen, weiß- bis gelbfleischigen Sprossknollen aber überdauern ohne Probleme im Boden. Sie sollen Temperaturen bis zu -30 °C vertragen.

Anbau und Pflege

Topinambur wird am besten vegetativ vermehrt. Man pflanzt die Knollen im März bis April im Abstand von 75 x 30 cm, sodass die Oberseite der Knollen auf Beetniveau liegt. So lassen sich die Knollennester später am leichtesten ernten. Die Standfestigkeit der über zwei Meter hohen Pflanzen leidet freilich unter dieser flachen Pflanzung. Gegebenenfalls kann nachgehäufelt werden. Topinambur wird nicht einfach ins Gemüsebeet gepflanzt. Man kann ihn sehr gut als Hecke zum Sichtschutz oder zur Abgrenzung anlegen. Da er jedes Jahr wieder austreiben wird, entsteht so ein dauerhaftes Gestaltungselement, das aber gleichzeitig auch der Selbstversorgung dient.

Vor dem Auspflanzen wird der Boden mit Humus angereichert. Zum Start benötigt Topinambur eine ausreichende Bewässerung und eine regelmäßige Beikrautbekämpfung. Ist der Bestand einmal eingewachsen, sind kaum mehr Pflegemaßnahmen nötig.

Übrigens: Wenn Topinambur im Garten tatsächlich ungewollt überhandnehmen sollte, empfiehlt sich das konsequente Abmähen mit dem Rasenmäher.

Ernte und Lagerung

Die Ernte von Topinambur beginnt im Spätherbst und kann den ganzen Winter über nach Bedarf weitergeführt werden – vorausgesetzt, der Boden ist nicht gefroren. Ich erinnere mich noch gut an die Geschichte eines Spezialgemüsebauern, der an die Spitzengastronomie liefert und für einen bestimmten Termin im Winter 400 kg Ware zugesagt hatte. Leider hatte es zu dieser Zeit schon eine ganze Woche lang so frostige Temperaturen, dass es unmöglich war, an die Knollen im Boden heranzukommen. Das Geschäft mit dem Topinambur blieb aus.

Um solche Versorgungsengpässe zu vermeiden, kann man im Herbst auch Knollen ausstechen, sie gut abtrocknen lassen und gezielt lagern. Topinambur hat aber eine so zarte Schale, dass er gegen Austrocknung sehr empfindlich ist. Eine einfache Lagermethode ist das Abfüllen in Kunststoffsäcke, die man verschließt und in kühlen Räumen aufbewahrt.

Es gibt weiß- und rothäutige Topinambur-Sorten.

Sehr attraktiv ist die im Spätherbst erscheinende Blüte des Topinambur. Die Blütenblätter sind übrigens ebenfalls essbar.

Erdmandel

Cyperus esculentus

Unzählige kleine Erdmandelknöllchen werden an den Pflanzen gebildet, die man zur Ernte absammelt.

Die Erdmandel ist nicht nur deshalb ein Exot unter unseren Wintergemüsekandidaten, weil sie aus der Familie der Sauergrasgewächse stammt, die sonst keine Gemüse anzubieten hat. Ihre kleinen, runden, ölhaltigen Knöllchen können nach winterlicher Ernte auch roh geknabbert werden und schmecken tatsächlich nach Mandeln, obwohl sie mit diesen botanisch überhaupt keine Gemeinsamkeiten haben.

Die Araber brachten die Erdmandel im 8. Jahrhundert nach Spanien, wo sie bis heute ein Stück nationaler Identität darstellt. Aus ihr wird die beliebte *horchata de chufa* hergestellt – ein milchiges Erfrischungsgetränk, das gekühlt in Bars und Eisdielen angeboten wird.

Die kleinen Knöllchen haben auch beachtliche Gesundheitswirkungen. Im Reformhandel findet man bei uns Erdmandelflocken oder -mehl als ballaststoffreiche Verdauungshilfe.

Wintereignung

Erdmandelknöllchen sind im Boden bis -7 °C frostfest, was für eine verlässliche Winterhärte bei uns völlig ausreichend ist. Man kann die Stöcke also einfach im Freien belassen. Um auch während Dauerfrostphasen an sie heranzukommen, empfiehlt sich eine Kultur im Topf, der im Winter zwar draußen bleibt, aber einige Stunden vor der Ernte einfach ins Haus hereingenommen werden kann, bis die Erde darin völlig aufgetaut ist. Nach der Ernte kommt er wieder ins Freie.

Anbau und Pflege

Erdmandeln werden vegetativ durch ihre Knöllchen vermehrt. Diese werden im April zunächst in warmem Wasser einige Stunden lang eingeweicht und dann zu sechst oder siebent 2–3 cm tief in mit Bioerde gefüllte 10-cm-Töpfe gesteckt. Nun muss man sie warm aufstellen, damit sie rasch austreiben und gesunde Wurzeln bilden. Ab Mitte Mai übersiedeln sie ins Freie auf das Gemüsebeet. Als Pflanzabstände haben sich 30 x 30 cm bewährt. Erdmandeln sind sehr anspruchslos. Eine einfache Ernte kann man sich aber nur auf steinfreien, sandigen Böden erwarten. Lehmige erschweren ebenso wie steinige Böden die Reinigung nach der Ernte.

Wenn man in dieser Hinsicht nicht die optimalen Voraussetzungen zu bieten hat, kann man Erdmandeln auch einfach im Topf ziehen. Man füllt Bioerde in 20-Liter-Töpfe ein, mischt eventuell etwas sandigen, steinfreien Gartenboden dazu und stellt diese Kübel in die volle Sonne.

Während des Sommers in Trockenzeiten und vor allem im Herbst muss regelmäßig gegossen werden, eine Düngung ist nicht nötig.

Ernte und Lagerung

Geerntet wird ab November, nicht zu früh, damit sich die kleinen Knollen voll entwickeln können, denn sie legen im Herbst noch deutlich zu. Dazu hebt man mit der Grabgabel die ganze Pflanze aus, klopft die Erde ab und sammelt die Knöllchen vom Wurzelstock ein. Steine müssen sofort aussortiert werden. Die Ernte, die man pflanzenweise nach Bedarf über den ganzen Winter fortsetzen kann, ist zugegebenermaßen eine mühsame Angelegenheit, die nur durch die Vorfreude auf den winterlichen Knabberspaß erträglich wird.

Knöllchen, die im Boden bleiben, treiben im nächsten Jahr von selbst wieder aus. Das ist der Grund, warum Erdmandeln vielerorts in Europa ausgewildert sind und sich zu unangenehmen Neophyten entwickelt haben.

Erdmandeln können unkompliziert in kühlen Räumen gelagert werden. So behält man sich auch Pflanzgut für das nächste Jahr auf.

Erdmandeln ziehen im Herbst ein. Das bedeutet, dass die Blätter dieses Sauergrasgewächses vor dem Winter absterben.

Knollenziest
Stachys affinis

Ziestknollen sehen eigenwillig aus. In etwas Öl herausgebraten schmecken sie aber ausgesprochen delikat.

Der Knollenziest mit seinen extravaganten Knöllchen ist der einzige Gemüsevertreter aus der sonst durch ihre Heil- und Gewürzkräuter bekannten Familie der Lippenblütler. Für uns in der City Farm Schönbrunn ist er deshalb so wertvoll, weil er im Spätherbst und Winter für Schatzsucherstimmung sorgt, wenn unsere kleinen Gäste, mit Schauferln ausgerüstet, im Beet zu graben beginnen.

Wintereignung

Knollenziest ist bei uns in Form seiner Knöllchen vollkommen frostfest und winterhart. Nur die Triebe und Blätter sterben im Herbst vollständig ab. Die besten Lagerbedingungen finden die kleinen Knollen im Boden vor, in dem sie gewachsen sind. Man belässt sie also einfach dort und deckt bei Dauerfrost mit Laub oder Reisig ab, um ein Durchfrieren des Bodens zu verhindern.

Der Vorteil einer Kultur im Topf ist, dass man im Winter selbst bei Frost immer an die Knöllchen kommt, wenn man den Topf einfach zum Auftauen ins Haus räumt. Nach der Ernte wird er wieder ins Freie gebracht.

Anbau und Pflege

Ziestknollen werden zu zwei oder drei Stück im zeitigen Frühjahr 5 cm tief in mit Bioerde gefüllte Töpfe gesteckt und warm angezogen. Sind die Pflänzchen kräftig entwickelt, werden sie im Freien ausgesetzt. Das ist ab März im Abstand von 50 cm möglich. So hat der Bestand im Sommer genug Platz, sich auszubreiten. Ein nährstoffreicher Boden fördert die Ausbildung dicker Knöllchen ebenso wie ein regelmäßiges Gießen vor allem in der Phase des Knollenansatzes ab dem Spätsommer. Auch mehrmaliges Hacken und Anhäufeln verbessert den Knöllchenertrag spürbar.

Wir haben in der City Farm für den Knollenziest ein eigenes würfelförmiges Hochbeet eingerichtet. So kann er einerseits bequemer beerntet werden und andererseits auch nicht „entkommen", denn Knollenziest treibt aus jedem kleinen Knöllchen im nächsten Jahr neu aus. Damit breitet er sich im Garten schneller aus, als uns lieb ist. So ein Beet sollte allerdings alle zwei bis drei Jahre wieder neu angelegt werden, damit es nicht zu Bodenmüdigkeit und Wachstumsschwächen kommt. Knollenziest ist leider auch anfällig für Virosen, was sich in Form von Gelbverfärbungen, Kümmerwuchs und Ertragseinbußen bemerkbar macht. Sollte das zu einem massiven Problem werden, muss man sich neues, gesundes, virusfreies Pflanzgut besorgen und die alten Bestände komplett räumen.

Ernte und Lagerung

Ziestknollen werden 3–8 cm lang und etwa 1–2 cm dick. Durch ihre perlschnurartigen Verdickungen sehen sie ausgesprochen dekorativ aus. Die Reinigung dieser Knöllchen, die ab Oktober aus dem Boden geholt werden, stellt uns aber vor Herausforderungen. Bei Winterführungen, wenn wir Proben von Knollenziest aus unserem Hochbeet graben, schlage ich immer wieder vor, für die Reinigung der Querrillen doch einfach eine Zahnbürste zu verwenden. Einmal meinte ein Gast im Spaß, dass eine zusätzliche Erleichterung vielleicht eine elektrische Zahnbürste bieten könnte. Das habe ich dann, ehrlich gesagt, aber doch nie ausprobiert.

Geerntete Knöllchen müssen möglichst rasch verwendet werden. Mit ihrer sehr zarten Schale beginnen sie an der Luft nämlich sofort zu bräunen und zu welken. Das ist auch der Grund, warum man wirklich nur nach Bedarf ernten soll. Man kann dies ja den ganzen Winter lang tun. Ab Februar merkt man, dass sich an den unterirdischen Knöllchen wieder Wurzeln zu bilden beginnen. Im März endet damit die Erntesaison mit dem Neuaustrieb.

Knollenziestbestände sollten unbedingt im Winter konsequent beerntet werden. Andernfalls entsteht in der nächsten Saison ein solcher Konkurrenzdruck unter den vielen aufwachsenden Pflänzchen, dass Knollengröße und Ertrag darunter leiden.

Man erntet vom Knollenziest gerade immer so viel, wie man tatsächlich verwenden möchte.

Knollenziest zählt botanisch zu den Lippenblütlern. An Wuchs und Blattform ist dies deutlich erkennbar.

Zuckerwurzel

Sium sisarum

Die Zuckerwurzel ist eine wunderschöne mehrjährige Gartenpflanze, die im Sommer üppig blüht.

Mit der Betrachtung der Zuckerwurzel kommen wir am Ende dieses Unterkapitels wieder zur Familie der Doldenblütler zurück, mit der wir begonnen haben. Zuckerwurzeln sind nicht nur attraktive Gartenpflanzen, sie machen ihrem Namen auch tatsächlich alle Ehre. Roh zum Knabbern ebenso wie in der Pfanne kurz angebraten, sind sie eine süß schmeckende, außergewöhnliche Delikatesse, die noch immer Seltenheitswert genießt. Und das, obwohl sie in vergangenen Jahrhunderten in Europa durchaus verbreitet angebaut wurden, bevor sie schließlich von der Kartoffel verdrängt wurden. In alter Gartenliteratur findet man ganz selbstverständlich noch Kulturanleitungen dazu.

Wintereignung

Zuckerwurzeln sind frostfeste, ausdauernde Gartenpflanzen, die bestens an unser Klima angepasst sind und am Beet überwintern können. Um eine laufende Ernte trotz Dauerfrost zu ermöglichen, sollte der Boden mit Laub oder Reisig abgedeckt werden.

Anbau und Pflege

Zuckerwurzeln können mit Samen oder aus Sprosstrieben vermehrt werden. Erfahrene Gärtner bevorzugen die Aussaat, weil sie Pflanzen mit zarteren Wurzeln hervorbringt. Die Keimfähigkeit des Saatgutes ist allerdings sehr begrenzt. Es wird zeitig im Frühjahr ausgesät oder sogar noch im November des Vorjahres. Dies kann entweder durch Direktsaat im Reihenabstand von 30 cm geschehen, oder man sät in Schalen oder Töpfe, pikiert die Keimlinge und kultiviert Jungpflanzen warm vor. Mehrjährige Pflanzen, die blühen und aussamen, sorgen ganz allein für Nachwuchs im Beet.

Die Auspflanzung in ein humoses, aber nicht frisch gedüngtes Beet erfolgt ab April im Abstand 25 x 25 cm. Zuckerwurzeln vertragen auch schwerere Böden und halbschattige Standorte im Garten. Sie wachsen völlig anspruchslos, sollten aber während trockener Hitzephasen gegossen werden. Durch Hacken oder Mulchen hält man die Bestände beikrautfrei.

So wachsen Zuckerwurzeln zu kräftigen Einzelpflanzen heran, die mit ihren weißen Doldenblüten ein echter Blickfang und Insektenmagnet im Garten werden.

Ernte und Lagerung

Gesunde Pflanzen bilden Stöcke mit einem Büschel von 10 bis 15 etwa fingerdicken, leicht eingeschnürten Wurzeln. Es wird im Spätherbst und laufend während des Winters bis zum Neuaustrieb geerntet, indem man den Stock mit der Grabgabel aushebt und nach Abnehmen eines Teils der zarten Wurzeln wieder einsetzt. Zu frühe Ernte beeinträchtigt den Geschmack der Zuckerwurzel, denn die Pflanzen lagern im Spätherbst noch Zucker und Stärke ein, während die oberirdischen Teile bereits absterben. Geerntete Wurzeln können auch in feuchten Sand eingeschlagen und im Erdkeller untergebracht werden.

Das wäre bei uns in der City Farm Schönbrunn wahrscheinlich empfehlenswert, denn unsere

Zuckerwurzeln werden während des Winters durch einen großen Schädling dezimiert: den Dachs, der als gelernter Feinspitz gezielt nach ihren Wurzeln gräbt und ganze Beete umwühlt, um an die feinen Delikatessen zu kommen. Süß dürfte überhaupt seine Leidenschaft sein, denn im Sommer lässt er uns auch vom Zuckermais nichts übrig.

Häufelt man Zuckerwurzelstöcke nach der Ernte etwas mit Erde an, kann man als Draufgabe die sich im zeitigen Frühjahr bildenden gebleichten Triebe als zarte Salatdelikatesse genießen.

Ein Büschel fingerdicker Wurzeln bildet jede Pflanze, das sich im Spätherbst beernten lässt.

Wintergemüsevielfalt der Zwiebel- und Lauchgemüse

Zwiebelvielfalt bedeutet weit mehr als das, was man unter diesem Namen im Supermarkt zu kaufen bekommt.

Zwiebelgemüse zählen zu den ältesten Nutzpflanzen der Menschheit. Viele von ihnen stammen von Steppenpflanzen in kontinentalen Klimazonen ab, die an heiße Sommer und kalte Winter angepasst sind. Wir dürfen uns deshalb spannende Vertreter für unseren Wintergemüsegarten erwarten.

Grundsätzlich teilt man die Gemüse dieser großen Pflanzenfamilie aus der Gruppe der Einkeimblättrigen nach ihrem Blattbau in Hohl- und Flachblättrige. Wir wollen hier aber keine akademisch-botanische Abhandlung machen, sondern nur den Hinweis auf die faszinierende Vielfalt der Zwiebelgewächse loswerden, die 2010 den Jahresschwerpunkt unserer Schönbrunner Seminare bildete. Damals entdeckten wir nicht nur zahlreiche unbekannte Speisezwiebelsorten, sondern auch Zierzwiebel, Kartoffel-Zwiebel, Eschlauch, Zimmerknoblauch und unzählige andere als vielseitig einsetzbare Gemüse- und Gewürzpflanzen. Einige davon fallen aufgrund ihrer Winterfestigkeit oder unkomplizierten Lagerfähigkeit in unseren Themenbereich und dürfen deshalb in unserer Porträtsammlung nicht fehlen.

Zwiebelgemüse enthalten schwefelhaltige Aminosäuren, die beim Schneiden oder Zerbeißen von Blättern mithilfe von Enzymen so umgebaut werden, dass sie die charakteristischen scharfen Geruchs- und Geschmacksstoffe bilden, die auch für die besondere Gesundheitswirkung dieser Gewächse verantwortlich sind. Auch das macht sie für den winterlichen Gebrauch so wertvoll.

Beim Herbstgemüsetag am Zinsenhof zur Zwiebelvielfalt wurden mehr als 70 verschiedene Zwiebelgewächse in einer umfassenden Ausstellung präsentiert.

Speise-, Küchenzwiebel
Allium cepa

Die Speisezwiebel zählt zu den wirtschaftlich bedeutsamsten Gemüsearten überhaupt. Im Hausgarten ist es sinnvoll, sich auf das Besondere zu konzentrieren.

Die Speisezwiebel ist schon so lange in menschlicher Nutzung, dass Wildformen oder Vorfahren gar nicht bekannt sind. Schon im alten Ägypten bediente man sich der nahrhaften Zwiebel zur Volksernährung. Zwiebeln sind botanisch keine Knollen, sondern Speicherorgane, die aus den verdickten Unterblättern der Pflanze gebildet werden. Mehr als 9 kg werden hierzulande davon pro Kopf und Jahr verzehrt. Oft wird diese Gemüseart in den Zusammenhang des Fleischkonsums gestellt, wenn man an den Zwiebelrostbraten oder an faschierte Laibchen denkt, die ohne angebratene Zwiebel nicht denkbar wären.

In unserer privaten Küche ist die Speisezwiebel unverzichtbare Basis von Gemüsepfannen. Man brät sie je nach Geschmack verschieden scharf an und fügt dann – zeitlich gestaffelt je nach Garzeit – geschnittene oder gewürfelte andere Gemüse dazu. Das ergibt in jeder Jahreszeit ein gänzlich verschiedenes Ergebnis. Im Sommer dominieren bei uns Paradeiser, Paprika und schmackhafte Spezialgurken. Im Winter ist unsere Gemüsepfanne von Blatt- und Wurzelgemüse geprägt. Dass wir auch in dieser Jahreszeit nicht unter Eintönigkeit leiden müssen, kann man an der langen Liste der hier beschriebenen Winterkandidaten ablesen.

Wintereignung

Speisezwiebeln werden schon am Ende des Sommers oder im zeitigen Herbst geerntet und überstehen den Winter im Lager. Zu spätes Einlagern ist deshalb ein Problem, weil feuchte herbstliche Witterungsbedingungen die Pflanzengesundheit und damit die Lagerfähigkeit erheblich beeinträchtigen. Zwiebeln können im Jugendstadium je nach Sorte eine erstaunliche Frostfestigkeit von bis zu -20 °C aufweisen. Das macht man sich bei den sogenannten Winter-Säzwiebeln zunutze, die am Beet überwintern und im nächsten Jahr schon früher erntefertig sind als die einjährigen Sommer-Säzwiebeln. Auch geerntete Zwiebeln vertragen im Lager stärkere Fröste.

Anbau und Pflege

Die Kultur von Zwiebeln, die man einlagern kann, erfordert einen vollsonnigen, luftigen Standplatz im Garten und einen humosen Boden, der Wasser speichert, aber nach Niederschlägen auch schnell wieder abtrocknen kann. Am besten gedeihen Zwiebeln, wenn die Witterung bis zur Knollenbildung feucht verläuft, sodass sich kräftige Speicherorgane ausbilden, es im Sommer aber trocken und heiß wird, um die Abreife und das Abtrocknen der Zwiebeln zu fördern. Dieses Witterungswunschkonzert wird uns oft leider nicht geboten. Entsprechend wechselhaft ist es um unseren Zwiebel-Gartenerfolg bestellt.

In rauen oder sommerfeuchten Gegenden ist es empfehlenswert, auf Zwiebelverwandte auszuweichen, die frostfest sind, im Winter also frisch verwendet werden können. Wir werden diese in den folgenden Porträts noch kennenlernen.

Sorten der Speisezwiebel sind vielfältig in Form und Farbe. Man unterscheidet flaschen- oder bir-

nenförmige (sogenannte Hühnerkeulen-Zwiebel), hochrunde, flach- bis plattrunde und kugelrunde Zwiebel. Trockenzwiebeln schließen mit papierenen Schalen ab und können über den ganzen Winter gelagert werden. Gemüsezwiebeln schmecken milder, saftiger und werden frisch genutzt. Sie sind nur bis zum Frühwinter lagerfähig.

Zieht man Zwiebel als Jungpflanzen vor, sät man 5–7 Samen pro Topf aus. Nach der Keimung müssen sie unbedingt möglichst kühl gestellt werden.

Um Zwiebel für den Winter einlagern zu können, muss man sie gut abtrocknen lassen.

Gemüsezwiebel werden geerntet, wenn sie noch keine papierene Hülle gebildet haben. Sie sind nicht gut lagerfähig.

Größenweltmeister sind die Gemüsezwiebelsorten 'The Kelsae' oder 'Ailsa Craig', die bis zu 3 kg schwere Zwiebeln bilden können. Dagegen wirken die 4–6 cm kleinen Zwiebelchen der Sorte 'Gold Coin' der amerikanischen Samenfirma Johnny's Seeds wie Zwerge. 'Nevada' bringt weißschalige, 'Wiro' (beide Austrosaat) rotschalige Zwiebeln hervor. 'Gelbe Laaer', 'Rote Laaer' und 'Schoderleer Steckzwiebel' sind Traditionssorten aus dem nördlichen Weinviertel. Solche samenfesten Lokalsorten zeigen oft eine höhere Robustheit und Stabilität als moderne Hybridsorten.

Im Anbau unterscheidet man Sä- und Steckzwiebel. Säzwiebeln werden im Frühjahr so zeitig wie möglich ab Mitte Februar in Reihen mit 25 cm Abstand ca. 2 cm tief angebaut. Keimung und Jungpflanzenentwicklung gehen sehr langsam vor sich. Ohne konsequentes Jäten überlebt die Kultur nicht. In der Reihe wird auf 5–10 cm vereinzelt. Im Hochsommer zur Zeit des Hauptwachstums der Speicherorgane ist eine Bewässerung unbedingt nötig.

Eine raschere Entwicklung zeigen Steckzwiebeln, die man bis Mitte April im Abstand von 25 x 4–5 cm so in den Boden steckt, dass das Pflanzgut mit seiner Spitze gerade aus dem Boden schaut. So bequem das Setzen auf Endabstand und die leichtere Beikrautregulierung auch sein mögen, Steckzwiebeln sind nicht in der gleichen Sortenvielfalt verfügbar wie Säzwiebeln. Durch die vegetative Vermehrung schleppt man sich auch häufig Krankheiten ein. Noch einen Nachteil bringt die Steckzwiebelkultur mit sich: Das Pflanzgut im Handel weist oft sehr uneinheitliche Größen auf. Nun ist man eher geneigt, die schönen, größeren Zwiebelchen zu stecken, weil man sich von ihnen einen Entwicklungsvorsprung verspricht. Das geht leider genau in die verkehrte Richtung, denn größere Steckzwiebeln können schon einen Vernalisationsreiz erhalten haben und neigen eher zum Durchtrieb im ersten Jahr. Damit erntet man im Sommer zwar wunderschöne Blüten für die Blumenvase, aber leider keine Zwiebeln für die Pfanne.

Eine dritte Alternative bietet bei Trockenzwiebeln die Jungpflanzenanzucht im Topf. 5–7 Samen werden Mitte März in ein 5-cm-Töpfchen, das man mit Anzuchterde gefüllt hat, abgelegt. Nach der Keimung müssen die Pflänzchen unbedingt kühler gestellt werden. Eine zu warme Jungpflanzenanzucht führt zum Abtrocknen und Absterben der ersten Blätter. 4 Wochen nach der Aussaat kann man auf einen Abstand von 40 x 20–25 cm auspflanzen. Keinesfalls sollte man den Inhalt der Anzuchttöpfe zu tief setzen, sonst leiden Zwiebelform und Lagerfähigkeit darunter.

Auch bei den Steckzwiebeln muss man im Sommer auf eine ausreichende Bewässerung achten. Beikräuter dürfen nicht überhandnehmen.

Echte Schalotten werden neuerdings als Varietät der Speisezwiebel geführt. Sie unterscheiden sich von diesen aber dadurch, dass sie nicht nur eine einfache Zwiebel, sondern mehrere Tochterzwiebeln bilden. Da sie bei uns nicht blühen, können sie auch nicht mit Samen, sondern nur durch Bulben vermehrt werden. Diese werden im März auf 30 x 15–20 cm direkt ins Beet gesteckt.

Schalotten sind robust, sogar frostfester als Speisezwiebeln und ab Juli erntefertig, können aber lange gelagert werden. Sie schmecken mild und sehr aromatisch. Für etwas Verwirrung sorgt die Tatsache, dass manche Samenfirmen auch Säschalotten oder Échalions anbieten. Das sind normale Speisezwiebeln vom länglichen, flaschenförmigen Typ, die in der Küche bequem geschnitten oder auch als Ganzes angebraten werden können, geschmacklich aber nicht an die Echten Schalotten herankommen.

Ernte und Lagerung

Trockenzwiebeln für die Lagerung werden erntereif, wenn das Laub am Zwiebelhals abknickt und zu ein bis zwei Dritteln bereits abgestorben ist. Trockene Witterung bei der Ernte und ein gründliches Nachtrocknen der Zwiebeln an einem sonnigen Plätzchen sind Voraussetzungen für eine befriedigende Lagerfähigkeit. Bei feuchter Witterung zur Erntezeit schneidet man das Laub ab und trocknet auf einem luftigen Dachboden nach.

Zur Einlagerung für den Winter werden Trockenzwiebeln flach in Kisten gefüllt oder in Haufen aufgeschüttet. Man benötigt einen kühlen bis kalten, möglichst luftigen Lagerort mit gleichmäßigen Temperaturbedingungen. Das kann der Dachboden oder auch eine Stellage im Erdkeller sein. Im gefrorenen Zustand dürfen Zwiebeln nicht bewegt werden. Auch zu rasches Auftauen führt zu Erfrierungsschäden.

Als Säschalotten oder Échalions werden oft jene Speisezwiebeln bezeichnet, die eine charakteristische längliche Form aufweisen. Zu den Echten Schalotten kann man sie aber nicht rechnen.

Echte Schalotten wie die 'Laaer Rosa Schalotte' werden nicht durch Samen, sondern durch Bulben vermehrt. Sie bilden mehrere Tochterzwiebeln.

Spezialsorten wie die rotschalige 'Wiro' (oben) oder die 'Schneeweiße Unterstinkenbrunner' (unten) sehen nicht nur bunt aus, sie sind auch besonders robust im Anbau.

Jungzwiebel, Frühlings-, Bundzwiebel
Allium cepa, Allium fistulosum

Jungzwiebeln sind aufgrund ihrer relativ kurzen Kulturdauer und ihrer Frostfestigkeit ideale Winter-gemüse. Man unterscheidet solche, die als junge Speisezwiebeln geerntet werden ...

Um hier gleich für Aufklärung zu sorgen: Jung-, Frühlings- oder Bundzwiebeln können botanisch entweder frühzeitig geerntete Speisezwiebeln (*Allium cepa*) sein oder sie gehören botanisch zur Art *Allium fistulosum*, der Winterheckenzwiebel, die wir auch noch besprechen werden. Als dritte Möglichkeit kommt der intermediäre Typ in Frage, der aus einer Kreuzung dieser beiden Arten entstanden ist. Jungzwiebeln der Speisezwiebel bilden deutlich verdickte hochrunde Zwiebelchen aus, die Winterhecken-Jungzwiebeln, die oft auch als Lauchzwiebeln bezeichnet werden, zeigen hingegen zwar eine Schaftbildung, aber kaum kugelförmige Verdickungen.

In unserem Forschungsprojekt mit Biobetrieben quer durch ganz Österreich dienten Jungzwiebeln den alpinen Partnern als erfolgreiche Ergänzung des Wintersortiments. In Salzburg überstanden sie den Winter sogar im Freien.

Wintereignung

Viel mehr muss man zur Winterfestigkeit gar nicht sagen. Jungzwiebeln stellen ein spannendes Frischgemüse vor allem für den ausgehenden Winter dar. Am besten bietet man ihnen dafür einen Platz im mobilen Kasten oder Minitunnel. Das Dach über dem Kopf dient vor allem einer trockeneren Kultur, denn zu feuchte Bedingungen gefährden durch Pilzinfektionen die Pflanzengesundheit.

Jungzwiebeln mit dem botanischen Hintergrund der Winterheckenzwiebel sind noch frostfester als die Speisezwiebel-Typen.

Anbau und Pflege

Die Aussaat der Jungzwiebeln für die Winterernte erfolgt in Reihen mit 20–25 cm Abstand ab Ende Juni. Es sollte möglichst dünn gesät werden, dann ist ein Vereinzeln nicht nötig. Ab Ende Juli

... und solche, die botanisch eigentlich zu den Winterheckenzwiebeln gehören und kaum Zwiebelchen ausbilden. Diese sind besonders winterfest.

bis Mitte August angebaute Sätze werden erst ab Anfang März fertig.

Auch eine Jungpflanzenanzucht ist möglich. Dafür werden 3–5 Korn in kleine Anzuchterde-Töpfchen ausgesät. Nach 3–4 Wochen Vorkultur wird auf 30 x 10 cm ausgepflanzt.

Winterhecken-Jungzwiebelsorten wie 'Gloria' oder 'Parade' (Austrosaat) sind weißschaftig, 'Tundra' bildet als Speise-Jungzwiebel hochovale weiße Zwiebelchen. Für Abwechslung sorgt 'Apache' mit seinen kleinen roten Zwiebeln.

Jungzwiebeln werden während Sommer und Herbst aufmerksam von Beikräutern befreit. Regelmäßiges Gießen fördert die Entwicklung. Ab Ende Oktober, spätestens aber, wenn größere Niederschlagsmengen oder sehr starke Fröste zu erwarten sind, bringt man mobile Kästen über die Kultur. Ab da geht man mit dem Gießwasser sparsam um und achtet darauf, dass die Kultur durch Gießen an sonnigen Vormittagen wieder rechtzeitig vor dem Abend abtrocknet.

Ernte

Jungzwiebeln werden ab November laufend als Frischgemüse geerntet. Man zieht sie büschelweise aus dem Boden und trennt die Wurzeln ab. Sollten sie sich nicht so rasch wie geplant entwickelt haben, ist es auch kein Problem, sie mit zarten, dünnen Schäften zu ernten. Dann sind sie besonders fein und mild.

Rötliche Sorten wie 'Rouge Commune' oder 'Apache' bieten eine farbliche Abwechslung.

Schnittzwiebel, Zwiebelgrün

Allium cepa, Allium fistulosum

Schnittzwiebeln sind Jungzwiebeln, die man dicht sät und schnittlauchartig schneidet. Sie weisen eine sehr gute Frostfestigkeit auf.

Schnittzwiebeln unterscheiden sich botanisch nicht von den vorhin besprochenen Jungzwiebeln. Bei ihnen nutzt man aber ähnlich wie beim Schnittlauch nur das Grün der Pflanzen. Das bietet den Vorteil, dass man das „Schnittlauch-Versorgungsloch" im Spätherbst, wenn dieser tageslängengesteuert einzieht und zu vergilben beginnt, mit einem würzigen Ersatz füllen kann. Ein mehrmaliges Beernten ist möglich.

Eine originelle, äußerst rasche Winterkultur habe ich in der Republik Moldau kennengelernt, wo ich im Rahmen eines „Entwicklungshilfeprojekts" über einen Zeitraum von mehreren Jahren tätig war. Auf meinen mehrmaligen Moldau-Besuchen beobachtete ich Kollegen einer land-wirtschaftlichen Fachschule, wie sie in einem kalten Foliengewächshaus im Jänner in die oberste Erdschicht dicht an dicht zu klein geratene Speisezwiebeln aus der Vorjahresernte steckten. Nach wenigen Wochen waren diese ausgetrieben. Das frische Zwiebelgrün wurde geschnitten und wie Schnittlauch verwendet.

Wintereignung

Junge, grüne Blätter der Speisezwiebel ebenso wie der Winterheckenzwiebel sind vollkommen frostfest. Durch eine geschützte Kultur im Kasten bietet man ideale Bedingungen für eine Ernte im beginnenden ebenso wie ausgehenden Winter.

Anbau und Pflege

Betreffend Aussaattermine und Pflege der Schnittzwiebel-Kultur orientiert man sich an den Jungzwiebeln.

Die Zwiebelaustriebsvariante nach moldauischem Vorbild probierten wir in unserer Versuchsstation ebenfalls aus. Dafür organisiert man sich noch im Herbst zu klein geratene Trockenzwiebeln. Die können entweder aus der eigenen Ernte stammen oder beim Landwirt abgeholt werden, wo sie bei der Sortierung der Ware als Ausschuss anfallen. Sie werden dann kühl und luftig gelagert, wie wir es bei den Trockenzwiebeln beschrieben haben. Ab Mitte Jänner steckt man sie Zwiebel an Zwiebel sehr dicht in den Kalten Kasten und wässert sie ein. Selbst bei winterlichen Temperaturen treiben die Zwiebeln durch den Lichtreiz aus und sind nach 4–6 Wochen erntefertig. Auch im Freien auf dem Hochbeet gelingt diese Extensivkultur ab Mitte Februar, bei milder Witterung sogar noch früher. Pflanzt man solche Wintersteckzwiebeln schon im Oktober, sind sie im Dezember erntefertig.

Um schnell Zwiebelgrün ernten zu können, steckt man kleine Küchenzwiebeln dicht an dicht.

Ernte

Schnittzwiebeln werden zur Ernte mindestens 5 Zentimeter über dem Boden geschnitten. So treiben sie je nach Jahreszeit verschieden schnell wieder nach. Den raschesten Zuwachs beobachtet man im März. Statt eines letzten Schnittes erntet man Schnittzwiebel ebenso wie Jungzwiebel mitsamt der ganzen Pflanze.

In Moldau habe ich zum Thema Zwiebelgrün bemerkt, dass die Leute im Haushalt, wenn sie Trockenzwiebel zum Kochen verarbeiten, stets den oberen 2–3 cm starken Anschnitt der Zwiebel übriglassen und in einer Wasserschale ans Fenster stellen. Nach 2 Wochen wird der grüne Austrieb „geerntet" und wie Schnittlauch verarbeitet.

Auch im Winter kann man wenige Wochen später frisches Grün schneiden.

Zur Ernte dürfen Schnittzwiebeln nicht zu tief geschnitten werden, damit sich die Pflanzen möglichst rasch wieder regenerieren können.

Winterheckenzwiebel

Allium fistulosum

Die Winterheckenzwiebel ist ein Gemüse, das in keinem Wintergarten fehlen sollte.

Die Winterheckenzwiebel haben wir nun im Zusammenhang mit Jung- und Schnittzwiebeln bereits kennengelernt. Diese in Ostasien so beliebte Gemüsepflanze hat aber durchaus noch mehr Aufmerksamkeit verdient. Dort wird sie nämlich schon seit Jahrtausenden genutzt. Unsere Speisezwiebel ist hingegen in China erst seit wenigen Jahrzehnten im Anbau.

Wintereignung

Winterheckenzwiebeln, oft kurz auch einfach Winterzwiebeln genannt, sind mehrjährige, frostfeste Gemüsepflanzen, die im Hausgarten nicht nur während des Winters einiges zu bieten haben.

Man unterscheidet die kältetoleranten europäischen blattbildenden Sorten und die stängelbildenden japanischen Sorten, die bei uns im Freien nicht ausreichend winterhart sind. Letztere können nur einjährig kultiviert und bis in den Spätherbst genutzt werden. Sie sind mit ihren Porree-ähnlichen, langen weißen oder roten Schäften ausgesprochen attraktiv.

Anbau und Pflege

Winterheckenzwiebeln europäischen Typs bilden kräftige Stöcke, die keine Speicherorgane im Sinne unserer Speisezwiebel, sondern zahlreiche grobröhrige Schlotten bilden. So nennt man ihre fleischigen, bis zu 40 cm langen Blätter. Der Anbau erfolgt im Frühjahr ab März in Töpfen. Nach 4 Wochen wird auf 30 x 30 cm in den humosen Gartenboden ausgepflanzt. Winterheckenzwiebeln benötigen bis zum Einwachsen eine regelmäßige Bewässerung. Ältere Pflanzen werden nur bei anhaltender Trockenheit gegossen. Um einer Verunkrautung entgegenzuwirken, achtet man auf ein Sauberhalten der Stöcke.

Im Hausgarten können die Stöcke einige Jahre genutzt werden. Ein neuerliches Aussetzen von jungen Pflanzen erfolgt dann im Sinne eines bodenschonenden Fruchtwechsels an anderer Stelle. Winterzwiebeln lassen sich auch durch Teilung der Horste im Frühjahr vermehren.

Ernte

Eine Ernte der Winterheckenzwiebel ist schon im ersten Jahr möglich. Nach drei bis vier Monaten, wenn das Laub mindestens 20 cm hoch ist, können die ersten Blätter geschnitten werden. Nach Bedarf wird nun bis in den Winter hinein

Sorten mit einer lauchähnlichen Schaftbildung sind weniger frostfest als reine Blatttypen.

Typisch sind die dicken, röhrenförmigen Blätter der Winterheckenzwiebel.

und im nächsten Frühjahr wieder ab Februar frisches Grün geerntet und in der Küche verwendet. Quer geschnitten ergeben die grobröhrigen Blätter nett aussehende grüne Ringe mit schnittlauchähnlichem Geschmack. Auf dem Butterbrot oder im Salat wirken sie deshalb nicht nur außergewöhnlich dekorativ, sie bieten auch eine aufregend scharfe Würze. Der beim Anschneiden austretende durchsichtige, schleimige Pflanzensaft wird einfach abgewaschen. In der Pfanne verwendet man Winterheckenzwiebel ebenso vielseitig wie die bekannte Küchenzwiebel.

Eine Ernteverfrühung im ausgehenden Winter ist durch gezieltes Abdecken der Stöcke mit Glocken möglich.

Als Dauergemüse zieht die Winterheckenzwiebel im Herbst ein, um zeitig im Frühjahr wieder frisch auszutreiben. Dieses Bild wurde Ende Jänner aufgenommen. Wintereinbrüche können die Winterheckenzwiebel dabei nicht beeindrucken.

Was hier zwischen den beiden Winterheckenzwiebelpflanzen wächst, ist nicht etwa junges Gras, sondern das sind Hunderte Keimlinge dieser Zwiebelrarität.

Unzählige schwarze Samen werden an den Samenständen gebildet, die man abernten und zur Vermehrung verwenden kann. Lässt man sie einfach ausfallen, erscheinen im nächsten Jahr Hunderte Sämlinge rund um die Mutterpflanze.

Ab Mai beginnen Winterheckenzwiebeln zu blühen. Die weiße, kugelige Blüte ist ein Insektenmagnet.

Am schönsten wirkt die Winterheckenzwiebel, wenn man sie ihrem Namen gemäß einsetzt.

Porree, Lauch

Allium ampeloprasum ssp. ampeloprasum

Porree oder Lauch wird seit jeher als Herbst- und Wintergemüse genutzt.

Porree oder Lauch ist ein alter Bekannter im Gemüsebeet. Er spielt seit jeher in unseren Hausgärten als beliebtes Herbst- und Wintergemüse eine große Rolle. In der Küche wird er im Winter traditionell als Suppengrün genutzt oder auch kreativ, etwa in der Lauchtorte. Ich persönlich liebe ihn roh auf dem Butterbrot. Unter diesem Genuss leidet allerdings etwas der frische Atem, er ist also nur zu empfehlen, wenn man am Abend keinen gesellschaftlichen Verpflichtungen mehr nachkommen muss. Selbst am nächsten Tag spürt man die Wirkung der schwefelhaltigen Inhaltsstoffe noch auf der Zunge.

Wintereignung

Beim Porree unterscheidet man die hellen, frostempfindlichen Sommersorten von den dunklen, absolut frostharten Herbst- und Wintersorten. Bei einer Winterfestigkeit bis unter -20 °C kann man Porree getrost im Freien auf dem Beet stehen lassen. Ein Überdecken mit Kästen oder Minitunneln ist nicht nötig. Allerdings verträgt Porree Dauerfrost besser als mehrmaliges Auftauen und Wieder-Einfrieren innerhalb kurzer Zeitabstände.

Anbau und Pflege

Wintersorten von Porree zeigen typische dunkelgrüne, bläulich bereifte Blätter mit einer aufrechten Blattstellung. Als Traditionssorten kann man
'Blaugrüner Winter' oder 'Herbstriesen' bezeichnen. In den letzten 10 Jahren haben sich im
Erwerbsanbau Hybridsorten etabliert, die dicke
Schäfte bilden, deren Saatgut aber sehr teuer ist.

Porree für die Winterernte wird Anfang März
in Saatschalen oder ins Frühbeet gesät. Nach der
Keimung wird in Töpfe pikiert. Nun brauchen
Porree-Jungpflänzchen einen kühlen Standplatz,
sonst wachsen sie nicht zügig weiter. Sie kommen
dann Anfang bis Mitte Mai im Abstand 60 x 20 cm
ins Freie. Eine tiefe Pflanzung fördert die Bildung
eines langen weißen Schaftes. Dazu bohrt man
mit einem Setzholz Löcher, senkt die Jungpflanzen ein und schlämmt sie mit Wasser ein. Porree
schätzt humose und feuchte Böden. Er ist eines
der wenigen Gemüse, die eine flutende Bewässerung schätzen. Leider wurden wir in den letzten
Jahren an unserer Versuchsstation Zinsenhof nach
heftigen Regenfällen immer wieder von Über-
flutungen heimgesucht. Wie man sich vorstellen kann, tut es den meisten Gemüsearten nicht
gut, wenn sie einige Stunden unter Wasser stehen. Weißkraut und Karotten etwa starben ganz
ab. Dem Porree aber konnten solche reisfeldarti-
gen Zustände gar nichts anhaben.

Dem Starkzehrer Porree sollte man Kompost,
nicht aber frischen Stallmist als Grunddüngung
anbieten. Ein Nachdüngen mit Pflanzenjauche
oder anderen organischen Präparaten fördert
das gesunde Wachstum. Trockene Hitze im Sommer bremst sein Wachstum. Als Kind des Herbstes
und Winters wartet er auf die kühlere Jahreszeit,
bis er ordentlich Substanz anlegt und an Schaft-
dicke zunimmt.

Porree weist eine gute Vorfruchtwirkung auf,
weil er so viele zarte Wurzeln bildet, die nach dem
Abernten im Boden bleiben. Da er sich anfangs
nur langsam entwickelt, kann man aus prakti-
schen Gründen an eine Mischkultur mit Salat denken. Bis Porree seinen Platz zwischen den Reihen
wirklich ausfüllt, ist der Salat längst abgeerntet.
Beikrautpflege und Bewässerung zählen zu den
wichtigsten Pflegemaßnahmen. Ein mehrmaliges Anhäufeln der Pflanzen sorgt für eine bessere Schaftqualität.

Ernte und Lagerung

Die Ernte von Herbst- und Wintersorten beginnt
im Spätherbst durch Ausstechen der Pflanzen
mit dem Spaten. Mit einem gezielten Spatenstich
trennt man am Beet auch gleich die Wurzeln ab.
Das kann über den ganzen Winter fortgesetzt werden. Um auch bei frostigen Bedingungen versorgt
zu sein, hilft eine Mulchdecke mit Laub, die man
im Herbst aufbringt.

Nur in sehr rauen Gegenden kann man das
Einlagern von Porree empfehlen. Dafür sticht

*Die Frostfestigkeit der blaugrün bereiften Winter-
sorten ist unschlagbar ...*

man ihn im Herbst aus und schlägt ihn senkrecht stehend dicht an dicht in Gruben ein, die man dann mit einer dicken Laubschicht und mit Erde abdeckt.

Überwinterter Porree, der nicht rechtzeitig abgeerntet wurde, beginnt ab Juni zu blühen. Um die schöne Blüte zu genießen und in Folge eigenes Saatgut zu ernten, kann man durchaus einzelne Pflanzen stehenlassen.

... Trotzdem hat auch er im letzten Winter arg gelitten, weil ihm der Wechsel zwischen Extremfrösten und warmem Tauwetter nicht gutgetan hat.

Durch Anhäufeln verbessert man die Schaftlänge und Qualität beim Porree.

Auch jung geernteter Lauch ist ein attraktives Wintergemüse.

Jungknoblauch, Knoblauchsprosse
Allium sativum

Knoblauch kennen wir als Knollengemüse, das sicher auch im Hausgarten vielseitig eingesetzt werden kann. In dieser Nutzungsform fällt er allerdings nicht in die Kategorie Wintergemüse, wenn man von gelagerter Ware absieht.

Knoblauch zählt weltweit zu den 20 wichtigsten Gemüsearten. Ernährungswissenschaftlerinnen und Mediziner stimmen geradezu ein Loblied über die gesundheitsfördernden Wirkungen der weißen Knollen an. Auch wenn er im Anbau bereits im Herbst gepflanzt wird, über den Winter also am Beet steht, kann man ihn nicht als Wintergemüse bezeichnen, da er erst im Juni reif wird. Ich möchte ihn an dieser Stelle nur unter einem Gesichtspunkt behandeln: als junge Pflanze mit Verwendung im Blattstadium vor der Knollenbildung. Dieses völlig unbekannte Gemüse kann man als Jungknoblauch bezeichnen. Manchmal findet man auch den Begriff Knoblauchsprossen.

Wintereignung

Im jungen Zustand ist Knoblauch völlig frostfest. Er überdauert auch im Freien ohne Winterschutz am Beet. Um ihn als Jungknoblauch frisch zu ernten, empfiehlt sich die Kultur im Kalten Kasten.

Anbau und Pflege

Jungknoblauch ist eine kurze Kultur, mit der man gestaffelt über den ganzen Winter kommt. Und es geht ganz einfach: Knoblauchzehen beetweise im Abstand von ca. 10 x 10 cm in den Boden stecken und etwas angießen. Je nach Pflanzzeitpunkt muss man eventuell darauf achten, dass keine Beikräuter mitwachsen. Genaue Kulturdaten für die spätherbstlichen Sätze liegen uns bisher auch noch nicht vor. Man kann davon ausgehen, dass man für die Ernte ab November Anfang September pflanzen sollte. Im Dezember gesteckte Knoblauchzehen kann man ab Februar, im Jänner gepflanzte ab März ernten.

Ernte

Zur Ernte von Jungknoblauch werden die ganzen Pflanzen abgeschnitten. Sie schmecken milder als die Knollen und lassen sich in der Küche vielfältig einsetzen. In diesem Zustand sind die Blätter zart und nicht faserig.

Ganz einfach kann man übrigens Knoblauch auch am Fensterbrett probieren. Austreibende Zehen werden in eine Wasserschale gelegt und sind nach wenigen Wochen „einsatzbereit".

Kaum bekannt ist die Tatsache, dass man vom Knoblauch auch seine ganzen, jungen Triebe nutzen kann.

Geerntet werden Knoblauchknollen bereits im Frühsommer. Sie sind dann noch monatelang lagerbar.

Um Knoblauch als Jungknoblauch im Winter ernten zu können, pflanzt man ihn am besten in den Frühbeetkasten.

In dieser Anbauvariante kommt man nicht nur schnell zu einem frischen Grün, man kann es dadurch mitten im Winter ernten. Denn Knoblauchpflanzen sind vor allem im Jugendstadium vollkommen frostfest.

Schnittknoblauch
Allium tuberosum

Der Schnittknoblauch ist immer noch eine Zwiebelrarität, die für den Hausgarten mit ganzjährigem Nutzungsanspruch unersetzbar ist.

Er wird verwendet wie Schnittlauch, schmeckt aber nach Knoblauch: Das ist der Schnittknoblauch. Diese ideale Kombination stammt aus dem Fernen Osten und wird dort sehr intensiv genutzt. Als „chinese chives" findet man ihn auf allen Gemüsemärkten von Indien bis Japan. Vom Schnittlauch unterscheidet er sich in Blattform und Blüte. Die bis zu 30 cm langen Blätter sind an der Basis kantig, kräftig und an der Spitze flach geformt. Schnittknoblauch bildet keine Zwiebeln, sondern einen Wurzelstock als Speicher-

organ aus. Von Juli bis September erscheinen doldenartige Blütenstände mit weißen, sternförmigen Einzelblüten.

In der City Farm haben wir ein ganzes Hochbeet mit Zwiebelraritäten, wo der Schnittknoblauch langsam, aber sicher die Oberhand gewinnt. Er samt sich von alleine aus, vermehrt sich damit so stark, dass er andere Kostbarkeiten überwuchert, und das, obwohl wir oft bei Führungen Pflänzchen ausstechen und an interessierte Gäste weitergeben.

Wintereignung

Schnittknoblauch, der abgekürzt auch gerne als Knolau bezeichnet wird, ist bei uns ohne Einschränkungen frostfest. Im Spätherbst zieht er völlig ein und treibt im Vorfrühling wieder aus. Durch eine Abdeckung mit Glasglocken kann man die Pflanzen, die ansonsten im Freien wachsen, verfrühen. Eine Mulchschicht aus Laub sorgt für einen gelben, zarten, frühen Austrieb, der besonders mild schmeckt.

Anbau und Pflege

Schnittknoblauch wird als mehrjährige Kultur geführt. Man baut ihn im Frühjahr Ende März bis April horstweise in Töpfen an, zieht ihn warm an und pflanzt ab Mai auf 30 x 30 cm ins Freie. Zur Vorbereitung wird das Beet mit Kompost gedüngt.

Eine Vermehrung ist auch durch Teilen älterer Stöcke möglich. Zum Einwachsen wird bedarfsgerecht gegossen. Schnittknoblauchpflanzen verunkrauten gerne mit Gräsern, die aufgrund der Ähnlichkeit der Blattform nicht rechtzeitig entfernt wurden. Man sollte im Sinne der leichteren Erntbarkeit auf eine Sauberkeit der Stöcke achten.

Ernte

Bereits nach drei bis vier Monaten beginnt die Ernte, indem die ganzen Blattbüschel einzelner Pflanzen einige Zentimeter über dem Boden abgeschnitten werden. Man kann natürlich auch laufend Einzelblätter entnehmen. Die Erntesaison endet im Spätherbst und startet erst wieder, abhängig von Witterung und Kulturschutz, ab Februar. Spezialisten graben im Herbst die Wurzelstöcke aus, lassen sie durchfrieren und stellen sie am Fensterbrett bei Zimmertemperatur zum Treiben auf. So steht auch während des Winters erntefrischer Schnittknoblauch zur Verfügung.

Schnittknoblauch in „Mischkultur" mit Vogerlsalat: Beides ist auf unserem Hochbeet auf der City Farm rechtzeitig von alleine gekeimt, um im Winter geerntet werden zu können.

Schnittknoblauch kann im Beet rasch überhand nehmen. Am besten reduziert man ihn, indem man Pflänzchen an Gartenfreunde und Wintergemüseliebhaberinnen verschenkt.

Gebündelt sieht er wie Schnittlauch aus. Von diesem unterscheidet er sich aber in seiner kantigen Blattform.

Schnittknoblauch zieht im Herbst ein, um im zeitigen Frühjahr wieder frisch und zartgrün auszutreiben. Auch in diesem Entwicklungs-stadium zeigt er eine beeindruckende Frost-festigkeit.

Ab dem Sommer beginnt dieses mehrjährige Küchen-kraut weiß zu blühen. Auch die Blüten können zum Würzen verwendet werden.

Wintergemüsevielfalt der Wildgemüse

Die Sehnsucht nach frischem Grün führt jedes Frühjahr viele Großstädterinnen und Großstädter in die Wälder und Wiesen im Umland – und zu unseren Wildgemüse-Workshops in die City Farm Schönbrunn.

Über Wildgemüse sind ganze Enzyklopädien verfasst worden. Ihr Nutzungspotenzial erregt heutzutage zunehmend Interesse, ist aber meiner Überzeugung nach bisher noch keineswegs ausgeschöpft: Kein Spitzenkoch immerhin, der im Frühling darauf verzichten kann, über seine erlesenen Gerichte einige Wildkräuterblättchen zu streuen, kein einschlägiger Buchverlag, der es sich leisten kann, zur selben Zeit nicht wieder ein neues extravagantes Wildkräuterkochbuch herauszubringen. Kochkurse und Kräuterwanderungen ergänzen das Angebot, das genau darauf abzielt, jene grüne Sehnsucht im zeitigen Frühjahr zu bedie-

nen, die auch Scharen von Großstadtbewohnerinnen und -bewohnern hinaus in die nahen Erholungswälder treibt, wenn die ersten Frühlingssonnenstrahlen zarte Bärlauchblätter sprießen lassen.

Vor einigen Jahren haben wir ein Schönbrunner Seminar genau zu diesem Thema veranstaltet. Wir wollten zeigen, dass es nicht nur der Bärlauch ist, der dafür geeignet erscheint. Es sind mindestens zehn bis zwanzig einfache Wiesen- oder Waldkräuter, die man überall findet und die wir alle kennen, aber bisher nie noch genutzt haben. Sehr eindrücklich ist mir in Erinnerung, wie damals die Ernährungswissenschaftlerin Susanne

Till dargelegt hat, dass Kopfsalat keine 20 mg Vitamin C/100 g Frischmasse zu bieten hat, Brennnesseln hingegen über 300 mg! Bei Eisen, Kalium und anderen wichtigen Mineralstoffen sieht die Relation ähnlich aus.

Der Wildkräuterexperte Michael Machatschek zeigte auf einer kleinen Wanderung durch das Schönbrunner Areal sehr eindrücklich, wie nahrhaft die Landschaft ist und wie überzeugend der Subsistenzgedanke selbst in der Großstadt umgesetzt werden kann.

Vielleicht wundern Sie sich an dieser Stelle nur, warum dieses spannende Thema ausgerechnet in einem Wintergemüsebuch aufgegriffen wird. Die Antwort ist denkbar einfach: Es gibt einige Wildkräuter, die schon im ausgehenden Winter frisches Grün treiben und damit in jener Jahreszeit nutzbar sind, die uns hier so interessiert. Wildkräuter sind das ideale Wintergemüse für alle Gärtnerinnen und Gärtner ohne Garten bzw. die Ergänzung für all jene, denen ihr Gemüsebeet zu klein geworden ist. Ich erinnere hier nur an unsere neue gemüsebauliche Winterdefinition vom Anfang, die mit Veröffentlichung dieses Buches amtlich geworden ist. Alles, was uns von Anfang November bis Ende März an nutzbarer Vielfalt zur Verfügung steht, können wir mit Fug und Recht als Wintergemüse bezeichnen. So gesehen bieten Wildkräuter ein echtes winterliches Erntevergnügen, sogar ohne die Mühen von Aussaat und Pflege und ohne Bäche an Gieß- und Schwitzwasser im Sommer zuvor. Wir können deshalb den Unterpunkt „Anbau und Pflege" bei der Besprechung einzelner Arten praktischerweise gleich ganz weglassen.

Ich habe aus der Fülle der Wildgemüse hier nur ganz wenige Arten ausgewählt, deren Kälteunempfindlichkeit sie zu den allerersten Boten des Vorfrühlings macht und die doch auch Nähe zu gärtnerischen Kulturen zeigen. Und auch da war die Auswahl zugegebenermaßen willkürlich. Ohne zu zögern, hätte man auch Brennnessel, Schafgarbe oder Klettenlabkraut dazunehmen können.

Wildgemüsegerichte sind nicht mehr nur exklusiv in der Spitzengastronomie zu finden. Die zahlreichen Kochbücher am Buchmarkt geben Anleitung, wie man Wildkräuter auch zuhause genießen kann.

So gesehen ist das vorliegende Unterkapitel nur als Anregung zur weiteren Vertiefung gedacht.

Durch einfache Maßnahmen der Kulturverfrühung wie Vliesabdeckung können wir diese Vertreter halbwild sogar noch zeitiger ernten. Einzelne tauchen ganz von alleine im Kalten Kasten auf, sodass die winterliche Beikrautpflege gleich zum Erntedurchgang wird.

Unbedingt dürfen nur Pflanzen beerntet werden, die man botanisch zweifelsfrei identifiziert hat. Zahlreiche Ratgeber und Kräuterführer helfen bei der sicheren Bestimmung essbarer Wildgemüse.

Vogelmiere, Vogel-Sternmiere, Hühnerdarm
Stellaria media

Die Vogelmiere kennt jede Hausgärtnerin und jeder Hausgärtner als allgegenwärtiges Beikraut.

Die Vogelmiere ist ein wunderbares Winterkraut. Mit ihrem kriechenden, flächendeckenden Wuchs, ihrer weiten Verbreitung und ihrem Auftreten auf ganz normalem Gartenboden kann sie leicht aufgefunden und im ausgehenden Winter auch in größeren Mengen genutzt werden. Zu diesem Zeitpunkt gibt es kaum verwechselbare Giftkräuter, eventuell den Acker-Gauchheil (*Anagallis arvensis*), der allerdings kantige Stängel aufweist und rot statt weiß blüht.

Ihr umgangssprachlicher Name „Hühnerdarm" klingt nicht unbedingt appetitanregend, ist aber auf die Tatsache zurückzuführen, dass die Vogelmiere für diese zweibeinigen Haustiere ein sehr beliebtes Grünfutter darstellt. Als Zutat in Frühlingssalaten und -suppen, in Brotaufstrichen oder im Green Smoothie bietet die Vogelmiere auch für uns Zweibeiner einen frischen, attraktiven, grünen, zuckermaisartigen Geschmack. Sie ist sehr reich an Vitamin C und enthält davon sogar zehnmal so viel wie normaler Kopfsalat. Nur Grünkohl oder Brokkoli sind ihr bei diesem wertgebenden Inhaltsstoff ebenbürtig.

Wintereignung

Im Vorfrühling zählt die Vogelmiere zu den ersten Beikräutern, die frisch anzutreiben beginnen. Sie ist dabei so frostunempfindlich, dass man sie schon ab Februar nutzen kann. An geschützten Stellen und im Kalten Kasten ist sie während des ganzen Winters sicht- und nutzbar.

Ernte

Die Vogelmiere braucht feuchte, sehr nährstoffhaltige Böden und tritt deshalb in unseren Gärten gerne als Beikraut auf, manchmal mehr, als uns lieb ist. Durch ein flächiges Abernten im zeitigen Frühling gewinnen wir nicht nur ausreichend Erntegut für die großzügige Verwendung, sondern verhindern auch das Aussamen und damit die ungebremste Vermehrung. So erzielen wir einen doppelt positiven Effekt.

So richtig wohl fühlt sie sich, wenn es kalt wird.

Die Vogelmiere zeigt schon ab Jänner trotz Schnee und Frost kräftiges Wachstum.

Schnee und Frost können ihr nichts anhaben.

Bärlauch
Allium ursinum

Den Bärlauch kann man als Wildgemüse-Klassiker bezeichnen. Bei uns in Schönbrunn war er 2016 schon rund um den 10. Februar erntereif.

Hier in Wien haben wir es gut. Denn der Wienerwald, der unsere Stadt als grüner Gürtel umgibt, ist im zeitigen Frühjahr flächendeckend mit Bärlauch bewachsen. Es ist ein endloses Ernteparadies, das uns ganz gratis zur Verfügung steht. Wenn da nur die Angst vor Verwechslungen mit Giftpflanzen nicht wäre! Unsere Wildkräuterwanderungen jeden Frühling in der City Farm Schönbrunn sind gerade deshalb so gut besucht, weil viele Leute essbare Pflanzen botanisch sicher bestimmen lernen wollen. Im Falle von Bärlauch ist es eigentlich sehr einfach: So zeitig wie er zeigen sich kaum giftige Doppelgänger. Da wäre eigentlich nur der Gefleckte Aronstab (*Arum maculatum*), der schon ähnlich früh auftritt. Der sieht ihm aber mit seinen pfeilförmig zugespitzten Blättern gar nicht ähnlich. Die Blätter der Herbstzeitlosen und erst recht des Maiglöckchens erscheinen wesentlich später. Wer also unsicher ist, erntet den Bärlauch am besten ganz zeitig, wenn er frisch auszutreiben beginnt.

Wintereignung

Der Bärlauch gilt als Klassiker unter den Frühlingskräutern. Ich beobachte bei uns in Schönbrunn, dass er jedes Jahr zeitiger auftritt. In diesem Jahr war das bereits rund um den 10. Februar der Fall, so früh wie meiner Erfahrung nach nie zuvor. Frostperioden bremsen zwar seine Entwicklung, können ihm aber nichts anhaben. Kälteschäden sind nicht bekannt.

Ernte

Durch jahrelanges aufmerksames Sammeln kann man Fundorte herausfinden und sich merken, die besonders günstiges Kleinklima aufweisen. Handelt es sich dabei um wirklich versteckte Plätzchen, ist auch an den Einsatz von Abdeckvlies zu denken, wie es im Gartenfachhandel erhältlich ist. Dieses wird bereits nach dem Jahreswechsel aufgelegt, gut befestigt und kann den Erntebeginn nochmals um einige Tage verfrühen.

Kaum bekannt ist die Tatsache, dass auch die Zwiebelchen im Spätherbst genutzt werden können. Diese entnimmt man nur aus sehr dichten Beständen, indem man sie ausgräbt. Dafür muss man sich allerdings genau gemerkt haben, an welchen Stellen sie zu finden sind, denn oberirisch ist zu diesem Zeitpunkt von der ganzen Pflanze nichts zu sehen.

Bärlauch lässt sich auch im eigenen Garten kultivieren, wenn man das richtige Plätzchen zu bieten hat. Er braucht nämlich einen geschützten Standort, am besten unter Laubbäumen im feuchten, humosen, kalkhaltigen Gartenboden.

Eine Vermehrung gelingt durch Aussaat, Einsetzen der Zwiebel oder der fertigen Pflanzen. Die Aussaat ist dabei die mühsame, kaum zu empfehlende Variante. Bärlauchsamen sind nur kurz keimfähig, müssen stratifiziert, das heißt durch Kälte vorbehandelt werden und zeigen eine extrem lange Keimdauer. Das Einsetzen von Zwiebeln oder ganzen Pflanzen gelingt schneller und erfolgreicher. Man wählt Pflanzabstände von 30 x 30 cm. Die Zwiebeln werden horstweise zu drei bis fünf Stück gesteckt. Bis sich ein dichter, sich verbreitender Bestand entwickelt, dauert es freilich auch mehrere Jahre.

In freier Wildbahn erntet man Bärlauch, indem man ihn gezielt büschelweise entnimmt und nicht flächig vor sich hin schneidet. So können sich auch nicht irrtümlich Begleitpflanzen wie Efeu ins Erntegut mischen.

Ein bisschen Schnee schränkt die Erntefähigkeit von Bärlauch im Wald nicht ein.

Löwenzahn

Taraxacum officinale

Löwenzahn schmeckt nur im zeitigen Frühjahr mild genug, dass man ihn als Wildgemüse nutzen kann.

Kuhblume, Pusteblume, Pissnelke: Mehr als 50 verschiedene Namen kennt der Volksmund, die mehr oder weniger eindeutig auf die Nutz- und Heilwirkungen dieser weit verbreiteten und beliebten Wildpflanze anspielen. Sein Gehalt an Bitterstoffen ist für die Verwendung in der Volksmedizin verantwortlich, aber auch tonangebend bei der kulinarischen Aufarbeitung. Seit jeher hat man versucht, den extremen Bittergeschmack abzumildern oder auszugleichen. Dies kann zum Beispiel durch eine Ernte im zeitigen Frühjahr erfolgen. In der Steiermark schätzt man ihn seit jeher unter dem Namen „Röhrlsalat" und sticht die jungen, zarten, mild schmeckenden Blättchen aus der Frühlingswiese.

Wintereignung

Löwenzahn ist an unser Klima so perfekt angepasst, dass er mit dem Winter ohne Probleme zurechtkommt. Er bildet eine verdickte Pfahlwurzel, in die er vor dem Winter seine Reservestoffe einlagert und aus der er ab März wieder austreibt. Verfrühungseinrichtungen und ein gezielter Anbau von Kultursorten ermöglichen eine Vorverlegung des Nutzungszeitpunktes.

Ernte

Vom Löwenzahn lassen sich praktisch alle Pflanzenteile nutzen. Die verdickten Wurzeln können ab dem Spätherbst ausgegraben und schwarzwurzelartig genutzt werden. Der junge Austrieb wird als

Salat zubereitet oder mit Kartoffeln abgemischt. Später werden auch Knospen und Blüten auf vielfältige Weise verarbeitet.

Kultursorten wie der 'Kultivierte Vollherzige' oder der 'Verbesserte Vollherzige' unterscheiden sich von Wildtypen darin, dass sie eine verzögerte Blütenbildung zeigen. Der Begriff „Vollherzig" beschreibt das ständige Nachtreiben von Blättern aus dem Herzen. So steht wesentlich mehr nutzbare Blattmasse zur Verfügung als bei den wilden Löwenzahnpflanzen.

Man sät Kultur-Löwenzahn ab April direkt ins Freie. Als Reihenabstand bewähren sich 25 bis 30 cm. Bis zum Herbst haben sich kräftige Pflanzen gebildet, die im Winter mit einem schwarzen Vlies oder einer Folie abgedeckt werden. So kann der Neuaustrieb im ausgehenden Winter verfrüht werden. Mit der Gelbverfärbung der Blätter und der damit verbundenen Abmilderung des Geschmacks ergibt das eine wahre Winterdelikatesse. Ein Überstülpen von Tonglocken oder das Anhäufeln mit Erde haben denselben Bleicheffekt zur Folge. Wenn man beim Schneiden darauf achtet, dass das Herz unverletzt bleibt, lassen sich Löwenzahnkulturen mehrere Jahre lang nutzen.

Löwenzahn kann auch gezielt getrieben werden, wie wir das beim Chicorée besprochen haben. Dafür eignen sich zweijährige Pflanzen am besten, weil sie schon kräftigere Pfahlwurzeln gebildet haben. Diese können während des Winters jederzeit ausgegraben werden. Gegen gefrorenen Boden hilft das rechtzeitige Abdecken der Kultur mit einer Laubschicht. Man schlichtet sie nun stehend in Töpfe oder Kübel ein, die wenige Zentimeter hoch mit Wasser gefüllt wurden. Anschließend werden sie in einen dunklen Raum gebracht. Bei Zimmertemperatur treiben die bleichen Blätter schon nach wenigen Tagen aus. Man schneidet sie dann zügig, damit sich nicht Fäulnis an ihnen bildet, die das Putzen sehr mühsam macht.

Getriebener Löwenzahn sieht nicht nur sehr elegant aus, er schmeckt auch fein und exquisit.

Vollherzige Sorten, die blattreicher wachsen, können auch gezielt angebaut werden.

Im Herbst rodet man die Wurzeln und stellt sie zum Treiben in dunkle, warme Räume.

Nach wenigen Tagen kann man den gelben, zarten Austrieb ernten.

Pimpinelle

Sanguisorba minor

Die Pimpinelle ist ein altes Heil- und Salatkraut. Als Kleiner Wiesenknopf wurde sie ursprünglich wild gesammelt. Ihr im Garten ein festes Zuhause zu bieten, ist durchaus empfehlenswert.

Dieses alte Heil- und Gewürzkraut hat uns in den letzten Wintern auf der City Farm Schönbrunn so beeindruckt, weil es durchgängig grün, frisch und üppig ausgesehen hat. Auch weil es mit seinen gefiederten, zarten Blättern so ansprechend wirkt und 30 bis 50 cm hohe Stöcke bildet, kann man es als Gestaltungselement im Wintergarten ganz gezielt einsetzen. Als sogenannten Kleinen Wiesenknopf findet man sie auch wild wachsend in der freien Natur.

Wintereignung

Die Pimpinelle ist als mehrjährige, sogenannte perennierende Staudenpflanze bei uns vollkommen frosthart. Sie wird im Winter gar nicht abgedeckt, damit sie so richtig zur Geltung kommen kann.

Ernte

Obwohl die Pimpinelle mehrjährig wächst, sollte man sie einjährig überwinternd kultivieren. Dazu vermehrt man sie im Frühjahr durch Aussaat direkt ins Beet. Ältere Stöcke bilden auch zahlreiche Blüten und Samen und vermehren sich ganz von alleine. Man entfernt dann die alten Pflanzen und lässt die jungen weiterwachsen. Denn nur die Blätter der jungen Pflanzen schmecken zart. Durch Abschneiden der Blütentriebe kann man die Massenvermehrung der Pimpinelle im Gemüsebeet etwas eindämmen.

Die Pimpinelle wächst völlig anspruchslos, kann bei anhaltend feuchtem Wetter allerdings einen Befall mit Falschem Mehltau zeigen, der sich in Form von braunen Blättern äußert. Deshalb soll-

te man sie zur Bewässerung auch nicht überbrausen, sondern eher von unten gießen.

Die Fiederblättchen der Pimpinelle können während des ganzen Winters gezupft und verwendet werden. Sie haben einen leichten Gurkengeschmack und bringen so sommerliche Gefühle in die kalte Jahreszeit ein. Sie werden gerne in Salaten, Aufstrichen oder Frühlingssoßen verwendet. Wenn man sie als Gewürz in der Gemüsepfanne einsetzen möchte, sollte man sie erst ganz zum Schluss dazugeben, damit sie durch längeres Garen nicht Frische und Geschmack verliert.

Die Blätter der Pimpinelle bleiben den ganzen Winter über grün.

Sonstige Wintergemüse

Im Garten der City Farm Schönbrunn wachsen jeden Winter Vertreter aller zehn Unterkategorien an Gemüsevielfalt bunt nebeneinander.

Bei meiner Einteilung der Wintergemüse in zehn Unterkategorien habe ich bemerkt, dass sich nicht alle so schön in klar abgrenzte Gruppen gliedern lassen. Und so sind mir zwei Winterkandidaten übrig geblieben, die miteinander nicht viel gemeinsam haben, die aber in keine Schublade gepasst haben. Ich wollte sie Ihnen keineswegs vorenthalten.

Jedes Beet leistet mit fröhlichen Farben Widerstand gegen trübe Außenbedingungen.

Stridolo, Strigoli, Sculpit, Sclopit
Silene vulgaris

Stridolo oder Sclopit nennt man in Italien jenes Spezialkraut, das dort im zeitigen Frühjahr regionale Wertschätzung genießt.

Bei uns trägt diese heimische Pflanze den wenig appetitlichen Namen Taubenkropf-Leimkraut. Als Kinder haben wir die Knospen auf dem Handrücken zerklatscht und damit so etwas wie kleine Knallfrösche erzeugt. Dass das Leimkraut essbar ist, wusste ich damals noch lange nicht. Auch sonst dürfte sich die Nutzbarkeit dieses schmackhaften Krauts noch nicht bis zu uns durchgesprochen haben. Man verwendet es nämlich in Norditalien im zeitigen Frühjahr noch im vegetativen Zustand im Risotto oder in Omeletten. In der Provinz Emilia-Romagna wird zu Ehren dieser Gemüsepflanze im Frühjahr alljährlich gar ein eigenes Stridolo-Fest gefeiert. So ist das in Italien, wo man aus Freude an der Saison einzelner Gemüse gleich ein eigenes Festival veranstaltet. Es wäre schön, wenn ein wenig dieses Genussgeistes auch auf uns überschlagen könnte!

Wintereignung

Als heimische, mehrjährige Wildpflanze ist das Leimkraut alias Stridolo bestens an unser Klima angepasst. Eine Verfrühung und Winterernte ergibt sich durch einjährige Kultur und eine Abdeckung im Kalten Kasten.

Anbau und Pflege

Saatgut von Stridolo sucht man am besten direkt in Italien. Es wird in Päckchen der Samenfirma L'Ortolano oftmals in Geschäften auf dem Samenständer angeboten.

Stridolo wird Mitte bis Ende August in mit Anzuchterde gefüllte Töpfchen horstweise mit 3–5 Samen ausgesät. Nach etwa vier Wochen pflanzt man die Setzlinge im Abstand 25 x 25 cm in den Kalten Kasten. An Pflege ist außer einer bedarfsgerechten Bewässerung und dem Entfernen von Beikräutern kaum etwas zu tun. Stridolo wächst im Laufe des Herbstes gut ein, überwintert als kräftige Rosette und kann ab dem neuen Jahr geerntet werden.

Ernte

Die Ernte von Stridolo erfolgt durch büschelweises Abschneiden der Blätter und jungen Triebe wenige Zentimeter über dem Boden. So wächst die Rosette nach und kann ein zweites Mal beerntet werden. Mit seinem erbsigen, frischen Geschmack bringt es frühlingshafte Gefühle in den ausgehenden Winter ein.

In unseren Winterversuchen entpuppte es sich als kältefester Geheimtipp nicht nur für Italien-Freaks.

Erbsentriebe

Pisum sativum

Nicht von den Erbsenhülsen soll hier die Rede sein, wie man sie im Sommer genießen kann.

Die Erbse wird seit Jahrtausenden als alte Nutzpflanze bei uns angebaut. In den letzten Jahrzehnten ist der Anbau stark zurückgegangen. Trockenerbsen, wie sie früher genutzt wurden, sind ohnehin ganz aus der Mode gekommen, obwohl diese wertvolle Eiweißfrucht ernährungsphysiologisch einiges zu bieten hätte. Frischerbsen sind heutzutage nur mehr als Tiefkühlprodukt bekannt. Im Hausgarten stellen sie attraktive Naschfrüchte dar, die besonders bei Kindern sehr beliebt sind. Bei den Zuckererbsen kann man die Hülsen mitessen, da sie keine pergamentartige Haut bilden, die beim Verzehr störend wirkt.

Aber nicht von den Erbsenhülsen, die man übrigens botanisch korrekt nie als Schoten bezeichnen darf, soll hier die Rede sein, sondern von den jungen Trieben dieser raschwüchsigen, kältefes-

ten Kulturpflanze. In dieser Nutzungsform ist sie bei uns noch gänzlich unbekannt.

Wintereignung

Erbsen sind im Jugendstadium als absolut winterfest und kältetolerant zu bezeichnen. Auch im Freien werden sie im zeitigen Frühjahr ausgesät. Im Kalten Kasten können sie über den Winter genutzt werden. Es gibt eine alte Anbautradition, bei der man sogenannte Wintererbsen im Freien im Oktober aussäte, als Jungpflanzen überwintern ließ und im nächsten Jahr um bis zu vier Wochen früher ernten konnte. Die Winterfestigkeit solcher Jungerbsen wird mit -15 °C angegeben. Im vergangenen Winter überstanden die gerade gekeimten Pflänzchen in unserem Folientunnel Temperaturen von -10 °C.

Anbau und Pflege

In vielen Gartenbüchern kann man zwar über den Anbau von Erbsen im Garten lesen, allerdings mit dem Ziel einer Ernte der Hülsen ab Mitte Juni, die unseren Betrachtungszeitraum des Winters deutlich verfehlen würde. Es geht uns hier um die Ernte der ganzen jungen Keimtriebe, die auch roh genossen werden können. Das ist in der Familie der Hülsenfrüchte ja die Ausnahme. Bei Gartenbohnen etwa erlaubt der Gehalt an Phasin keinen Rohgenuss der trockenen Samen. Auch die grünen Pflanzenteile dieses Gemüses sollte man nicht roh verzehren. Durch Kochen wird die giftige Eiweißverbindung zerstört.

Für die Ernte der Triebe sucht man sich am besten Zuckererbsensorten aus. Diese werden entweder noch im Herbst ab Oktober im Kasten oder Minitunnel angebaut und können bis zum Jahresende genossen werden, oder man sät sie ab Jänner breitwürfig und dicht in den Kalten Kasten. Sie sind als Leguminosen nicht nur wertvolle Gründüngungspflanzen, die durch ihren Bewuchs im winterlichen Kasten bodenverbessernd wirken, sondern bieten auch noch ein spannendes Erntegut bereits nach wenigen Wochen. Keimung und Entwicklung gehen selbst bei kühlen Temperaturen sehr rasch vor sich. Wird es dann ab Ende März im Kasten zu warm, verfärben sich die Triebe und Blätter gelb. Zu diesem Zeitpunkt sollte schon alles abgeerntet sein.

Ernte

Eine Ernte der Erbsentriebe kann bereits 6–8 Wochen nach der Aussaat erfolgen. Man schneidet die ganzen, 10–20 cm langen Triebe, die erfrischend nach Erbse schmecken und roh geknabbert oder kurz angebraten werden können. Erbsentriebe haben einen so frischen und grünen Geschmack, dass sie in der trüben Jahreszeit eine attraktive Ergänzung unseres Wintersortiments darstellen. Ich bin vor allem vom Rohgenuss sehr begeistert. Erbsentriebe, aufs Butterbrot gelegt, mit würzigen Dipsaucen verfeinert oder in Aufstrichen verwendet, schmecken einfach köstlich!

Erbsentriebe sind so erfrischend grün, dass man sich im Winter darüber nur freuen kann.

Im Frühbeetkasten oder Minigewächshaus tut der Anbau von Erbsen als Gründüngungspflanzen dem Boden gut.

Der Pinzgauer Biobetrieb Stechaubauer in Saalfelden ist einer der Partner beim großen landesweiten Wintergemüseprojekt. Er übernimmt den Part des alpinen Außenpostens, wo Gemüse an seine Frosthärtegrenze gebracht wird.

Säen – pflanzen – ernten: vom richtigen Zeitpunkt

Ein Geheimnis erfolgreichen Wintergärtnerns liegt zweifellos in der Wahl der richtigen Zeitpunkte für das Säen und Pflanzen im Garten. Eliot Coleman nennt das in seinem Handbuch Wintergärtnerei so treffend den biologischen Imperativ. Ist man zu früh dran, entwickelt sich unser Gemüse so rasch, dass es schon vor dem Winter abgeerntet werden muss. Lässt man sich aber zu viel Zeit, dann haben wir im Winter zwar frisches Grün im Garten, aber leider nur als ästhetisches Vergnügen, denn für Schüssel und Pfanne ist noch nicht genug da. Wie wir bei den einzelnen Steckbrie-

fen gesehen haben, ist die Entwicklungsgeschwindigkeit von Kultur zu Kultur sehr unterschiedlich. Manche Gemüse stehen schon das ganze Jahr auf dem Beet, um im Winter nutzbar zu sein, andere werden schnell noch im Herbst nachgesät und sind bereits nach wenigen Wochen erntereif.

Die Eigenart jeder Gemüsekultur muss berücksichtigt werden. Was aber die Planungen so schwierig macht, ist die Unberechenbarkeit des herbstlichen und winterlichen Witterungsverlaufes. Die letzten Jahre hatten da so manche Überraschung bereit. Im Herbst, der lang und mild verlief, ging alles so schnell dahin, dass die Beete geräumt waren, bevor der Winter so richtig begonnen hatte. Dafür kamen noch im März Schnee und Dauerfrost daher und verzögerten den Erntesegen im Winterausklang.

Es wird mir hier in der Anbautabelle nicht gelingen, alles Unvorhersehbare mitzuberücksichtigen. Auch sind die klimatischen Bedingungen in den unterschiedlichen geografischen Gegenden unserer Gärten so verschieden, dass sich nicht alles bequem vereinheitlichen lässt. Verständlicherweise wird die Aussaat unter den Gegebenheiten des alpinen Pinzgaus einem anderen Zeitplan folgen als im Marchfeld Ostösterreichs, um nur ein Gegensatzpaar beispielhaft zu nennen. Die Unterschiede im Temperaturverlauf, in der Son-

nenscheindauer oder in der Frage, ob eine winterliche Schneedecke überhaupt vorhanden ist, sind erheblich. Und das wirkt sich sehr stark auf die Entwicklungsgeschwindigkeit von Gemüse aus. Trotzdem ist es sinnvoll, Anbau- und Erntedaten anzugeben, weil sie eine Orientierung bieten, mit deren Hilfe wir zeitlich auf Kurs sind. Nur wer sich rechtzeitig auf den Weg gemacht hat, kommt im Winter an. Denn im Garten beginnt der Winter mitten im Sommer.

Kategorie	Gemüseart	Aussaat	Pflanzung	Winterernte	Geschützt/ Freiland	Lagereignung	Frosthärte	Balkoneignung TO: Topf TR: Trog K: Balkonkistchen
Endivien/ Zichorien	Winterendivie	M–E 07	M–E 08	10–12	F/G	Ja	❄	TR
	Schnittendivien	M 08–A 09	–	10–12	F/G	Nein	❄	TO, TR, K
	Zuckerhut	E 06–A 07	E 07	11–03	F	Ja	❄❄❄	TR
	Radicchio	A–M 07	A 08	11–12	F	Ja	❄❄	TR
	Castelfranco	M 07	A 08	11–12	F/G	Nein	❄	TR
	Blattcatalogna	M–E 08	M–E 08	11–12	F	Nein	❄❄❄	TO, TR, K
	Blattzichorien	E 08	–	11–12	F	Nein	❄❄❄	TO, TR, K
	Blattzichorien	E 08–A 09	–	11–03	G	Nein	❄❄❄	TO, TR, K
	Chicorée	M 05	–	12–03	F (Treibraum)	Ja (Wurzeln)	❄❄❄	–
Gartensalate	Spargelsalat	A 08	E 08	11–01	F/G	Nein	❄❄	TO, TR, K
	Pflücksalate	A 08	E 08	11–01	F/G	Nein	❄❄	TO, TR, K
		E 08	E 09	11–01	G	Nein	❄❄	TO, TR, K
		E 09–A 10	M 10–A 11	02–03	G	Nein	❄❄	TO, TR, K
	Romanasalat	A 08	E 08	11–01	F/G	Nein	❄❄	TO, TR, K
		E 08	E 09	11–01	G	Nein	❄❄	TO, TR, K

Kategorie	Gemüseart	Aussaat	Pflanzung	Winterernte	Geschützt/ Freiland	Lagereignung	Frosthärte	Balkoneignung TO: Topf TR: Trog K: Balkonkistchen
		E 09– A 10	M 10– A 11	02–03	G	Nein	❅ ❅	TO, TR, K
	Butterkopfsalat	A 08	E 08	11–01	F/G	Nein	❅ ❅	TO, TR, K
		E 08	E 09	11–01	G	Nein	❅ ❅	TO, TR, K
		E 09– A 10	M 10– A 11	02–03	G	Nein	❅ ❅	TO, TR, K
	Eissalat	A 08	E 08	11–01	F/G	Nein	❅ ❅	TO, TR
		E 08	E 09	11–01	G	Nein	❅ ❅	TO, TR
		E 09– A 10	M 10– A 11	02–03	G	Nein	❅ ❅	TO, TR
	Babyleaf-, Multileaf-Salate	A–E 09	E 09– M 10	10–03	G	Nein	❅ ❅ ❅	TO, TR, K
		M–E 10	A–M 11	01–03	G	Nein	❅ ❅ ❅	TO, TR, K
		M 09	A 10	01–03	F	Nein	❅ ❅ ❅	TO, TR, K
Salatkräuter	Vogerlsalat	M 08– A 09	–	E 10– M 11	F	Nein	❅ ❅ ❅	TO, TR, K
		E 09	–	A–M 03	F	Nein	❅ ❅ ❅	TO, TR, K
		A 09– A 10	A 10– M 11	E 10– M 12	G	Nein	❅ ❅ ❅	TO, TR, K
		A 10	–	02	G	Nein	❅ ❅ ❅	TO, TR, K
		A 01	–	M 03	G	Nein	❅ ❅ ❅	TO, TR, K
	Asia-Salate	E 09	A 10	A–E 11	F	Nein	❅ ❅ ❅	TO, TR, K
		A–E 10	M 10–M 11	11–03	G	Nein	❅ ❅ ❅	TO, TR, K
		A 11	–	02–03	G	Nein	❅ ❅ ❅	TO, TR, K
	Rucola	E 08– A 09	M–E 09	11	F	Nein	❅ ❅ ❅	TO, TR, K
		M 09– M 10	A 10– A 11	11–03	G			TO, TR, K
		E 10	M 11	01–03	G	Nein	❅ ❅ ❅	TO, TR, K
	Winterportulak, Winterpostelein	08–09	09–10	11–03	F, G	Nein	❅ ❅ ❅	TO, TR, K

Kategorie	Gemüseart	Aussaat	Pflanzung	Winterernte	Geschützt/ Freiland	Lagereignung	Frosthärte	Balkoneignung TO: Topf TR: Trog K: Balkonkistchen
	Gartenkresse	E 09– M 10	–	11–12	G	Nein	❅ ❅ ❅	TO, TR, K
		A 11	–	02–03	G	Nein	❅ ❅ ❅	TO, TR, K
	Winterkresse, Barbarakraut	08	–	E 10– E 03	F, G	Nein	❅ ❅ ❅	TO, TR, K
	Brunnenkresse, Wasserkresse	08–E 09	–	E 10– E 03	F, G	Nein	❅ ❅ ❅	TO, TR, K
	Löffelkraut	05–07	06– M 08	11–03	F, G	Nein	❅ ❅ ❅	TO, TR, K
	Garten-Sauerampfer	03–04	04–05	11–12 02–03	F/G	Nein	❅ ❅ ❅	TO, TR
	Schildampfer	03–04	04–05	11–12 02–03	F/G	Nein	❅ ❅ ❅	TO, TR, K
	Blutampfer	04	05	11–12 02–03	F	Nein	❅ ❅ ❅	TO, TR, K
		M–E 08	M 09	11–03	G	Nein	❅ ❅ ❅	TO, TR, K
	Rote-Rüben-Blatt	A 09	–	11–12	F	Nein	❅	TO, TR, K
		E 09	–	11–12	G	Nein	❅	TO, TR, K
		M 10	–	02–03	G	Nein	❅	TO, TR, K
	Hirschhornwegerich	A 09	E 09	E 10–E 03	G	Nein	❅ ❅ ❅	TO, TR, K
	Speise-, Salat-Chrysantheme	M 09– E 09	A 10– M 10	11	F	Nein	❅ ❅	TO, TR, K
		E 09– M 10	M 10– A 11	11–03	G	Nein	❅ ❅	TO, TR, K
		E 10	–	02–03	G	Nein	❅ ❅	TO, TR, K
	Blatt-Mohn	E 08–E 09	E 09– E10	11–03	F/G	Nein	❅ ❅ ❅	TO, TR, K
		A 10	A 11	02–03	G	Nein	❅ ❅ ❅	TO, TR, K
	Sedanina	03–04	04–05	11–03	F	Nein	❅ ❅ ❅	TO, TR

Katego-rie	Gemüse-art	Aussaat	Pflan-zung	Winter-ernte	Geschützt/Freiland	Lager-eignung	Frost-härte	Balkon-eignung TO: Topf TR: Trog K: Balkon-kistchen
	Gelb-dolde, Alisander	05	06	11–12 03	F	Nein	❊ ❊ ❊	TO, TR
		M–E 08	M–E 09	11–03	G	Nein	❊ ❊ ❊	TO, TR
Gewürz-kräuter	Petersilie	M 07–A 08 E 08–A 09	– –	11–12 11–03	F G	Nein	❊ ❊ ❊	TO, TR, K
	Schnitt-sellerie	M 06	–	11–12 11–03	F G	Nein	❊ ❊	TO, TR, K
	Garten-Kerbel	E 07	E 08	11–12 11–03	F G	Nein	❊ ❊ ❊	TO, TR, K
	Echter Koriander	E 07–E 08	–	11–03	F/G	Nein	❊ ❊	TO, TR, K
		A–M 09	–	02–03	G	Nein	❊ ❊ ❊	TO, TR, K
	Schnitt-lauch	A 02	M 03	E 11–E 03	F (Treibraum)	Nein	❊ ❊ ❊	TO, TR, K
		E 03–A 04	–	E 11–E 03	F (Treibraum)	Nein	❊ ❊ ❊	TO, TR, K
	Echter Thymian	03	04	11–12 11–03	F G	Nein	❊ ❊ ❊	TO, TR, K
	Oregano	05	–	11–12 03	F	Nein	❊ ❊ ❊	TO, TR, K
Kohlge-müse	Kopfkohl: Kraut	M–E 04	A 06	11–12	F	Ja	❊ ❊	TR
	Kopfkohl: Wirsing-kohl	05	E 06–A 07	11–02	F	Ja	(❊)❊ ❊	TR
	Butter-kohl	05	E 06–A 07	11–02	F	Ja	❊ ❊	TO, TR
	Grün-, Krauskohl	05	06–A 08	11–03	F	Nein	❊ ❊ ❊	TO, TR
	Palm-, Schwarz-kohl	05–06	E 06–E 07	11–12	F	Nein	(❊)❊	TO, TR
	Ewiger Kohl, Strauch-kohl	–	03–09	12–03	F	Nein	❊ ❊ ❊	TO, TR
	Zierkohl	M 06	M 07	11–03	F	Nein	(❊ ❊)❊	TO, TR

Katego-rie	Gemüse-art	Aussaat	Pflan-zung	Winter-ernte	Geschützt/Freiland	Lager-eignung	Frost-härte	Balkon-eignung TO: Topf TR: Trog K: Balkon-kistchen
	Kohl-sprossen, Rosen-kohl	M–E 04	05–A 06	11–03	F	Ja	❊ ❊ ❊	TR
	Karfiol, Blumen-kohl	A–M 07	A–M 08	11–12	F	Ja	❊	TR
	Brokkoli	A–M 07	A–M 08	11–12	F	Nein	❊	TR
	Sprossen-Brokkoli (Sprou-ting Broccoli)	05 06	06 07	11–12 02–03	F	Nein	❊ ❊	TR
	Chinakohl	E 07–A 08	–	11–12	F/G	Ja	❊ ❊	TR
	Pak Choi, Senfkohl	E 08–A 09	–	11–02	F/G	Nein	❊ ❊	TO, TR
	Kohlrabi	E 07	M–E 08	11–01	G	Ja	❊ ❊	TO, TR, K
Spinate	Echter Spinat	A–E 08 A 09 A–M 10	A–M 09 E 09 A 11	11–03 11–03 02–03	F F/G G	Nein	❊ ❊ ❊	TO, TR, K
	Mangold	05 E 07–A 08 M 09	06 M–E 08 M 10	07–03 11–03 02–03	F/G F/G G	Nein	❊ ❊	TO, TR, K
	Mangold Babyleaf	A 09 E 09 M 10	– – –	11–03 11–03 02–03	F G G	Nein	❊ ❊	TO, TR, K
Wurzel-und Knollen-gemüse	Lager-karotte Bund-karotte	A–M 06 A–M 08	– –	11 11–03	F G	Ja Nein	❊ ❊	–
	Knollen-sellerie	A 02	M 05	11	F	Ja	❊ ❊	–
	Rote Rübe	A–M 06	–	11	F	Ja	❊	TR
	Pastinak	04	–	E 10–03	F	Ja	❊ ❊ ❊	–
	Wurzel-petersilie	M–E 04	–	11–03	F	Ja	❊ ❊ ❊	–
	Radies-chen	M–E 09	–	E 10–A 11	F	Nein	❊	TO, TR, K
		E 09	–	11–12	G	Nein	❊	TO, TR, K

Kategorie	Gemüse-art	Aussaat	Pflanzung	Winter-ernte	Geschützt/Freiland	Lager-eignung	Frost-härte	Balkon-eignung TO: Topf TR: Trog K: Balkon-kistchen
		A 01	-	03	G	Nein	❄	TO, TR, K
	Lager-rettich	E 08–A 09	-	E 10–A11	F	Ja	❄❄	-
	Rettich Spät-herbst	08	-	11–12	F	Nein	❄❄	-
	Winter-rettich	A 09	-	11–01	G	Nein	❄❄	-
	Speise-rübe	E 08–A 09 M–E 09	-	11–12	F G	Ja	❄❄	TR
	Kohlrübe	E 05–E 06	-	11–12	F	Ja	❄❄	TR
	Topinam-bur	-	03–04	11–03	F	Ja	❄❄❄	TO, TR
	Erd-mandel	04 (Knöll-chen)	05	11–03	F	Ja	❄❄	TO, TR, K
	Knollen-ziest	03 (Knöll-chen)	04	11–03	F	Ja	❄❄❄	TO, TR, K
	Zucker-wurzel	11 oder 02–03	04	11–03	F	Ja	❄❄❄	TO, TR
Zwiebel- und Lauchge-müse	Speise-, Küchen-zwiebel	M 02–A 03 –M 03	– M 04 M 04	08–09	F	Ja	❄❄	TR
	Jung-, Früh-lings-zwiebel	E 06 E 07–E08	– –	11–03 03	F/G F/G	Nein	❄❄❄	TO, TR, K
	Schnitt-zwiebel	E 06 E 07–E08	– –	11–03 03	F/G F/G	Nein	❄❄❄	TO, TR, K
	Zwiebel-grün	– M 01	10 M 01	12–01 M 02–E 03	G G	Nein	❄❄❄	TO, TR, K
	Winter-hecken-zwiebel	03	04	08–03	F	Nein	❄❄❄	TO, TR
	Porree, Lauch	A 03	A–M 05	11–03	F	Ja	❄❄❄	TR

Kategorie	Gemüseart	Aussaat	Pflanzung	Winterernte	Geschützt/ Freiland	Lagereignung	Frosthärte	Balkoneignung TO: Topf TR: Trog K: Balkonkistchen
	Jungknoblauch, Knoblauchsprosse	–	A 09–M 11 12	11–01 03	F, G	Nein	❊ ❊ ❊	TO, TR, K
	Schnittknoblauch	E 03–04	05	08–11 02–03	F F, G	Nein	❊ ❊ ❊	TO, TR, K
Wildgemüse	Vogelmiere			11–03	F, G	Nein	❊ ❊ ❊	TO, TR, K
	Bärlauch			02–03	F	Nein	❊ ❊ ❊	TO, TR
	Kultur-Löwenzahn	04	–	12–03	F (Treibraum)	Ja (Wurzeln)	❊ ❊ ❊	–
	Pimpinelle	03	–	11–03	F	Nein	❊ ❊ ❊	TO, TR
Sonstige	Stridolo, Sculpit	M–E 08	M–E 09	01–03	G	Nein	❊ ❊ ❊	TO, TR
	Erbsentriebe	10 01	– –	11–12 E 02–03	G G	Nein	❊ ❊ ❊	TO, TR, K

A = Anfang
M = Mitte
E = Ende

F = Freiland
G = Geschützt (Frühbeetkasen, Gewächshaus o. Ä.)

TO = Topf
TR = Trog
K = Balkonkistchen

Die Zahlen stehen für die jeweiligen
Monate im Jahreskreislauf.

❊ frostfest bis ca. -4 bis -5 °C
❊ ❊ frostfest bis ca. -8 bis -10 °C
❊ ❊ ❊ frostfest unter -12 °C

Tierische Schädlinge, wie die im Sommer an Asia-Salaten oder Kohlrabikeimlingen massenhaft auftretenden Erdflöhe, haben im Winter Auszeit.

Pflanzengesundheit: von der richtigen Pflege

Zum Thema Pflanzengesundheit habe ich eine gute und eine schlechte Nachricht für alle Wintergärtnerinnen und Wintergärtner. Welche wollen Sie zuerst hören? Die gute ist wie Balsam auf die gequälten Seelen all jener, die jeden Sommer unter Blattläusen, Erdflöhen oder weißen Fliegen an ihren Schützlingen im Beet leiden: Insekten und auch Spinnmilben haben im Winter Auszeit! Zwar können einige von ihnen im kalten Frühbeetkasten oder an speziellen Kulturen auch im Freien vereinzelt noch zu sehen sein, aber Schäden verursachen sie bei Kälte und Frost nicht. Sogar die gefürchteten Schnecken haben im Win-

ter ihren sommerlichen Schrecken eingebüßt. Sie ziehen sich im Spätherbst gerne in den geschützten Kasten zurück, können aber darin wie zahme Haustierchen leicht abgesammelt werden. Wenn es dann wirklich kalt und frostig wird, ist es mit ihnen sowieso vorbei. Wintergärtnern bedeutet also befreites Arbeiten ganz ohne Pflanzenschutzmittel und Schädlingsabwehr.

Aber, und das ist leider die schlechte Nachricht für all jene, die nun schon gemeint haben, das verlorene Paradies im Winter wiedergefunden zu haben: Die Temperatur- und Feuchtigkeitsbedingungen in dieser Zeit fördern das Wachstum einiger gefährlicher Pilzkrankheiten. Eigentlich leitet sich der Begriff „Winter" ja vom althochdeutschen wintar ab, was so viel wie „nasse Jahreszeit" bedeutet. Und genau diese unkontrollierte Nässe sorgt für einen Pilzinfektionsdruck vor allem an Blattgemüse, der für dieses lebensbedrohlich wirkt. Denn auch Grauschimmel, Mehltau & Co sind kältefester, als man denkt. Um ihnen beizukommen, muss man unmittelbar im Gemüsepflanzenbestand für die richtigen Umweltbedingungen sorgen. Nachdem wir das Heizen ja kategorisch ausgeschlossen haben, bleiben uns nur begrenzte Möglichkeiten der Klimagestaltung. Chemische oder auch biologische Spritzmittel sind zur Bekämpfung sowieso keine Lösung.

Die gefürchteten Schnecken verursachen im Winter weit weniger Probleme als im Sommer.

Gefährliche Pilzkrankheiten, wie die Salatfäule, werden durch die kalten, feuchten Winterbedingungen gefördert.

Pilzkrankheiten im Winter

Viele Pilzkrankheiten treten bei hoher Luftfeuchtigkeit und Blattnässe an geschwächten Gemüsepflanzen auf. Bei kühlen Temperaturen kann die Luft nur wenig Wasserdampf aufnehmen, und es kommt rasch zur Kondensation und damit zu einer unkontrollierten Befeuchtung der Gemüseblätter. Nun kann man auch nicht leugnen, dass winterliche Kälte und Lichtmangel für jede Pflanze Stressfaktoren darstellen. Die Anfälligkeit für Pilzinfektionen wird auch dadurch erhöht, dass Gemüsepflanzen im Winter weniger kompakt wachsen und kein so festes, widerstandsfähiges Blattgewebe ausbilden wie im Sommer. Zu hohe Stickstoffdüngung verstärkt dieses Problem noch zusätzlich. Risse oder Beschädigungen in der Wachsschicht der Blätter infolge mechanischer Verletzungen können Pilzen als Eintrittspforte dienen.

Zur Pilzabwehr stehen uns folgende Gegenmaßnahmen zur Verfügung:

- Die Verwendung von geschützten Kulturräumen wie Frühbeetkästen oder Hobbygewächshäusern: Sie bieten vor allem Schutz vor Niederschlägen und mechanischen Beschädigungen durch Wind und Schnee. So kann man die Gemüsekulturen trockener und damit gesünder halten. Eine gut isolierte Außenhaut dieser technischen Hilfsmittel sorgt selbstverständlich auch für einen Temperaturgewinn im Inneren.
- Zur Luftfeuchtigkeitssteuerung dieser Kästen muss unbedingt eine effiziente Lüftung vorhanden sein. So kann die Kondenswasserbildung verhindert werden. Nur bei anhaltend nebelig-feuchtem Außenwetter bringt Lüften keine Erleichterung. Die von außen hereinströmende Luft ist auch nicht trockener als die Innenluft im Kasten oder Gewächshaus.
- Phasen kalter Kulturführung: Durch punktuelles ausgiebiges Lüften mitten im Winter senkt man bei frostigen Außenbedingungen die Temperatur im Kasten oder Gewächshaus

Resistente Sorten bieten im Vergleich zu anfälligen einen guten Schutz vor einem Befall mit Falschem Mehltau.

Größere Standweiten sorgen im Winter für luftigere Bestände.

Einfache Frühbeetkästen schützen unsere Wintergemüse vor unkontrollierter Feuchtigkeit durch Niederschläge. Trockene Kulturen bleiben im Winter gesünder.

so stark ab, dass man Pilzkrankheiten ihre Lebensgrundlage entziehen kann. Unter -5 °C sind sie nicht imstande, sich zu entwickeln und Pflanzen zu infizieren. Mit so einer Maßnahme unterfährt man gewissermaßen den Pilz und inaktiviert ihn. Unsere hier beschriebenen Gemüsearten hingegen verkraften solche Kältephasen. Im Wettlauf der Härtesten haben sie eindeutig die Nase vorn.

- Beim winterlichen Bewässerungsmanagement sollten wir darauf achten, Blattgemüse vor allem auf schweren, lehmigen Böden eher trocken zu halten. Das gilt natürlich nur bei einer Kultur im Kasten oder Gewächshaus. Im Freien ist ein Gießen von Gemüse während des Winters ohnehin meist nicht nötig. Auf sandigen Böden trocknet die Kultur schneller wieder ab und kann deshalb öfter bewässert werden. Grundsätzlich wird im Winter nur an sonnigen Tagen und stets in den Vormittagsstunden gegossen. Damit verhindert man, dass die Gemüsepflanzen mit benässten Blättern in die Nacht gehen. Manche Pilzsporen keimen nur im Dunkeln und würden sonst ideale Infektionsbedingungen vorfinden.
- Durch größere Standweiten sorgt man nicht nur für einen luftigeren Bestand, man verbessert auch die Lichtverhältnisse für die Einzelpflanze.
- Hygienemaßnahmen wie das Entfernen einzelner befallener Pflanzen können den Befallsdruck mindern und haben so eine vorbeugende Wirkung.
- Durch die Verwendung von robusten oder resistenten Sorten kann man winterliche Ausfälle minimieren. Die Züchtung moderner Sorten zielt oft auf sogenannte vertikale Resistenzen gegen spezifische Pathotypen eines bestimmten Erregers ab. Das bietet einen vollkommenen Schutz vor einer Infektion mit eben diesem Schadpilz. Tritt die

Krankheit allerdings in einer neuen Rasse auf, wird diese Resistenz gebrochen, und die Sorte ist wieder anfällig. In diesem ewigen Wettlauf zwischen Züchtung und Schadpilz ist man beispielsweise beim Falschen Mehltau an Salat inzwischen beim Typ 32 angelangt, gegen den mittlerweile schon resistente Sorten angeboten werden. Bestimmt wird der Pilz aber auch diesmal wieder mutieren und so diese Resistenz erneut brechen. Andere Züchtungsansätze fördern deshalb die Entwicklung von Sorten mit sogenannter horizontaler Resistenz, die zwar keinen hundertprozentigen Schutz, dafür aber eine breite Widerstandsfähigkeit gegen die Pilzkrankheit bietet. Das ist freilich kein neuer Denkansatz, denn schon viele alte Sorten zeigen eine konstante Robustheit, die sie für den Winteranbau besonders interessant macht.

Die hier angeführten Maßnahmen wirken generell gegen Pilzkrankheiten im Wintergemüse und können diese meist auch verhindern. Der folgende Überblick über die wichtigsten Winterkrankheiten soll helfen, eventuell auftretende Symptome richtig ein- und zuordnen zu können.

Keimlingskrankheiten

In ihrer ersten Lebensphase sind Gemüsepflanzen besonders empfindlich gegen Pilzinfektionen. Sogenannte Auflauf- oder Umfallkrankheiten der Pilzgattungen *Pythium* oder *Fusarium* befallen Keimlinge von Kohlgemüse oder von Salaten vor allem unter nassen und kalten Freilandbedingungen. Schwere, stark verdichtete Böden mit schlechter Belüftung und zu dichte Aussaat fördern das Auftreten dieser Krankheiten. In unseren Versuchen traten solche Probleme bei spätherbstlichen Freilandsätzen an Babyleaf-Salaten auf. Da empfiehlt es sich, in den Kasten auszuweichen und nur sparsam zu gießen. Guter Kompost übt nachgewiesenermaßen eine unterdrückende Wirkung auf solche Schaderreger im Boden aus.

Falscher Mehltau an Salat
(*Bremia lactucae*)

Der Falsche Mehltau ist eine bekannte und verbreitete Herbstkrankheit an Salat. In feuchten Witterungsphasen treten zuerst an den äußeren Blättern oberseits gelbe Flecken auf, die sich später braun verfärben. Blattunterseits bildet sich ein weißer Pilzrasen. Der Pilz dringt durch die Spaltöffnungen in die Pflanze ein. Dafür benötigt er nicht nur eine hohe Luftfeuchtigkeit, sondern mit Wasser benetzte Blätter. Der Falsche Mehltau ist so kältetolerant, dass er schon bei Temperaturen über -3 °C infizieren kann. Eine weitere Entwicklung und Ausbreitung ist ab +2 °C möglich. Nach unserer Erfahrung tritt der Falsche Mehltau am Salat vor allem in den letzten Freilandsätzen auf. Ab Oktober sollte man diese deshalb mit einem mobilen Kasten oder einem Minitunnel schützen bzw. einen Befall gleich durch die richtige Sorten-

Keimlingskrankheiten, wie Pythium oder Fusarium, verursachen Probleme vor allem bei spätherbstlichem Freilandsalat.

wahl vermeiden. Die alte Traditionssorte 'Grazer Krauthäuptel' zeigte sich stets robust und gesund bis in den Winter.

Falscher Mehltau an Spinat (*Peronospora farinosa f. sp. spinaciae*)

Aktuell sind an Spinat 15 Stämme von Falschem Mehltau bekannt. Sie werden mit den Symbolen Pfs 1–15 benannt. Ein Befall zeigt sich in Form von gelben, leicht aufgewölbten Flecken auf der Blattoberseite. Blattunterseits entsteht ein grauer Pilzrasen. Der Falsche Mehltau an Spinat ist etwas weniger kältetolerant als sein Pendant am Salat. In unseren Winterversuchen bereitete er kaum Probleme. Die Verwendung von resistenten Sorten und eine nicht zu dichte Saat wirken jedenfalls vorbeugend gegen einen Befall.

Der Falsche Mehltau ist eine verbreitete Pilzkrankheit an Salat. Da er die Pflanzen auch bei kühlen Temperaturen infizieren kann, tritt er im Spätherbst auf, und zwar dann, wenn die Blätter länger feucht sind.

Grauschimmel an Salat und Salatkräutern (*Botrytis cinerea*)

Das ist der am häufigsten auftretende Winterschadpilz an Garten- und Spezialsalaten, der keinen Fehler bei der Kulturführung verzeiht. Er wird ab einer Temperatur von -3 °C aktiv und kann in jedem Entwicklungsstadium auftreten. Besonders unangenehm wirkt er sich aus, wenn erntereife Pflanzen plötzlich welken, sich am Wurzelhals braunrot verfärben oder als Ganzes mit einem grauen Pilzrasen überzogen sind. In jedem Fall kommt es sehr rasch zum Absterben. Grau-

Ein Befall mit Grauschimmel kann bei Salat im Winter zu massiven Ausfällen führen. Auch hier kann nur Folgendes empfohlen werden: sparsam gießen und gründlich lüften!

Salate für die Winterernte sollten tief gesetzt werden, damit sie gut einwurzeln können. Sonst besteht im ausgehenden Winter bei sonnigem Wetter die Gefahr des Blattrandens.

Falscher Mehltau kann an zahlreichen Blattge-müse-Arten und Kräutern auftreten. Auch die Asia-Salate bleiben bei zu feuchter Kulturfüh-rung nicht verschont.

schimmel ist ein klassischer Schwächeparasit, der nur über Verletzungen in die Pflanze eindrin-gen kann. Starke Temperaturschwankungen und Lichtmangel begünstigen eine Infektion ebenso wie hohe Luftfeuchtigkeit und vernässter Boden. Zurückhaltende Stickstoffdüngung und eine Kal-kung zeigen eine vorbeugende Wirkung. Um eine luftige Kultur zu fördern, kann man Salat auch auf ca. 10 cm hohe Dämme pflanzen. Der all-gemeinen Empfehlung, Gartensalat so hoch zu pflanzen, dass ein Großteil des Wurzelballens über dem Bodenniveau bleibt, damit die Blätter mög-lichst nicht auf dem Untergrund aufliegen, kann ich mich nicht anschließen. Eine gründliche, tiefe Einwurzelung ist für die Winterfestigkeit von gro-ßer Bedeutung. Geringer Wurzelraum erhöht das Risiko von Schäden durch Blattranden im ausge-henden Winter, wenn die Pflanzen bei sonnigem Wetter mehr Wasser verdunsten, als sie aus dem Boden aufnehmen können.

Als Schlüssel für einen gesunden Winteran-bau kann ich hier nur wiederum sparsames Gie-ßen und gründliches Lüften nennen.

Schädlinge im Winter

Wie schon beschrieben, kann man den Win-ter im Garten als schädlingsfreie Zeit genießen. Das stimmt allerdings nicht ganz. Weiße Fliegen beweisen auf Grünkohl im Freien eine erstaunliche Winterfestigkeit. Sie überleben zwar, werden aber durch frostige Temperaturen inaktiviert. Blattläu-se vermehren sich erst nach dem Winter ab April auf Salaten oder Kräutern, wenn Sonne und Wär-me ihnen wieder freundlichere Bedingungen bie-ten. Und Schnecken können in Kalten Kästen bis in den frühen Winter hinein überleben. Sie sitzen gerne an den erwärmten Innenscheiben der Käs-ten, vor allem, wenn diese mit Stegdoppelplatten bedeckt sind. Von dort können sie leicht abge-sammelt werden.

Spürbare Probleme im Winter bereiten größere Tiere wie Wühlmäuse, die darauf spezialisiert sind, Pfahlwurzel und Herz von Endivien und Zichorien von innen heraus zu fressen. Der durchaus fried-fertige Biobauer Eliot Coleman hat ihnen in sei-nem *Handbuch Wintergärtnerei* ein ganzes Kapitel gewidmet, das sich wie eine einzige Kriegserklä-rung an diese hartnäckigen Gesellen liest. Wir set-zen an unserer Versuchsstation Zinsenhof Katzen ein, die über Nacht im Foliengewächshaus bleiben. Wirklich verhindern können wir Schäden und Aus-fälle auch dadurch nicht.

Gegen Wühlmausinvasionen kann man Kat-zen einsetzen. Freunde von mir haben mit der Wühlmausfalle Topcat gute Erfahrungen gemacht.

Zuckerhut dürfte auf Wild eine unwiderstehliche Anziehungskraft ausüben. Außerhalb der Gartenumzäunung wird er damit selbst zum Freiwild.

Wintergemüse im Freiland scheint auch auf Hasen und Rehe eine unwiderstehliche Anziehungskraft auszuüben. Sie lieben Salate und Zichorien, von denen sie kaum etwas übrig lassen, wenn man nicht durch Abdeckung oder Einzäunung Schadensbegrenzung betreibt.

Beikräuter im Winter

Auch in diesem Unterkapitel wollen wir *political correctness* bewahren und uns davor hüten, sie Unkräuter zu nennen. Das tut man heutzutage nicht mehr, obwohl sie im Gegenzug ja wenig Höflichkeit zeigen und uns ganze Wintergemüsebestände zuwuchern können. Beikräuter lassen sich vom winterlichen Frost kaum beeindrucken. Sie treten vielleicht nicht in derselben botanischen Breite auf wie im Sommer, einige Arten aber repräsentieren durchaus Erfolgsmodelle winterlichen Pflanzenwachstums. Nachdem wir einzelne von ihnen bei den Wildgemüseporträts bereits besprochen haben, müssen wir sie hier doch aus einem anderen Blickwinkel betrachten. Denn Beikräuter sind vor allem in geschützten Kulturräumen wie Kalten Kästen oder Hobbygewächshäusern im Winter sehr konkurrenzstark. Auch sie entwickeln sich am stärksten bis in den Spätherbst und dann wieder ab Februar und können schwachwüchsige Wintergemüse durchaus bedrohen. Sie unter-

drücken deren Wuchs und erschweren winterliche Erntearbeiten. Besonders massiv treten die Vogelmiere *(Stellaria media)* oder das Hirtentäschel *(Capsella bursa-pastoris)* auf. Beide sind traditionelle Wildgemüse und Heilkräuter. Diesen Spezialnutzen sollten wir uns im Winter, wo frisches Grün wertvoll ist, nicht entgehen lassen, wo immer solche essbaren Wildkräuter in unseren Beeten überhandnehmen. Besser behält man allerdings alles unter Kontrolle, wenn man Beikräuter schon im Keimlingsstadium durch Hacken, Scheren oder Auszupfen zwischen den Salat- oder Kräuterreihen entfernt. Damit verschafft man der Kulturpflanze einen Wachstumsvorsprung, mit dem sie sich bis zum Bestandesschluss durchsetzen kann.

Einige Beikräuter sind im Winter so wuchsstark, dass sie unseren Salaten und Kräutern harte Konkurrenz machen. Viele von ihnen sind Wildgemüse. Sie können durch die biologischste aller Bekämpfungsmaßnahmen dezimiert werden: Aufessen!

So weit sollte es mit dem Beikrautbewuchs im Beet gar nicht erst kommen. Auch im Spätherbst ist zeitgerechtes Jäten angesagt.

Technische Hilfskonstruktionen und Abdeckmaterialien dienen dem Winterschutz von Gemüse. Die einfachste Lösung ist immer die beste – und meist auch die billigste.

Frühbeetkasten, Hochbeet & Co: Hilfsmittel und Materialien

Nachdem wir schon historische Treib- und Verfrühungseinrichtungen aufgearbeitet und bei den einzelnen Gemüseporträts immer wieder auf Kulturräume zum winterlichen Schutz unserer Pflanzen hingewiesen haben, wollen wir in diesem Kapitel auf technische Hilfsmittel eingehen, die die Winterfestigkeit von Gemüse verbessern. Hier muss gleich betont werden, dass Gartenmärkte und gärtnerische Spezialgeschäfte eine Vielzahl an Produkten anzubieten haben. Nicht alle sind für den winterlichen Einsatz wirklich notwen-

dig oder sinnvoll. Uns geht es ja vor allem darum, das natürliche Potenzial der Pflanzen voll auszuschöpfen und Technik nur zur Unterstützung einzusetzen. Als Prinzip gilt: Die einfachste Lösung ist immer die beste und meist auch die billigste. Man kann diese Grundregel auch anders herum formulieren: Wenn es uns gelingt, erfolgreich im Winter zu gärtnern, bleibt stets die Frage, wie es mit noch weniger Aufwand funktionieren kann. In diesem Sinn gibt es immer Neues zu entdecken. Ich bin mir sicher, dass auch Sie, liebe Leserin, lieber Leser, in Ihrem Wintergarten spannende Erfahrungen machen und wertvolle Erkenntnisse gewinnen werden. An einem Austausch darüber bin ich sehr interessiert. Ich würde mich darüber freuen, wenn Sie Ihre Erlebnisse mit mir teilen würden. Meine Kontaktdaten finden Sie am Ende des Buches.

Da wir an unserer Versuchsstation Zinsenhof vor allem an Projekten für Erwerbsgärtner arbeiten, konnten wir nicht alle hier beschriebenen Hilfsmittel selbst ausprobieren. Vieles kam in der City Farm Schönbrunn zum Einsatz, bei einigem greife ich auf die Anbauerfahrungen anderer Wintergärtnerinnen und Wintergärtner und auf die Literatur zurück.

Technische Hilfsmittel für Wintergemüse erfüllen unterschiedliche Funktionen. Sie bieten Schutz vor Frost, vor unkontrollierten Niederschlägen und vor Wind- und Schneelast, sie speichern Wärme oder wirken temperaturausgleichend. In jedem Fall helfen sie mit, ein Kleinklima zu schaffen, das dem Überleben oder dem Wachstum von Pflanzen zuträglich ist. Nachdem wir aber darauf verzichten, aktiv Heizenergie einzubringen, steht immer noch die Pflanze selbst mit ihren natürlichen Eigenschaften, ihrer Frosthärte und Widerstandskraft im Vordergrund. Der Pflanzen- und Sortenwahl kommt für die Winternutzung die entscheidende Bedeutung zu. Und dass wir unserem Wintergemüse vieles zutrauen können, haben wir bei der Steckbriefsammlung schon gesehen.

Abdeckvlies und Flachfolie

Die einfachste Form, im Winter das Kleinklima für Freilandgemüse etwas zu verbessern, ist die Nutzung von Abdeckmaterialien in Form von Gartenvliesen oder -folien. Sie sind transparent, werden über die Gemüsekultur gelegt und seitlich eingegraben oder mit Steinen oder Heringen am Boden befestigt. Faservlies für den Garten wird aus dem Kunststoff Polypropylen hergestellt, ist federleicht und für Licht, Luft und Wasser durchlässig. Es schützt vor starken Frösten, nicht aber vor Niederschlägen. Gartenvliese verhindern auch eine übermäßige Verdunstung an sonnigen, aber frostigen Wintertagen. Damit bieten sie einen Schutz vor Frosttrocknis, dem Austrocknen von Pflanzen, die aus dem gefrorenen Boden kein flüssiges Wasser nachbekommen.

Gartenvlies ist in Rollen mit unterschiedlicher Breite erhältlich. Auch in der Stärke unterscheiden sich die angebotenen Produkte. Ganz leichtes Vlies mit einem Gewicht von 17 g/m² müsste doppelt aufgelegt werden, um vor Frost zu schützen. Für eine Winterabdeckung von Gemüse eignen sich Produkte mit 30–70 g/m² am besten. Einzelpflanzen können auch mit Vlieshauben oder Vliessäcken eingepackt werden. Diese sind ebenso wie die Vliesbahnen mehrjährig verwendbar.

Auch Lochfolien aus Polyethylen bieten einen flächigen Winterschutz. Sie können in Kombination mit Gartenvlies als Doppelabdeckung zum Einsatz kommen. Solche Folien sind 40 µm dick und haben Löcher mit einem Durchmesser von 1 cm. Es gibt auch Varianten mit Schlitz- oder Mikrolochung, die allerdings nicht so gut wasserdurchlässig sind. Sie sind UV-beständig und weisen eine lange Lebensdauer auf.

Vorteile bieten Vlies- und Folienabdeckungen auch als Schutz vor Wildfraß. In unserem Freilandversuch blieben die mit Vlies abgedeckten Catalogna-Zichorien vor den Rehen verschont. Die ganz frei wachsenden überlebten den Winter

Als einfachste Form der Winterabdeckung kann man Gartenvlies einsetzen. Es ist für Licht, Luft und Wasser durchlässig.

nicht. Daran war allerdings nicht der Frost schuld, sondern jene Wintergäste, die anscheinend dem frischen Grün nicht widerstehen konnten.

Als Nachteil stellte sich der flächige Druck heraus, der bei Schneelast die Gemüsekultur beeinträchtigte. Ich würde deshalb Vlies und Folie für den Winteranbau von Gemüse in Gegenden empfehlen, wo mit Wind und Frost, nicht aber mit großen Schneemengen zu rechnen ist. Die Bedeckung sollte allerdings nicht zu früh im Herbst erfolgen, damit sich nicht Beikräuter, die dann nur schwer bekämpfbar sind, darunter breitmachen.

Minitunnel

Dieses flexible und kostengünstige System wird im Erwerbsgartenbau seit langem eingesetzt und hat sich zur Verfrühung von Freilandgemüse bestens bewährt. Auch im Hausgarten ist es gut anwend-

bar. Minitunnel mögen vielleicht nicht gerade geeignet sein, als Schmuckstücke im Garten zu dienen, für die Winterernte von Gemüse haben sie jedenfalls auch im Hobbyanbau größere Beachtung verdient.

Das Prinzip ist denkbar einfach: Biegsame Federstahlstangen werden zu Bögen geformt und im Abstand von 100 cm entweder direkt in die Erde gesteckt oder mithilfe eigener Erdanker im Boden befestigt. Dann wird Folie oder Vlies über die Konstruktion gezogen, im Zick-Zack mit einer festen Schnur niedergebunden und an beiden Enden kräftig abgespannt. Solche Minitunnel sind nicht begehbar, die Folie kann aber seitlich leicht hochgezogen werden. Das ist nicht nur notwendig, um eine Zugänglichkeit für Pflege- und Erntearbeiten zu ermöglichen. Auf diese Weise werden mit Folie bedeckte Minitunnel im Winter

Minitunnel können rasch aufgestellt werden. Unbedingt müssen sie mit einer festen Schnur niedergebunden werden.

Im Vergleich zu einer Vliesabdeckung bietet ein mit Folie bespannter Minitunnel Schutz vor unkontrollierten Winterniederschlägen.

Wenn man die Enden nicht zusammenbindet und abspannt, hält der Minitunnel niemals rauen Winterstürmen stand.

auch gelüftet, damit es innen nicht zum Abtropfen von Kondenswasser und zu einer ungesunden Vernässung der Gemüsepflanzen kommt. Bei einem Vlies-Minitunnel findet der Luftaustausch ja durch das Abdeckmaterial hindurch statt, das allerdings nicht vor Niederschlägen schützt.

Wir verwenden für die Minitunnel 3,5 m lange Stahlstäbe. Nach dem Biegen überspannen sie eine Beetbreite von 1,20 m. Das erscheint mir für die Bearbeitung ideal zu sein. Das Niederbinden mit der Schnur erfolgt im Zick-Zack-Muster. Bodenhaken dienen dem Festzurren der Schnur, damit die ganze Konstruktion stabil steht und die Folie bei Wind nicht unkontrolliert zu flattern beginnt. Starke Stürme und hohe Schneelast bringen dieses System an seine Grenzen. Zwar kann man bei Schneefall die Tunnel laufend abkehren, so mancher Minitunnel ist aber im winterlichen

Auch Netztunnel bieten einen gewissen Winterschutz. Sie sind allerdings nicht wasserdicht.

Schneegestöber schon buchstäblich in die Knie gegangen.

Unbedingt sollte man die Auflagefolie nicht zu schmal bemessen. Wenn man sie auf einer Längsseite im Boden eingräbt oder mit Steinen oder Sandsäcken beschwert und nur die andere Seite zum Lüften offen hält, kann der Wind auch nicht so stark angreifen.

Wie wichtig es ist, dass Salate, Kräuter & Co im Winter ein Dach über dem Kopf haben und damit vor winterlichen Niederschlägen ebenso wie vor Wind geschützt bleiben, darauf habe ich schon mehrfach hingewiesen. Minitunnel bieten den Vorteil, dass sie im Garten auch größere Flächen kostengünstig abdecken können. Für eine ergiebige Winterernte sind ausreichend dimensionierte Beete vonnöten, da die Kulturdauer wesentlich länger und die Erträge niedriger sind als im Sommer. Gegenüber Frühbeetkästen haben sie auch den Vorteil, dass in ihnen höher wachsende Kulturen genügend Raum finden. Minitunnel können außerdem rasch ab- und auch über bereits wachsenden Kulturen wieder aufgebaut werden und sind damit extrem flexibel einzusetzen. Wenn sie nicht gebraucht werden, kann man sie platzsparend lagern. Die Abdeckfolien sind mehrjährig zu verwenden.

Ich bin überzeugt davon, dass all jene Gärtnerinnen und Gärtner, die einen hohen Selbstversorgeranspruch an ihren Wintergarten stellen, um Minitunnel kaum umhinkommen werden.

Frühbeetkästen, Kalte Kästen, Glocken

In diesem Unterkapitel sind wir in der Hauptkategorie winterlicher Schutzreinrichtungen für den Gemüseanbau angekommen. Eine Vielzahl an Produkten oder Bauanleitungen wird in Gartenmärkten oder im Internet angeboten. Eine Warnung möchte ich gleich zu Beginn loswerden: Lassen Sie sich nicht von den Billigangeboten mehr oder weniger einschlägiger Diskonter beeindrucken.

Glocken oder Cloches sind exquisite Garten-objekte, die Einzelpflanzen im Winter schützen können.

Mit Glocken lassen sich mehrjährige Kräuter im zeitigen Frühjahr gut antreiben.

Erfolg im Winteranbau ist nur mit Produkten in solider Ausführung mit verlässlicher Technik zu erzielen. Eine Schlüsselfrage betrifft beispielsweise die Lüftungsmöglichkeiten. Geschlossene Kästen mit filigranen Lüftungsklappen werden dem rauen Winteralltag keineswegs gerecht.

Aber beginnen wir zunächst mit der ganz einfachen Verfrühungstechnik der Glocken. Im Kapitel „Altes, vergessenes Gartenbauwissen neu entdeckt" (ab Seite 40) haben wir sie ja als *Cloches* mit ihren Vor- und Nachteilen schon kennengelernt. Treibglocken aus Glas sind edle Gartenobjekte, die auch auf dem winterlichen Beet ihre Wirkung nicht verfehlen. Sie sind in verschiedenen Größen erhältlich und dazu geeignet, einzelne, besondere Pflanzen vor Frost zu schützen oder im Vorfrühling zum zeitigen Austreiben anzuregen. Aber bei stärkerer Sonneneinstrahlung auch im Winter kann es unter so einer Glocke ziemlich warm werden. Dann muss man sie durch Einspreizen eines Holzkeils schräg stellen, damit Frischluft einströmen kann. Ändert sich das Wetter rasch, ist das händische Auf- und Ablüften durchaus eine mühsame Angelegenheit. Ihr Einsatz kann also nur in Hausnähe für regelmäßig und länger beerntbare Kräuter oder Salate empfohlen werden.

Es ist unmöglich, hier einen Überblick über das gesamte Angebot an Frühbeeten zu geben, das man in Gartenmärkten oder im Online-Versand findet. Diese Kästen sind ja hauptsächlich zur Verfrühung und Saisonverlängerung von Gemüse gedacht. Für unsere Zwecke, nämlich den Einsatz im Winter, müssen sie stabil genug gebaut sein, um Stürmen und Schneelast standzuhalten. Gleichzeitig sollten sie effizient gelüftet werden können. Eine automatisierte Lüftung ist von großem Vorteil, weil sie nicht unser ständiges händisches Eingreifen erfordert. Verschiedene Firmen bieten automatische Fensteröffner an, die ganz ohne Strom oder Batterie auf die Temperatur reagieren. Das ist grundsätzlich eine praktische Angelegenheit. Allerdings öffnen diese Heber nach unserer Erfahrung nicht immer rasch und hoch genug, um eine ausreichende Lüftung zu garantieren. Auch händische Lüftungsklappen sind brauchbar. Man kann zusätzlich bei sonniger Witterung ein Hölzchen einkeilen und so konstant einen Schlitz offen lassen, durch den immer frische Luft ins Kasteninnere strömt – getreu dem Grundsatz: Besser etwas kühler und trocken als wenige Grad wärmer und feucht. Händische Klappen sollten mit einem stabilen Mechanismus ausgestattet sein, mit dem sie fixiert werden können, damit Windstöße sie nicht aufreißen und beschädigen. Wir beschweren unsere Lüftungsfenster im Winter immer zusätzlich mit Holzbrettern und Ziegelsteinen, damit genau das nicht passieren kann.

Frühbeetkästen, die man auch als Kalte Kästen bezeichnen kann, werden üblicherweise in Ost-West-Richtung aufgestellt. Sie unterscheiden sich je nach Bauweise und verwendeten Materialien. Feste Kästen haben Seitenwände aus Holz, Stein oder Beton und sind mit Glasfenstern eingedeckt. Sie sind damit sehr stabil und können in kalten Nächten einfach mit Strohmatten abgedeckt werden. Die Seitenwände aber werfen bei schräger Wintersonneneinstrahlung einen Schatten auf die Gemüsekulturen und bewirken Ungleichmäßigkeiten im Wuchs. Mobile Kästen sind rundherum aus Stegdoppelplatten gefertigt und damit gut isoliert, vom Gewicht her wesentlich leichter und können sehr flexibel eingesetzt werden. Man kann sie auch über bestehende Gemüsepflanzen stel-

Frühbeete aus Stegdoppelplatten weisen gute Isolationseigenschaften auf. Auf eine wetterfeste Konstruktion und eine verlässliche Lüftung muss geachtet werden.

Eine Fülle von Modellen und Produkten an Frühbeetkästen wird auf dem Markt angeboten. Stabile Ausführungen haben einen fixen Rahmen.

Auch so etwas lässt sich als Cloche bezeichnen. Bei dieser Recycling-Glocke heißt es: zum Lüften bitte Deckel abschrauben.

Die Frühbeete der City Farm Schönbrunn bestehen aus einem Alu-Kasten und sind mit Stegdoppelplatten eingedeckt. Da sie nur mit vier Spießen im Boden stecken, können sie nach Bedarf leicht versetzt werden.

Im Sommer sind diese Frühbeetkästen mit Gurken oder Melonen gefüllt.

Durch das Beschweren der Lüftungsklappen verhindert man, dass es bei Winterstürmen zu Schäden kommt.

len, sobald diese im Spätherbst wirklich eine Abdeckung benötigen. Damit kommen diese wertvollen Schutzeinrichtungen ganz präzise nach Bedarf zum Einsatz. Schon in alten Zeiten verwendete man Wanderkästen mit derselben Absicht. Auch sogenannte fliegende Kästen kamen zum Einsatz. Bei mir lässt letztere Bezeichnung allerdings unangenehme Bilder aufsteigen, wenn ich an raue Winterstürme denke.

Wir haben in der City Farm Schönbrunn Kästen, die 2 x 1 m groß sind, aus Aluminium gefertigt und an den vier Ecken senkrechte Spieße aufweisen, mit denen sie in die Erde gesteckt werden. An seitlichen Griffen lassen sie sich leicht auch wieder aus dem Boden ziehen. Dieses flexible System erlaubt einen Standortwechsel ohne großen Aufwand und ermöglicht damit winterliche Satzstaffelungen und eine optimale Flächenausnutzung. So ein Wandersystem ist auch deshalb empfehlenswert, weil der Boden vielfältig genutzt wird. Fixe Kästen oder Gewächshäuser stehen immer am selben Platz, die Möglichkeiten einer ausgewogenen Fruchtfolge sind in ihnen stark eingeschränkt. Im Erwerbsgemüsebau kennt man die Folgen dieser Einseitigkeit schon lange. Dort hat man sogar im Bioanbau mit Bodenmüdigkeit und erhöhtem Schädlingsdruck zu kämpfen.

Im Selbstbau werden Frühbeetkästen gerne aus Holz gefertigt. Mit etwas handwerklichem Geschick kann man sich so viel Geld sparen. Von der Rückwand auf der Nordseite zur Süd-Vorderseite sollte für die Fensterauflage ein Gefälle von ca. 10 % eingeplant werden, damit die schräg stehende Wintersonne bestmöglich genutzt werden kann und das Wasser bei Regen abfließt.

Mistbeetkästen

Das gute alte System der Mistbeete, wie wir sie nach dem Studium historischer Gartenbücher beschrieben haben, hat eigentlich bis heute nichts an Aktualität eingebüßt. Es macht sich das geniale Prinzip zunutze, dass der Abbau organischer

Substanz Wärme erzeugt, die zur Verfrühung, Saisonverlängerung oder Überwinterung von Gemüse verwendet werden kann.

Mistbeete lassen sich auch mit „modernen" Frühbeetkästen kombinieren, die aus leichteren Materialien gebaut sind und bessere Isolationseigenschaften aufweisen als jene in vergangenen Zeiten. Immer noch ist Pferdemist eine perfekt geeignete Energiequelle. Leider ist er nicht mehr so leicht zu bekommen. Man kann deshalb auch Laub, Stroh, Grünabfälle, Strauchhäcksel oder Sägespäne verarbeiten. Stets muss man darauf achten, dass die Mischung ein ausgewogenes Verhältnis zwischen Kohlenstoff und Stickstoff aufweist (etwa 15–25 Teile Kohlenstoff auf 1 Teil Stickstoff). Werden zu kohlenstoffreiche Materialien wie Stroh oder Holzprodukte beigemischt, nimmt die mikrobielle Aktivität ab und es entsteht kaum Wärme. Bei zu stickstoffreicher „Kost" wie Mist und Grünabfällen kommt es zu Nährstoffverlusten und Ausgasungen von Ammoniak.

Zur Anlage eines Mistbeetes wird zunächst im Kasten Erde abgestochen. Die Verwendung mobiler Kästen erleichtert das Abgraben, weil man am freien Beet arbeiten und den Kasten danach aufsetzen kann. Wie tief man das Mistbeet ausheben muss, hängt davon ab, wie warm es werden und wie lange es heizen soll. Materialschichten von 60–75 cm bieten Wärme für ca. zwei Monate, 30 cm nur für etwa die Hälfte der Zeit. Durch das Festtreten der organischen Mischung wird die Luft herausgedrückt. So läuft der mikrobielle Abbauprozess etwas langsamer und nicht so „feurig" ab. Die Temperaturen steigen nicht so hoch, die Wärme hält dafür länger an, was ja erwünscht ist. Unbedingt muss man die Materialmischung nach dem Festtreten noch angießen. Danach wird eine Schicht von ca. 20 cm Deckerde darübergelegt. Das kann Gartenerde sein, die mit dem kompostierten Mistbeetinhalt aus dem Vorjahr abgemischt wurde. In diese Deckerde wird sodann gepflanzt.

Mistbeetkästen bieten eine Reihe von Vorteilen für den Gemüse-Selbstversorger und werden deshalb von versierten Hausgärtnerinnen zu Recht immer noch oder sogar wieder neu genutzt. Neben der wachstumsfördernden Wärme von unten wirkt sich der Düngeeffekt durch organische Nährstoffe und Kohlendioxid sehr positiv auf die Entwicklung von Gemüse aus. Unserer Erfahrung nach

Im klassischen Mistbeet wurden die Kästen mit massiven Glasfenstern abgedeckt. Bei uns in der City Farm stehen solche Mistbeetkästen unseren jugendlichen Besuchern zur Winterernte zur Verfügung.

Eleganter funktioniert die Anwendung in modernen Frühbeetkästen, die aber mit traditionellem Pferdemist gefüllt wurden. Der Erwärmungseffekt ist daran erkennbar, dass es rund um den Kasten schneefrei ist.

stellt das Mistbeet, wie es ja seinem ursprünglichen Einsatzgebiet entspricht, eine ideale Verfrühungsmethode dar, ist aber für den Wintergemüsebau nicht unbedingt vonnöten. Die Vielfalt an Wintergemüsearten und -sorten, wie wir sie beschrieben haben, ist auf diese organische Zusatzbeheizung eigentlich gar nicht angewiesen. Wir stellten sogar fest, dass es dadurch im Kasten im Frühwinter zu warm wurde, was den Salaten nicht zuträglich war. Mistbeete können aber in sehr rauen Gegenden eine Hilfe sein, die Sortimentsbreite an nutzbarem Wintergemüse zu vergrößern und das Ausfallsrisiko durch Extremfröste zu senken.

Immer noch kann man Mistbeete nach der alten Rezeptur anlegen: zuerst abgraben, dann mit Pferdemist befüllen, festtreten und befeuchten und abschließend Deckerde darüberlegen.

Low-Energy-Gemüseanbau

Seit mehr als sechs Jahren experimentieren wir nun an unserer Versuchsstation Zinsenhof mit dem Einsatz organischer Wärme zur Verfrühung von Tomaten. Es ist uns in dieser Zeit gelungen, ein Verfahren zu entwickeln, das den alten Mistbeetkastengedanken in ein für den Profianbau zeitgemäßes System übersetzt. In einfachen Foliengewächshäusern, wie sie nicht nur im heimischen Bioanbau sehr verbreitet sind, wird die organische Masse in Form von Dämmen aufgetragen. So entstehen Hügelbeete, an deren Dammfuß schon Ende Februar ungeheizte Tomatenpflänzchen ausgesetzt werden. Da die Dämme in ihrem Inneren sich bis auf 65 °C aufheizen, stehen die Setzlinge mit warmem Fuß da, was das Einwurzeln fördert, auch wenn die Lufttemperaturen zu dieser Zeit noch ziemlich ungemütlich sein können. Auch Tomaten sind wesentlich robuster, als man bislang angenommen hat, wenn sie eine 20–22 °C warme Wurzelzone vorfinden. In unseren Versuchen konnten wir schließlich schon Ende Mai die ersten völlig ressourcenschonend produzierten Tomaten ernten. Im Vergleichstunnel, in dem die üblichen Anbauzeiten angewendet wurden, reiften die Früchte erst vier Wochen später. Aber nicht nur der Frühertrag zeigte solch erfreuliche Unterschiede. Auch im Gesamtertrag war bei der verfrühten Variante ein Plus von zum Teil mehr als 60 % zu erzielen. Am Saisonende wiesen die Pflanzen eine Länge von sechs Metern auf.

Ausführlich experimentierten wir an der idealen Mischung organischer Komponenten. Folgende Kombination erscheint uns für eine anhaltende Erwärmung am günstigsten:

- 3 Teile frischer gehäckselter Strauch- oder Obstbaumschnitt
- 1 Teil Weizenstroh
- 1 Teil Sägespäne
- 1 Teil Pferdemist
- 1/2 Teil reife Komposterde
- Pro Kubikmeter Mischgut fügen wir ca. 3 kg Hornspäne als organischen Stickstoffdünger bei.

Der Strauchhäcksel erwies sich in unseren Versuchen als wichtiger Beitrag, die Wärme möglichst lang zu erhalten. Fehlt er, verläuft der Erwärmungsprozess wie das sprichwörtliche Strohfeuer. Hausgärtnerinnen können diese Mischung im Mistbeetkasten selbstverständlich auch erfolgreich anwenden.

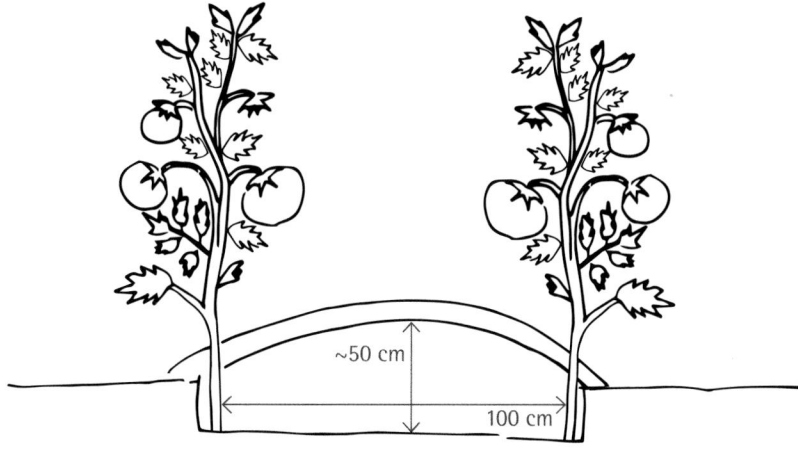

~50 cm

100 cm

Das Low-Energy-System zur Ernteverfrühung von Tomaten wurde an der Versuchsstation Zinsenhof entwickelt. Dämme aus organischen Abfallmaterialien (Pferdemist, Stroh, Strauchhäcksel etc.) heizen sich oft auf 60–65 °C auf. So können die Pflanzen schon Ende Februar an den warmen Dammfuß gesetzt und 4 Wochen früher beerntet werden als kalte Vergleichskulturen.

Im Low-Energy-System, das wir an der Versuchsstation Zinsenhof entwickelt haben, werden die Tomaten-pflänzchen ungeheizt schon Ende Februar gesetzt, weil sie auf Dämmen wachsen, die durch organische Abfallmaterialien erwärmt werden. Das bringt eine Ertragsverfrühung von 4 Wochen.

Dieses Low-Energy-Anbausystem betrachten wir als alternativen Produktionsentwurf für nachhaltig produzierende Biobetriebe, mit dem sie vor allem in der Direktvermarktung Ware anbieten können, die sich nicht nur durch ihre außergewöhnliche Frühzeitigkeit, sondern durch ihre Entstehungsgeschichte vom konventionellen Vergleichsprodukt abhebt. In zahlreichen Führungen, Präsentationen und Verkostungen bekamen wir das Feedback, dass sich Konsumenten von dem Verfahren beeindruckt zeigten, bei dem nach altem Vorbild vollkommen ressourcenschonend ohne vergrößerten ökologischen Fußabdruck geheizt wird.

Hochbeete

In der Aufzählung all jener technischer Hilfsmittel, die uns die Winterernte von frischem Gemü-se im Garten ermöglichen, darf natürlich auch das Hochbeet nicht unerwähnt bleiben. Hochbeete werden aufgrund vielfältiger positiver Eigenschaften erfolgreicher denn je in unseren Hausgärten eingesetzt. Sie erleichtern nicht nur das gärtnerische Arbeiten, sie ermöglichen durch ihre Füllung mit optimierten Erden und Substraten ein gesundes Gemüsewachstum auch auf ungünstigen natürlichen Standorten. Hochbeete bieten Schutz vor Schädlingen, in ihnen können organische Abfälle verwertet werden, sie eignen sich bestens fürs Gärtnern im städtischen Umfeld und haben noch zahlreiche weitere Vorteile aufzuweisen. Auch weil sie aus so unterschiedlichen Materialien gefertigt werden können und damit für jeden Geschmack ansprechend wirken, ist das Angebot an Fertig-Hochbeeten auf dem Markt sehr umfangreich. Natürlich lassen sich Hochbeete auch mit einfachen Mitteln selbst bauen. Die Anleitungen dazu finden sich auf Knopfdruck im Internet.

Für unser Thema des Wintergemüsebaus sind sie in mehrfacher Hinsicht interessant. Sie können zum einen – anknüpfend an das letzte Unterkapitel – durch Befüllung mit geeigneten Materialien auch als Mistbeet eingesetzt werden. Schon der klassische Schichtaufbau mit Zweigen und Ästen im Kern, darüber Grünschnitt, Laub und unreifer Kompost, obenauf Feinkompost gemischt mit

Auch solche Hochbeete mit Haube gibt es in unterschiedlichsten Ausführungen.

Hochbeete können durch passende Aufsätze im Handumdrehen zu Frühbeetkästen umgebaut werden. Damit sind sie für den Wintergemüsebau bestens einsetzbar.

Gartenerde, lässt einen Erwärmungseffekt erwarten, der allerdings nur im ersten Jahr spürbar ausfallen wird. Hochbeete können auch mit organischen Mischungen befüllt werden, wie wir sie oben bei den Mistbeeten beschrieben haben. Die ausschließliche Verwendung von Gartenerde und Kompost ist ebenfalls möglich. Auch sie bietet im Winter den Vorteil, dass dieses Substrat bei Niederschlägen schneller abtrocknet, weil Wasser besser absickern kann. Dies wirkt einer Vernässung entgegen, wie sie im gewachsenen Boden auftritt, vor allem wenn der lehmig und schwer ist.

Ich empfehle grundsätzlich, die Erde in Hochbeeten nicht jedes Jahr zu wechseln. Am besten belässt man es beim Auffüllen, falls sich das Niveau gesenkt hat, damit sich eine dauerhafte Mikroflora und damit eine stabile Bodenstruktur entwickeln können.

Hochbeete sind für den Wintergemüsebau zum anderen auch deshalb so hilfreich, weil sie im Handumdrehen zu einem Frühbeet umgebaut werden können. Oft werden bei Fertigprodukten Hauben oder Treibaufsätze mit angeboten, die aus dem Hochbeet einen Frühbeetkasten oder ein Minigewächshaus machen. Auch Minitunnel lassen sich einfach aufsetzen. Diese Treibeinrichtungen schützen unser Hochbeet für die Wintersaison und können danach wieder abgenommen werden.

Kleingewächshäuser

Eigentlich ist der Schritt vom Groß-Hochbeet mit Treibaufsatz zum Kleingewächshaus nur mehr ein unbedeutender. Hier sind wir nach landläufiger Meinung in der Königsklasse des Hausgärtnerns. Beim Stichwort Glashaus denken wir sofort an Tomaten und Gurken und damit wieder an den Sommer, zur Winternutzung fehlt uns meist die zündende Idee. So bleiben diese begehrten Gartenobjekte im Winter oft monatelang leer stehen, während ihre Besitzer davon träumen, sie doch endlich heizbar zu machen. Schade! Denn statt zu

Es muss ja nicht so ein Luxusobjekt sein, wenn man sich ein Gewächshaus für den eigenen Garten wünscht.

So ein Kleingewächshaus tut es auch. Technisch muss die Frage der Lüftbarkeit gelöst sein.

träumen, könnte man in diesen wertvollen Kultur-räumen Unmengen frischer Gemüse ernten, und das ganz ohne Heizungsaufwand.

Kleingewächshäuser bieten gute Bedingungen fürs Wintergärtnern, weil das Kleinklima auch ohne Heizung gezielt gesteuert werden kann.

Neben der Größe des Objekts sind Bauart sowie technische Ausführung entscheidend. Je größer das Haus, desto gleichmäßiger sind die klimatischen Gegebenheiten. Bei kleinen Häusern liegen Ausfrieren und Überhitzen im Winter zeitlich ziemlich eng beisammen. Es fehlt der Luftpolster und seine ausgleichende Wirkung. Diverse Speichermassen können aushelfen, wie wir noch sehen werden.

Gewächshäuser können aus Holz, Stahl oder Aluminium gefertigt und mit Folie, Glas oder Kunststoff-Stegdoppelplatten eingedeckt sein. Letztere haben die besten Isolationseigenschaften. Im Profigemüsebau finden Folientunnel mit Doppelfolienbespannung aufgrund der günstigen Anschaffungskosten und der guten Wärmedämmung breite Anwendung. In jedem Fall aber muss man auf eine leistungsfähige, möglichst automatisierte Lüftung achten. Denn im täglichen winterlichen Betrieb wird man mit dem händischen Öffnen und Schließen von Türen oder Auf- und Zukurbeln von Lüftungsklappen auf die Dauer überfordert sein. Ohne kräftige Lüftung aber kommt es auch im Winter bei sonniger Witterung rasch zum Überhitzen. Noch gefährlicher ist die Kondenswasserbildung bei zu hoher Luftfeuchtigkeit im Gewächshausinneren. Das Aufhängen von Maximum-Minimum-Thermometern in Pflanzenhöhe hilft, sich einen Überblick über den tatsächlichen Temperaturverlauf zu verschaffen. An Dataloggern können zusätzlich auch die Luftfeuchtigkeitsverhältnisse abgelesen werden (siehe Kapitel „Zum Einsatz von Wetterstationen und Messgeräte", Seite 36 f.).

In ihrer Ausrichtung sollten Gewächshäuser für die Winternutzung in Ost-West-Orientierung aufgestellt werden. Ein Schutz durch Hecken oder Gebäude verhindert Energieverluste durch Wind. Gleichzeitig dürfen diese Objekte aber keinen Schatten ins Haus werfen. Auch eine Wärmedämmung der Fundamente und der Nordwand verbessert die energetischen Eigenschaften. Energieschirme, die man wie einen Vorhang über Nacht zuzieht, verhindern das nächtliche Auskühlen des Hauses. In ihrer Bauart können Gewächshäuser als Erd-, als Anlehnhäuser oder freistehend konzipiert sein. Erdhäuser bekommen weniger Sonneneinstrahlung ab, sind aber besser isoliert als freistehende Häuser. Unbedingt sollten unterirdische Mauern wärmegedämmt und von einer Drainage zur Ableitung von Regenwasser umgeben sein.

Zwar ist es möglich, in jedem Gartenmarkt Standard-Gewächshäuser zu kaufen, die mit einfachen Mitteln für eine Winternutzung fit gemacht werden können. Aber nur der Einsatz passivsolar beheizter Gewächshäuser erlaubt eine effektive, intelligente Nutzung der Sonne als Energielieferant Nummer 1. So liegt in ihnen die minimale Innentemperatur bei Einfachverglasung um ca. 3–5 °C über der minimalen Außentemperatur, bei transparenter Doppelabdeckung sogar um 6–12 °C. Da wir an dieser Stelle nicht auf sämtliche allgemeinen Aspekte der Gewächshausplanung eingehen können, möchte ich auf gute Literatur verweisen, die es zu diesem Thema gibt. Sie finden die Hinweise im Anhang. Lassen Sie mich hier aber auch betonen, dass zum Wintergärtnern allein die aufwändige Anschaffung eines Gewächshauses sicher nicht gerechtfertigt erscheint. Die oben beschriebenen einfachen winterlichen Schutzeinrichtungen erfüllen ihren Zweck allemal.

Wirklich viel Platz fürs Wintergemüse bieten nur die Folienhäuser der Profis.

Wärmespeicher

Um ein ausgeglichenes Kleinklima im Wintergewächshaus zu ermöglichen, kommt man um sie nicht herum: die Wärmespeicher, die tagsüber Wärme aus der Sonneneinstrahlung aufnehmen, somit kühlend wirken, und während der Nachtstunden diese wieder langsam an ihre Umgebung abgeben. Diese nächtlichen „Heizkörper" funktionieren völlig passiv ohne Drittenergie. Gute Wärmespeichereigenschaften weisen Materialien wie Sand, Naturstein, Beton, aber auch Metall auf. Der

Boden wirkt als natürlicher Speicher. Am besten aber ist Wasser für diesen Zweck geeignet. Man füllt es in dunkle Kunststoffbehälter, die man aufstapeln kann. Auch die Regenwassertonne zum Gießen erfüllt so eine ausgleichende Wirkung, wenn sie im Gewächshaus aufgestellt ist. Diese Wasserspeicher sollten tagsüber direkt von der Sonne beschienen werden. Im Gartenfachhandel werden auch Wärmespeicher in Form von Rollen mit schwarzen Polyethylenschläuchen angeboten. Diese haben einen Durchmesser von 7 cm, werden mit Wasser gefüllt und im Abstand von 20 cm zwischen die Pflanzenreihen gelegt. Das hat den Vorteil, dass sie eigentlich keinen zusätzlichen Platz benötigen, weil sie einfach die Reihenzwischenräume ausnutzen. In der Nacht geben sie ihre Wärme direkt an die Pflanzen ab und verhindern damit eine Taubildung auf den Blättern. Der Pflanzengesundheit ist diese Wirkungsweise sehr zuträglich. Als Nachteil kann man eigentlich nur anführen, dass es sich um Plastikprodukte handelt, die zwar mehrjährig verwendet werden können, aber dann doch irgendwann entsorgt werden müssen. Auch kehrt sich in längeren Kältephasen ohne Sonneneinstrahlung der Effekt um. Gefrorenes Wasser in den Schläuchen kühlt seine Umgebung ab, wenn es tagsüber nicht auftauen kann. Wasser wird so während trüber, kalter Wintertage nicht zum Wärmespeicher, sondern zum Kältemittel.

Heizhilfen

Wir wollen dieses Kapitel nicht abschließen, ohne Maßnahmen und Schnellhilfen zu erwähnen, mit denen man im Notfall extreme Frostnächte überstehen kann, auch wenn sie unser Prinzip der Heizungsfreiheit etwas durchbrechen. An der Kürze dieser Abhandlung erkennen Sie vielleicht, liebe Leserin, lieber Leser, dass ich eigentlich zögerte, diesen Abschnitt überhaupt hereinzunehmen. Eigentlich bin ich ja gar nicht davon überzeugt, dass er überhaupt notwendig ist. Aber in rauen Gegenden und bei extremer Witterung kann es schon sinnvoll sein, sich abzusichern. Es wäre doch schade, wenn einzelne Frostnächte die Mühen wochenlanger Gemüseanzucht zunichtemachen würden. So kommen grundsätzlich vorrangig drei Heizverfahren in Frage, die im Kleingewächshaus oder Frühbeetkasten eingesetzt werden können.

Die elektrische Heizung bzw. der Frostwächter schaltet sich im Notfall selbst ein, wenn die Temperaturen unter einen eingestellten Wert sinken. Sie bieten eine saubere Heizungsmöglichkeit, bei der keine Abgase entstehen. Ihr Betrieb erfordert allerdings einen feuchtraumgeeigneten Stromanschluss.

Die Gasheizung mit mobilen Brennern funktioniert mit Propangasflaschen und ist so effizient, dass sie auch größere Häuser heizen kann.

Petroleum- oder Paraffingewächshausheizungen sind für kleinere Gewächshäuser geeignet. Sie sind mobil einsetzbar, kostengünstig, sehr handlich, können sogar im Bestand platziert werden und benötigen keine Anschlüsse. Die Verbrennung

von gereinigtem Paraffin erfolgt rückstandsfrei, ohne zu rußen.

Eine Alternative für Frühbeetkästen bietet der Einsatz von Kerzen. Grabkerzen oder große Blockkerzen werden so unter Tontöpfen oder Konservendosen aufgestellt, dass noch für eine ausreichende Luftzufuhr gesorgt ist. Diese Gefäße dienen der Wärmeabstrahlung im Raum und auch als Schutz der offenen Flamme gegen Auslöschen bei Luftzug und gegen Brandgefahr. Dass letztere durchaus eine reale Bedrohung darstellt, zeigte mir eine Vorarlberger Lokalmeldung, auf die ich vor einiger Zeit aufmerksam wurde. Da wurde von einem Gärtnereibetrieb berichtet, der 40 Wachskerzen über Nacht in seinem Gewächshaus als Frostschutz aufgestellt hatte. Unglücklicherweise aber fing der Kunststoffboden Feuer. Aufmerksame Passanten, die das bemerkten, alarmierten gerade noch rechtzeitig die Feuerwehr und konnten damit größeren Schaden verhindern. Unbedingt müssen Kerzen also sicher platziert werden, fern von brennbarem Material in ihrer Nähe.

Kerzen weisen eine Heizleistung von 25–60 W auf. Sie brennen je nach Größe 40 bis über 90 Stunden, jedenfalls lang genug, um kritische Nächte zu überbrücken. Im Frühbeetkasten mit seinem begrenzten Raumvolumen ist eine Kerze pro Quadratmeter ausreichend, um die Temperatur um einige Grad anzuheben.

Plastikschläuche, gefüllt mit Wasser, die zwischen den Salatreihen liegen, dienen dem Temperaturausgleich. Tagsüber
speichern sie Wärme, die sie nachts wieder abgeben. Das System
mit dem Namen Beta-Solar ist ebenso einfach wie hilfreich.

Der kleinste Garten ist ein Topf: Dieser Grundsatz gilt gleichermaßen für Sommer wie Winter. Denn im Topf und Kistchen lässt sich alles genauso gut anbauen wie im Garten ...

Wintergärtnern auf Terrasse, Balkon und Fensterbrett

Der kleinste Garten ist ein Topf: Das ist einer der Leitsprüche unserer City Farm Schönbrunn. Und tatsächlich: Gärtnern können nicht nur die Großgrundbesitzer, die mit Beet- oder Ackerfläche Gesegneten. Im Kleinen ist das Gespür für Kostbarkeiten vielleicht sogar noch leichter zu entwickeln. Die zukunftsweisenden Trends der Wertschätzung für Gemüseanbau sind deshalb mit neudeutschen Bezeichnungen wie „Urban Gardening" oder „City Farming" allesamt im städtischen Umfeld entstanden. Gerade dort lässt sich das Abenteuer im Topf auch auf kleinstem Raum leben.

Manchmal frage ich, wenn uns Kindergruppen in der City Farm besuchen, wer denn zuhause einen Garten hat. Wenige Hände gehen in die Höhe. Bei der Frage nach Balkon oder Terrasse werden es schon mehr. Bei der Frage, wer zuhause ein Fensterbrett hat, hat dann jedes Kind seine Hände in der Höhe. Ja, wir alle haben Möglichkeiten zum erfolgreichen Gärtnern. Nicht immer aber nehmen wir sie wahr. Mehr als zwei Millionen Gärten gibt es in Österreich, aber auch immerhin 1,3 Millionen Balkone, fast eine Million Terrassen, von den Innenhöfen, Flachdächern und den zahllosen Fensterbrettern ganz zu schweigen. Da gibt es viel zu tun!

Immer noch aber ist die Bepflanzung der Balkonkistchen und Pflanztröge von Blumen dominiert. Pelargonien und Fleißige Lieschen prägen den Sommer auf Loggia und Terrasse. Dass man stattdessen mit Buschtomaten und bunten Salaten einen ähnlichen Ziereffekt, aber zusätzlich auch noch einen unschlagbaren Genusswert erzielen kann, hat sich immer noch viel zu wenig herumgesprochen. Und im Winter wird es karg und traurig auf Balkonien. Im besten Fall stecken noch einige weihnachtlich geschmückte Tannenzweige im abgeräumten Kasten.

Herbst ist der zweite Frühling auf Balkon und Terrasse. Bei uns auf der City Farm bieten wir im September 4-Season-Gardening-Workshops an und bepflanzen gemeinsam Töpfe und Kistchen für den Winter. Denn fast alles, was wir an Wintergemüsevielfalt in den vergangenen Kapiteln kennengelernt haben, lässt sich auch im Topf oder Kistchen anwenden. In der Gemüse-Tabelle im Kapitel „Säen – pflanzen – ernten" (ab Seite 315) finden Sie eine eigene Spalte, die die Topftauglichkeit der besprochenen Gemüsearten bewertet.

… Na ja: fast alles. Hier wurde ein wenig geschummelt.

Gärtnern in Topf und Kistchen

Das winterliche Gärtnern in Topf und Kistchen weist einige Besonderheiten auf, die wir hier durcharbeiten wollen. Während wir für den Garten im Winter das Motto „Grün statt Weiß" ausgegeben haben, könnte es in der Stadt wohl eher heißen: Grün statt Grau. Denn Winter ist in der Großstadt die trostloseste Zeit, in der wir uns nach grünem Frischgemüse nicht nur als Vitaminlieferant sehnen, sondern auch als optischen Stimmungsaufheller.

Für ein erfolgreiches Wintergärtnern in Töpfen, Trögen oder Kisten gibt es drei entscheidende Faktoren: die Wahl des Standortes, die Größe und Art der Pflanzgefäße und die Zusammensetzung des Erdsubstrates.

Städtisches Kleinklima

Städte weisen ein vom Menschen stark geprägtes Kleinklima auf. Wohnen, Verkehr und Industrie auf dichtem Raum führen zu einer Erwärmung um mehrere Grad im Vergleich zum ländlichen Umfeld. Im Winter ist dieser Temperaturunterschied noch deutlicher spürbar. Die Beton- und Asphaltmassen speichern Energie, die sie nachts in Form von Wärme wieder abgeben. Für das Wintergärtnern ist das ein gut nutzbarer Vorteil. Dicht verbaute Innenstadtgebiete bleiben oft von Extremfrösten verschont, die am Stadtrand oder im Umland für Schäden sorgen können. Man muss allerdings die Details beherrschen. Denn auch städtische Standorte können sich in ihren kleinklimatischen Gegebenheiten sehr deutlich unterscheiden. Dem Temperaturgewinn steht eine starke Windexposition gegenüber, die nicht nur zum Austrocknen von Pflanzen und damit zur Gefahr der Frosttrocknis führt, sondern auch zu einem Abkühlungseffekt, der durch die erhöhte Verdunstung bewirkt wird. Der Schattenwurf von Gebäuden und die tiefstehende Sonne schränken das Lichtangebot im Winter vor allem in Innenhöfen oder auf der Loggia zusätzlich ein. Das Gärtnern

Für eine völlige Selbstversorgung wird das Kistchen am Fensterbrett nicht ausreichen. Aber für ein winterliches Erfolgserlebnis und ein bisschen Frische reicht es ...

... und es macht Spaß – und zwar nicht nur Kindern.

in Töpfen bietet den großen Vorteil der Mobilität. Zwar werden nur wenige Topfgärtnerinnen und winterliche Selbstversorger mit ihren Gemüsetöpfen dem täglichen Sonnenverlauf folgen und diese ständig nachrücken, um eine maximale Belichtung zu erreichen, aber in extrem kalten Nächten kann man die Pflanzgefäße auf dem Balkon dicht zur Hausmauer stellen. Tagsüber rückt man wieder sie ab und bringt sie damit ins Licht. Das macht Temperaturunterschiede von einigen Grad aus, die durchaus überlebensentscheidend sein können. Grundsätzlich wärmt sich die Erde im Topf rascher auf als im gewachsenen Boden, sie kühlt aber auch schneller wieder aus.

Technische Hilfsmittel, wie wir sie im vorigen Kapitel beschrieben haben, sind im städtischen Winteranbau von großer Hilfe. Sie schaffen zusätzlich gleichmäßige, begünstigte Bedingungen. Frühbeetkästen, Minitunnel oder Hochbeethauben auf der Terrasse müssen aber gut befestigt sein, damit sie an exponierter Stelle nicht vom Wind vertragen werden.

Pflanzgefäße

Der Grundsatz für die Wahl der Pflanzgefäße: je größer, desto besser, lässt sich beim städtischen Gärtnern nicht leicht umsetzen. Nicht nur der Platzmangel wirkt beschränkend, sondern auch Vorgaben wie die maximale Traglast des Balkons. Dies ist die traurige Nachricht für alle Kistchen-Gärtnerinnen und Window-Farmer: Eine hundertprozentige winterliche Selbstversorgung vom Fensterbrett ist nicht möglich – aber regelmäßig Frisches zu ernten, sehr wohl. Und genau darum geht es: um die Freude am eigenen Grün – wenn es auch mit der Nagelschere geschnitten wurde.

Bei der Einrichtung eines Winter-Gartens auf Balkon oder Terrasse sollte man eher mit Trögen arbeiten als mit Töpfchen, da sie aufgrund ihres größeren Volumens nicht so schnell durchfrieren. Sind sie aus einem gut isolierenden Material wie Holz oder Kunststoff gefertigt, wirkt sich das zusätzlich temperaturausgleichend aus. Metallgefäße sehen bestimmt trendig aus. Sie sind aber gute Wärmeleiter und heizen sich deshalb bei Sonnenbestrahlung ebenso schnell auf, wie sie danach wieder auskühlen. Manche Pflanztröge weisen eine wärmedämmende Wand aus Styropor auf. Das schützt besonders gut vor Durchfrieren. An dieser Stelle muss ich eine Anmerkung zur gängigen winterlichen Praxis des Einpackens von Töpfen und Pflanzen machen: Vlieshauben und Schafwoll-Manschetten sind wertvolle Hilfen für die Zeit bis Weihnachten. Sie schützen Pflanzen und Erdsubstrate vor Kälte von außen. Im ausgehenden Winter aber verkehrt sich ihre Isolationswirkung ins Gegenteil. Da wird das Erwärmen durch die Vorfrühlingssonne verhindert. Unbedingt sollte man deshalb diese Schutzmaterialien ab Mitte Jänner bei sonnigen Witterungsbedingungen wieder abnehmen. Gute Hilfe leisten sie, wenn man sie nur während frostiger Nächte anwendet, sie tagsüber aber bei Plusgraden wieder entfernt.

Auch Mini-Hochbeete müssen schon im Sommer für den Winter bepflanzt werden.

Erden und Substrate

Das ist eine Schlüsselfrage des Gärtnerns in Topf und Kisterl: Welches Substrat verwende ich am besten? Ich habe dazu eine eindeutige Meinung. Fertigsubstrate gibt es in jedem Gartenmarkt zu kaufen. Sie sind sackweise verpackt und aufgrund ihres geringen Gewichts leicht zu transportieren. Biosubstrate enthalten alle wichtigen Nährstoffe in organischer Form für einen gelungenen gärtnerischen Start und bieten noch ökologische Vorteile, wenn sie torfreduziert oder gar torffrei zusammengesetzt sind. So weit, so überzeugend. Jetzt kommt jedoch das große Aber: Sie sind nämlich für eine mehrjährige Verwendung ungeeignet. Ihre luftige Konsistenz verhindert den festen Sitz der Pflanze, was schon die Keimung beeinträchtigt und das Einwurzeln erschwert. Fertigsubstraten fehlt der lehmige, humose Gartenboden, der Nährstoff- und Wasserspeicher enthält. Sie sind so leicht, dass Töpfe auf der Terrasse nicht stabil aufgestellt werden können und, wenn sie nicht festgebunden werden, immer wieder umfallen. Vor allem aber bieten sie nur ungenügende Voraussetzungen für ein vielfältiges, dauerhaftes Bodenleben, wie es auch in Töpfen oder Kistchen nicht nur möglich, sondern sogar erwünscht ist. Das jährliche Wechseln des Substrates stellt nicht nur einen hohen Aufwand dar, es entspricht auch keineswegs dem Kreislaufgedanken und damit den Grundprinzipien des ökologischen Gärtnerns.

Meiner Überzeugung nach sollten Topf- und Kistchensubstrate selbst gemischt werden. Das bedeutet einen einmaligen Aufwand, der sich über die Jahre der Nutzung aber mehrfach lohnt. Es gibt dazu gute Anleitungen in Gartenbüchern (siehe Bücherempfehlungsliste im Anhang). Ich möchte hier meine „Gourmet-Mischung" vorstellen, die alle wichtigen Komponenten enthält, die für ein erfolgreiches Pflanzenwachstum von Bedeutung sind. Auch die Gründe, warum sie in der Mischung so wichtig sind, werden angeführt.

Hier sind wichtige Bestandteile einer guten Substratmischung zu sehen: Kompost, Gartenerde, torffreies oder torfreduziertes Fertigsubstrat, organische Strukturgeber wie zum Beispiel Hanfschäben.

Humose *Gartenerde* ist ein essenzieller Bestandteil einer guten Mischung und sollte lehmige Komponenten enthalten. In Kombination mit Kompost entstehen Ton-Humus-Komplexe, die Wasser und Nährstoffe speichern. Gartenboden alleine ist für die Befüllung von Töpfen nicht geeignet. Wenn er draußen abgestochen und damit aus seinem natürlichen Zusammenhang genommen wird, verliert er seine Struktur und Stabilität. Im Topf sackt Gartenerde deshalb zusammen, wird extrem hart und bewirkt eine Verdichtung, die der Pflanzenwurzel keinen gesunden Gasaustausch erlaubt. Sie sollte deshalb nur bis zur Hälfte der Mischung ausmachen. Am besten bezieht man sie aus einem biologisch bewirtschafteten Gemüsegarten. Gute Kompostwerke bieten gesunde Gartenerden an, die schon mit Kompost versehen sind. Sie müssen nur noch mit Strukturgebern versetzt werden. Fachleute sprechen in diesem Zusammenhang von Vergießfestigkeit und Strukturstabilität und meinen damit die Fähigkeit eines Substrates, dafür zu sorgen, dass ausreichend Luft eindringen kann und Wasser absickert. Dazu eignen sich *orga-*

nische Komponenten wie Holzhäcksel oder zerkleinertes Stroh. Diese sind leichter erhältlich als exotische organische *Strukturmaterialien* wie Kokosfasern und Hanfschäben. Sie alle haben den Nachteil, dass sie sich relativ rasch biologisch abbauen und damit ihre auflockernde Wirkung verlieren. Dieser Abbau wirkt dazu noch stickstoffraubend. Dieses wichtige Nährelement wird bei der Zersetzung der organischen Komponenten den Pflanzen entzogen. Für eine Dauernutzung im Topfsubstrat müssen also organische Strukturgeber unbedingt gemeinsam mit biologischen Stickstoffdüngemitteln beigemischt werden.

Nicht abbaubar sind mineralische Strukturmaterialien wie grober Sand, Blähton Leca oder das Vulkangestein Bims. Sie sorgen dauerhaft für eine gute Belüftung des Substrates und für ein verlässliches Absickern von Gieß- oder Niederschlagswasser. So werden die Pflanzenwurzeln mit Sauerstoff versorgt, den sie für ein gesundes Wachstum benötigen. Eine gute Drainage des Substrates ist besonders im Winter wichtig, wo Pflanzen häufig durch zu viel Feuchtigkeit eher verfaulen als erfrieren. Schon lange verwendet man diese mineralischen Komponenten in Dachgartensubstraten. Diese sind allerdings sehr nährstoffarm konzipiert. Man möchte ja am Flachdach zwar eine grüne Pflanzendecke mit Mauerpfeffer und anspruchslosen Gräsern, keineswegs aber einen zu üppigen Bewuchs, den man ständig zurückschneiden müsste. Im Gemüsekistchen sieht das ganz anders aus. Hier ist ein großzügiges Nährstoffangebot Voraussetzung für ein kräftiges Wachstum und einen zufriedenstellenden Ertrag. Unbedingt sollte unserer Mischung also auch guter *Kompost* beigegeben werden. Er bringt wertvolle Bodenlebewesen ein, dient gemeinsam mit den lehmigen Bestandteilen des Gartenbodens als Wasser- und Nährstoffspeicher, puffert den pH-Wert ab und kann sogar Pflanzenkrankheiten unterdrücken. Diese positiven Wirkungen zeigt nur Qualitätskompost. Man sollte Bio-Kompost deshalb unbedingt von einem guten Profi-Anbieter beziehen. Der meist kostenlos zu beziehende Kompost aus kommunaler Herstellung kann nicht empfohlen werden. Trotz intensiver Kontrollen bei der Aufbereitung können Verunreinigungen durch Fremd- oder gar Giftstoffe bei der Sammlung des Biotonneninhalts nicht ausgeschlossen werden. Das ergibt meiner Ansicht nach kein garantiert gemüsetaugliches Endprodukt.

Zur Verbesserung der Stickstoffgrundversorgung des Substrates kann man noch Schafwollpellets, Hühnermist-Sticks, Hornspäne, Phytoperls oder andere organische Düngemittel beimischen. Auch Urgesteinsmehle erhöhen die Bodenfruchtbarkeit und Wasserhaltefähigkeit des Bodens. Magnesiumkalk kann mit seinen beiden wichtigen Nährelementen einen Beitrag zur ausgewogenen Versorgung der Pflanzen leisten.

Bei den optimalen Mengenverhältnissen der genannten Hauptbestandteile gibt es eine gewisse Variationsbreite: etwa ein Drittel bis maximal zur Hälfte Gartenerde, ein Drittel Fertigsubstrat aus dem Sack, ca. 10 bis 15 % Kompost, 10 bis 20 % mineralische oder organische Strukturmaterialien. Fertigsubstrat als oberste Schicht im Topf verhindert ein Auskeimen von eventuell mit der Gartenerde eingebrachten Beikrautsamen.

Wintergemüse in Töpfen und Kisten

Die Liste topftauglicher Wintergemüse ist lang. Für die konkrete Anbauplanung erlaubt sie deshalb ein ausgiebiges Gustieren. Wenn man auch aus dem Vollen schöpfen kann, die Auswahl wird sicher durch den begrenzten Platz auf Balkon und Terrasse erschwert. Wir wollen hier nochmals gruppenweise das Topfpotenzial der einzelnen Gemüsekategorien mit dem Ziel durchbesprechen, dieser Wahl die völlig unangebrachte Qual zu nehmen.

Sie finden konkrete Hinweise auf die Eignung der Wintergemüse für einen Anbau in Topf, Kiste oder Trog in der Tabelle ab Seite 315.

Endivien und Zichorien

Die Vertreter der Gruppe kopfbildender Endivien und Zichorien sind im Winter mit Sicherheit besser im gewachsenen Boden untergebracht. Ihr Nährstoffbedarf und die Einmalernte machen eine Kultur im Topf oder im Trog zwar nicht unmöglich, im Sinne einer hohen Flächeneffizienz ist sie aber nicht wirklich zu empfehlen. Anders sieht das bei rosettenbildenden Sorten aus. Schnittendivien und Blattzichorien wachsen nicht nur schneller als Zuckerhut, Radicchio & Co, sie können auch blattweise geerntet werden und treiben

Schnittzichorien eignen sich zur Kultur selbst in flachen Kistchen oder Töpfen.

sogar nochmals nach, wenn man sie nicht zu tief abschneidet. Während der Winterwochen verläuft der Zuwachs allerdings extrem langsam. Urbane Italienfans werden auf Catalogna, 'Grumolo verde' und die anderen Schnittsorten auch im Winter nicht verzichten können. Am besten sät man sie in Balkonkistchen oder Tröge. Für eine Aussaatmischung mit Schnittsalaten eignen sie sich nicht, weil die Wachstumsgeschwindigkeiten sehr unterschiedlich verlaufen.

Gartensalate

Gartensalate sind nicht nur Klassiker im Winter-Garten, auch auf Balkon und Terrasse kann man sie vielseitig einsetzen. Ich empfehle die Nutzung von Pflücksalaten und von Baby- und Multileaf-Salaten. Pflücksalate werden im Abstand von 15 cm ins Kistchen gepflanzt. Leider sind in den Gartenmärkten im Frühherbst oftmals keine Jungpflanzen mehr erhältlich, weil man die Salatsaison für beendet hält. Es bleibt zu hoffen, dass die Entdeckung des Winters als neue Gartenjahreszeit so weite Kreise zieht, dass sich das auch auf das Angebot an Jungpflanzen auswirkt. Bis dahin ist man auf eine eigene Jungpflanzenanzucht angewiesen, die im Spätsommer auch im Wohnzimmer gelingt, damit man zeitgerecht Setzlinge für den Winteranbau zur Verfügung hat.

Salate lassen sich auch in größere Töpfe (mind. 15 cm Durchmesser) setzen. In kalten Frostnächten sollte man diese allerdings gut einpacken.

Eine laufende Ernte der äußeren Blätter sorgt nicht nur für kontinuierlichen Nachschub in der Schüssel, sondern auch für einen luftigen Bestand, der enge Standweiten zulässt. Babyleaf-Salate werden direkt gesät. Ein Sortenmix im Topf oder Kistchen ist eine bunte, sehr ansprechende Angelegenheit, die auch einen hohen Zierwert aufzuweisen hat. Ebenso wie im Beet weisen die verschiedenfarbigen Sorten allerdings unterschiedliche Entwicklungsgeschwindigkeiten auf. Ein Mehrfachschnitt ist jedenfalls möglich. Wintersalate kommen meist mit den im Substrat enthaltenen Nährstoffen aus. Sie müssen im ersten Jahr nicht zusätzlich aufgedüngt werden, sondern nur bei mehrjähriger Verwendung der Erde in den Kästen.

Auch während Frostperioden kann man ernten, indem man Topf oder Kistchen zum Auftauen in die Wohnung nimmt. Man muss dabei allerdings berücksichtigen, dass ein plötzlicher Temperatursprung von +20 bis 30 °C das Pflanzengewebe überfordert. Am besten lässt man deshalb den Topf vielleicht im kühlen Schlafzimmer oder im Stiegenhaus langsam auftauen, bevor man erntet. Danach kann man ihn wieder ins Freie bringen.

Salatkräuter und Spezialsalate

Sie bieten vielfältige Möglichkeiten der Winterernte, denn alle im Steckbrief beschriebenen Spezialsalate und Salatkräuter sind auch topftauglich. Man unterscheidet die einjährigen Arten, die nur für die Wintersaison im Pflanzgefäß bleiben, von den Ampfern, die mehrjährig wachsen und damit einen fixen Platz im Topf erhalten. Gerade für den kleinen und vielleicht halbschattigen Balkon sind diese Ampfer eine lohnende Dauerkultur, die nicht nur im Winter, sondern eigentlich fast das ganze Jahr über genutzt werden kann. Ihre Blätter erlauben einen schnellen, sauren Genuss, der im Sommer durstlöschend, im Frühwinter aufmunternd wirkt. Ampfern sollten wir ausreichend Kompost im Substrat vergönnen. Sie müssen in der Hauptwachstumsphase nachgedüngt werden. Alle vier bis fünf Jahre sorgt ein Umtopfen, bei dem ein Teil der Erde ausgewechselt wird, für Durchlüftung und Erneuerung. Die Verwendung von Glasglocken führt auch im Topf zu einem zeitigen Austreiben junger Ampferblätter.

Auch Spezialkräuter, wie das italienische Sedanina, sind wintertopftauglich.

Besonders gut wachsen winterliche Asia-Salate auch in kleineren Kistchen oder in Töpfen.

Rucola, Asia-Salate und Gartenkresse sind würzige Winterkandidaten, die direkt in einer bunten Mischung ins Fensterkistchen gesät werden können. Sie keimen wesentlich schneller und dichter, wenn das Kistchensubstrat genügend Gartenerde enthält. Satzstaffelungen und Mehrfachschnitt sorgen für eine durchgängige Selbstversorgung im Winter.

Auch im Topf gedeihen Vogerlsalat, Winterportulak, Barbarakresse, Löffelkraut oder Blatt-Mohn bestens. Sie können sich sogar von selbst aussamen, wenn man einzelne Pflanzen nach dem Winter blühen und bis zur Samenreife weiterwachsen lässt. Das funktioniert natürlich nur, wenn das Substrat im Topf, Trog oder Hochbeet bleibt und im Sommer für Tomaten, Paprika & Co weitergenutzt wird. Die Winterspezialsalate der nächsten Generation keimen dann rechtzeitig im darauffolgenden Herbst – vielleicht zur Überraschung auch in den Fugen zwischen Terrassenplatten oder Natursteinbelag.

Gewürzkräuter

In Küchennähe kann man auch im Winter Kräuter gut gebrauchen. Sie sind rasch beerntet und bieten stets frische Würzkraft. Man muss allerdings zugeben, dass im Sommer der Gehalt an ätherischen Ölen deutlich höher und damit der Geschmack besser ist als im Winter. Kräuter sind

Thymian kann ganzjährig im Topf wachsen. So üppig sieht er freilich nur im Sommer aus.

bestens topftauglich und infolgedessen geeignete Kandidaten auch für den kleinsten Winter-Garten. Während Petersilie, Schnittsellerie, Kerbel, Koriander und Schnittlauch im Topf gut mit Nährstoffen versorgt werden sollten, lieben Thymian und Oregano einen eher kargen Untergrund. Bei ihnen mischt man mehr Quarzsand und Steinmehl ins Substrat. Für den Topfanbau sind extravagante Sorten wie der scharf schmeckende Oregano 'Hot & Spicy' oder der weiß-grün panaschierte Thymian 'Foxley' empfehlenswert.

Kohlgemüse

In der Gruppe der Kohlgemüse sucht man sich für den winterlichen Anbau auf Balkon oder Terrasse Typen aus, die laufend beerntet werden können und das Besondere bieten. Statt Weißkraut

Blattkohle wirken im Topf beeindruckend. Damit sind sie auf Balkon oder Terrasse ausgezeichnete Kübelpflanzen in einer Zeit, wo Oleander & Co schon längst im Winterquartier verschwunden sind.

oder Wirsingkohl wählt man Grünkohl, Zierkohl, Palmkohl oder Ewigen Kohl. Diese Blattkohle wirken im Kübel, solitär aufgestellt, ausgesprochen imposant. Auch mit Butterkohl haben wir positive Topferfahrungen gemacht. Mit seiner leuchtend gelben Frostfärbung ist er ein echter Blickfang im winterlichen Balkongarten.

Alle Kohlgemüse benötigen größere Pflanzgefäße und ein nährstoffreiches, mit Kompost angereichertes Substrat. Die lehmigen Anteile der Gartenerde sorgen nicht nur für ein höheres Eigengewicht und damit einen stabilen Stand des Kübels, sondern auch für jene Wasserspeicherfähigkeit im Substrat, die eine erfolgreiche Kohlkultur garantiert. Auch Sprossenbrokkolis sind schöne Topfpflanzen, die im Winter regelmäßig beerntet werden können. Kohlrabi kann man im Kistchen pflanzen, weil der Standraumbedarf nicht so hoch ist. Man erntet ihn früher als im Beet im zarten Jugendstadium. So lassen sich die Pflanzen im Abstand von 15 cm setzen, ohne dass es zu eng im Kasten wird.

Spinate

Für eine befriedigende Winterernte reicht der Platz in Topf oder Kistchen beim Spinat meist nicht aus. Wenn man ihn aber jung als Salat ernten möchte, passt er bestens zu Babyleaf-Salaten oder anderen Spezial-Wintersalaten. Mangold hingegen ist

Beim bunten Topf-Stielmangold sollte man im Winter laufend die äußeren Blätter im jungen Zustand ernten.

für die Winterkultur im Kübel sehr gut geeignet. Stielmangold in den Farben Weiß, Gelb oder Rot sieht dekorativ aus und lässt eine laufende Ernte bis in den Frühling zu. Wenn man die Blätter im jungen Stadium entnimmt, kann man auch in Kistchen auf 10 cm Abstand pflanzen. Für eine Topfkultur sollten Pflanzgefäße mindestens 15 Liter Erdvolumen fassen. Durch ausreichend Kompost im Substrat sorgt man für einen bedarfsgerechten Nährstoffnachschub.

Wurzel- und Knollengemüse

In der Gruppe der Wurzelgemüse finden sich einige Arten, die für einen Anbau in Topf oder Kasten gänzlich ungeeignet sind. Gängige Karotten, Knollensellerie oder Wurzelpetersilie können ebenso wie Pastinaken oder Rüben nur für einen Beetanbau empfohlen werden. Es gibt aber auch bei diesen Gemüsearten Spezialsorten, die durchaus mit wenig Wurzelraum auskommen. Der Karottensortentyp 'Pariser Markt' ist ein Beispiel dafür. Mit ihren kurzen, stumpfen bis kugeligen Wurzeln entwickeln sich 'Pariser Markt'-Karotten nicht

Die Topfkultur von Knollenziest im Winter bietet den Vorteil, dass man im Falle von Frost den ganzen Kübel für einige Stunden ins Haus holen kann. Nach Auftauen und Beernten stellt man die Kübelpflanze wieder hinaus ins Freie.

nur rasch, sie brauchen im Kistchen auch nicht viel Platz.

Radieschen sind attraktive Knollengemüse auch für den winterlichen Kleinstgarten im Fensterkistchen. Sie dürfen keinesfalls zu dicht ausgesät werden, da sie sonst keine Knollen bilden. Rettiche sind nur für eine Ernte im Jugendstadium, nicht aber als klassische Bierrettiche im Topf oder Pflanztrog unterzubringen.

Sehr gute Erfahrungen haben wir mit der Topfkultur von Erdmandel und Knollenziest gemacht. In einem lockeren, humosen Substrat gedeihen die Pflanzen über den Sommer bestens. Im Winter sterben sie oberirdisch ab, man lässt sie einfach draußen stehen und nimmt jeweils zur Ernte den ganzen Topf in die Wohnung herein. Besonders bei frostigen Bedingungen bietet das den Vorteil, dass die Erde herinnen auftaut, sodass man die Knöllchen leicht entnehmen kann. Anschließend kommt der Topf wieder ins Freie hinaus. So kann man Erdmandel und Knollenziest sogar mehrjährig nutzen.

Zwiebel- und Lauchgemüse

Die meisten Zwiebelgewächse können über den Winter auch im Topf kultiviert werden. Ich würde davon abraten, Speisezwiebel oder Porree zu pflanzen, weil sie keinen befriedigenden Ertrag bringen können, aber Jungzwiebel, Schnittzwiebel, also die Blätter der Speisezwiebel, oder Jungknoblauch bringen frisches, würziges Grün in die kalte Jahreszeit. Sie wachsen problemlos im Topf oder Balkonkasten. Steckzwiebeln für die Blatternte werden ab Mitte Jänner gepflanzt und erlauben einen schnellen Erfolg selbst im Fensterkistchen. Nach osteuropäischem Vorbild kann man auch von in der Küche verwendeten Speisezwiebeln das obere Drittel übrig lassen und am Küchenfenster – diesmal allerdings innen – in eine mit Wasser gefüllte Vase stecken. Der grüne Austrieb wird fein geschnitten in Aufstriche gemischt oder aufs Butterbrot gestreut.

Winterheckenzwiebeln, wie hier die Sorte 'Rouge Commune', können mehrjährig im Topf gezogen werden.

Vogelmiere wächst im Winter oft wild aus Kästen und Hochbeeten. Sie wird gleich frisch mitgenutzt.

Schnittknoblauch und Winterheckenzwiebel können als mehrjährige Topfpflanzen erfolgreich auf Balkon oder Terrasse kultiviert werden. Sie werden in eine humose, mit Kompost angereicherte Substratmischung gesetzt und gelegentlich nachgedüngt. So bleiben sie für Jahre treue, anspruchslose Begleiter, die fast ganzjährig genutzt werden können. Die Winterernte konzentriert sich auf den Spätherbst und den Vorfrühling, wobei man durch Abdecken der Töpfe mit Hauben oder Glocken den Neuaustrieb deutlich verfrühen kann.

Wild- und sonstige Wintergemüse

Kaum jemand wird Wildgemüse gezielt auf Balkon oder Terrasse ziehen. Gerade wenn man aber Gartenerde oder selbst gemachten Kompost in der Substratmischung verwendet, kann es zum Aus-

keimen von Beikräutern in Töpfen und Kistchen kommen. Im Winter taucht regelmäßig die Vogelmiere auf. Sie kann man durchaus wachsen lassen, um frische Blätter und Triebe über den ganzen Winter auch aus dem Balkongarten zu ernten. Die bei den Porträts beschriebenen Erbsen sind auch im Topf oder Fensterkistchen als schnelle Kultur zu empfehlen. Man sät sie sehr dicht und erntet die jungen, zarten Triebe wenige Wochen später. Erbsenkeimlinge können übrigens auch im Zimmer auf ganz einfache Weise gezogen werden. Dazu braucht man in wasserdichten Schalen, Kübeln oder Kisten nicht einmal eine Füllung mit Erde oder Substrat. Man streut die Samen aus, gießt so viel Wasser ein, dass sie gerade bedeckt sind, und stellt die Gefäße ans Licht. Nach wenigen Tagen sind die Erbsentriebe erntereif. Diese Form des Wintergärtnerns fällt allerdings in die Kategorie der Keimsprossen, die wir hier ja nicht behandeln, weil sie indoor wachsen.

Der Wintergemüsebau ist eine Bewegung geworden. Nicht nur die Vielfalt der Gemüsearten machen seine Faszination aus, sondern auch die Vielfalt der Menschen, die davon überzeugt und begeistert sind.

Personen und Projekte: Porträts gelebten Winter- gemüsebaus

Für die gartenbauliche Wissenschaft und Lehre ist diese Erkenntnis ebenso neu wie für die gemüse-bauliche Praxis im heimischen Profi-Anbau: Eine unglaubliche Vielfalt frischer Gemüse kann im Winter geerntet werden, ohne dass diese in Glas-häusern aufwändig beheizt werden müssen. Denn das Frosthärtepotenzial bekannter, aber auch noch unbekannter, innovativer Gemüse und Kräuter ist erstaunlich viel höher, als man es für mög-lich gehalten hat.

In zahllosen Hausgärten in unserem Land, aber auch weit darüber hinaus wird das schon lange gelebt. Findige Selbstversorgerinnen und Gemüse-gärtner haben kreative Ideen entwickelt und pra-xistaugliche Lösungen gefunden, wie sie das gan-ze Jahr über Frischgemüse von ihren Beeten und Äckern und aus ihren Kästen und Minigewächs-häusern ernten können.

Diesen Pionieren im Verborgenen ist das letzte Kapitel des Buches gewidmet. Von ihrem Erfah-rungsschatz und ihrer Experimentierfreude kön-nen wir profitieren und uns Anregungen für unse-re eigene Entdeckungsreise in die Gemüsewelt des Winters holen. Ich muss dazusagen, dass die hier gezeigten Beispiele nur exemplarischen Charakter haben und keinesfalls Anspruch auf Vollständig-keit erheben. Ich bin überzeugt davon, dass geleb-ter Wintergemüsebau weiter verbreitet ist, als wir denken. Als ich im letzten Sommer einen Aufruf über das Arche-Noah-Magazin machte, bekam ich spannende Rückmeldungen, Zuschriften und Bil-der aus Österreich und Deutschland. Einige Gärten habe ich besucht, über andere bekam ich telefonisch berichtet. Eine ganz kleine Auswahl an Eindrücken und Erkenntnissen daraus möchte ich Ihnen nicht vorenthalten.

Wir beenden unsere „Winterreise" also voller Tatendrang und sicher fröhlicher gestimmt als Franz Schubert die seine. Der Winter hat das Stereotyp als „vegetationslose" Jahreszeit und damit seinen trüben Schatten verloren. Statt grauer Tristesse prägt frisches, saftiges Grün unsere Vorstellung von der frostigen Saison. Und unsere Küche profitiert von der wiedererlangten Selbstbestimmung in einer sonst fremdgesteuerten Zeit. Auch unser ökologisches Bewusstsein atmet auf, ganz nach dem Motto: Gutes genießen mit gutem Gewissen!

Die LoBauerInnen: Wannen-Hügelbeete und Gemüse-Kamin

Auf einem Gemüseacker in der Wiener Lobau praktiziert eine liebenswerte, bunte Gruppe begeisterter bis euphorischer Hobby-Gärtnerinnen und -Gärtner Selbstversorgung mit Ganzjahresanspruch. Es geht ihnen darüber hinaus um Vernetzung, Gemeinschaftserlebnisse, den nachhaltig-biologischen Genuss und Breitenwirkung in der Ernährungssouveränität. Auch deshalb ist eine Kooperation mit einer foodcoop vor Ort eingerichtet worden.

Ich konnte diese spannende Initiative kennenlernen, als wir uns im Frühjahr 2015 zu einem Wintergemüse-Workshop zusammenfanden. Ihr altes, ca. 500 m² großes Gewächshaus glich damals einer Wintergemüse-Experimentierstation. Unter der Leitung von Christian Stojić, der bei den LoBauerInnen nur als Speedy bekannt ist, werden Salate, Kräuter und Wurzelgemüse in Sonderbeeten angebaut oder gelagert.

„Zuckergupf": Speedy schichtet seine im Herbst geernteten Petersilienwurzeln im Gewächshaus waagrecht zu einem Hügel auf, indem er immer wieder eine Lage Erde dazwischen einfügt, in die er

Salat, Knoblauch oder Zwiebeln pflanzt. So dient dieses Wintergemüseobjekt einerseits der Lagerung, andererseits der Frischernte zur laufenden Selbstversorgung während der kalten Jahreszeit.

Ofenrohr-Hügel: Gewisse Ähnlichkeiten mit dem Zuckergupf zeigt dieses Spezialbeet, mit dem eine erstaunliche Flächenvergrößerung erzielt wird. Auf einem Quadratmeter Grundfläche sind damit 2–3 m² Beetfläche möglich. In der Mitte des aufgeschütteten Erdhügels steckt ein Ofenrohr. Organische Abfälle werden einfach hineingeworfen und dienen Kompostwürmern als Nahrung. Der Abbau führt zu einer Erwärmung, die über den Kamineffekt der Gemüsebepflanzung des Hügels zugute kommt. Gleichzeitig wirkt das Innere des Ofenrohrs als Nährstoffreservoir, das die Gemüsepflanzen intensiv durchwurzeln. Diese Wurzeln wiederum stabilisieren den Hügel in seiner vertikalen Form.

Kompostwurmstation im Hügelbeet: Auch ein besonders konstruiertes Hügelbeet traf ich im Wintergewächshaus der LoBauerInnen an. In der Mitte hatte Speedy eine Wanne aus gestampfter Erde eingebaut, in die er laufend organische Reste entsorgte. Auch das Gießen des Beetes erfolgte ausschließlich in diese Wanne. Das Wasser sickert

Der Winterspezialist der LoBauerInnen namens Speedy bei seinem Ofenrohr-Hügel, der mit Zwiebeln und Petersilie bepflanzt ist.

dort langsamer ab und verteilt sich im Inneren des Hügelbeets so, dass die Pflanzenwurzeln gut versorgt werden. Ein Abschwemmen von Erde an den

Im Hügelbeet mit eingebauter Kompostwurmstation findet der Nährstoffkreislauf gleich direkt vor Ort statt.

Winterlich bepflanzte Hügelbeete im kalten Gewächshaus der LoBauerInnen zeugen von regem Gemüse- und Vereinsleben auch in dieser Jahreszeit.

Seitenteilen des Hügelbeets durch Überbrausen mit Wasser ist damit ausgeschlossen. In der Mittelwanne sorgen Kompostwürmer für einen Nährstoffkreislauf direkt am Beet. Diese Konstruktion ist allerdings sicherlich nicht nur für den Winteranbau zu empfehlen, weil sich die Kompostwürmer da in tieferen Erdschichten aufhalten.

www.lobauerinnen.at

Kloster der Benediktinerinnen: Gemüse mit „Heiligenschein"

Das weitläufige Klostergelände der Benediktinerinnen in Steinerkirchen an der Traun bietet Platz für einen großzügigen Selbstversorgergarten. Das ist das Reich von Schwester Christiana. In Freilandbeeten und in Foliengewächshäusern baut sie Gemüse rund ums Jahr an. Dass das nicht nur gesund und rüstig hält, sondern auch viel Freude bereitet, spürt man ihr ab, wenn man sie so von Salaten, Küchenkräutern und Gemüsejungpflanzen reden hört. Ich hatte über einige Umwege den Tipp erhalten, doch diesen Klostergarten zu besichtigen, weil dort auf unkonventionelle Weise Wintergemüsebau und Gemüseverfrühung betrieben wird.

Schwester Marta und Schwester Christiana von den Benediktinerinnen im Selbstversorgergewächshaus des Klosters in Steirkirchen.

In einfachen Foliengewächshäusern wächst im Winter Salat unter Vlies und Rucola.

Heikle Jungpflanzen werden mit einer Kerzenheizung durch frostige Winternächte gebracht.

Als ich im zeitigen Frühjahr 2015 auf Besuch kam und von Schwester Christiana und Schwester Marta, der Betriebsleiterin im Kloster, durch den Garten geführt wurde, konnte ich die Aussagen meiner Informationsquelle nur bestätigen. Zwar reicht das selbst produzierte Gemüse nicht zur vollständigen Deckung des Eigenbedarfs aus, denn das Kloster der Benediktinerinnen führt auch einen Gästebetrieb, wie mir Schwester Marta erklärte, aber die saisonale Frische auf den Klostertischen wird von allen Bewohnerinnen geschätzt.

Als wir dann in den ca. 30 m² großen Folientunnel hineinschlüpften, wurde mir Schwester Christianas spezielles Heizsystem vorgestellt. Alle Kerzenreste aus dem Messbetrieb werden von ihr eingeschmolzen und zu neuen Heizkerzen verarbeitet, mit deren Hilfe sie in einem eige-

nen Folienkasten Jungpflanzen vorzieht. Als Wärmestrahler dienen Metallkonservendosen, die so über die Kerzen gestülpt werden, dass von unten noch Frischluft dazukommt. Das übrige Foliengewächshaus war mit Salaten bepflanzt, die knackig und erntereif aussahen. Auch Petersilie, Rucola und Kerbel fand ich im Wintersortiment der Benediktinerinnen.

https://www.dioezese-linz.at/institution/9047

Dr. Dieter Depisch: vom OP-Saal in den Bio-Garten

Nach einer erfolgreichen medizinischen Laufbahn als Chirurg und Primarius am Landesklinikum Wiener Neustadt sollte es in der Pension weniger steril zugehen. Denn dass Dr. Dieter Depisch, der heute eine Gemüsegärtnerei im burgenländischen Neu-

Die sogenannten „Thermoclear-Kobel" von Herrn Dr. Depisch sind denkbar einfach aufzustellen und am Ende der Wintersaison ebenso schnell wieder abgebaut und platzsparend verstaut.

Dazwischen aber ermöglicht ihr Einsatz eine reiche Winterernte.

dörfl betreibt, auch in die (Bio-)Erde greifen muss, seit er Skalpell gegen Setzschauferl getauscht hat, liegt in der Natur der Sache. Gemeinsam mit seiner Familie baut er Bio-Gemüsevielfalt auf dem malerisch restaurierten Hof eines ehemaligen K.u.K.-Zündholzfabrikanten an und verkauft diese direkt ab Hof und in Erntekisten. Um auch im Winter nicht aussetzen zu müssen, experimentiert Herr Dr. Depisch schon seit längerem mit einfachen Schutzvorrichtungen und praktikablen Verfrühungsmethoden.

Als ich ihn im zeitigen Frühjahr 2016 besuchte, führte er mir seinen sogenannten „Thermoclear-Kobel" vor. Mit wenigen Handgriffen lässt sich aus einfachen Stegdoppelplatten mithilfe von Metallwinkeln und ein paar Schrauben ein Frühbeetkasten zusammenzimmern, in dem Rucola, Salat und Vogerlsalat gedeihen können. Nach Ende der Wintersaison ist dieser Kasten ebenso schnell wieder abgebaut und platzsparend verstaut. In besonders kalten Nächten verwendet Herr Dr. Depisch in diesen Kästen Friedhofskerzen, die für Frostfreiheit sorgen, auch wenn das Thermometer draußen bis unter -8 °C fällt. Mit Sensoren werden die Temperaturkurven akribisch aufgezeichnet. Der wissenschaftliche Zugang lässt sich also auch im Garten nicht verleugnen.

http://www.biohortus.at

Hans Eubeler: im Reich der Hügelbeete

Vor 24 Jahren hat Herr Eubeler begonnen, eine alte Industriefläche zu einem Gemüse-Selbstversorgerparadies umzugestalten. Der Aktiv-Pensionist lebt in Seligenstadt in der Nähe von Frankfurt am Main. Und tatsächlich ist aus diesem Gemüsegarten so etwas wie eine Insel der Seligen geworden. Auf 10 Hügelbeeten wachsen mehr als 15 verschiedene Gemüsearten übers ganze Jahr. Jeden Frühling wird ein neues Hügelbeet mit Holzkern aus Strauchschnitt und Ästen, Grob- und Feinkompost nach allen Regeln der Kunst aufgebaut und jeweils das älteste aufgelöst. Der dadurch anfallende Humus wird auf die ganze Anlage verteilt und verbessert den Boden auf lange Sicht nachhaltig. Herr Eubeler ist in diesem System nun mittlerweile schon beim dritten Durchgang.

Hügelbeete bieten den Vorteil einer besseren Platzausnützung. Gartenabfälle werden laufend verarbeitet und Niederschläge sickern rascher ab, ohne zu Vernässungen zu führen. Letzteres ist aber in Seligenstadt ohnehin nicht das Problem. Trockenes und windiges Klima erfordern im Gegenteil ein konsequentes Gießmanagement. Herr Eubeler wässert sein Gemüse während Trockenzeiten schon frühmorgens um 5 Uhr. Mithilfe von Rinnen auf den Hügelbeeten oder Kunststoffmanschetten

Herr Eubeler hat in seinem Selbstversorgergarten in der Nähe von Frankfurt/Main ein Hügelbeet-Paradies geschaffen.

Karotten, Rote Rüben und Sellerie werden über den Winter in dieser Lagerröhre aufbewahrt, die mit einem Metalldeckel verschlossen werden kann.

Im Sommer ist es mit einer Fülle an verschiedenen Gemüsearten bepflanzt. Aber auch im Winter sorgen Grünkohl, Vogerlsalat und Winterheckenzwiebeln für Vitamine direkt aus dem Beet.

rund um Kürbis- und Gurkenpflanzen verhindert er ein rasches Ablaufen des Gießwassers.

Im Winter will er auf seine Selbstversorgung mit Vitaminen nicht verzichten. Kohlsprossen, Chinakohl oder Grünkohl bleiben ebenso wie Vogerlsalat und Winterheckenzwiebel einfach auf dem Beet stehen. Auch Topinambur und Pastinaken müssen im Herbst nicht geräumt werden. Sie werden einfach nach Bedarf im Winter ausgegraben. Karotten, Rote Rüben und Sellerie hingegen kommen bereits ab Oktober aus der Erde.

Für sie hat Herr Eubeler ein besonderes Winterplätzchen vorbereitet. Drei in Hausnähe im Boden versenkte ausrangierte Waschmaschinentrommeln und eine 50–60 cm lange, stehend eingegrabene Betonröhre, wie sie im Kanalbau verwendet wird, dienen als perfekte Lagerkammern. Die Gemüsewurzeln und -knollen werden ungewaschen eingefüllt und mit einem zum Deckel umfunktionierten Metalltortenboden als Schutz gegen Kälte und Niederschläge abgedeckt. Die Waschmaschinentrommeln haben den Vorteil, dass sie aufgrund ihrer zahlreichen kleinen Löcher eine Verbindung zum umgebenden Erdreich ermöglichen. Das hält das Lagergut feucht und frisch. Der Grund der Betonröhre wird mit einer ca. 10 cm starken

Schicht Kieselsteine ausgelegt. Hat man so ein Low-Energy-Lager einmal eingebaut, kann man es über lange Jahre verwenden.

In den Wintern der letzten Jahre fror das Gemüse in diesen Lagerbehältern nie ein. Falls es wirklich einmal unter -12 °C kalt wird, kann eine Abdeckung mit Stroh vor Frösten schützen. Das laufende Entnehmen des Lagergutes während des Winters ist eine einfache Übung. Spätestens Ende Februar ist aber bei Familie Eubeler alles Lagergemüse aufgebraucht. Ab dann gibt es allerdings eine mehrwöchige „Hunger-gap", bis die ersten frischen Radieschen und der Salat auf den Hügelbeeten erntefähig sind.

Krameterhof: hochalpines Wintergemüse

Josef Andreas Holzer und Irmgard Ilg bewirtschaften ihren Krameterhof im Salzburger Lungau mitten im „Sibirien Österreichs". Der vielseitige Permakultur-Betrieb umfasst eine Fläche von 45 Hektar in einer Seehöhe von 1100 bis 1500 Metern. Gemüseanbau rund ums Jahr gehört zum Betriebskonzept ebenso wie Ackerbau, Tierhaltung, Obstbau, Imkerei, Gewürz- und Arzneipflanzenkultur sowie Pilzzucht. In Gewächshäusern werden zur Selbstversorgung Asia-Salate und Mangold angebaut. Vogerlsalat wächst unter Vlies auch im Freien. Am Krameterhof werden Praxis-Wissen und handwerkliche Fertigkeiten in zahlreichen Seminaren vermittelt.

Eine durchgängige Winterversorgung wäre für sie ohne ihre Erdkeller nicht mehr denkbar. Sechs Stück davon liegen auf einer Seehöhe von 1300 bis 1500 Metern. Sie sind so ausgeklügelt konzipiert und solide gebaut, dass Gemüse und Obst darin über den ganzen Winter frisch bleibt.

Josef Andreas Holzer experimentiert mit Erdkellern aller Art: Ziegelkeller, Steinkeller, Lehmkeller oder Holzkeller. Ein Prototyp, der aus recycelten

Erdkeller, vor allem Holz- und Lehmkeller, sind die Leidenschaft von Josef Andreas Holzer vom Krameterhof (rechts im Bild).

Dass in diesen ausgeklügelt konzipierten und solide gebauten Erdkellern Gemüse beste Lagerbedingungen vorfindet, wird hier von Irmgard Ilg auf eindrückliche Weise demonstriert.

Betonpflanztrögen hergestellt wurde, fällt wohl in die Kategorie Sonderform. Besonders angetan haben es ihm die Holz- und Lehmkeller. Sie sind einfach und kostengünstig aufzubauen, stehen frei oder werden mit Erde überschüttet. In Mitteleuropa ist Herr Holzer der Pionier der Holzkeller. Aus Skandinavien und Russland, wo sie seit jeher zur Winterlagerung genutzt werden, weiß man, dass sie dauerhaft funktionieren. Die Temperatur im Erdkeller entspricht der Jahresdurchschnittstemperatur am Standort, wobei es im Winter darin durchaus kälter ist. Das verbessert die Lagerfähigkeit vieler Wurzelgemüse.

Herr Holzer hat für seine Holzkeller ein ausgeklügeltes Belüftungssystem entworfen, mit dem es im Inneren stets trocken bleibt. Kondenswasser würde nicht nur das Holz angreifen, auch die Lagerfähigkeit der Produkte würde darunter stark leiden.

Besonders fasziniert hat mich die Beschreibung der Lehmkeller, seiner neuesten Entwicklung. Das sind freistehende Gebäude, deren Wände mit aufgeschichteten Holzscheiten gebaut und mit einem Lehmmörtel verputzt werden, der feuchtigkeitsausgleichend wirkt. Ein bepflanztes Gründach wirkt ebenfalls kühlend. Aber selbst bei Außentemperaturen von -15 bis -20 °C für mehrere Tage bleibt es im Inneren frostfrei.

Karotten, Rote Rüben, Kraut und Hafer- und Schwarzwurzeln bleiben bis in den Mai des Folgejahres knackig frisch. Sie dienen der Selbstversorgung, werden aber auch an Restaurants in der Umgebung geliefert. Das Gemüse wird nicht in Sand gelagert, sondern in Sägespänen oder Dinkelspelzen. Das hält das Lagergut gesund und sorgt für ausgewogene Feuchtigkeitsverhältnisse. Nur die Roten Rüben darf man niemals in Lärchensägespänen lagern, erklärte mir Frau Ilg. Sie nehmen nämlich den Holzgeschmack an. Anders als beim Wein wirkt das bei Wurzelgemüse nicht veredelnd.

http://www.krameterhof.at

Statt eines Nachwortes

Ein Wintermärchen

Der Winter ist die Off-Saison
in jedem Selbstversorgergarten,
gleichsam die Jahresendstation
mit großen Schildern: Bitte warten!

In jedem Acker, Feld und Beet.
Jetzt kann man nur vom Sommer träumen.
Weil ja im Winter gar nichts geht,
gibt es auch gar nichts zu versäumen.

So hüten wir die Ofenbank,
das Winter-Ernteloch ist riesig.
Ein halbes Jahr warten wir lang,
weil – nur der Sommer ist gemüsig.

An dieser Stelle sag' ich: Halt!
Um so viel Zeit wär's wirklich schade.
Denn Kräuter, Lauch, Salatvielfalt
vertragen satte Minusgrade!

„Wie passt Gemüse denn zu Frost?",
hör' ich die Zweifler protestieren,
„na ja, vielleicht als Tiefkühlkost.
Im Freien muss es doch erfrieren!"

So lehrt's die Universität,
so steht's in Büchern und Journalen,
nur – das Gemüse widersteht,
will nicht dem Frost zum Opfer fallen.

Es hält sich glatt nicht ans Klischee,
hat sicher all das nie gelesen,
bleibt frisch und grün in Eis und Schnee,
taut auf als wäre nichts gewesen.

Literaturquellen

Während unzählige Gemüse-Gartenbücher den Sommer in allen Facetten beleuchten, wird man beim Suchen von Gartenratgebern speziell für den Winter kaum fündig. Ich möchte hier einige Quellen deutsch- und englischsprachiger Literatur nennen, die vertiefend, ergänzend oder parallel genutzt werden können. Auch jene historischen Bücher und Hefte, die ich verwendet habe, um mich in das alte Gartenwissen einzuarbeiten, möchte ich Ihnen nicht vorenthalten.

Wintergemüsebücher:

- Eliot Coleman: *Handbuch Wintergärtnerei*, Löwenzahn, Innsbruck, 2009/2014
  Dieses Werk kann als Standard zum Wintergemüsebau für Biobetriebe und Profis, aber auch für Selbstversorger empfohlen werden. Es enthält unzählige wertvolle Tipps aus dem Erfahrungsschatz eines Biopioniers aus den USA, der seine „Four-Season-Farm" seit vielen Jahrzehnten betreibt. Vor allem durch den persönlichen Kontakt und die Freundschaft mit Eliot, aber auch durch sein Buch erhielt ich entscheidende Inspiration und Motivation, mich weiter in den Wintergemüsebau zu vertiefen.
- Karen Meyer-Rebentisch: *Wintergemüse*, BLV Buchverlag München, 2012
  In Steckbriefen wird uns das Potenzial klassischer und wenig bekannter Wintergemüse für Garten und Küche nahe gebracht. Dieses Buch macht Gusto auf winterlichen Gemüsegenuss.
- Claudia Peters: *Frisches Gartengemüse auch im Winter*, Eigenverlag, 2015
  In diesem Büchlein sind 40 ausgewählte Wintergemüseporträts enthalten, in denen Kulturen vom Anbau bis zur Ernte kurz beschrieben werden. Eine Anbautabelle bietet einen praxisorientierten Überblick. In der Einführung werden Grundsätze des Wintergärt-nerns wie Bodenpflege, Beetgestaltung, Sortenwahl und die Möglichkeiten technischer Hilfsmittel erwähnt.
- Niki Jabbour: *Gemüse und Kräuter ganzjährig selbst anbauen*, Kopp Verlag, Rottenburg, 2011/2015
  Frau Jabbour ist in Kanada zuhause. Dort betreibt sie einen Selbstversorgergarten und berichtet über ihre Erfahrungen und Erlebnisse als Journalistin und Bloggerin. Obwohl ihr Buch nicht ausschließlich dem Winter gewidmet ist, enthält dieser reich bebilderte Band zahlreiche Kulturanleitungen für Wintergemüse.
- Charles Dowding: *How to grow winter vegetables*, Green Books, 2011
  In der englischen Gemüseszene ist Charles Dowding als Vertreter der „No dig"-Philosophie, also des „umstechlosen" Gartens, bekannt. In seinem Homeacre-Garten in Südengland hat er reiche Erfahrungen zum Selbstversorgergemüsebau gesammelt, die er in Kursen, Fachartikeln und Büchern weitergibt. Sein Buch ist wirklich gänzlich dem Wintergemüsebau gewidmet, allerdings entsprechend seinen Klimabedingungen, die deutlich milder sind als bei uns. Jedenfalls enthält es wertvolle Praxistipps zum Winteranbau. Leider ist es etwas unübersichtlich gegliedert.
- Charles Dowding: *Salad leaves for all seasons*, Green Books, 2008
  Dieses Buch konzentriert sich auf den Anbau von Blattgemüse rund ums Jahr.
- Eliot Coleman: *Four-season harvest*, Chelsea Green, 1999
  Dieses bisher nicht ins Deutsche übersetzte Buch von Eliot Coleman enthält seine Erfahrungen zum Zeitpunkt der Veröffentlichung. Im *Handbuch Wintergärtnerei* hat er vieles davon wieder neu aufgegriffen.

- Martin Crawford: *How to grow perennial vegetables*, Green Books, 2012
Anni Kelsey: Edible perennial Gardening, Permanent Publications, 2014
Der spannende Ansatz des „perennial gardenings", also das Arbeiten mit Dauergemüsearten, hat im deutschsprachigen Raum bisher leider noch viel zu wenig Beachtung gefunden. Unser Winterthema betrifft es insofern, als Dauergemüse naturgemäß auch winterfest sein muss.

Gemüsebücher allgemein:

- Andrea Heistinger: *Handbuch Bio-Gemüse*, Löwenzahn, Innsbruck, 2010
Dieses Buch kann man tatsächlich als Standardwerk für den Biogemüse-Anbau im Garten bezeichnen. Pflanzenfamilienweise wird eine große Vielfalt an Gemüsearten durchgearbeitet. Anhand des Unterpunktes Temperaturansprüche lassen sich die Wintergemüsearten herausfiltern.
- Andrea Heistinger: *Handbuch Bio-Balkongarten*, Löwenzahn, Innsbruck, 2012
Viele allgemeine Tipps und Anleitungen zum Anbau von Gemüse auf Balkon und Terrasse, die in meinem Kapitel zu kurz gekommen sind, sind in diesem Spezialbuch zu finden.
- Andrea Heistinger: *Kräuter richtig anbauen*, Löwenzahn, Innsbruck, 2016
Hier geht es um den Anbau von Kräutern in allen Facetten. Auch mehrjährige Kräuter werden porträtiert, die im Winter beerntet werden können.
- Wolfgang Palme, Johann Reisinger: *Kostbares Gemüse*, Freya Verlag, Linz, 2014
In dieser Porträtsammlung haben wir versucht, die Vielfalt unbekannter Gemüsearten für Garten und Küche „schmackhaft" zu machen. Winterkandidaten dürfen dabei natürlich auch nicht fehlen.

Sonstige Bücher zum Thema:

- Gerhard Bedlan: *Gemüsekrankheiten*, Zentralverband der Kleingärtner und Siedler Österreichs, Wien, 2012
In diesem umfassenden Werk werden alle Krankheiten, die an Gemüse auftreten können, ausführlich beschrieben. Zahlreiche anschauliche Bilder und Symptom-Tabellen helfen bei der Diagnose im eigenen Garten. Die gängigen Winterkrankheiten sind selbstverständlich auch enthalten.
- Claudia Lorenz-Ladener: *Kleine grüne Archen*, ökobuch Verlag, Staufen bei Freiburg, 2012
Zum Thema Gewächshäuser bietet dieses Buch ausgesprochen wertvolle, praxisnahe und fachlich fundierte Informationen. Besonderes Augenmerk liegt bei Planung und Bau energieeffizienter Konstruktionen. Auch wenn es nicht nur um den Gemüseanbau geht, sind die verständlich erklärten Prinzipien und physikalischen Zusammenhänge allgemeingültig. Zahlreiche Fotos und Zeichnungen dienen der Veranschaulichung.
- Hans Drake: *Das solar-beheizte Gewächshaus*, Pietsch Verlag, Stuttgart, 1985
Dass Solargewächshäuser, Erdwärme und Aquaponic keine Erfindungen der letzten Jahre sind, beweist dieses leider schon vergriffene Werk. Im Stil der Bilder und Zeichnungen erinnert es zwar eher an die 70er-Jahre, aber der Inhalt ist aktueller denn je. Ich habe relativ einfach antiquarisch ein Exemplar erwerben können.
- Jack First: *Hot Beds*, Green Books, 2013
Dieses äußerst empfehlenswerte Büchlein ist leider nicht auf Deutsch erhältlich. Es greift das alte System der Mistbeete neu auf, erklärt alles Wichtige in diesem Zusammenhang und gibt praxisorientierte, gut verständliche Tipps zur Anwendung im Sinne von gemüsebaulicher Verfrühung und Saisonverlängerung im Hausgarten.

- Heinz Erven: *Meine Hochbeete*, emu Verlag, 2006
  Es ist unmöglich, hier alles aufzulisten, was bisher über Hochbeete geschrieben wurde. Der Nachdruck eines Heftchens, das der 1993 verstorbene Gartenpraktiker Heinz Erven herausgegeben hatte, enthält aber spannende Anregungen, die auch für den Wintergemüsebau nutzbar sind. So wird ein Hochbeet vorgestellt, das einen fahrbaren Glashausaufsatz besitzt.
- Steffen Guido Fleischhauer: *Enzyklopädie der essbaren Wildpflanzen*, AT Verlag, Aarau und München, 2003
  Auch zum Thema Wildgemüse gibt es unzählige, gute Bücher. Dieses Werk ist botanisch geordnet und ausgesprochen umfassend konzipiert.
- Christine Weidenweber (Hrsg.): *Klimawandel – Nutzen und Risiko für den Hausgarten*, Österreichischer Agrarverlag, Wien, 2009
  Der Klimawandel ist mit Risiken und Chancen verbunden, wenn man ihn im Zusammenhang mit dem Hausgarten betrachtet. Das Kapitel „Klimawandel im Gemüsebeet" konnte ich zu diesem Buch beitragen. Neben Exoten für den Sommer sind darin Gemüsearten für den Winter beschrieben.
- Claudia Lorenz-Ladener: *Naturkeller*, ökobuch Verlag, Staufen bei Freiburg, 2011
  In gewohnt kompetenter Weise wird das Thema der Naturlagerung von Obst und Gemüse von der Erdmiete bis zum Keller aufgearbeitet. Zahlreiche Fotos und technische Zeichnungen veranschaulichen das Thema auf praxisnahe Art und Weise.
- Mike und Nancy Bubel: *Der eigene Naturkeller*, Kopp Verlag, Rottenburg, 1991/2015
  Ressourcenschonende Möglichkeiten der Lagerung von Gemüse werden in diesem Buch beschrieben, das Anfang der 90er-Jahre in den USA verfasst wurde. Es ist einfach

illustriert, aber sehr praxisorientiert und ausführlich konzipiert.

Historische Gartenliteratur:
- Josef Becker-Dillingen: *Handbuch des gesamten Gemüsebaus*, Paul Parey Verlag, Berlin und Hamburg, 5. Auflage, 1950, 6. Auflage, 1956
- Rolf von Hösslin, Thomas Steib, Franz Mappes: *Gemüsebau – Erzeugung und Absatz*, München, BLV Verlagsgesellschaft, 1964
- Alfred Bier: *Lohnende Gemüsezucht im kleineren und größeren Garten*, Erfurt, Erfurter Führer im Obst- und Gartenbau, 1924
- J. Barfuß: *Die Überwinterung der frischen Gemüse, Wurzel- und Knollengewächse*, Küchenkräuter einschließlich der Samenpflanzen, Verlag Eugen Ulmer, Stuttgart, 1888
- Heinrich Beuß: *Frühgemüsebau und –treiberei*, Verlag Scherl, Berlin, 1938
- Johannes Steffek: *Das Frühbeet des Liebhabers*, Frankfurt/Oder, Gartenbauverlag Trowitzsch&Sohn, 1937
- Fritz Hertel: *Das Frühbeet*, Minden, Albrecht Philler Verlag
- Louis N. Flawn: *Gardening with Cloches*, Worcester, London, The Trinity Press, 1957
- Bundesministerien für Volksernährung und Land- und Forstwirtschaft und Magistratsabteilung 53 (Siedlungs- und Kleingartenwesen) der Stadt Wien: *Kurzgefasster Anbauplan*, Wien, 1947
- Alfred Demnig: *Frühbeete*, Stuttgart, Eugen Ulmer Verlag, 1949
- Johannes Gleisberg: *Gemüsetreiberei in Frühbeetkästen*, Stuttgart, Eugen Ulmer Verlag, 6. Auflage, 1950
- Hans Kratz: *Anbau und Treiberei von Feinkostgemüse*, Stuttgart, Eugen Ulmer Verlag, 1936

- Walter Binder, Fritz Strauß: *Gemüsetreiberei und Frühgemüsebau*, Berlin, Verlag Paul Parey, 1940

Verwendete Facharbeiten zum Thema:
- A. Depisch et al.: *Historische und moderne Anbaumethoden sowie Lagerungstechniken im heizungsfreien Wintergemüseanbau und Untersuchung der Anwendung im Burgenland, in der Steiermark und in Wien*; Bachelorarbeit, Institut für Ökologischen Landbau, Universität für Bodenkultur, 2014
- J. Wenz, M. Wenger: *Die Überwinterung von Gartensalat (Lactuca sativa L.) im Freiland*, Diplomarbeit, Weihenstephan, Freising, 2012
- A. Betz, D. Lengauer, W. Palme, E. Stopper, M. Theurl: Projektbericht: *Winterernte: saisonaler, Energie-extensiver und innovativer Gemüseanbau*, im Rahmen des Kooperationsvorhabens M124, 2015
- R. Snyder, J. P. de Melo-Abreu: *Frost protection: fundamentals, practice and economics*, Vol. 1, FAO publication, 2005
- M. Theurl: CO_2- Bilanz der Tomatenproduktion: *Analyse acht verschiedener Produktionssysteme in Österreich, Spanien und Italien*. Social Ecology Working Paper 110. IFF (Hrsg.), Wien, 2008
- EU-Verordnung Nr. 1258/2011 der Kommission, 2011
- S. Hampl: *Möglichkeiten der Ertrags- und Qualitätssicherung bei alternativem Wintergemüse*, Masterarbeit, Universität für Bodenkultur Wien, 2016

Wolfgang Palme

Über den Autor

Wolfgang Palme erforscht seit über 10 Jahren den Gemüseanbau im Winter und weiß, was funktioniert. Seine Begeisterung und sein umfassendes Know-how gibt der Gemüseexperte an der Höheren Bundeslehr- und Forschungsanstalt für Gartenbau – Schönbrunn weiter und teilt es als Vortragender bei Tagungen, Gemüseverkostungen und Veranstaltungen mit HobbygärtnerInnen. Mitten in Wien betreut er die City Farm Schönbrunn und vermittelt dort gemeinsam mit seinem Team den Anbau von Gemüse großen und kleinen WintergärtnerInnen.

Kontakt zum Autor:

Wolfgang Palme
Höhere Bundeslehr- und Forschungsanstalt
für Gartenbau in Wien – Schönbrunn
Grünbergstr. 24
A-1130 Wien

w.palme@gartenbau.at
www.gartenbau.at
www.cityfarm.at

Bezugsquellen

Die folgende kurze Übersicht soll dabei behilflich sein, Bezugsquellen von Saatgut, Materialien und technische Hilfsmittel für den Wintergemüsebau zu finden. Dabei wird das Augenmerk auf spezielle, in diesem Buch erwähnte Ausrüstungsgegenstände gelegt. Denn allgemeines Gärtnerwerkzeug ebenso wie Verfrühungshilfsmittel sind in jedem Gartenmarkt zu finden.

Wintergemüse-Saatgut:

- **Arche Noah**, Gesellschaft zur Erhaltung und Verbreitung der Kulturpflanzenvielfalt, Obere Straße 40, A-3553 Schiltern www.arche-noah.at
- **ReinSaat KG** A-3572 St. Leonhard am Hornerwald 69 www.reinsaat.co.at
- **Austrosaat**, Österreichische Samenzucht- u. Handels-Aktiengesellschaft Oberlaaerstraße 279, A-1230 Wien www.austrosaat.at
- **Dreschflegel GbR** In der Aue 31, D-37213 Witzenhausen, Deutschland www.dreschflegel-saatgut.de
- **Bingenheimer Saatgut AG** Kronstr. 24, D-61209 Echzell, Deutschland www.bingenheimersaatgut.de
- **Bruno Nebelung GmbH** Freckenhorster Str. 32, D-48351 Everswinkel, Deutschland www.nebelung.de
- **Rühlemann's Kräuter und Duftpflanzen** Auf dem Berg 2, D-27367 Horstedt, Deutschland www.kraeuter-und-duftpflanzen.de
- **Deaflora, Andrea Hellmich** Dr.-Wolff-Str. 6, D-14542 Werder/ Havel OT Glindow, Deutschland www.deaflora.de

- **HILD Samen Gmbh** Kirchenweinbergstr. 115, D-71672 Marbach am Neckar, Deutschland www.hildsamen.de
- **Uniseeds Select BV** Zernikestraat 9, NL- 2665 JJ Bleiswijk, Niederlande www.uniseeds.nl
- **Takii Europe B.V.** Hoofdweg 19 , NL-1424 PC De Kwakel, Niederlande www.takii.eu
- **Tozer Seeds LTD** Pyports, Downside Bridge Road, Cobham, Surrey, KT11 3EH, Großbritannien www.tozerseeds.com
- **Thompson & Morgan** Poplar Lanem, Ipswich, Suffolk, IP8 3BU, Großbritannien www.thompson-morgan.com
- **Graines Baumaux** BP100, F-88503 Mirecourt Cedex, Frankreich www.graines-baumaux.fr
- **L'ORTOLANO s.r.l.** Via Calcinaro, 2425, I- 47521 Cesena, Italien www.lortolano.com
- **Franchi Sementi Spa** Via Vincenzo Monti 15 , I-20123 Milano, Italien www.franchisementi.it
- **Hans-Peter Stochay, Italienische Samen** Amsterdamer Str. 230, D-50735 Köln, Deutschland www.italienische-samen.de

Technische Hilfsmittel
- **BUTTAZONI GES.M.B.H. Stahlbau/ Hochbeet** Oberboden 6, A-9562 Himmelberg www.buttazoni.com Hochbeet Ursula mit Verfrühungsaufsatz

- **A. Schweitzer GesmbH**
  Gewerbeallee 22, A-4150 Rohrbach
  Holz-Hochbeete
  www.schweitzer-holz.at
- **Timberra Holzsysteme GmbH**
  Lainach 140, A-9833 Rangersdorf
  Holz-Hochbeete
  www.timberra.com
- **GBC-Österreich eGen, Gartenbaucentrum (mbH)**
  Deublerstraße 10, A-4600 Wels
  Gartentechnik
  http://www.gbc.at
- **Ing. G. Beckmann KG**
  Simoniusstraße 10, D-88239 Wangen, Deutschland
  BETA-SOLAR Folienschläuche zur Wärme-speicherung
  Frühbeetkästen, Kleingewächshäuser, Pflanz-tunnel uvm.
  www.beckmann-kg.de
- **Hermann Meyer KG**
  Halstenbeker Weg 100, D-25462 Rellingen, Deutschland
  Abdeckvliese, -folien, Minitunnel
  www.meyer-shop.com
- **Hartmann-Brockhaus**
  Gerda-Hasselfeldt-Ring 6c, D-85235 Pfaf-fenhofen-Wagenhofen, Deutschland
  Abdeckvliese, -folien, Minitunnel
  www.hartmann-brockhaus.de

Alphabetisches Stichwortregister

150, 157 f., 161, 163, 168,
176 f., 182 f. 187, 189, 193 f.,
196, 205, 209, 219 f., 225,
239, 245, 266, 279, 283, 295,
305, 312 f., 315, 322 f., 325 ff.,
331, 334, 337, 339, 342 ff.,
347 ff., 352, 362, 364, 367
Temperaturkurve 362
Temperaturminimum 25
Temperaturoptimum 25, 137, 189
Temperaturschwankung 38, 168,
327
Terminalknospe 185, 206
Terrasse 14, 164, 346 ff., 356, 367
Thermoclear 361 f.
Thymian 56, 180 ff., 318, 353
Thymus vulgaris → Thymian
Tiefsttemperatur 38
Tomate 19 ff., 47, 85, 164, 339 ff.,
346, 353, 369
Ton-Humus-Komplex 350
Töpfchen 62, 65, 69, 89, 92, 102,
107, 130, 143, 145, 147, 149,
157, 159, 161, 163, 167, 177,
187, 191, 205, 213, 215, 245,
278, 281, 311, 348
Topfsubstrat 350
topftauglich 154, 347, 351 ff.
Topinambur 57, 266 f., 320, 363
torffrei 349 f.
torfreduziert 349 f.
Toskanischer Kohl 196
Traglast 348
Transportweg 21
Treibaufsatz 341
Treibeinrichtung 42, 145, 163, 341
treiben 68,
70, 75, 79 f., 81 f., 168, 177 f.,
181, 212, 233, 251, 254, 269,
283, 295, 299, 305
Treibglocke 42, 334
Treibloch 42 f.
Triebspitze 157, 198
Triebstück 140 f, 181, 199 f., 202
Trockenerbse 312
Trockenschaden 36
Trockenstress 27
Trockenzwiebel 277 ff., 283
Tumorbildung 189
turnip 260

U
Überwinterung 41, 43, 49 f., 85,
89, 93, 251, 337, 368 f.
Überwinterungsanbau 92
Überwinterungskultur 163, 187,
230, 240
Überwinterungspraktik 40
Überwinterungssalat 85, 92
Überwinterungssatz 93, 129, 156
Umblatt 63, 65, 96, 188, 220
Umfallkrankheiten 325
ungeheizter Folientunnel 21
ungeheiztes Gewächshaus 27, 97
unter Folie 24
unter Glas 24, 167
Unterblätter 276
Urgesteinsmehl 351
USB-Datenstick 37

V
Valerianella locusta → Vogerlsalat,
Feldsalat
Vegetationspunkt 134, 159
Vegetationszeit 21
Vegetativ 145,
147, 161, 163, 173, 175, 181,
198 f., 201, 267, 269, 278, 310
vegetative Vermehrung 145, 147,
161, 198, 267, 269, 278
Verarbeitungsgemüse 186
Verdunstungskälte 36
Vereinzeln 161, 163, 254, 281
vereinzelt 38, 55, 153, 161, 168,
175, 181, 183, 219, 230, 246,
251, 254, 259, 261, 278, 322
Verfrühungseinrichtung 41, 174,
304, 330
Vergießfestigkeit 350
Verkostung 54, 59, 142, 275, 340
Vernalisation 245
Vernalisationsreiz 245, 278
Vernässung 180 f., 219, 333, 341,
362
Verrottungswärme 42, 45, 47
vertikale Resistenz 324
Virose 271
Vitamin-C-Gehalt 29 f., 142
Vliesabdeckung 75, 106, 114, 299,
332
Vliesbahn 331
Vlieshaube 331, 349

Vliessack 331
Vogelmiere 57, 102, 300 ff., 321,
328, 356
Vogel-Sternmiere 300 ff.
Vogerlsalat 17, 40, 52, 56, 85, 102,
106 ff., 124, 132 f., 295, 316,
353, 362 f.,
Vorfruchtwert 251
Vorfruchtwirkung 289
vorgedüngt 163, 177, 209, 225
vorgezogene Jungpflanzen 107
vorkultivieren 102, 130, 245
Vorkultur 107, 124, 153,
157, 159, 177, 180, 191, 193,
219, 225, 230, 245, 281
vorziehen 102, 107, 133
Vulkanspargel 74, 77

W
Wachsschicht 323
Wachstum 17, 24 ff., 29, 33 f.,
38, 43, 45, 65, 91, 137, 158 f.,
163, 171, 175, 188, 191, 205,
223, 225, 228, 230, 234, 271,
278, 289, 301, 322, 328, 331,
337, 340, 349 f., 352
Wanderkasten 168, 336
Wärmebehandlung 177
Wärmedämmung 342
Wärmespeicher 343 f., 371
Waschmaschinentrommel 363
Wasserbad 177
Wasserentzug 27
Wasserhaltefähigkeit 351
Wasserkresse 140 ff., 317
Wassersellerie 160
Wasserspeicher 343, 349, 354
Wasserwurzel 141
Wegwarte 64, 66
Weiße Fliege 193, 322, 327
Weißkraut 19, 49, 57, 186, 188 ff.,
198 f., 289, 354
Weizenstroh 339
Wetterstation 36 f.
Wiesen-Pastinak 249
Wilde Möhre 239
Wilde Rauke 128 ff.
Wilder Lattich 86
Wilder Rübsen 113, 216, 260
Wilder Rucola 128 f.
Wildes Salateck 134, 152

Der eigene Biogarten — weil Vielfalt Freude macht!

Eliot Coleman
Handbuch Wintergärtnerei
Frisches Biogemüse rund ums Jahr
224 Seiten, fest gebunden
€ 24.90 | ISBN 978-3-7066-2565-4

» erprobtes Wissen und jahrelang gesammelte Erfahrungswerte vom Experten
» für den Biogarten, den Selbstversorgergarten oder die Biolandwirtschaft
» wichtige Grundregeln und Techniken detailliert und verständlich erklärt
» zahlreiche Farbfotos und Grafiken
» Anbaupläne und die richtige Vorgehensweise im Überblick

Andrea Heistinger, Arche Noah
Handbuch Bio-Gemüse
Sortenvielfalt für den eigenen Garten
632 Seiten, fest gebunden
€ 39.90 | ISBN 978-3-7066-2459-6

» Handbuch für EinsteigerInnen und Fortgeschrittene
» einmalig umfassend mit über 500 Sortenporträts
» praktische Tipps von Arche Noah GärtnerInnen
» Wiederentdeckung und Bewahrung der Sorten- und Artenvielfalt von Gemüse
» viele gesunde Rezepte mit Bio-Gemüse aus eigenem Anbau
» hunderte Farbfotos und Zeichnungen

Andrea Heistinger, Arche Noah
Kräuter richtig anbauen
Das Praxisbuch für Biogarten, Topf und Balkon. Vielfalt in über 100 Sorten
312 Seiten, fest gebunden
€ 24.90 | ISBN 978-3-7066-2596-8

» alles über den richtigen biologischen Kräuteranbau: im Garten, Topf und auf dem Balkon
» ausführliche Porträts zu den besten Kräutern für Küche, Tees, Smoothies und Kräutersträuße
» Kräuterpflege einfach erklärt: Düngung, Rückschnitt, richtiger Standort
» kostengünstig frische Kräuter aussäen, kultivieren und vermehren
» wertvolle Tipps zum Überwintern und Trocknen von Kräutern
» mit wunderschönen Gartenfotos und Illustrationen

 Löwenzahn Verlag

Diese und weitere Biogartenbücher aus dem Löwenzahn Verlag sind in Ihrer Buchhandlung und auf **www.loewenzahn.at** erhältlich.